DIREITO DE FAMÍLIA
CONFORME INTERPRETAÇÃO DO STJ

ORGANIZADORES

RUI PORTANOVA
RAFAEL CALMON
GUSTAVO D'ALESSANDRO

2024

AUTORES

CECÍLIA **RODRIGUES FRUTUOSO HILDEBRAND**
FERNANDA **GADOTTI DUWE**
FERNANDA **RABELLO**
FLÁVIA **PEREIRA HILL**
FLÁVIO **JACINTO DA SILVA**
FREDIE **DIDIER JR.**
GUSTAVO **D'ALESSANDRO**
HELENA **LANNA FIGUEIREDO**
HUMBERTO **SANTAROSA DE OLIVEIRA**
HUMBERTO **THEODORO JÚNIOR**
IARA **VIANA FERREIRA**
JAQUELINE **PRESTES**
LEANDRO **FERNANDEZ**
LUIZ **RODRIGUES WAMBIER**
MARCELO **MAZZOLA**
PATRÍCIA **CORRÊA SANCHES**
RAVI **PEIXOTO**
REGIANE **FRANÇA LIBLIK**
RONNER **BOTELHO SOARES**
THIAGO **GARCIA IVASSAKI**
THIAGO **VARGAS SIMÕES**

VOLUME QUATRO

ALIMENTOS
ASPECTOS
PROCESSUAIS

PREFÁCIO DO MINISTRO RAUL ARAÚJO

Dados Internacionais de Catalogação na Publicação (CIP) de acordo com ISBD

A411

Alimentos: Aspectos processuais / Cecília Rodrigues Frutuoso Hildebrand ... [et al.] ; coordenado por Rafael Calmon, Rui Portanova, Gustavo D'Alessandro. - Indaiatuba, SP : Editora Foco, 2024.

264 p. ; 17cm x 24cm. – (Direito de família conforme interpretação do STJ ; v.4)

Inclui bibliografia e índice.

ISBN: 978-65-5515-954-7

1. Direito. 2. Direito de família. I. Hildebrand, Cecília Rodrigues Frutuoso. II. Duwe, Fernanda Gadotti. III. Rabello, Fernanda. IV. Hill, Flávia Pereira. V. Silva, Flávio Jacinto da. VI. Didier Jr., Fredie. VII. D'Alessandro, Gustavo. VIII. Figueiredo, Helena Lanna. IX. Oliveira, Humberto Santarosa de. X. Theodoro Júnior, Humberto. XI. Ferreira, Iara Viana. XII. Prestes, Jaqueline. XIII. Fernandez, Leandro. XIV. Wambier, Luiz Rodrigues. XV. Mazzola, Marcelo. XVI. Sanches, Patrícia Corrêa. XVII. Peixoto, Ravi. XVIII. Liblik, Regiane França. XIX. Soares, Ronner Botelho. XX. Ivassaki, Thiago Garcia. XXI. Simões, Thiago Vargas. XXII. Calmon, Rafael. XXIII. Portanova, Rui. XXIV. Título. XXV. Série.

2023-2964   CDD 342.16   CDU 347.61

Elaborado por Vagner Rodolfo da Silva - CRB-8/9410

Índices para Catálogo Sistemático:

1. Direito de família 342.16
2. Direito de família 347.61

DIREITO DE FAMÍLIA
CONFORME INTERPRETAÇÃO DO STJ

ORGANIZADORES

RUI **PORTANOVA**

RAFAEL **CALMON**

GUSTAVO **D'ALESSANDRO**

AUTORES

CECÍLIA **RODRIGUES FRUTUOSO HILDEBRAND**
FERNANDA **GADOTTI DUWE**
FERNANDA **RABELLO**
FLÁVIA **PEREIRA HILL**
FLÁVIO **JACINTO DA SILVA**
FREDIE **DIDIER JR.**
GUSTAVO **D'ALESSANDRO**
HELENA **LANNA FIGUEIREDO**
HUMBERTO **SANTAROSA DE OLIVEIRA**
HUMBERTO **THEODORO JÚNIOR**
IARA **VIANA FERREIRA**
JAQUELINE **PRESTES**
LEANDRO **FERNANDEZ**
LUIZ **RODRIGUES WAMBIER**
MARCELO **MAZZOLA**
PATRÍCIA **CORRÊA SANCHES**
RAVI **PEIXOTO**
REGIANE **FRANÇA LIBLIK**
RONNER **BOTELHO SOARES**
THIAGO **GARCIA IVASSAKI**
THIAGO **VARGAS SIMÕES**

VOLUME **QUATRO**

ALIMENTOS
ASPECTOS
PROCESSUAIS

PREFÁCIO DO **MINISTRO**
RAUL ARAÚJO

2024 © Editora Foco

Organizadores: Rui Portanova, Rafael Calmon e Gustavo D'Alessandro

Autores: Cecília Rodrigues Frutuoso Hildebrand, Fernanda Gadotti Duwe, Fernanda Rabello, Flávia Pereira Hill, Flávio Jacinto da Silva, Fredie Didier Jr., Gustavo D'Alessandro, Helena Lanna Figueiredo, Humberto Santarosa de Oliveira, Humberto Theodoro Júnior, Iara Viana Ferreira, Jaqueline Prestes, Leandro Fernandez, Luiz Rodrigues Wambier, Marcelo Mazzola, Patrícia Corrêa Sanches, Ravi Peixoto, Regiane França Liblik, Ronner Botelho Soares, Thiago Garcia Ivassaki e Thiago Vargas Simões

Diretor Acadêmico: Leonardo Pereira
Editor: Roberta Densa
Assistente Editorial: Paula Morishita
Revisora Sênior: Georgia Renata Dias
Capa Criação: Leonardo Hermano
Diagramação: Ladislau Lima e Aparecida Lima
Impressão miolo e capa: FORMA CERTA

DIREITOS AUTORAIS: É proibida a reprodução parcial ou total desta publicação, por qualquer forma ou meio, sem a prévia autorização da Editora FOCO, com exceção do teor das questões de concursos públicos que, por serem atos oficiais, não são protegidas como Direitos Autorais, na forma do Artigo 8º, IV, da Lei 9.610/1998. Referida vedação se estende às características gráficas da obra e sua editoração. A punição para a violação dos Direitos Autorais é crime previsto no Artigo 184 do Código Penal e as sanções civis às violações dos Direitos Autorais estão previstas nos Artigos 101 a 110 da Lei 9.610/1998. Os comentários das questões são de responsabilidade dos autores.

NOTAS DA EDITORA:

Atualizações e erratas: A presente obra é vendida como está, atualizada até a data do seu fechamento, informação que consta na página II do livro. Havendo a publicação de legislação de suma relevância, a editora, de forma discricionária, se empenhará em disponibilizar atualização futura.

Erratas: A Editora se compromete a disponibilizar no site www.editorafoco.com.br, na seção Atualizações, eventuais erratas por razões de erros técnicos ou de conteúdo. Solicitamos, outrossim, que o leitor faça a gentileza de colaborar com a perfeição da obra, comunicando eventual erro encontrado por meio de mensagem para contato@editorafoco.com.br. O acesso será disponibilizado durante a vigência da edição da obra.

Impresso no Brasil (10.2023) – Data de Fechamento (10.2023)

2024
Todos os direitos reservados à
Editora Foco Jurídico Ltda.
Rua Antonio Brunetti, 593 – Jd. Morada do Sol
CEP 13348-533 – Indaiatuba – SP

E-mail: contato@editorafoco.com.br
www.editorafoco.com.br

NOTA DOS ORGANIZADORES

A ideia desta coleção nasceu da necessidade de consolidar, ao menos numa primeira assentada, análise de juristas interessados na temática dos regimes de bens entre cônjuges e companheiros.

Em face da abrangência do tema foi necessário fechar o foco. Daí porque, aqui, o enfrentamento tomou em consideração as decisões vindas exclusivamente do Superior Tribunal de Justiça.

Esta foi a forma que imaginamos para tentar aliar o entendimento da literatura sobre os regimes patrimoniais à orientação do Tribunal encarregado de dar a última palavra do Judiciário sobre o tema, com alguma ideia de atender às peculiaridades vindas com a dinamicidade dos novos tempos.

Neste volume, os regimes abordados são os da separação de bens.

Tendo em vista a dimensão continental de nosso Brasil, buscamos juristas de muitos recantos e entendimentos. E, objetivando dar nossa contribuição à redução do déficit na participação feminina na literatura jurídica nacional, convidamos muitas mulheres para participar do projeto.

O resultado: um livro que reúne diversos sotaques, posicionamentos e culturas.

Com o material doutrinário recolhido e o apoio irrestrito da Editora Foco, é hora de agradecer aos autores dos textos e colocar à disposição do público esta contribuição, que nos engrandeceu em conhecimento e, esperamos, também seja relevante para os leitores.

Porto Alegre, Vitória e Brasília, outubro de 2022.

Rui Portanova
Pós-Doutor (Universidade de Bruxelas). Doutor (UFPR) e Mestre (UFRGS) em Direito. Doutor em Letras (PUC/RS). Desembargador do TJRS.

Rafael Calmon
Doutor (UERJ) e Mestre (UFES) em Direito. Juiz de Direito do TJES.

Gustavo D'Alessandro
Mestre em Direito (UnB). Pós-graduado em Direito de Família e Sucessões. Instrutor do gabinete na prática jurídica no STJ. Assessor de Ministro (STJ)

PREFÁCIO

Distinguido com o honroso convite formulado pelos Coordenadores desta consagrada Coletânea "Direito de Família conforme interpretação do STJ", os notáveis juristas e estimados amigos, Desembargador Rui Portanova, do Tribunal de Justiça do Estado do Rio Grande do Sul, Juiz de Direito Dr. Rafael Calmon, do Tribunal de Justiça do Estado do Espírito Santo, e Dr. Gustavo D'Alessandro, Assessor de Ministro do Superior Tribunal de Justiça, apresento este IV volume subintitulado: "Alimentos: aspectos processuais".

A importância da obra é evidente, não apenas para o seleto contexto doutrinário dos especialistas em Direito de Família, mas também no sentido mais amplo e prático de aplicação cotidiana, para o qual os estudiosos do Direito devem sempre estar atentos, dado ser o direito aos alimentos intrinsecamente ligado à própria subsistência e à dignidade das pessoas humanas, notadamente daquelas em situação de vulnerabilidade transitória ou permanente. Lançar luzes e facilitar a compreensão, extraídas da interpretação jurisprudencial da Corte Superior, acerca de temas jurídicos e nuances relacionadas ao direito fundamental aos alimentos é de extrema relevância, tanto para os estudos acadêmicos como para os profissionais atuantes na magistratura, na advocacia e nas demais áreas de atividades orientadas para o Direito de Família, ramo da ciência jurídica em que a juridicidade convive com emoções intensas e conflitos de elevada sensibilidade e complexidade.

No desempenho de sua missão constitucional de uniformizar a interpretação do ordenamento jurídico federal em todo o Brasil, o Superior Tribunal de Justiça é constantemente desafiado a buscar novas soluções para tensionadas relações jurídicas familiares veiculadas em milhares de ações de alimentos, que ali aportam em grau recursal, sendo enfrentadas por meio de abordagens criativas e diversificadas, com o fim de colaborar para a prestação jurisdicional mais humana, eficaz e adequada.

Esta obra coletiva, em volume dedicado aos aspectos precípuos processuais, traz claras mostras de como a cooperação, a diversidade e o senso de originalidade podem contribuir para o aprimoramento do conhecimento e da prática do Direito de Família relacionado aos alimentos em perspectiva judicatória. Escritos por profissionais provenientes de diversos estados da Federação e com matizadas atribuições, os textos que a compõem abordam assuntos polêmicos e atuais, sempre acompanhados do posicionamento prevalente no Superior Tribunal de Justiça a tal respeito.

O privilegiado leitor terá o ensejo de aprofundar o exame e sorver autorizadas reflexões sobre temas como: a eficácia retroativa da sentença de alimentos; a cumulatividade de técnicas executivas no âmbito de uma mesma execução de alimentos; a medida protetiva de alimentos na Lei Maria da Penha; a viabilidade do emprego de provas digitais nas ações de alimentos; a teoria da aparência nas ações de alimentos; o tratamento adequado de controvérsias relativas aos alimentos sob a perspectiva da justiça multiportas; a mediação no conflito familiar em prestação de alimentos; a tutela jurisdicional à subsistência dos animais de estimação; motivação e discricionariedade judiciais na fixação dos alimentos; a dosimetria do prazo de prisão civil; as medidas indutivas (sanções premiais) na execução de alimentos; a (in)constitucionalidade da prisão civil; a reavaliação da súmula 277 do STJ; a prisão civil nos alimentos avoengos; e o regime de impugnação das decisões interlocutórias nas ações de alimentos. Esses múltiplos e atuais temários são analisados tanto em vertente teórica quanto aplicada, fornecendo ao leitor panorama bastante completo e vertical.

Como se percebe, trata-se de livro que proporciona orientada incursão por zonas cinzentas, para a doutrina e a jurisprudência, do direito aos alimentos e seus instrumentos processuais, trazendo novos paradigmas e provocações sobre a interpretação do ordenamento jurídico, de acordo com a evolução dos fatos na complexa sociedade moderna, sem receio de construir ou desconstruir entendimentos.

Indiscutíveis, assim, os méritos deste IV volume da Coletânea, extremamente relevante para a Ciência Jurídica nacional, materializando obra indispensável nas bibliotecas de todos aqueles que, por variados motivos, tenham interesse em conhecer mais de perto assunto tão crucial para a vida social, como é o direito aos alimentos.

Agradecendo o atencioso convite, parabenizo os organizadores, os autores e a editora pela profícua iniciativa e pela qualidade e contribuição dos artigos selecionados, desejando a todos uma excelente e proveitosa leitura.

Brasília, setembro de 2023.

Ministro Raul Araújo

SUMÁRIO

NOTA DOS ORGANIZADORES
Rui Portanova, Rafael Calmon e Gustavo D'Alessandro V

PREFÁCIO
Ministro Raul Araújo VIII

MEDIDAS INDUTIVAS (SANÇÕES PREMIAIS) NA EXECUÇÃO DE ALIMENTOS
Marcelo Mazzola e Fernanda Gadotti Duwe 1

A SÚMULA 621 DO STJ E A NECESSIDADE DE MITIGAÇÃO DA SUA APLICAÇÃO NA PRÁTICA DOS TRIBUNAIS
Fernanda Rabello 25

A TUTELA JURISDICIONAL À SUBSISTÊNCIA DOS ANIMAIS DE ESTIMAÇÃO COMO MEMBROS DA FAMÍLIA MULTIESPÉCIE: A NOVA DIMENSÃO DOS ALIMENTOS NO DIREITO PROCESSUAL DAS FAMÍLIAS
Flávia Pereira Hill e Cecília Rodrigues Frutuoso Hildebrand 37

A (IN)CONSTITUCIONALIDADE DA PRISÃO CIVIL DO DEVEDOR DE ALIMENTOS
Flávio Jacinto da Silva 63

TRATAMENTO ADEQUADO DE CONTROVÉRSIAS RELATIVAS AOS ALIMENTOS SOB A PERSPECTIVA DA JUSTIÇA MULTIPORTAS
Fredie Didier Jr. e Leandro Fernandez 73

A "DOSIMETRIA" DO PRAZO DE PRISÃO CIVIL: UMA QUESTÃO DE EFETIVIDADE DOS DIREITOS FUNDAMENTAIS
Gustavo D'Alessandro 95

MOTIVAÇÃO E DISCRICIONARIEDADE JUDICIAL NA FIXAÇÃO DOS ALIMENTOS
Humberto Santarosa de Oliveira 109

A POSSIBILIDADE DE CUMULAÇÃO DAS TÉCNICAS EXECUTIVAS DA COERÇÃO PESSOAL (PRISÃO) E DA COERÇÃO PATRIMONIAL (PENHORA) NO ÂMBITO DA MESMA EXECUÇÃO DE ALIMENTOS
Humberto Theodoro Júnior e Helena Lanna Figueiredo 129

A REAVALIAÇÃO DO ENUNCIADO DA SÚMULA 277 DO STJ À LUZ DOS PRINCÍPIOS CONSTITUCIONAIS
Jaqueline Prestes e Iara Viana Ferreira.. 147

IMPORTÂNCIA E VALIDADE DA PROVA DIGITAL NAS AÇÕES DE ALIMENTOS
Patrícia Corrêa Sanches 159

REGIME DE IMPUGNAÇÃO DAS DECISÕES INTERLOCUTÓRIAS NAS AÇÕES DE ALIMENTOS: ENTRE O AGRAVO DE INSTRUMENTO E O *HABEAS CORPUS*
Ravi Peixoto 175

A TEORIA DA APARÊNCIA NAS AÇÕES DE ALIMENTOS
Ronner Botelho Soares 187

ALIMENTOS NA LEI MARIA DA PENHA
Thiago Garcia Ivassaki... 201

A PRISÃO CIVIL NOS ALIMENTOS AVOENGOS
Thiago Vargas Simões 219

A MEDIAÇÃO COMO MÉTODO DE TRATAMENTO ADEQUADO AO CONFLITO FAMILIAR EM PRESTAÇÃO DE ALIMENTOS
Luiz Rodrigues Wambier e Regiane França Liblik 237

MEDIDAS INDUTIVAS (SANÇÕES PREMIAIS) NA EXECUÇÃO DE ALIMENTOS

Marcelo Mazzola

Doutor e Mestre em Direito Processual (UERJ). Professor da EMERJ. Coordenador de Processo Civil da ABPI. Membro do IBDP, da ABDPro e do ICPC. Advogado. Email: mmazzola@dannemann.com.br.

Fernanda Gadotti Duwe

Mestranda em Direito (UFSC). Vice-Presidente da Comissão de Análise Econômica do Direito da OAB/SC. E-mail: fernandagadottiduwe@hotmail.com.

Sumário: 1. Introdução – 2. Considerações gerais sobre as sanções premiais – 3. Aspectos contemporâneos das sanções premiais; 3.1 Críticas à expressão sanção premial; 3.2 As sanções premiais no plano legal e na seara jurisprudencial – 4. Sanções premiais no CPC de 2015 – 5. Sanções premiais e convenções processuais – 6. Sanções premiais e sua estipulação judicial – 7. Execução de alimentos e as medidas executivas – 8. Sanções premiais na execução de alimentos – 9. Conclusão – Referências.

1. INTRODUÇÃO

O verbo "induzir" possui vários significados, entre eles encorajar, incitar e/ou instigar alguém a fazer alguma coisa.[1] No plano do Direito Processual Civil, quando se pensa em "medidas indutivas", é intuitivo lembrar do art. 139, IV, do CPC.[2]

De um modo geral, as medidas indutivas previstas no referido dispositivo devem ser compreendidas como o gênero do qual são espécies as sanções premiais e os *nudges* processuais.[3] Isso porque, ambas as figuras trabalham com a ideia de indução de comportamentos.[4]

---

1. HOUAISS, Antônio; VILLAR, Mauro de Salles. *Dicionário Houaiss da língua portuguesa*. Rio de Janeiro: Objetiva, 2009.
2. Art. 139. O juiz dirigirá o processo conforme as disposições deste Código, incumbindo-lhe: (...) IV – determinar todas as medidas indutivas, coercitivas, mandamentais ou sub-rogatórias necessárias para assegurar o cumprimento de ordem judicial, inclusive nas ações que tenham por objeto prestação pecuniária.
3. Os *nudges* processuais são lembretes (ou cutucões) para induzir os destinatários a adotar determinado comportamento capaz de se revelar benéfico.
4. Na mesma linha, Dierle Nunes e Catharina Almeida defendem que tanto as sanções premiais (que, na visão dos doutrinadores, seriam medidas indutivas em sentido estrito) como os *nudges* (que seriam medidas indutivas em sentido amplo) "estão abrangidos pela cláusula geral de atipicidade executiva (art. 139, IV do CPC)". NUNES, Dierle; ALMEIDA, Catharina. Medidas indutivas em sentido amplo do art. 139, IV do CPC: o potencial do uso de nudges nos módulos processuais executivos para satisfação de obrigações por quantia certa – Parte 1. *Revista de Processo*, v. 323, p. 149-176, Jan. 2022.

Nesse campo, ganha cada vez mais densidade a participação contributiva do juiz como "arquiteto de escolhas"[5] e indutor de comportamentos.[6] Esse papel indutivo também pode ser desempenhado pelas partes, à luz do princípio da cooperação (art. 6º do CPC[7]), bem como por outros atores processuais, como o Ministério Público (enquanto *custos legis*), os conciliadores, os mediadores, entre outros.

No presente trabalho, será analisada a potencialidade das medidas indutivas (sanções premiais) na execução de alimentos, procedimento que já permite a cumulação de diferentes técnicas executivas (coerção pessoal e patrimonial, ordens mandamentais etc.).

Antes de demonstrar essa simbiose entre sanções premiais e execução de alimentos, tendo como norte o posicionamento do STJ acerca da possibilidade de cumulação de técnicas executivas nesse procedimento, vale tecer algumas considerações sobre as sanções premiais e sua aplicabilidade nos campos legal, convencional e judicial.

2. CONSIDERAÇÕES GERAIS SOBRE AS SANÇÕES PREMIAIS

Em qualquer sociedade organizada, normas são fundamentais para viabilizar o convívio em harmonia.[8] Sem pautas de conduta definidas, prevaleceriam a desordem e a insegurança. De um modo geral, cabe ao Estado fiscalizar o cumprimento das normas. E uma de suas ferramentas é a *sanção*, considerada instrumento de direcionamento social.[9]

A sanção tanto pode ter uma feição negativa (= *punir os transgressores*) como uma conotação positiva (= *premiar comportamentos desejados*). Ou seja, punir é apenas uma forma de disciplinar, mas não a única e nem sempre a melhor. Como explica Menelick de Carvalho Netto,[10] a etimologia do termo "sanção" fornece a "conotação original e primitiva da palavra. Designava o ato de caráter sacro mediante o qual se erigia algo à categoria de inviolável".

No plano jurídico, o termo sanção tem basicamente dois significados distintos, que abarcam, em sua essência, a ideia de "consagração de uma norma

---

5. THALER, Richard; SUNSTEIN, Cass. *Nudge*: improving decisions about health, wealth, and happiness (2008). New York: Penguin Books, 2009.
6. Para uma análise do papel de influência do juiz no comportamento dos litigantes (pesquisa realizada por amostragem a partir de dados extraídos de ações judiciais em Israel), ver SELA, Ayelet; GABAY-EGOZI, Limor. Judicial Procedural Involvement (JPI): A Metric for Judges' Role in Civil Litigation, Settlement, and Access to Justice. *Journal of law and society*, v. 47, n. 3, p. 468-498, set. 2020.
7. MAZZOLA, Marcelo. *Tutela Jurisdicional Colaborativa*: a cooperação como fundamentação autônomo de impugnação. Curitiba: CRV, 2017.
8. DURKHEIM, Émile. *Les règles de la méthode sociologique*. Paris: Flammarion, 2010.
9. BOBBIO, Norberto. *Dalla struttura alla funzione* – Nuovi studi di teoria del diritto. Milano: Edizioni di Comunità, 1977, p. 87.
10. CARVALHO NETTO, Menelick de. *A sanção no procedimento legislativo*. Belo Horizonte: Del Rey, 1992, p. 23.

pela coletividade".[11] O primeiro envolve o ato de sancionar uma lei, tornando-a obrigatória,[12] isso é, o poder de ratificar uma lei debatida e votada pelas casas legislativas. Já o segundo corresponde à consequência jurídica prevista pelo ordenamento para aquele que descumpre uma norma (uma punição, por exemplo), ou que a cumpre, adotando o comportamento esperado (fazendo jus a um prêmio).[13] Esse é o aspecto que será explorado neste artigo, mais especificamente sob a ótica premial.

Como assinala Maurício Benevides Filho,[14] a sanção jurídica é uma reação ou retribuição prevista no ordenamento, que tanto pode ter uma conotação negativa (punir o sujeito que pratica um ato antijurídico) como uma feição positiva (premiar o indivíduo que adota o comportamento esperado). Trata-se, portanto, da consequência prevista pelo ordenamento jurídico, "seja ela negativa (repressiva) ou positiva (premial), que será imputada a um determinado sujeito que deixou de observar ou que observa este mesmo ordenamento".[15]

Convém registrar, ainda que rapidamente, que o grande "salto teórico" no estudo das sanções premiais veio com Norberto Bobbio.[16] Na visão do filósofo político, historiador e jurista italiano, a função promocional do Direito pode ser exercida por meio (a) de incentivos e prêmios (e não das ameaças); (b) técnicas de encorajamento (e não de desencorajamento); e (c) da lógica da facilitação (e não da punição), a fim de viabilizar um efetivo direcionamento social (e não um controle puramente repressivo). A partir de Bobbio, portanto, sedimentou-se a ideia de que a sanção não é apenas um castigo, sendo, na verdade, uma consequência positiva ou negativa da observância/não observância da norma.

---

11. CORDOVIL, Leonor Augusta Giovine. A sanção premial no direito econômico. *Revista do Centro Acadêmico Afonso Pena* – Faculdade de Direito da UFMG, n. 1, p. 156. 2004.
12. "*Sanção*. Assim, em relação à *formação da lei*, a sanção é o ato por que o chefe do Executivo *confirma* a lei votada pelo Legislativo, para levar à promulgação e à publicação. Revela-se, pois, o *assentimento*, ou a *aprovação* do Executivo à nova lei, em consequência do que a promulga, para que se torne obrigatória, e a publica, para que se torne do conhecimento público". SILVA, De Plácido e. *Vocabulário jurídico*. 7. ed. Rio de Janeiro: Forense, 1982, p. 170.
13. De acordo com o dicionário Houaiss da língua portuguesa, um dos significados da palavra sanção é "pena ou recompensa que corresponde à violação ou execução de uma lei". Disponível em: https://houaiss.uol.com.br/corporativo/apps/uol_www/v5-4/html/index.php#1. Acesso em: 10 mar. 2023.
14. BENEVIDES FILHO, Mauricio. O que é sanção? *Revista da Faculdade de Direito*, Fortaleza, v. 34, n. 1, p. 355-373, jan./jun. 2013 Disponível em: http://repositorio.ufc.br/bitstream/riufc/11850/1/2013_art_mbenevidesfilho.pdf. Acesso em: 10 mar. 2023.
15. LIGERO, Gilberto Notário. *Sanções Processuais por Improbidade na Execução Civil*. Tese apresentada à Banca Examinadora da Pontifícia Universidade Católica de São Paulo, como exigência parcial para obtenção do título de Doutor em Direito. Pontifícia Universidade Católica de São Paulo, 2014, p. 37. No mesmo sentido RIBEIRO, Darci Guimarães. *Da tutela jurisdicional às formas de tutela*. Porto Alegre: Livraria do Advogado, 2010, p. 50.
16. BOBBIO, Norberto. *Dalla struttura alla funzione* – Nuovi studi di teoria del diritto. Milano: Edizioni di Comunità, 1977, p. 80-87.

3. ASPECTOS CONTEMPORÂNEOS DAS SANÇÕES PREMIAIS

Como destaca Álvaro Melo Filho,[17] no decorrer do tempo, a "técnica punitiva revelou-se muito simplista e inadequada, impondo um recurso cada vez mais frequente à técnica promocional", sendo o prêmio, portanto, método excepcional para induzir as pessoas a se comportarem de acordo com aquilo que as normas jurídicas buscam encorajar.

Na prática, as sanções premiais ajudam a formar um sistema de incentivos voltado à promoção de comportamentos socialmente desejáveis, recompensando ou premiando condutas virtuosas,[18] cujos efeitos se irradiam para o futuro,[19] funcionando como catalisadores de condutas benéficas.

Segundo Heloisa Carpena e Renata Ortenblad,[20] independentemente dos argumentos dogmáticos e da defesa retórica, "é preciso atentar para dados da realidade e resgatar a função da ordem jurídica, que é a de aperfeiçoar o convívio social, estimulando comportamentos desejáveis e reprimindo os indesejados". Nesse compasso, as sanções premiais propiciam a criação de um círculo retroalimentante de positividade, funcionando como indutores de comportamentos,[21] o que favorece, inclusive, o cumprimento antecipado de metas e obrigações.[22]

Basta pensar, por exemplo, na obrigação anual dos contribuintes de pagarem o IPTU, com a possibilidade de se valerem de um desconto percentual, caso o pagamento seja feito antes do vencimento.[23] A sistemática estimula o contribuinte a antecipar o *pagamento* (conduta socialmente esperada) em troca de um benefício individual (desconto percentual – a sanção premial).

---

17. MELO FILHO, Álvaro. *Introdução ao Direito Premial*. Tese submetida como requisito parcial para obtenção do grau de Mestre em Ciências Jurídicas. Pontifícia Universidade Católica do Rio de Janeiro, 1975, p. 172-174.
18. "(...) "a sanção não é sempre e necessariamente um castigo. É mera consequência jurídica que se desencadeia (incide) no caso de ser desobedecido o mandamento principal da norma. É um preconceito que precisa ser dissipado – por flagrantemente anticientífico –, a afirmação vulgar infelizmente repetida por alguns juristas, no sentido de que a sanção é castigo. Pode ser, algumas vezes. Não o é muitas vezes". ATALIBA, Geraldo. *Hipótese de incidência tributária*. São Paulo: Ed. RT, 1973, p. 38.
19. SILVA, Antônio Álvares da. *Sanção e direito do trabalho*. Belo Horizonte: RTM, 2014, p. 16.
20. CARPENA, Heloisa; ORTENBLAD, Renata. Ganha mais não leva. Por que o vencido nas ações civis públicas não paga honorários sucumbenciais ao Ministério Público? *Revista de Processo*. São Paulo: Ed. RT, n. 280, p. 347. jun. 2018.
21. "Law makes us do things we do not want to do. It has other functions as well, but perhaps the most visible aspect of law is its frequent insistence that we act in accordance with its wishes (...)" SCHAUER, Frederick. *The force of Law*. Cambridge: Harvard University Press, 2015, p. 1.
22. CORDOVIL, Leonor Augusta Giovine. A sanção premial no direito econômico. *Revista do Centro Acadêmico Afonso Pena* – Faculdade de Direito da UFMG, n. 1, p. 158, 2004.
23. Durante a pandemia do COVID-19 em 2020, foi publicado o Decreto Municipal 47.421/20 (que regulamentou a Lei 6.740/20), em que a Prefeitura do Rio de Janeiro concedeu benefícios para o pagamento do IPTU e da Taxa de Coleta Domiciliar de Lixo (TCL), com cotas vencidas ou a vencer, oferecendo, por exemplo, o desconto de 20% em caso de pagamento à vista dos valores devidos (art. 1º).

A lógica premial também se verifica nos contratos de aluguel (abono ou bônus pontualidade);[24] nos descontos concedidos por instituições de ensinos aos alunos que antecipam o pagamento (desconto pontualidade); nos descontos para pagamento de multas de trânsito;[25] na sistemática do cadastro positivo (quanto mais o consumidor paga em dia suas contas, recebe pontos e, ao final, sua pontuação lhe concede alguns benefícios), entre outras situações.

Na prática, a sanção premial busca induzir e encorajar a prática de um ato, possuindo verdadeira função pedagógica, pois cria uma cultura no sentido de incentivar a observância da norma.

Especificamente no plano do Direito Processual Civil, as sanções premiais devem ser compreendidas como consequências jurídicas positivas para estimular comportamentos indicados na norma (legal ou convencional) ou na decisão judicial, a fim de dar concretude ao conjunto de garantias fundamentais (eficiência processual, duração razoável do processo, estímulo à autocomposição, cooperação, boa-fé, entre outras). Em termos simples, é um "prêmio" para incentivar o destinatário a praticar o comportamento apontado pela norma, cuja não observância, porém, não gera qualquer penalidade ou prejuízo.[26]

3.1 Críticas à expressão sanção premial

Até hoje a expressão sanção premial costuma causar alguma inquietude.[27] Afinal, é comum que se associe o substantivo sanção a algo negativo e o adjetivo premial a algo positivo. Em razão disso, há quem diga que a expressão sanção premial seria

---

24. De acordo com o STJ, "o desconto para pagamento pontual do aluguel – abono ou bônus pontualidade – é, em princípio, liberalidade do locador, em obediência ao princípio da livre contratação, representando um incentivo concedido ao locatário para pagamento do aluguel em data convencionada, precedente à do vencimento normal da obrigação. Referido bônus tem, portanto, o objetivo de induzir o locatário a cumprir corretamente seu encargo de maneira pontual e até antecipada". REsp 832.293/PR, Rel. Min. Raul Araújo, Quarta Turma, DJe 28.10.2015.
25. A Lei 14.071/20 (que alterou a Lei 9.503/97 – Código de Trânsito Nacional) prevê a possibilidade de o infrator pagar a multa com 40% (quarenta por cento) de desconto, caso opte pelo sistema de notificação eletrônica, não ofereça defesa ou recurso, reconheça a infração e efetue o pagamento até o vencimento da multa (art. 284, § 1º).
26. "(...) a sanção premial traz a ideia de opção entre o poder fazer ou o não fazer. O não fazer não gera (em regra) um prejuízo, se fizer, ao contrário, a prática daquela conduta resultará em uma vantagem". VILELA, Daniela Rodrigues Machado. *O direito premial trabalhista como perspectiva para o futuro do trabalho*. Dissertação apresentada ao Programa de Pós-Graduação em Direito, da Faculdade de Direito da Universidade Federal de Minas Gerais, como requisito parcial à obtenção do título de Mestre em Direito do Trabalho, 2016, p. 86. De fato, o não exercício da sanção premial não configura descumprimento de um dever, pois se trata de um ato de liberdade. Como destaca Daniel Brantes Ferreira, não haveria sequer pretensão contra o agente, pois a lei não obriga ninguém a exercer uma liberdade. FERREIRA, Daniel Brantes. Wesley Newcomb Hohfeld e os conceitos fundamentais do direito. *Revista Direito, Estado e Sociedade*. Rio de Janeiro: PUC/RJ, n. 31, p. 33-57. jul./dez. 2007.
27. PISANI, Mario. Diritto Premiale e sistema penale: rapporti e intersezioni. *Atti del settimo simposio di studi di Diritto e Procedura Penali*. Milano: Giuffrè, 1983, p. 15.

ilógica,[28] uma contradição em seus próprios termos, algo semelhante a um "castigo bom". Tais críticas,[29] algumas inclusive ferrenhas,[30] revelam um apego excessivo à tradição histórica. Isso porque, durante muito tempo os prêmios e as recompensas não foram tratados dentro da estrutura normativa.[31]

Com efeito, as recompensas eram basicamente reservadas aos reis/príncipes e não estavam contempladas nas leis (quando muito, faziam parte da vida comercial). Além disso, os pensamentos de Hans Kelsen e John Austin[32] contribuíram para essa distorção do conceito de sanção, que passou a ser vista essencialmente como uma penalidade (uma consequência jurídica negativa) decorrente do ato ilícito. Entretanto, como já adiantado, a partir de Norberto Bobbio, a nova compreensão desafiou (e continua desafiando) antigos dogmas – exigindo a superação do "vetusto conceito de sanção"[33] –, e até hoje surpreende "os espíritos mais tradicionais".[34]

3.2 As sanções premiais no plano legal e na seara jurisprudencial

A expressão sanção premial já está positivada em leis[35] e encontra-se amplamente disseminada no campo doutrinário.[36]

---

28. SOUZA, Daniel Coelho de. *Introdução à ciência do Direito*. 3. ed. rev. e aum. São Paulo: Saraiva, 1980, p. 138-139.
29. Daniel Amorim Assunção Neves critica a expressão sanção premial: "Apesar de lições tradicionais de direito estrangeiro, os termos 'sanções premiadoras' ou 'sanções premiais' empregados para designar essa espécie de execução indireta não parecem adequados, porque, apesar de a ideia do prêmio concedido a quem cumpre a obrigação estar correta, não se pode confundir sanção com pressão psicológica". NEVES, Daniel Amorim Assumpção. *Manual de Direito Processual Civil*. 10. ed. rev., ampl. e atual. Salvador: JusPodivm, 2018, p. 1057-1058.
30. "No art. 1.102-c, do CPC, que disciplina a ação monitória, consta que, caso o réu não se defenda, não precisará pagar os honorários advocatícios. Cuida-se, segundo a doutrina, de uma 'sanção premial', ou seja, um 'prêmio' em forma de sanção. Ocorre que qualquer indivíduo com o mínimo de bom-senso anda por aí com uma ideia clara de que 'sanção' consiste numa reação a algo indesejado. Pense, então, que, ao praticar algo indesejado (leia-se: contrário à lei), você receba um prêmio, uma graça". LORDELO, João Paulo. *Do Direito à chouriça: o abuso do "reme-reme" no pensamento jurídico*. Disponível em: :https://jean2santos.jusbrasil.com.br/artigos/125584790/do-direito-a-chourica-o-abuso-do-reme-reme-no-pensamento-juridico. Acesso em: 10 mar. 2023.
31. AQUINO, Santo Tomás. *Suma teológica*. Trad. Teofilo Urdanoz. Madrid: Biblioteca de Autores Cristianos, MCMLIV, t. VI. p. 76.
32. AUSTIN, John. *El objeto de la jurisprudencia*. Madrid: Centro de Estudios Políticos e Constitucionales, 2002, p. 39.
33. BENEVIDES FILHO, Mauricio. O que é Sanção? *Revista da Faculdade de Direito*, Fortaleza, v. 34, n. 1, p. 355-373, jan./jun. 2013. Disponível em: http://repositorio.ufc.br/bitstream/riufc/11850/1/2013_art_mbenevidesfilho.pdf. Acesso em: 10 mar. 2023.
34. VENOSA, Silvio de Salvo. *Sanção premial*. Disponível em https://m.migalhas.com.br/depeso/298207/sancao-premial. Acesso em: 10 mar. 2023.
35. Vide, por exemplo, o capítulo IV da Lei Complementar 29/2004, do Município de Mogi das Cruzes/SP, que dispõe sobre o Programa de Recuperação Fiscal (REFIS Municipal). Da mesma forma, o artigo 1º da Lei Estadual 11.181/20, do Mato Grosso (que fixa norma de interpretação sobre o desconto e a flexibilização das mensalidades da rede privada de ensino durante o plano de contingenciamento, em virtude da pandemia causada pela Covid-19). Confira-se, ainda, o art. 5º da Lei Municipal de Belém 8.563/07 (que dispõe sobre a promoção, a proteção, a defesa e o uso da língua portuguesa no Município de Belém).
36. Vide, por exemplo, BENEVIDES FILHO, Mauricio. *A sanção premial no direito*. Brasília: Brasília Jurídica, 1999. MELO FILHO, Álvaro. *Introdução ao Direito Premial*. Tese submetida como requisito parcial para obtenção

De um modo geral, a sistemática premial é utilizada como ferramenta de política pública urbana[37] e para estimular o desenvolvimento econômico de determinadas regiões[38] do país, contribuindo, ainda, para a promoção da diversidade e dos direitos humanos,[39] e da tecnologia,[40] além das políticas climáticas sustentáveis.[41]

Na área penal, os acordos de colaboração premiada são espaços de grande fertilidade para as sanções premiais, especialmente no plano do direito material. Com alguma frequência, controvérsias dessa natureza são dirimidas pelo Poder Judiciário.[42]

Na mesma linha, os acordos de não persecução penal permitem, por exemplo, que o investigado – que confessar a infração penal sem violência ou grave ameaça, e cumprir certos requisitos –, não sofra a respectiva ação penal (art. 28-A do CPP).

Sob outro prisma, a figura do whistleblower[43] – informante do bem – trazida pela Lei 13.964/19 (pacote Anticrime), que alterou dispositivos da Lei 13.608/18, evidencia exemplo de sanção premial. No caso de crime contra a administração pública, o informante será recompensado em até cinco por cento do valor recuperado.

Além disso, muitos diplomas penais preveem benefícios, como a redução da pena, se o infrator denunciar o crime ou revelar a trama delituosa. A propósito, vale citar os arts. 159, § 4º, do Código Penal; 16 da Lei 8.137/90 (que define crimes contra a ordem tributária, econômica e contra as relações de consumo); 25, § 2º, da Lei 7.492/86 (que

---

do grau de Mestre em Ciências Jurídicas. Pontifícia Universidade Católica do Rio de Janeiro, 1975, p. 60; TALAMINI, Eduardo. *Tutela relativa aos deveres de fazer e de não fazer e sua extensão aos deveres de entrega de coisa* (CPC, arts. 461 e 461-A; CDC, art. 84). 2. ed. São Paulo: Ed. RT, 2001, p. 177-178; RIBEIRO, Darci Guimarães. *Da tutela jurisdicional às formas de tutela*. Porto Alegre: Livraria do Advogado, 2010. Mais recentemente: MAZZOLA, Marcelo. *Sanções premiais no processo civil*: previsão legal, estipulação convencional e proposta de sistematização (*standards*) para sua fixação judicial. São Paulo: JusPodivm, 2022.

37. O art. 4º, IV, "c", da Lei 10.251/2001 (Estatuto da Cidade) prevê a possibilidade de benefícios fiscais e financeiros como instrumentos para ordenar o desenvolvimento das funções sociais da cidade e da propriedade urbana. Em doutrina, ver BRANDÃO, Virginia Junqueira Rugani; ARAÚJO, Marinella Machado. A sanção premial e a Lei de Responsabilidade Fiscal no âmbito das políticas urbanas municipais. *Revista de Direito Urbanístico, Cidade e Alteridade*. Minas Gerais, v. 1, n. 2, p. 199, jul./dez. 2015.
38. A Lei 4.409/15 do Município de Nova Friburgo, por exemplo, estimula a produção de cervejas artesanais no âmbito daquela localidade em troca da redução/isenção do valor do IPTU. Disponível em http://www.novafriburgo.cespro.com.br/geraPDF.php?pasta=6811/2015/L4409. Acesso em: 10 mar. 2023.
39. Vide, por exemplo, o Decreto 58.180, de 05 de abril de 2018, da Prefeitura de São Paulo.
40. O Decreto Municipal de Belo Horizonte 17.044/19, por exemplo, tem como objetivo fomentar a instalação e expansão de empreendimentos e novas unidades empresariais de base tecnológica no Município, prevendo, em contrapartida, reduções no ISS e no IPTU.
41. BASTIAN, Maria Eduarda Gasparotto de Azevedo. *O Acordo de Paris como solução efetiva às questões climáticas a partir do uso de sanções premiais*. Trabalho de conclusão de curso de Pós-graduação apresentado à Universidade Federal do Rio Grande do Sul, como requisito parcial para a conclusão do curso de Novas tendências do Direito Internacional. Porto Alegre, 2016, p. 72.
42. O STF já consignou, por exemplo, que fixação de sanções premiais não expressamente previstas na Lei 12.850/2013, mas aceitas de modo livre e consciente pelo investigado, "não geram invalidade do acordo". STF, AgRg no Inquérito 4.405/DF, Rel. Min. Luís Roberto Barroso, Primeira Turma, DJe 05.04.2018. Vale lembrar que, com o pacote AntiCrime (Lei 13.964/2019), a colaboração premiada ganhou novos contornos, mas fugiria ao escopo deste trabalho analisar as respectivas alterações.
43. Sobre o tema, ver GABRIEL, Anderson de Paiva. *Whistleblower no Brasil*: o informante do bem. Disponível em: https://www.jota.info/opiniao-e-analise/colunas/juiz-hermes/whistleblower-no-brasil-o-informante--do-bem-20042020. Acesso em: 10 mar. 2023.

define os crimes contra o sistema financeiro nacional); 8º da Lei 8.072/90 (que dispõe sobre os crimes hediondos); 1º, § 5º, da Lei 9.613/98 (que dispõe sobre os crimes de "lavagem" ou ocultação de bens, direitos e valores, e cria o Conselho de Controle de Atividades Financeiras – COAF); 14 da Lei 9.807/99 (que estabelece normas para a organização e a manutenção de programas especiais de proteção a vítimas e a testemunhas ameaçadas); 41 da Lei 11.343/06 ("Lei de Drogas"); e 4º, §§ 4º e 5º, da Lei 12.850/13 (que define organização criminosa e dispõe sobre a investigação criminal), entre outros.[44] Na área tributária, cabe mencionar os arts. 138 e 160, parágrafo único, do Código Tributário Nacional. Em relação especificamente ao art. 138, que materializa o instituto da denúncia espontânea, o STJ decidiu, em sede de recurso repetitivo, que a hipótese ocorre quando o contribuinte, após efetuar a declaração parcial do débito tributário sujeito a lançamento por homologação, acompanhado do respectivo pagamento integral, retifica-a antes de qualquer procedimento da Administração Tributária, noticiando a existência de diferença a maior e efetuando o pagamento concomitantemente. Na referida decisão, restou assentado que "a sanção premial contida no instituto da denúncia espontânea exclui as penalidades pecuniárias",[45] isto é, as multas de caráter punitivo, incluindo-se as multas moratórias decorrentes da impontualidade do contribuinte.

Ainda nesse campo, vale citar a Lei de Repatriação (Lei 13.254/2016), que prevê o afastamento de obrigações tributárias em caso de adesão ao programa e regularização da situação dos bens e direitos (art. 6º, § 4º).

Na área ambiental, afirma-se que uma "sanção positiva (incentivo) traz mais resultados benéficos ao meio ambiente do que a imposição de uma sanção negativa (castigo)".[46] Nesse segmento, destacam-se – dentro da ótica do princípio protetor-recebedor[47] – os arts. 41, I, da Lei 11.428/2006 (que dispõe sobre a utilização e proteção da vegetação nativa do Bioma Mata Atlântica); 6º, VI, da Lei 12.187/09 (que institui a Política Nacional sobre Mudança do Clima – PNMC); 8º, IX, e 44 da Lei 12.305/10 (que institui a Política Nacional de Resíduos Sólidos); 2º da Lei 12.512/11 (que institui o Programa de Apoio à Conservação Ambiental e o Programa de Fomento às Atividades Produtivas Rurais); e 41 e 58 da Lei 12.651/12 (Código Florestal).

Na seara administrativa, entende-se que a coerção estatal não é a única e nem sempre a forma mais efetiva de estimular comportamentos.[48] Nesse particular, Ra-

---

44. Por exemplo, o artigo 126 da Lei 7.210/84 (institui a Lei de Execução Penal).
45. REsp 1.149.022/SP, Rel. Min. Luiz Fux, Primeira Seção, DJe 24.06.2010.
46. MARINHO, Yuri Rugai. *Incentivos positivos para a proteção do meio ambiente*. Dissertação de mestrado. Universidade de São Paulo, 2014, p. 14-16. Disponível em https://www.teses.usp.br/teses/disponiveis/2/2131/tde-24032017-120036/pt-br.php. Acesso em: 10 mar. 2023. Para um exame mais detalhado dos incentivos fiscais no direito ambiental, ver TRENNEPOHL, Terence Dornelles. *Incentivos fiscais no direito ambiental*: para uma matriz energética limpa e o caso do etanol brasileiro. São Paulo: Saraiva, 2011.
47. HUPFFER, Haide Maria; SANTANNA, Gustavo da Silva; TORELLY, Priscila Manique. A sanção premial aplicável ao direito ambiental por meio do princípio do protetor-recebedor: o consumo consciente da água através do sistema de bandeiras tarifárias. *Revista da AGU*, Brasília-DF, v. 17, n. 04, out./dez. 2018, p. 131.
48. BINENBOJM, Gustavo. *Poder de polícia, ordenação e regulação*. Transformações político-jurídicas, econômicas e institucionais do direito administrativo ordenador. 2. ed. Belo Horizonte: Fórum, 2017, p. 75.

fael Carvalho Rezende Oliveira[49] afirma que a atuação por incentivos é encontrada, principalmente, no fomento e na regulação estatais, "que estabelecem prêmios para os atores econômicos e sociais que atuarem de determinada forma ou atingirem as metas fixadas pela Administração Pública". Como exemplo, o autor cita o contrato de performance, que estipula remuneração diferenciada, em razão do desempenho do contratado na Parceria Público-Privada e no Regime Diferenciado de Contratação (RDC), à luz das Lei 11.079/04 e 12.462/11.

Vale lembrar, ainda, que a Lei 14.320/21 alterou a Lei de Improbidade Administrativa (Lei 8.429/92), disciplinando, entre outras coisas, alguns requisitos do acordo de não persecução civil (art. 17-B), abrindo espaço para a formatação de arranjos premiais.[50]

De outra banda, com olhos no direito concorrencial, pode-se citar o art. 86 da Lei 12.529/11 (que estrutura o Sistema Brasileiro de Defesa da Concorrência). Tal dispositivo prevê a possibilidade de o CADE celebrar acordo de leniência, "com a extinção da ação punitiva da Administração Pública ou a redução de 1 (um) a 2/3 (dois terços) da penalidade aplicável", em relação às pessoas físicas e jurídicas que forem autoras de infração à ordem econômica, desde que colaborem efetivamente com as investigações, trazendo elementos importantes para a apuração da infração.[51]

Não bastassem as numerosas referências plasmadas em texto legal, também em âmbito jurisprudencial[52] a expressão sanção premial está largamente difundida.

No Supremo Tribunal Federal, muitas decisões fazem referência às sanções premiais, especialmente no campo penal. Por exemplo, o STF já reconheceu que o acordo de colaboração, ao estabelecer as sanções premiais a que fará jus o colaborador, pode dispor sobre questões de caráter patrimonial – como o destino de bens adquiridos com o produto da infração pelo agente colaborador –, sendo a sanção premial "legítima contraprestação ao adimplemento da obrigação por parte do colaborador".[53]

---

49. OLIVEIRA, Rafael Carvalho Rezende. *Novo perfil da regulação estatal*: Administração Pública de resultados e análise de impacto regulatório. Rio de Janeiro: Forense, 2015, p. 197-198.
50. MAZZOLA, Marcelo; REZENDE, Rafael Carvalho. Sanções premiais e o acordo de não persecução civil. Disponível em: https://www.conjur.com.br/2022-mai-30/mazzolae-oliveira-sancoes-premiais-anpc. Acesso em: 10 mar. 2023.
51. Para uma análise mais ampla do tema, ver FORGIONI, Paula Andrea. *Os Fundamentos do Antitruste*. 6. ed. rev., atual. e ampl. São Paulo: Ed. RT, 2013.
52. A expressão sanção premial consta, inclusive, da seção "Vocabulário Jurídico", no site do STF, com a seguinte nota: "Usar para se referir à consequência jurídica positiva pelo cumprimento de uma norma". Disponível em: http://www.stf.jus.br/portal/jurisprudencia/listarTesauro.asp?txtPesquisaLivre=SAN%C3%87%-C3%83O%20PREMIAL. Acesso em: 10 mar. 2023. A expressão também é indicada na seção "Vocabulário" do Tribunal de Contas da União, para se referir à "reação ou retribuição prevista no ordenamento normativo quando o agente adota a conduta aprovada ou esperada". Disponível em: https://contas.tcu.gov.br/ords/f?p=1678:10:114408514975439::NO::P10_COD_TERMO:1102458. Acesso em: 10 mar. 2023.
53. STF, HC 127.483/PR, Rel. Min. Dias Toffoli, Tribunal Pleno, DJe 04.02.2016.

Também na área pública, o STF já reconheceu a importância das sanções premiais, destacando que o marco legal das Organizações Sociais "inclina-se para a atividade de interesse público é estimulado por sanções premiais",[54] à luz dos princípios da consensualidade e da participação na Administração Pública.[55]

Por sua vez, o Superior Tribunal de Justiça já reconheceu, em algumas oportunidades, a importância das sanções premiais[56] e a possibilidade de sua coexistência com as sanções punitivas.[57]

No âmbito dos Tribunais de Justiça, uma pesquisa[58] realizada junto aos vinte e sete Tribunais do país revela a larga utilização da expressão, destacando-se decisões do TJ/CE,[59] TJ/DF,[60] TJ/ES,[61] TJ/MG,[62] TJ/PA,[63] TJ/PE,[64] TJ/PR,[65] TJ/RJ,[66] TJ/SC[67] e TJ/SP.[68]

---

54. STF, ADI 1.923/DF, Rel. Min. Ayres Britto, Rel. para acórdão Min. Luiz Fux, Tribunal Pleno, DJe 17.12.2015.
55. Sobre a aplicação de sanções premiais na relação trabalhista, ver STF, AI 598.457/SP, Rel. Min. Sepúlveda Pertence, DJ 10.11.2006.
56. REsp 1.424.814/SP, Rel. Min. Marco Aurélio Bellizze, Terceira Turma, DJe 10.10.2016. No mesmo sentido REsp 1.745.916/PR, Rel. Min. Nancy Andrighi, DJe 22.02.2019. Ver também REsp 1.745.773/DF, Rel. Min. Luis Felipe Salomão, Quarta Turma, DJe 08.03.2019; REsp 832.293/PR, Rel. Min. Raul Araújo, Quarta Turma, DJe 28.10.2015.
57. "Desse modo, absolutamente possível a coexistência de sanções negativas, consistentes em consequências gravosas e/ou punitivas oriundas do descumprimento da obrigação, com a estipulação de meios aptos a facilitar o adimplemento, ou mesmo de vantagens (sanções positivas) ao contratante que, ao tempo e modo ajustado, cumpri com o seu dever pactuado". STJ, REsp 1.579.321/SP, Rel. Min. Paulo de Tarso Sanseverino, Terceira Turma, DJe 21.02.2018.
58. A busca foi feita nos sites dos tribunais pelas expressões "sanção premial" e "sanções premiais". Levou-se em consideração apenas os julgados cujas ementas contêm tais termos, citando-se na tese apenas um exemplo de cada TJ (após a leitura do inteiro teor de todas as decisões). Dentro da metodologia adotada, não foram encontrados exemplos nos Tribunais de Justiça do Acre, Alagoas, Amazonas, Amapá, Bahia, Goiás, Maranhão, Mato Grosso do Sul, Mato Grosso, Paraíba, Piauí, Rio Grande do Norte, Rondônia, Roraima, Sergipe e Tocantins, em que pese tenham sido localizados julgados que fazem referência a tais expressões no inteiro teor dos votos. A pesquisa foi feita em janeiro de 2020.
59. EDcl 0523482-89.2011.8.06.0001, Des. Rel. Durval Aires Filho, Quarta Câmara Direito Privado, DJe 04.04.2017. Disponível em: https://www.tjce.jus.br/. Acesso em: 10. mar. 2023.
60. APL 0005418-76.2016.8.07.0004, Des. Rel. Diaulas Costa Ribeiro, Oitava Turma Cível, DJe 07.02.2018. Disponível em: https://www.tjdft.jus.br/. Acesso em: 10 mar. 2023.
61. AI 0023023-23.2012.8.08.0012, Des. Rel. Eliana Junqueira Munhos Ferreira, Quarta Câmara Cível, Dje 26.10.2012. Disponível em: http://www.tjes.jus.br/. Acesso em: 10 mar. 2023.
62. APL 1761936-39.2012.8.13.0024, Des. Rel. José Marcos Vieira, Décima Sexta Câmara Cível, DJe 24.02.2014. Disponível em: https://www.tjmg.jus.br/. Acesso em: 10 mar. 2023.
63. Recurso Administrativo 00006893920078140000, Des. Rel. Eliana Rita Daher Abufaiad, Conselho da Magistratura, DJe 19.10.2007. Disponível em: http://www.tjpa.jus.br/. Acesso em: 10 mar. 2023.
64. AI 0011750-97.2013.8.17.0000, Des. Rel. Roberto da Silva Maia, Primeira Câmara Cível, DJe 23.10.2014. Disponível em: https://www.tjpe.jus.br/. Acesso em: 10 mar. 2023.
65. APL 1696358-5, Des. Rel. Desembargador José Sebastião Fagundes Cunha, Terceira Câmara Cível, DJe 28.08.2017. Disponível em: https://www.tjpr.jus.br/. Acesso em: 10 mar. 2023.
66. AI 0043876-39.2019.8.19.0000, Des. Rel. Alexandre Antônio Franco Freitas Câmara, Segunda Câmara Cível, Dje 19.09.2019. Disponível em: http://www.tjrj.jus.br/. Acesso em: 10 mar. 2023.
67. AI 4018441-25.2017.8.24.0000, Des. Rel. Luiz Zanelato, Primeira Câmara de Direito Comercial, Dje 14.10.2019. Disponível em: https://www.tjsc.jus.br/. Acesso em: 10 mar. 2023.
68. AI 2248286-30.2019.8.26.0000, Des. Rel. Ana de Lourdes Coutinho Silva da Fonseca, Décima Terceira Câmara de Direito Privado, DJe 16.01.2020. Disponível em: https://www.tjsp.jus.br/. Acesso em: 10 mar. 2023.

Em relação aos cinco Tribunais Regionais Federais,[69] a expressão também pode ser encontrada em muitos julgados do TRF-1,[70] TRF-2,[71] TRF-3,[72] TRF-4[73] e TRF-5,[74] o que confirma a sua ampla disseminação.

4. SANÇÕES PREMIAIS NO CPC DE 2015

Existem vários dispositivos no CPC em vigor que contemplam benefícios para estimular determinada conduta ou comportamento. A ideia aqui não é exaurir os exemplos, mas apenas destacar alguns deles.

O art. 90, § 3º[75] estabelece que, se as partes alcançarem composição amigável antes da sentença, ficam dispensadas de pagamento de custas processuais remanescentes. Nesse ponto, o STJ já consignou que o benefício não abrange a taxa judiciária, que não pode ser confundida com custas processuais remanescentes, em razão de suas diferentes finalidades.[76]

Por sua vez, se o réu reconhecer a procedência do pedido e, simultaneamente, cumprir a obrigação, os honorários serão reduzidos pela metade (art. 90, § 4º[77]). De acordo com o STJ, tal dispositivo insere no ordenamento jurídico "salutar medida de estímulo à solução célere e efetiva das demandas judiciais, beneficiando o réu com a redução da verba pela metade, sempre que reconheça a procedência do pedido e cumpra integralmente a obrigação".[78]

A doutrina afirma que o referido dispositivo – também aplicado pela Justiça do Trabalho[79] (art. 15 do CPC) – "positivou verdadeiro estímulo econômico ao reconhe-

---

69. A busca foi feita nos sites dos Tribunais Regionais Federais pelas expressões "sanção premial" e "sanções premiais". Levou-se em consideração apenas os julgados cujas ementas contêm tais expressões, citando-se nesta obra apenas um exemplo de cada TRF (após a leitura do inteiro teor de todas as decisões).
70. APL 0020338-11.2011.4.01.3600, Rel. Des. Clemencia Maria Almada Lima de Angelo, Oitava Turma, DJe 06.12.2019. Disponível em: https://portal.trf1.jus.br/. Acesso em: 10 mar. 2023.
71. AI 2015.00.00.002189-7, Des. Rel. Marcus Abraham, Quinta Turma Especializada, DJe 14.03.2016. Disponível em: https://www10.trf2.jus.br/. Acesso em: 10 mar. 2023.
72. APL 0014809-86.2012.4.03.6100, Des. Rel. Marcelo Saraiva, Quarta Turma, DJe 24.10.2019. Disponóivel em: https://www.trf3.jus.br/. Acesso em: 10 mar. 2023.
73. APL em Reexame Necessário 5001199-73.2013.4.04.7111, Des. Rel. Maria de Fátima Freitas Labarrère, Primeira Turma, j. 11.12.2013. Disponível em: https://www.trf4.jus.br/. Acesso em: 10 mar. 2023.
74. APL 08020589120174058302, Des. Rel. Rodrigo Vasconcelos Coelhos de Araújo, Primeira Turma, DJe 26.03.2018. Disponível em: https://www.trf5.jus.br/. Acesso em: 10 mar. 2023.
75. Neste sentido, o Enunciado 112 do FPPC: "No processo do trabalho, se a transação ocorrer antes da sentença, as partes ficam dispensadas do pagamento das custas processuais, se houver".
76. REsp, 1.880.944/SP, Rel. Min. Nancy Andrighi, Terceira Turma, DJe 26.03.2021.
77. A propósito, vale citar o Enunciado 114, aprovado no V Fórum Nacional do Poder Público: "A necessária submissão ao procedimento de ofício requisitório não é obstáculo para a aplicação do benefício do art. 90, § 4º, do CPC no que se refere ao reconhecimento do pedido pelo Poder Público". Vide também os Enunciados 9 e 10 da I Jornada de Direito Processual Civil, do Conselho da Justiça Federal. Enunciado 9: "Aplica-se o art. 90, § 4º, do CPC ao reconhecimento da procedência do pedido feito pela Fazenda Pública nas ações relativas às prestações de fazer e não fazer". Enunciado 10: "O benefício do § 4º do art. 90 do CPC aplica-se apenas à fase de conhecimento".
78. REsp 1.672.833/MG, Rel. Min. Herman Benjamin, Segunda Turma, DJe 05.10.2020.
79. TRT/4ª Região, RO 0020516-25.2016.5.04.0008, Des. Rel. Lais Helena Jaeger Nicotti, Primeira Turma, DJe 17.10.2017.

cimento jurídico do pedido",[80] buscando "incentivar a parte a cumprir sua obrigação mediante o oferecimento de uma melhora na sua situação".[81]

Em relação à ação de dissolução parcial de sociedade, o art. 603 determina que, havendo manifestação expressa e unânime pela concordância da dissolução, o juiz a decretará, passando-se imediatamente à fase de liquidação, sendo certo que, nessa hipótese, não haverá condenação em honorários advocatícios de nenhuma das partes e as custas serão rateadas segundo a participação das partes no capital social.

Na hipótese acima, o legislador estimula as partes a consentirem com o pedido de dissolução, isentando-as do pagamento de honorários sucumbenciais e determinando o rateio proporcional das custas. Assim, "solucionado o pedido de dissolução, gasta-se energia apenas, e com mais rapidez, na apuração dos haveres".[82] A norma é considerada "bastante oportuna",[83] sobretudo diante dos elevados custos para uma perícia especializada.

Quanto à ação monitória, se o réu efetuar o pagamento da dívida no prazo legal, incluindo o percentual de cinco por cento a título de honorários advocatícios (metade do mínimo legal), ficará eximido das custas processuais (art. 701, *caput* e § 1º[84]). Note-se que, uma vez oferecidos os embargos monitórios e com a conversão do procedimento para o comum, não há mais espaço para a aplicação do percentual de cinco por cento a título de honorários, devendo o juiz, quando for sentenciar, observar o disposto no art. 85, §§ 2º e 8º, do CPC.

Sob o prisma da execução, se o executado efetuar o pagamento integral[85] do débito no prazo de 03 (três) dias, o valor dos honorários advocatícios será reduzido pela metade (art. 827, § 1º[86]). Tal dispositivo também se aplica às exe-

---

80. MACHADO, Marcelo Pacheco. In: GOUVÊA, José Roberto Ferreira; BONDIOLI, Luis Guilherme Aidar; FONSECA, João Francisco Neves da. (Coord.). *Comentários ao Código de Processo Civil* – dos Embargos de Terceiro até da Restauração dos Autos. São Paulo: Saraiva, 2017, p. 136.
81. NEVES, Daniel Amorim Assumpção. *Novo Código de Processo Civil comentado*. Salvador: JusPodivm, 2016, p. 145.
82. NOGUEIRA, Luiz Fernando Valladão. *A alteração da ordem processual no novo CPC* – aspectos gerais e o Direito Empresarial. Disponível em: http://m.migalhas.com.br/depeso/272365/a-alteracao-da-ordem-processual-no-novo-cpc-aspectos-gerais-e-o. Acesso em: 10 mar. 2023.
83. LUPI, André Lipp Pinto Basto. A dissolução parcial de sociedade na vigência do novo CPC: apontamentos a partir da jurisprudência recente (2016-2018). *Revista de Processo*. São Paulo: Ed. RT, n. 293, p. 286-287, jul./2019.
84. Na jurisprudência: "1. Os honorários advocatícios fixados no art. 701 do CPC caracterizam-se como um benefício legal ao devedor (sanção premial), para incentivá-lo a cumprir a sua obrigação". TJ-DF, APL 0005418-76.2016.8.07.0004, Des. Rel. Diaulas Costa Ribeiro, Oitava Turma Cível, DJe 07.02.2018.
85. "Questão que se põe é saber se, havendo o pagamento parcial, há incidência da sanção premial aqui indicada. Entendo que não há como se aplicar esse benefício, porquanto a norma é clara ao dizer que somente haverá a redução dos honorários, se houver o pagamento integral da dívida dentro do prazo de três dias, e não qualquer pagamento". BECKER, Rodrigo Frantz. *Manual do Processo de Execução* – dos títulos judiciais e extrajudiciais. Salvador: JusPodivm, 2021, p. 425.
86. "(...) em vez de buscar esse adimplemento voluntário pela imposição de uma ameaça, como ocorre com a previsão da multa legal a que alude o art. 523, § 1º, do CPC, o legislador optou por valer-se de um incentivo. É o exemplo do que se convencionou chamar de sanção premial, assim entendida a técnica por meio da qual se busca induzir o cumprimento voluntário de uma prestação mediante incentivo". DIDIER JR., Fredie;

cuções fundadas em título executivo extrajudicial de obrigação de fazer, não fazer e entrega de coisa.[87]

Ainda no âmbito da execução por título extrajudicial, se o executado, no prazo dos embargos, reconhecer o crédito do exequente e comprovar o depósito de pelo menos trinta por cento[88] do valor da execução, acrescido de custas e honorários, poderá parcelar o restante em até 06 (seis) parcelas mensais, acrescidas de correção monetária e juros de mora de um por cento ao mês, independentemente de concordância do exequente (art. 916). A opção pelo parcelamento importa renúncia ao direito de oferecer embargos (art. 916, § 6º).

Vale destacar que esse benefício não se aplica à fase de cumprimento de sentença (art. 916, § 7º), em que pesem algumas decisões isoladas em sentido contrário.[89] Por outro lado, tal previsão é aplicável à ação monitória envolvendo obrigação de pagar (art. 701, § 5º),[90] sendo certo que, nessa hipótese de parcelamento, não incidem os benefícios da isenção das custas.

Outro interessante exemplo de sanção premial envolve a sistemática de substituição do polo passivo. Como se sabe, se o autor concordar com a alegação de ilegitimidade passiva suscitada pelo réu – ou com sua ausência de responsabilidade pelos fatos –, pagará a título de honorários sucumbenciais apenas três a cinco por cento do valor da causa (art. 338, parágrafo único).[91] Sendo irrisório o valor, aplicar-se-á o art. 85, § 8º. Com outras palavras, em vez de correr o risco de pagar futuramente entre 10 a 20% do valor da condenação, do proveito econômico ou do valor da causa a título de honorários sucumbenciais, o autor pode consentir desde logo com a substituição do réu para se beneficiar de uma significativa redução sucumbencial.

CUNHA, Leonardo Carneiro da; BRAGA, Paula Sarno; OLIVEIRA, Rafael Alexandria de. *Curso de Direito Processual Civil*: execução. 7. ed. Salvador: JusPodivm, 2017, v. 5. p. 752.

87. Enunciado 451 do FPPC: "A regra decorrente do caput e do § 1º do art. 827 aplica-se às execuções fundadas em título executivo extrajudicial de obrigação de fazer, não fazer e entrega de coisa".
88. "O percentual de 30% (trinta por cento) é o mínimo, nada havendo de empecilho para que montante mais alargado seja depositado judicialmente, com a diminuição do saldo devedor, tendo em vista que o executado pode pretender diminuir os efeitos dos juros de 1% (um por cento)". MAZZEI, Rodrigo. Notas sobre a possibilidade de pagamento parcelado na execução extrajudicial: principais mudanças entre o art. 745-A do CPC revogado em relação ao art. 916 do CPC/15. In: DIDIER JR., Fredie (Coord. Geral); MACÊDO, Lucas Buril de; PEIXOTO, Ravi; FREIRE, Alexandre (Org.). *Novo CPC doutrina selecionada (execução)*. 2. ed. rev. e atual. Salvador: JusPodivm, 2016, v. 5. p. 582.
89. TJ-PR, AI 0013569-91.2016.8.16.0000, Des. Rel. Marcelo Gobbo Dalla Dea, Décima Oitava Câmara Cível, DJe 12.05.2017.
90. "Há que se fazer algumas adaptações, pois a regra do art. 916 somente se aplica às ações monitórias que envolvam pagamento de quantias, não se cogitando sua aplicação nos casos de entrega de coisa ou para execução de obrigação de fazer ou não fazer". MAZZEI, Rodrigo. Notas sobre a possibilidade de pagamento parcelado na execução extrajudicial: principais mudanças entre o art. 745-A do CPC revogado em relação ao art. 916 do CPC/15. In: DIDIER JR., Fredie (Coord. Geral); MACÊDO, Lucas Buril de; PEIXOTO, Ravi; FREIRE, Alexandre (Org.). *Novo CPC doutrina selecionada (execução)*. 2. ed., rev. e atual. Salvador: JusPodivm, 2016, v. 5, p. 589.
91. Sobre o tema, o Enunciado 242 do FPPC assinala que o "dispositivo se aplica mesmo a procedimentos especiais que não admitem a intervenção de terceiros, bem como aos juizados especiais cíveis, por se tratar de mecanismo saneador, que excepciona a estabilização do processo".

Na ilustração destacada, há evidente prêmio (redução dos honorários) para estimular um comportamento (a substituição/exclusão do réu do polo passivo). A medida também prestigia a primazia de mérito, evitando que, ao final, seja proferida eventual decisão de extinção do processo sem resolução do mérito (quando for a hipótese de ilegitimidade passiva).

Por fim, o § 2º do art. 1.040 prevê que, se a desistência da ação ocorrer antes do oferecimento da contestação, a parte ficará isenta do pagamento das custas e dos honorários de sucumbência. Nesse dispositivo, há previsão expressa de isenção dos ônus sucumbenciais, com um marco temporal bem sinalizado (oferecimento da contestação), diferentemente da "desistência" regular (em que o STJ entende que, se a desistência ocorrer depois da citação, os ônus sucumbenciais já são devidos, mesmo que ainda não haja contestação).[92] A doutrina reconhece que, nessa hipótese, "citado o réu, mas ainda não oferecida a contestação, o autor será premiado com a dispensa das custas e da isenção de honorários advocatícios numa causa fadada ao insucesso diante do decidido no recurso repetitivo".[93]

Em todos os exemplos listados (extraídos do CPC em vigor), o destinatário da norma pode adotar ou não comportamento descrito, não sofrendo qualquer penalidade, caso a conduta não seja exercida. Por outro lado, se o comportamento for adotado, o destinatário terá direito ao prêmio, ainda que com eventual sacrifício de posição jurídica alheia.

5. SANÇÕES PREMIAIS E CONVENÇÕES PROCESSUAIS

O CPC de 2015 adota um modelo cooperativo de processo, valorizando a autonomia da vontade e a maior participação dos sujeitos processuais,[94] o que contribui para a formatação de convenções processuais.

De um modo geral, a doutrina define a convenção processual como o fato jurídico voluntário, "em cujo suporte fático confere-se ao sujeito o poder de escolher a categoria jurídica ou estabelecer, dentro dos limites fixados no próprio ordenamento jurídico, certas situações jurídicas processuais",[95] ou, ainda, o negócio jurídico plurilateral, pelo qual as partes, antes[96] ou durante o processo "e sem necessidade

---

92. AgInt no AREsp 1449328/SP, Rel. Min. Antonio Carlos Ferreira, Quarta Turma, DJe 22.08.2019; REsp 548.559/PE, Rel. Min. Teori Albino Zavascki, Primeira Turma, DJ 03.05.2004.
93. MEIRELES, Edilton. Medidas sub-rogatórias, coercitivas, mandamentais e indutivas no Código de Processo Civil de 2015. *Revista de Processo*. São Paulo: Ed. RT, n. 247, p. 241, set. 2015.
94. WELSCH, Gisele Mazzoni. Aspectos relevantes e critérios necessários na formação de precedentes vinculantes nas demandas repetitivas. In: LUCON, Paulo Henrique dos Santos; APRIGLIANO, Ricardo de Carvalho; SILVA, João Paulo Hecker da; VASCONCELOS, Ronaldo; ORTHMANN, André (Coord.). *Processo em Jornadas*. XI Jornadas Brasileiras de Direito Processual. XXV Jornadas Ibero-Americanas de Direito Processual. Salvador: JusPodivm, 2016, p. 361.
95. DIDIER JR., Fredie; NOGUEIRA, Pedro Henrique Pedrosa. *Teoria dos fatos jurídicos processuais*. 2. ed. Salvador: JusPodivm, 2012, p. 59-60.
96. PANTOJA, Fernanda Medina. Convenções pré-processuais para a concepção de procedimentos preliminares extrajudiciais. In: MARCATO, Ana; GALINDO, Beatriz; GÓES, Gisele Fernandes; BRAGA, Paula Sarno;

de intermediação de nenhum outro sujeito, determinam a criação, modificação e extinção de situações jurídicas processuais, ou alteram o procedimento".[97]

Na prática, são declarações de vontade que têm o condão de constituir, regular, modificar e extinguir direitos e obrigações, bem como alterar a forma do procedimento.

Sem dúvida, as convenções processuais favorecem uma "customização processual compartilhada",[98] permitindo que os sujeitos processuais passem a ser coautores da produção da norma, o que confere maior legitimidade e dinamismo à relação processual.[99]

O art. 190 do CPC em vigor – verdadeira cláusula geral de negociação – positivou tal possibilidade, o que é reforçado pelo art. 200 e pelas próprias normas fundamentais (art. 3º, §§ 2º e 3º).[100] Com isso, as partes podem efetivamente afastar a incidência de norma legal,[101] aplicando a norma convencional.[102-103]

De toda sorte, convém lembrar que essa maior autonomia da vontade das partes não impede o necessário (irrenunciável e inafastável) controle judicial sobre a regularidade da prática dos atos, a começar pela observância dos requisitos[104] previstos na respectiva cláusula geral: capacidade das partes e possibilidade de autocomposição (art. 190, caput)[105] Além disso, o parágrafo único do art. 190 prevê algumas situações em que o juiz pode controlar a validade das convenções processuais, o que, evidentemente, também deve ser observado nos ajustes premiais.

Seja como for, o que interessa destacar aqui é a possibilidade de celebração de *convenções processuais que contemplem prêmios* (sanções premiais convencionais)

APRIGLIANO, Ricardo; NOLASCO, Rita (Coord.). *Negócios processuais*. Coletânea Mulheres no Processo Civil Brasileiro. Salvador: JusPodivm, 2018, p. 143.
97. CABRAL, Antonio do Passo. *Convenções processuais*. Salvador: JusPodivm, 2016, p. 68.
98. ABREU, Rafael Sirangelo de. "Customização Processual Compartilhada": O sistema de adaptabilidade do novo CPC. *Revista de Processo*. São Paulo: Ed. RT, n. 257, p. 51-76, jul. 2016.
99. José Roberto dos Santos Bedaque sustenta que a flexibilização promove o deslocamento do polo criador da norma, atualmente nas mãos do Estado, para as partes ou para o próprio juiz, desde que com a prévia ciência daquelas. BEDAQUE, José Roberto dos Santos. *Efetividade do processo e técnica processual*. 3. ed. São Paulo: Malheiros, 2010, p. 101.
100. Sobre a relação entre normas fundamentais (especialmente os arts. 3º, § 2º, do CPC – incentivo à autocomposição) e convenções processuais, ver TEMER, Sofia. *Participação no processo civil*: repensando litisconsórcio, intervenção de terceiros e outras formas de atuação. Salvador: JusPodivm, 2020, p. 120.
101. CABRAL, Antonio do Passo. Convenções sobre os custos da litigância: introdução ao seguro e ao financiamento processuais. *Revista de Processo*. São Paulo: Ed. RT, n. 277, mar./2018, p. 48.
102. YARSHELL, Flávio Luiz. Convenção das partes em matéria processual: rumo a uma nova era? In: CABRAL, Antonio do Passo; NOGUEIRA, Pedro Henrique Barbosa (Coord.). *Negócios jurídicos processuais*. Salvador: JusPodivm, 2015, p. 64.
103. Não se descarta a possibilidade de uso de algum modelo legal como base a ser "customizada", efetuando-se as adaptações. No tema: NOGUEIRA, Pedro Henrique; MAZZEI, Rodrigo. Anotações prévias sobre a negociação processual e a proposta de desjudicialização. In: BELLIZZE, Marco Aurélio; MENDES, Aluisio Gonçalves de Castro; ARRUDA ALVIM, Teresa; NAVARRO, Trícia (Coord.). *Execução Civil*: novas tendências. Indaiatuba: Editora Foco, 2022, p. 735-744.
104. ALMEIDA. Diogo Rezende Assumpção de. *A contratualização do processo*: das convenções processuais no processo civil. São Paulo: LTr, 2015.
105. BUENO, Cassio Scarpinella. *Novo Código de Processo Civil Anotado*. São Paulo: Saraiva, 2015, p. 316.

para estimular determinado comportamento (não obrigatório).[106] A mesma lógica, portanto, das sanções premiais legais.

Nesse tipo de convenção processual, o prêmio é condicionado à prática do ato, que pode ou não ser realizado pela parte (facultatividade), sem que isso gere punição. Ou seja, as partes não estabelecem um dever ou uma obrigação, ou eventual rito diferenciado a ser seguido, mas apenas preveem uma vantagem ou um benefício para estimular a conduta especificada.

Parece claro que a estipulação de convenções processuais dessa natureza pode contribuir para aproximar as partes,[107] fomentar "trocas voluntárias entre os sujeitos"[108] e criar novas dinâmicas de escolha, inclusive com benefícios recíprocos. Mais do que isso, as sanções premiais embutidas em convenções processuais podem ajudar a criar um círculo virtuoso de positividade, capaz de valorizar a eficiência processual, a duração razoável do processo, o acesso à justiça, entre outras garantias processuais.

Interessante observar que as convenções processuais, ao promoverem um "rearranjo das relações entre direito e processo", permitem que as partes criem "trocas entre direito material e direito processual, um *trade-off* entre formalidades processuais e benefícios no campo do direito material".[109] Com isso, normas de direito processual e disposições inerentes ao direito material podem eventualmente se misturar.

Diante do caráter eminentemente patrimonial da execução de alimentos, algumas convenções de natureza premial podem ser celebradas, o que será apresentado no item 8.

6. SANÇÕES PREMIAIS E SUA ESTIPULAÇÃO JUDICIAL

Como visto até aqui, os prêmios podem decorrer da lei ou de convenções processuais. Mas é possível também que sejam criados pelo juiz. Registre-se que, da mesma forma que nas sanções premiais legais e convencionais, o destinatário do comando

---

106. Concordamos com Fredie Didier Jr., Júlia Lipiani e Leandro Santos Aragão quando afirmam que as convenções processuais são "um ativo importante no momento da negociação (por exemplo, para se pleitear um negócio material mais vantajoso, em troca de concessões nos negócios jurídicos processuais e vice- versa)". DIDIER JR., Fredie; LIPIANI, Júlia; ARAGÃO, Leandro Santos. Negócios jurídicos processuais em contratos empresariais. *Revista de Processo*. São Paulo: Ed. RT, n. 279, p. 41-42. Maio 2018.
107. VILELA, Daniela Rodrigues Machado. *O direito premial trabalhista como perspectiva para o futuro do trabalho*. Dissertação apresentada ao Programa de Pós-Graduação em Direito, da Faculdade de Direito, da Universidade Federal de Minas Gerais, como requisito parcial à obtenção do título de Mestre em Direito do Trabalho. Belo Horizonte, 2016, p. 105.
108. RETES, Tiago A. Leite. Recursos e convenções processuais: entre efetividade e garantias processuais. In: DIDIER JR., Fredie (Coord. geral); CABRAL, Antonio do Passo; NOGUEIRA, Pedro Henrique (Coord.). *Negócios Processuais*. Coleção Grandes Temas do CPC. Salvador: JusPodivm, 2020, p. 429.
109. CABRAL, Antonio do Passo. Da instrumentalidade à materialização do processo: as relações contemporâneas entre direito material e direito processual. *Civil Procedure Review*, v. 12, n. 2: maio/ago. 2021, p. 87-88. O doutrinador cita, por exemplo, a possibilidade de se "reduzir o preço em troca de renúncias a impenhorabilidades; ou conceder mais prazo para cumprimento em função de redução da complexidade ou duração do procedimento para recuperar o crédito judicialmente em caso de inadimplemento". Com isso, as normas processuais "criam incentivos, operando como regulação *primária* de conduta dos indivíduos fora do Judiciário", reforçando, ainda, as normas de direito material.

judicial premial não é obrigado a adotar a conduta especificada. Em caso de inércia, apenas não receberá o prêmio. Trata-se de conduta facultativa, cuja não observância não gera qualquer punição.

Uma ressalva importante: nas sanções premiais legais, pode haver um sacrifício na órbita de terceiro (redução dos honorários advocatícios, isenção das custas etc.). Porém, tais interferências são escolhas legislativas – ainda que sem estudo prévio – que avaliam e sopesam, em cenário *ex ante*, os valores em jogo. Já nas sanções premiais negociadas, prevalece a livre autonomia da vontade e eventuais restrições a direitos dos participantes decorrem do seu próprio consentimento.

A lógica, todavia, não se aplica às sanções premiais fixadas judicialmente, pois o juiz não pode prejudicar direito alheio, transferir externalidades ao Judiciário, deixar de fundamentar adequadamente o comando premial e ignorar a proporcionalidade.[110]

Consigne-se, ainda, que, em uma mesma decisão judicial, o juiz tanto pode fixar uma sanção premial atípica como uma sanção punitiva.[111] Ou seja, é possível que o juiz ordene a prática de determinado ato, sob pena de multa diária, indicando que, se a medida for praticada antes do prazo final, o destinatário receberá um prêmio por ter antecipado o cumprimento da obrigação. Nesse particular, vale lembrar que o art. 139, IV, do CPC autoriza expressamente o juiz a fixar medidas indutivas para assegurar o cumprimento da ordem judicial,[112] o que prestigia a eficiência processual, a primazia de mérito, a duração razoável do processo, entre outras normas fundamentais do processo civil.[113]

Note-se que, embora parcela da doutrina assinale que as medidas coercitivas são, na verdade, espécies de medidas indutivas,[114] não se deve confundir coerção com indução. As medidas coercitivas são aquelas que pressionam o devedor a adimplir a obrigação indicada na decisão judicial. Alguns exemplos (típicos) são as astreintes,[115]

---

110. MAZZOLA, Marcelo. *Sanções premiais no processo civil*: previsão legal, estipulação convencional e proposta de sistematização (*standards*) para sua fixação judicial. São Paulo: JusPodivm, 2022.
111. Enunciado 714 do FPPC: O juiz pode cumular medida indutiva e coercitiva para o cumprimento da obrigação.
112. MEIRELES, Edilton. Medidas sub-rogatórias, coercitivas, mandamentais e indutivas no Código de Processo Civil de 2015. *Revista de Processo*. São Paulo: Ed. RT, n. 247, p. 243. set. 2015.
113. "Destarte, é possível afirmar que, ao estimularem comportamentos positivos com o objetivo de se alcançarem resultados desejados, as medidas indutivas podem ensejar a resolução do mérito e realização da atividade satisfativa de maneira eficiente. Um processo eficiente, como exigido pelo art. 8º do CPC/15, é um processo que alcança o melhor resultado no menor espaço de tempo e trazendo a maior satisfação possível para os jurisdicionados, o que pode ser concretizado não apenas através das tradicionais medidas sub-rogatórias ou coativas, como também através de técnicas que busquem incentivar o sujeito passivo a adotar comportamentos voltados ao cumprimento do dever ou da prestação que lhe incumbe". MAZZEI, Rodrigo; ROSADO, Marcelo da Rocha. A cláusula geral de efetivação e as medidas indutivas no CPC/15. In: DIDIER JR., Fredie (Coord. geral); TALAMINI, Eduardo; MINAMI, Marcos (Coord.). *Medidas Executivas Atípicas*. Salvador: JusPodivm, 2018, Coleção Grandes temas do Novo CPC, p. 518. No mesmo sentido MÜLLER, Julio Guilherme. *Negócios Processuais e Desjudicialização da Produção da Prova* – Análise econômica e jurídica. São Paulo: Ed. RT, 2017, p. 305.
114. CARVALHO FILHO, Antônio; SOUSA, Diego Crevelin de; PEREIRA, Mateus Costa. *Réquiem às medidas judiciais atípicas nas execuções pecuniárias* – art. 139, IV, CPC. Londrina: Thoth, 2020, p. 49.
115. Para Cassio Scarpinella Bueno, a multa "representa uma forma de exercer pressão psicológica no obrigado para que realize a obrigação a que está sujeito". BUENO, Cassio Scarpinella. *Curso sistematizado de direito processual civil*: tutela jurisdicional executiva. 4. ed. São Paulo: Saraiva, 2011, v. 3. p. 467.

a prisão do devedor de prestação alimentar, a inclusão do executado no cadastro de inadimplentes e o protesto da decisão judicial. Por sua vez, as medidas indutivas,[116] embora também objetivem "pressionar" o devedor a cumprir o preceito, distinguem-se das coercitivas em razão da natureza e da consequência jurídica.

Nas coercitivas, existe uma consequência negativa (por exemplo, a incidência de uma multa ou a caracterização de crime de desobediência), caso a obrigação não seja cumprida. Já nas indutivas, há, a rigor, uma consequência positiva (um prêmio) para estimular o cumprimento do comando (cuja não observância, porém, não enseja, por si só, uma penalidade). Nas coercitivas, o que se quer é pressionar e constranger, enquanto nas indutivas o que se busca é influenciar positivamente, motivar e seduzir.

Fixada a premissa, não se pode negar que o art. 139, IV, do CPC, verdadeira cláusula geral, materializa avanço significativo se comparado ao CPC de 1973, sobretudo porque, no código anterior, não se falava expressamente em medidas indutivas e tampouco havia a previsão de medidas atípicas nas ações envolvendo prestação pecuniária.

Nesse contexto, é perfeitamente possível a estipulação judicial de sanções premiais no âmbito da execução de alimentos, como será detalhado mais adiante.

7. EXECUÇÃO DE ALIMENTOS E AS MEDIDAS EXECUTIVAS

A execução dos alimentos pode ocorrer basicamente de duas formas, pelo rito de prisão (coerção pessoal do devedor) ou pelo rito de penhora ou expropriatório (constrição patrimonial). Também é possível protestar o título executivo, requerer o desconto do valor em folha de pagamento, entre outras medidas típicas ou atípicas.[117]

Note-se que é perfeitamente possível a cumulação de medidas executivas típicas, desde que se refiram a obrigações distintas (ex: alimentos vencidos e vincendos). No REsp 1.930.593/MG, por exemplo, o STJ entendeu que é possível cumular prisão e penhora:

> É cabível a cumulação das técnicas executivas da coerção pessoal (prisão) e da coerção patrimonial (penhora) no âmbito do mesmo processo executivo de alimentos, desde que não haja prejuízo ao devedor (a ser devidamente comprovado) nem ocorra nenhum tumulto processual no caso em concreto (a ser avaliado pelo magistrado).[118]

Se o STJ admite a cumulação de medidas coercitivas (sejam elas típicas ou não), também é possível pensar na cumulação de medidas coercitivas e indutivas (essas

---

116. "As medidas indutivas podem estar previamente contidas no comando legal que preenche o suporte fático da decisão judicial. Estas medidas agregam à decisão judicial um incentivo ao cumprimento espontâneo do comando, inclusive com o fim de evitar medidas coercitivas pessoais e patrimoniais próprias da execução indireta, ou mesmo, a aplicação da técnica sub-rogatória, que revela a execução direta". ARAÚJO, Fabio Caldas de. *Curso de Processo Civil*. São Paulo: Malheiros, 2016, p. 642.
117. Se o título executivo for judicial, os artigos aplicados para execução forçada são os arts. 528 a 532 do Código de Processo Civil e, se extrajudicial, os arts. 911 a 913 do mesmo código.
118. REsp 1.930.593/MG, relator Ministro Luis Felipe Salomão, Quarta Turma, julgado em 09.08.2022, DJe de 26.08.2022.

sempre atípicas – uma vez que a lei não traz expressamente os prêmios que podem ser fixados), o que pode ser feito pelas partes de modo convencional ou pelo próprio juiz, respeitando-se sempre as prescrições constitucionais.[119]

8. SANÇÕES PREMIAIS NA EXECUÇÃO DE ALIMENTOS

Em relação aos alimentos, vale lembrar que o Código Civil, em seu art. 1707, prevê que "pode o credor não exercer, porém lhe é vedado renunciar o direito a alimentos, sendo o respectivo crédito insuscetível de cessão, compensação ou penhora".

De qualquer modo, a execução de alimentos pode ser negociada, seja em relação à sua forma ou ao seu conteúdo. Foi o que o STJ decidiu no Recurso Especial 1.529.532/DF:

> É irrenunciável o direito aos alimentos presentes e futuros, mas pode o credor renunciar aos alimentos pretéritos devidos e não prestados, isso porque a irrenunciabilidade atinge o direito, e não o seu exercício.[120]

Ou seja, é possível transacionar em relação aos alimentos pretéritos. Nesse contexto, é fértil o espaço para a utilização de sanções premiais na seara em questão, favorecendo o cumprimento voluntário da obrigação e dando maior efetividade ao procedimento.

A propósito, é natural a ideia de que os seres humanos respondem a incentivos, o que é refletido no campo da economia comportamental, uma escola de pensamento que se utiliza tanto de aspectos psicológicos quanto econômicos para a tomada de decisão do indivíduo,[121] que tem capacidade limitada de captação e processamento de informação.

Daí porque o enquadramento das informações, com a visualização concreta da realidade, por meio de planilha orçamentária, pode contribuir para a decisão do indivíduo.[122]

Imagine-se que as partes convencionem que, em caso de acordo – mediante a apresentação de orçamento mensal e anual, com previsão de pagamento em prazo determinado – haverá, de um lado, uma multa (medida coercitiva) se o valor for pago fora do prazo, e, de outro, um desconto de 10% (dez por cento), se o respectivo pagamento for feito antes do cronograma previsto. Nesse caso, independentemente da multa, existe um prêmio (redução do valor) para estimular um comportamento (pagamento do valor devido antes da data acordada), o que reforça a transparência e a simetria informacional.

---

119. CALMON, Rafael. *Manual de Direito Processual das Famílias*. São Paulo: SaraivaJur, 2021, p. 553.
120. REsp 1.529.532/DF, relator Ministro Ricardo Villas Bôas Cueva, Terceira Turma, julgado em 09.06.2020, DJe de 16.06.2020.
121. DIMITRIADIS, Nikolaos. *Neurociência para líderes*: como liderar pessoas e empresas para o sucesso. São Paulo: Universo dos livros, 2021, p. 325.
122. Só a motivação e a informação, portanto, não bastam. É necessário que o ambiente que a pessoa decide seja alterado. Segundo Ariely, se, por exemplo, se deseja que as pessoas dirijam carros elétricos, não somente deve-se reduzir taxas de registro e vistoria, eliminá-las de modo a criar algo grátis, pode funcionar melhor. ARIELY, Dan. *Previsivelmente irracional*. Rio de Janeiro: Sextante, 2020, p. 72.

Estimular a realização de acordo, baseando a decisão ajustada entre as partes em aspectos práticos e objetivos, por meio de orçamento, pode servir de redutor de litígios futuros.

Não se pode perder de vista que a relação entre a insuficiência ou ausência de certeza e o viés otimista é direta: "quanto mais incerteza, mais otimismo" e, quanto mais otimismo, maior a propensão de aceitar riscos e acordos que não serão cumpridos. Entretanto, mecanismos podem ser criados para mitigar o viés otimista, como referido acima.

Quanto menor a assimetria informacional entre os litigantes, mais claros e simples os termos do acordo pactuado, menores serão os custos de transação e maiores as chances de êxito na resolução efetiva. A negociação do acordo, portanto, apenas terminará quando do cumprimento integral do acordado.

Sob outro prisma, o juiz também pode fixar medidas indutivas. Imagine-se, por exemplo, a iniciativa do juiz que ordena o pagamento das parcelas vincendas, sob pena de penhora (medida coercitiva), sinalizando desde logo que, se o devedor constituir capital para garantia do pagamento da dívida (art. 533 do CPC), não será deferida a prisão (art. 528 do CPC). Nesse exemplo, independentemente da possibilidade de penhora, existe um prêmio (certeza de que não será decretada a prisão) para estimular um comportamento (constituição da garantia).

9. CONCLUSÃO

Como visto, há uma inequívoca interface entre as sanções premiais e a execução de alimentos, sendo amplo o espaço de cumulação de medidas coercitivas e indutivas.

Na prática, as sanções premiais ajudam a dar concretude às normas fundamentais do processo civil, podendo maximizar a eficiência processual, contribuir para a duração razoável do processo, valorizar a cooperação, entre outros, trazendo, ainda, importantes reflexos para a execução de alimentos.

Sob esse prisma, independentemente da fixação de medidas coercitivas, restou demonstrada a possibilidade de as partes ajustarem sanções premiais convencionais para otimizar o procedimento, assim como a pertinência de o juiz fixar sanções premiais à luz do art. 139, IV, do CPC, na busca de maior racionalização da prestação jurisdicional.

REFERÊNCIAS

ABREU, Rafael Sirangelo de. Customização Processual Compartilhada: O sistema de adaptabilidade do novo CPC. *Revista de Processo*. São Paulo: Ed. RT, n. 257, jul. 2016.

ALMEIDA. Diogo Rezende Assumpção de. *A contratualização do processo*: das convenções processuais no processo civil. São Paulo: LTr, 2015.

AQUINO, Santo Tomás. *Suma teológica*. Trad. Teofilo Urdanoz. Madrid: Biblioteca de Autores Cristianos, MCMLIV. t. VI.

ARAÚJO, Fabio Caldas de. *Curso de Processo Civil*. São Paulo: Malheiros, 2016. ARIELY, Dan. *Previsivelmente irracional*. Rio de Janeiro: Sextante, 2020.

ATALIBA, Geraldo. *Hipótese de incidência tributária*. São Paulo: Ed. RT, 1973.

AUSTIN, John. *El objeto de la jurisprudencia*. Madrid: Centro de Estudios Políticos e Constitucionales, 2002.

BASTIAN, Maria Eduarda Gasparotto de Azevedo. *O Acordo de Paris como solução efetiva às questões climáticas a partir do uso de sanções premiais*. Trabalho de conclusão de curso de Pós-graduação apresentado à Universidade Federal do Rio Grande do Sul, como requisito parcial para a conclusão do curso de Novas tendências do Direito Internacional. Porto Alegre, 2016.

BECKER, Rodrigo Frantz. *Manual do Processo de Execução* – dos títulos judiciais e extrajudiciais. Salvador: JusPodivm, 2021.

BEDAQUE, José Roberto dos Santos. *Efetividade do processo e técnica processual*. 3. ed. São Paulo: Malheiros, 2010.

BENEVIDES FILHO, Mauricio. O que é sanção? *Revista da Faculdade de Direito*, Fortaleza, v. 34, n. 1, p. 355-373, jan./jun. 2013 Disponível em: http://repositorio.ufc.br/bitstream/riufc/11850/1/2013_art_mbenevidesfilho.pdf. Acesso em: 10 mar. 2023.

BENEVIDES FILHO, Mauricio. *A sanção premial no direito*. Brasília: Brasília Jurídica, 1999. MELO FILHO, Álvaro. *Introdução ao Direito Premial*. Tese submetida como requisito parcial para obtenção do grau de Mestre em Ciências Jurídicas. Pontifícia Universidade Católica do Rio de Janeiro, 1975.

BINENBOJM, Gustavo. *Poder de polícia, ordenação e regulação*. Transformações político-jurídicas, econômicas e institucionais do direito administrativo ordenador. 2. ed. Belo Horizonte: Fórum, 2017.

BOBBIO, Norberto. *Dalla struttura alla funzione* – Nuovi studi di teoria del diritto. Milano: Edizioni di Comunità, 1977.

BRANDÃO, Virginia Junqueira Rugani; ARAÚJO, Marinella Machado. A sanção premial e a Lei de Responsabilidade Fiscal no âmbito das políticas urbanas municipais. *Revista de Direito Urbanístico, Cidade e Alteridade*. Minas Gerais, v. 1, n. 2, jul./dez. 2015.

BUENO, Cassio Scarpinella. *Curso sistematizado de direito processual civil*: tutela jurisdicional executiva. 4. ed. São Paulo: Saraiva, 2011. v. 3.

BUENO, Cassio Scarpinella. *Novo Código de Processo Civil Anotado*. São Paulo: Saraiva, 2015.

CABRAL, Antonio do Passo. Convenções sobre os custos da litigância: introdução ao seguro e ao financiamento processuais. *Revista de Processo*. São Paulo: Ed. RT, n. 277, mar. 2018.

CABRAL, Antonio do Passo. Da instrumentalidade à materialização do processo: as relações contemporâneas entre direito material e direito processual. *Civil Procedure Review*, v. 12, n. 2: maio/ago. 2021.

CABRAL, Antonio do Passo. *Convenções processuais*. Salvador: JusPodivm, 2016. CALMON, Rafael. *Manual de Direito Processual das Famílias*. São Paulo: SaraivaJur, 2021.

CARPENA, Heloisa; ORTENBLAD, Renata. Ganha mais não leva. Por que o vencido nas ações civis públicas não paga honorários sucumbenciais ao Ministério Público? *Revista de Processo*. São Paulo: Ed. RT, n. 280, jun. 2018.

CARVALHO FILHO, Antônio; SOUSA, Diego Crevelin de; PEREIRA, Mateus Costa. *Réquiem às medidas judiciais atípicas nas execuções pecuniárias* – art. 139, IV, CPC. Londrina: Thoth, 2020.

CARVALHO NETTO, Menelick de. *A sanção no procedimento legislativo*. Belo Horizonte: Del Rey, 1992, CORDOVIL, Leonor Augusta Giovine. A sanção premial no direito econômico. *Revista do Centro Acadêmico Afonso Pena* – Faculdade de Direito da UFMG, n. 1, 2004.

CORDOVIL, Leonor Augusta Giovine. A sanção premial no direito econômico. *Revista do Centro Acadêmico Afonso Pena* – Faculdade de Direito da UFMG, n. 1, 2004.

DIDIER JR., Fredie; LIPIANI, Júlia; ARAGÃO, Leandro Santos. Negócios jurídicos processuais em contratos empresariais. *Revista de Processo*. São Paulo: Ed. RT, n. 279, maio 2018.

DIDIER JR., Fredie; NOGUEIRA, Pedro Henrique Pedrosa. *Teoria dos fatos jurídicos processuais*. 2. ed. Salvador: JusPodivm, 2012.

DIDIER JR., Fredie; CUNHA, Leonardo Carneiro da; BRAGA, Paula Sarno; OLIVEIRA, Rafael Alexandria de. *Curso de Direito Processual Civil*: execução. 7. ed. Salvador: JusPodivm, 2017. v. 5.

DIMITRIADIS, Nikolaos. *Neurociência para líderes*: como liderar pessoas e empresas para o sucesso. São Paulo: Universo dos livros, 2021.

DURKHEIM, Émile. *Les règles de la méthode sociologique*. Paris: Flammarion, 2010. GABRIEL, Anderson de Paiva. Whistleblower no Brasil: o informante do bem. Disponível em: https://www.jota.info/opiniao-e-analise/colunas/juiz-hermes/whistleblower-no-brasil-o-informante-do-bem-20042020. Acesso em: 10 mar. 2023.

FERREIRA, Daniel Brantes. Wesley Newcomb Hohfeld e os conceitos fundamentais do direito. *Revista Direito, Estado e Sociedade*. Rio de Janeiro: PUC/RJ, n. 31, jul./dez. 2007.

FERREIRA, Vera Rita de Mello. *Decisões econômicas*: você já parou para pensar? São Paulo: Évora, 2011.

FORGIONI, Paula Andrea. *Os Fundamentos do Antitruste*. 6. ed. rev., atual. e ampl. São Paulo: Ed. RT, 2013.

HOUAISS, Antônio; VILLAR, Mauro de Salles. *Dicionário Houaiss da língua portuguesa*. Rio de Janeiro: Objetiva, 2009.

HUPFFER, Haide Maria; SANTANNA, Gustavo da Silva; TORELLY, Priscila Manique. A sanção premial aplicável ao direito ambiental por meio do princípio do protetor-recebedor: o consumo consciente da água através do sistema de bandeiras tarifárias. *Revista da AGU*, Brasília-DF, v. 17, n. 04, out./dez. 2018.

LIGERO, Gilberto Notário. *Sanções Processuais por Improbidade na Execução Civil*. Tese apresentada à Banca Examinadora da Pontifícia Universidade Católica de São Paulo, como exigência parcial para obtenção do título de Doutor em Direito. Pontifícia Universidade Católica de São Paulo, 2014.

LORDELO, João Paulo. *Do Direito à chouriça*: o abuso do "reme-reme" no pensamento jurídico. Disponível em: https://jean2santos.jusbrasil.com.br/artigos/125584790/do-direito-a-chourica-o-abuso-do-re-me-reme-no-pensamento-juridico. Acesso em: 10 mar. 2023.

LUPI, André Lipp Pinto Basto. A dissolução parcial de sociedade na vigência do novo CPC: apontamentos a partir da jurisprudência recente (2016-2018). *Revista de Processo*. São Paulo: Ed. RT, n. 293, jul. 2019.

MACHADO, Marcelo Pacheco. In: GOUVÊA, José Roberto Ferreira; BONDIOLI, Luis Guilherme Aidar; FONSECA, João Francisco Neves da. (Coord.). *Comentários ao Código de Processo Civil* – dos Embargos de Terceiro até da Restauração dos Autos. São Paulo: Saraiva, 2017.

MARINHO, Yuri Rugai. *Incentivos positivos para a proteção do meio ambiente*. Dissertação de mestrado. Universidade de São Paulo, 2014. Disponível em: https://www.teses.usp.br/teses/disponiveis/2/2131/tde-24032017-120036/pt-br.php. Acesso em: 10 mar. 2023.

MAZZEI, Rodrigo. Notas sobre a possibilidade de pagamento parcelado na execução extrajudicial: principais mudanças entre o art. 745-A do CPC revogado em relação ao art. 916 do CPC/15. In: DIDIER JR., Fredie (Coord. Geral); MACÊDO, Lucas Buril de; PEIXOTO, Ravi; FREIRE, Alexandre (Org.). *Novo CPC doutrina selecionada (execução)*. 2. ed., rev. e atual. Salvador: JusPodivm, 2016. v. 5.

MAZZEI, Rodrigo; ROSADO, Marcelo da Rocha. A cláusula geral de efetivação e as medidas indutivas no CPC/15. In: DIDIER JR., Fredie (Coord. geral); TALAMINI, Eduardo; MINAMI, Marcos (Coord.). *Medidas Executivas Atípicas*. Salvador: JusPodivm, 2018. Coleção Grandes temas do Novo CPC.

MAZZEI, Rodrigo. Notas sobre a possibilidade de pagamento parcelado na execução extrajudicial: principais mudanças entre o art. 745-A do CPC revogado em relação ao art. 916 do CPC/15. In: DIDIER JR., Fredie (Coord. Geral); MACÊDO, Lucas Buril de PEIXOTO, Ravi; FREIRE, Alexandre (Org.). *Novo CPC doutrina selecionada (execução)*. 2. ed., rev. e atual. Salvador: JusPodivm, 2016. v. 5.

MAZZOLA, Marcelo. *Sanções premiais no processo civil*: previsão legal, estipulação convencional e proposta de sistematização (*standards*) para sua fixação judicial. São Paulo: JusPodivm, 2022.

MAZZOLA, Marcelo; REZENDE, Rafael Carvalho. Sanções premiais e o acordo de não persecução civil. Disponível em: https://www.conjur.com.br/2022-mai-30/mazzolae-oliveira-sancoes-premiais-anpc. Acesso em: 10 mar. 2023.

MAZZOLA, Marcelo. *Tutela Jurisdicional Colaborativa*: a cooperação como fundamentação autônomo de impugnação. Curitiba: CRV, 2017.

MEIRELES, Edilton. Medidas sub-rogatórias, coercitivas, mandamentais e indutivas no Código de Processo Civil de 2015. *Revista de Processo*. São Paulo: Ed. RT, n. 247, set. 2015.

MELO FILHO, Álvaro. *Introdução ao Direito Premial*. Tese submetida como requisito parcial para obtenção do grau de Mestre em Ciências Jurídicas. Pontifícia Universidade Católica do Rio de Janeiro, 1975.

MÜLLER, Julio Guilherme. *Negócios Processuais e Desjudicializaçao da Produção da Prova* – Análise econômica e jurídica. São Paulo: Ed. RT, 2017.

NEVES, Daniel Amorim Assumpção. *Novo Código de Processo Civil comentado*. Salvador: JusPodivm, 2016.

NEVES, Daniel Amorim Assumpção. *Manual de Direito Processual Civil*. 10. ed. rev., ampl. e atual. Salvador: JusPodivm, 2018.

NOGUEIRA, Luiz Fernando Valladão. *A alteração da ordem processual no novo CPC* – aspectos gerais e o Direito Empresarial. Disponível em: http://m.migalhas.com.br/depeso/272365/a-alteracao-da--ordem-processual-no-novo- cpc-aspectos-gerais-e-o. Acesso em: 10 mar. 2023.

NOGUEIRA, Pedro Henrique; MAZZEI, Rodrigo. Anotações prévias sobre a negociação processual e a proposta de desjudicialização. In: BELLIZZE, Marco Aurélio; MENDES, Aluisio Gonçalves de Castro; ARRUDA ALVIM, Teresa; NAVARRO, Trícia (Coord.). *Execução Civil*: novas tendências. Indaiatuba: Editora Foco, 2022.

NUNES, Dierle; ALMEIDA, Catharina. Medidas indutivas em sentido amplo do art. 139, IV do CPC: o potencial do uso de nudges nos módulos processuais executivos para satisfação de obrigações por quantia certa – Parte 1. *Revista de Processo*. v. 323. Jan. 2022.

OLIVEIRA, Rafael Carvalho Rezende. *Novo perfil da regulação estatal*: Administração Pública de resultados e análise de impacto regulatório. Rio de Janeiro: Forense, 2015.

PANTOJA, Fernanda Medina. Convenções pré-processuais para a concepção de procedimentos preliminares extrajudiciais. In: MARCATO, Ana; GALINDO, Beatriz; GÓES, Gisele Fernandes; BRAGA, Paula Sarno; APRIGLIANO, Ricardo; NOLASCO, Rita (Coord.). *Negócios processuais*. Coletânea Mulheres no Processo Civil Brasileiro. Salvador: JusPodivm, 2018.

PISANI, Mario. Diritto Premiale e sistema penale: rapporti e intersezioni. *Atti del settimo simposio di studi di Diritto e Procedura Penali*. Milano: Giuffrè, 1983.

RETES, Tiago A. Leite. Recursos e convenções processuais: entre efetividade e garantias processuais. In: DIDIER JR., Fredie (Coord. geral); CABRAL, Antonio do Passo; NOGUEIRA, Pedro Henrique (Coord.). *Negócios Processuais*. Coleção Grandes Temas do CPC. Salvador: JusPodivm, 2020.

RIBEIRO, Darci Guimarães. *Da tutela jurisdicional às formas de tutela*. Porto Alegre: Livraria do Advogado, 2010.

SCHAUER, Frederick. *The force of Law*. Cambridge: Harvard University Press, 2015. SELA, Ayelet; GABAY-EGOZI, Limor. Judicial Procedural Involvement (JPI): A Metric for Judges' Role in Civil Litigation, Settlement, and Access to Justice. *Journal of law and society*, v. 47, n. 3, p. 468-498, set. 2020.

SILVA, Antônio Álvares da. *Sanção e direito do trabalho*. Belo Horizonte: RTM, 2014. SILVA, De Plácido e. *Vocabulário jurídico*. 7. ed. Rio de Janeiro: Forense, 1982. SOUZA, Daniel Coelho de. *Introdução à ciência do Direito*. 3. ed. rev. e aum. São Paulo: Saraiva, 1980.

TALAMINI, Eduardo. *Tutela relativa aos deveres de fazer e de não fazer e sua extensão aos deveres de entrega de coisa* (CPC, arts. 461 e 461-A; CDC, art. 84). 2. ed. São Paulo: Ed. RT, 2001. In: RIBEIRO, Darci Guimarães. *Da tutela jurisdicional às formas de tutela*. Porto Alegre: Livraria do Advogado, 2010.

TEMER, Sofia. *Participação no processo civil*: repensando litisconsórcio, intervenção de terceiros e outras formas de atuação. Salvador: JusPodivm, 2020.

THALER, Richard; SUNSTEIN, Cass. *Nudge*: improving decisions about health, wealth, and happiness (2008). New York: Penguin Books, 2009.

TRENNEPOHL, Terence Dornelles. *Incentivos fiscais no direito ambiental*: para uma matriz energética limpa e o caso do etanol brasileiro. São Paulo: Saraiva, 2011.

VASCONCELOS, Ronaldo; ORTHMANN, André (Coord.). *Processo em Jornadas*. XI Jornadas Brasileiras de Direito Processual. XXV Jornadas Ibero-Americanas de Direito Processual. Salvador: JusPodivm, 2016.

VENOSA, Silvio de Salvo. *Sanção premial*. Disponível em: https://m.migalhas.com.br/depeso/298207/sancao-premial. Acesso em: 10 mar. 2023.

VILELA, Daniela Rodrigues Machado. *O direito premial trabalhista como perspectiva para o futuro do trabalho*. Dissertação apresentada ao Programa de Pós-Graduação em Direito, da Faculdade de Direito, da Universidade Federal de Minas Gerais, como requisito parcial à obtenção do título de Mestre em Direito do Trabalho. Belo Horizonte, 2016.

WELSCH, Gisele Mazzoni. Aspectos relevantes e critérios necessários na formação de precedentes vinculantes nas demandas repetitivas. In: LUCON, Paulo Henrique dos Santos; APRIGLIANO, Ricardo de Carvalho; SILVA, João Paulo Hecker da; YARSHELL, Flávio Luiz. Convenção das partes em matéria processual: rumo a uma nova era? In: CABRAL, Antonio do Passo; NOGUEIRA, Pedro Henrique Barbosa (Coord.). *Negócios jurídicos processuais*. Salvador: JusPodivm, 2015.

A SÚMULA 621 DO STJ E A NECESSIDADE DE MITIGAÇÃO DA SUA APLICAÇÃO NA PRÁTICA DOS TRIBUNAIS

Fernanda Rabello

Mestre em Direito pela PUCRS. Pós-graduada em direito Processual Civil pela PUCRS. Professora Universitária – PUCRS, advogada familiarista (fernandarabello@fernandarabello.com.br).

Sumário: 1. Introdução – 2. Das ações relativas aos alimentos com previsão expressa no Código Civil – 3. Da importância de breve análise das características da irrepetibilidade e da não compensação dos alimentos para melhor compreensão do tema – 4. A finalidade do art. 13, § 2º, da Lei 5.478/68 – 5. Da edição da súmula 621 do STJ – 6. Da necessidade de mitigação da aplicação dos efeitos da súmula em face dos princípios norteadores da obrigação alimentar – 7. Considerações finais – Referências.

1. INTRODUÇÃO

A Constituição de 1988, consagrando a proteção da dignidade da pessoa humana como fundamento da República (art. 1º, III[1]), define como um dos objetivos básicos desta a construção de uma sociedade solidária. Somado a isto, catalogou, entre os direitos fundamentais, o direito à vida, contexto no qual se insere o direito a alimentos, garantido em favor daqueles que não têm condições de suprir seu próprio sustento.

A abrangência desse direito, isto é, a extensão do seu alcance no que pertine ao rol de itens (despesas) a serem computadas para a fixação do valor a ser arbitrado pelo julgador, dependerá sempre da análise da casuística levada à apreciação do Poder Judiciário, que deverá destacar atenção às peculiaridades envolvendo, como regra maior, o exame das necessidades de quem os pleiteia e das possibilidades de quem os alcança (art. 1.694, § 1º, CCB[2]). Assim, ante a ausência de dispositivo legal que defina, pontualmente, quais os itens a serem computados para o referido arbitramento, têm se servido tanto a doutrina quanto a jurisprudência da orientação contida no art. 1.920 do CCB,[3] o qual prevê a extensão do legado de alimentos.

---

1. Além da dignidade da pessoa humana, são fundamentos da República: a soberania, a cidadania, o pluralismo político, os valores sociais do trabalho e da livre iniciativa.
2. Art. 1.694. Podem os parentes, os cônjuges ou companheiros pedir uns aos outros os alimentos de que necessitem para viver de modo compatível com a sua condição social, inclusive para atender às necessidades de sua educação.
   § 1º Os alimentos devem ser fixados na proporção das necessidades do reclamante e dos recursos da pessoa obrigada.
3. Art. 1.920 – O legado de alimentos abrange o sustento, a cura, o vestuário e a casa, enquanto o legatário viver, além da educação, se ele for menor.

Como é cediço, a temática do direito a alimentos é bastante sensível, vez que envolve o direito à sobrevivência. Há que se ter em conta, entretanto, o paralelismo de direitos fundamentais a serem protegidos, já que o alimentante não pode sofrer decréscimo que venha a gerar desfalque ao seu próprio sustento.[4] Portanto, deverá, sim, buscar-se a preservação da dignidade da pessoa humana através da efetividade da tutela jurisdicional que garanta os alimentos àquele que necessita, em face da presença de ameaça ao direito fundamental à vida, sem, contudo, desprezar o outro polo da relação obrigacional, igualmente pessoa com necessidades a serem suportadas e que não podem ser suplantadas.

O objetivo do presente trabalho é suscitar o debate necessário sobre a aplicação indistinta da Súmula 621 – que prevê a retroação dos efeitos das sentenças que julgam as ações que reduzem, majoram ou extinguem a obrigação alimentar –, sem a necessária análise, na concretude, desses efeitos, e, até mesmo, da real falta de efeitos práticos em determinados casos, conforme se demonstrará.

E isso porque a retroatividade dos efeitos das sentenças que julgam as ações antes referidas em face do conteúdo da Súmula 621, quando em análise pelo próprio STJ, reflete uma posição de aplicação absoluta, sem qualquer espaço à relativização desses efeitos, caracterizando, por vezes, um reflexo danoso ao alimentante que, embora tenha adimplido pontualmente com a obrigação, se vê frente à constituição de uma dívida para a qual em nada contribuiu.

Assim, impende uma revisitação à Lei de Alimentos (5.478/68), a fim de que se possa buscar melhor compreensão acerca da origem do entendimento esposado na Súmula, passando-se, a seguir, à análise dos possíveis efeitos decorrentes de sua aplicação.

2. DAS AÇÕES RELATIVAS AOS ALIMENTOS COM PREVISÃO EXPRESSA NO CÓDIGO CIVIL

As ações que comportam as decisões às quais a Súmula atribui efeitos retroativos são aquelas previstas expressamente no artigo 1.699 do Código Civil – ou seja, "exoneração, redução ou majoração" do encargo alimentar –, autorizadas nos casos de alteração na situação financeira, quer do alimentando, quer do alimentante.

JF Basílio de Oliveira,[5] ao se pronunciar a respeito do dispositivo, observa que

Esse dispositivo do novo Código repetiu a norma do artigo 401 do CC de 1916, apenas substituindo o termo fortuna por situação financeira. Manteve assim os princípios da proporcionalidade e periodicidade da prestação alimentar. Os alimentos são fixados, obedecendo o binômio legal,

---

4. Art. 1.695 – São devidos alimentos quando quem os pretende não tem bens suficientes, nem pode prover, pelo seu trabalho, à própria mantença, e aquele, de quem se reclamam, pode fornecê-los, sem desfalque do necessário ao seu sustento.
5. OLIVEIRA, J. F. Basílio. *Alimentos Revisão e Exoneração* – Doutrina. Jurisprudência. Prática Processual. 5. ed. Rio de Janeiro: Lumen Juris, 2008, p. 16.

ou seja, na proporção das possibilidades do alimentante e das necessidades do alimentando. Esse equilíbrio alimentar, estabelecido pelo parágrafo 1º do art. 1.694 do CC atual (art. 400 do anterior), *poderá assim ser alterado, pois é regido pelo princípio contido na cláusula* rebus sic stantibus. Ocorrendo modificação da situação financeira tanto do devedor como do credor, o quantum da pensão vigente poderá ser majorado, reduzido ou mesmo extinto por força da exoneração da obrigação alimentar, presentes as causas que autorizem a isenção.(grifo nosso)

Nesse sentido, também, a previsão contida no art. 505 do CPC[6] – que reitera os termos do art. 471 do CPC de 1973 – admitindo a revisão dos alimentos ainda que objeto de decisão com trânsito em julgado.

3. DA IMPORTÂNCIA DE BREVE ANÁLISE DAS CARACTERISTICAS DA IRREPETIBILIDADE E DA NÃO COMPENSAÇÃO DOS ALIMENTOS PARA MELHOR COMPREENSÃO DO TEMA

Dentre as inúmeras caraterísticas vinculadas à obrigação alimentar, é de se dar destaque, neste estudo, pela pertinência, àquelas da irrepetibilidade e da incompensabilidade.

Em que pese a maioria das características dos alimentos apresentem previsão expressa no Código Civil, este não é o caso da irrepetibilidade. Assim, poder-se-ia ter tal característica como um princípio de adoção uníssona tanto pela doutrina quanto pela jurisprudência, já que os alimentos percebidos não poderão ser restituídos. Madaleno,[7] citando Renata Barbosa de Almeida e Walsir Edson Rodrigues Júnior, aponta que, cada vez mais, tal entendimento vem sendo relativizado diante do desrespeito aos princípios da boa-fé e do enriquecimento ilícito.

Segundo Pontes de Miranda, a razão de serem irrestituíveis os alimentos consiste em se tratar de prestação de dever moral.[8] Na mesma toada, Paulo Lobo sustenta que "não se compensa dívida de natureza econômica com dívida de natureza existencial".[9]

Ora, se os alimentos foram alcançados para atendimento das necessidades presentes do alimentando, há que se presumir tenham sido gastos exatamente para satisfazer tais rubricas, e, por consequência, não poderiam ser devolvidos.

Quanto à incompensabilidade, a lógica a ser aplicada é a mesma. A referida característica vem expressa no art. 1.707 do CCB,[10] no sentido de que, sendo a dívida de caráter alimentar e sendo o alimentante, ao mesmo tempo, credor do alimentando

---

6. Art. 505 CPC – Nenhum juiz decidirá novamente às questões já decididas relativas à mesma lide, salvo: I – se, tratando-se de relação jurídica de trato continuado, sobreveio modificação no estado de fato ou de direito, caso em que poderá a parte pedir a revisão do que foi estatuído na sentença.
7. MADALENO, Rolf. .*Alimentos Compensatórios*. Rio de Janeiro: Gen Forense, 2023. p. 87.
8. MIRANDA, Pontes. *Tratado de Direito Privado*. Atual. Vilson Rodrigues Alves. Campinas, SP; Bookseller, 2000. t. 9, p. 209.
9. LOBO, Paulo. *Direito Civil*. Famílias. 3. ed. São Paulo: Saraiva, Saraiva, 2010. São Paulo, p. 376.
10. Art. 1707 – Pode o credor não exercer, porém lhe é vedado renunciar o direito a alimentos, sendo o respectivo crédito insuscetível de cessão, compensação ou penhora.

em virtude de eventual dívida que este tenha contraído, não poderá ser pleiteada a compensação.

Necessário referir que, assim como a irrepetibilidade vem sendo relativizada, também a incompensabilidade. Nesse sentido a decisão proferida pelo STJ ao julgar o REsp 982.857/RJ, admitindo a flexibilização da regra da compensação nos casos de enriquecimento sem causa, com a ocorrência de pagamento das despesas de condomínio e IPTU relativos ao imóvel em que residem os alimentandos, sob risco de execução.

Forçoso concluir, então, que se a flexibilização existe em relação as características da obrigação alimentar, tal flexibilização há que se estender a aplicação da Súmula objeto do presente estudo, conforme se explanará, sempre com observância aos princípios da boa-fé e da vedação ao enriquecimento sem causa.

4. A FINALIDADE DO ART. 13, § 2º, DA LEI 5.478/68

Prevê o § 2º do art. 13 da Lei 5.478/68, em complementação ao *caput*,[11] que "em qualquer caso, os alimentos fixados retroagem à data da citação". O dispositivo em questão aplicava-se aos alimentos provisórios e aos provisionais concedidos com fundamento no art. 4º da mesma Lei,[12] os quais, em sentença, poderiam ser mantidos, majorados ou reduzidos, e até mesmo negados ou, ainda, decretada a sua perda.

Tais alimentos, então, pela dicção do art. 13, § 2º, da referida Lei, seriam devidos a partir da citação, e não do arbitramento. Portanto, já à época de vigência da Lei de Alimentos, se fazia imperioso ao julgador cautela na fixação dos alimentos, vez que, caso fixados em sentença em valor inferior àquele inicialmente concedido em sede liminar, não poderia o alimentante buscar devolução dos valores pagos em excesso, notadamente nos casos de concessão de liminar *inaudita altera pars*. Em linhas gerais, portanto, compreende-se como cautela na fixação a observância de valor suficiente, que não exceda o necessário, haja vista a irrepetibilidade dos alimentos.

Arnaldo Rizzardo refere que se pode entender como justificada tal previsão legal, devendo ser contada a pensão desde a citação, eis que sua exigibilidade decorre da necessidade. Afirma que "presume-se que o ingresso em juízo da lide foi imposto por haver, naquele momento, surgido a necessidade. Já nesse sentido a previsão contida na Súmula 226 do STF[13] relativa aos alimentos nas ações de desquite".[14]

---

11. Art. 13 O disposto nesta lei aplica-se igualmente, no que couber, às ações ordinárias de desquite, nulidade e anulação de casamento, à revisão de sentenças proferidas em pedidos de alimentos e respectivas execuções.
12. Art. 4º – Ao despachar o pedido, o juiz fixará, desde logo, alimentos provisórios a serem pagos pelo devedor, salvo se o credor expressamente declarar que deles não necessita.
13. Súmula 276 STF – "Na ação de desquite, os alimentos são devidos desde a inicial e não na data da decisão que os concede".
14. RIZZARDO, Arnaldo. *Direito de Família*. Rio de Janeiro: Gen Forense, 2019, p. 786.

Assim, em face do entendimento reiterado de adoção do art. 13, § 2° e das discussões travadas em decorrência desta aplicação, é que entendeu o STJ por uniformizar o entendimento quanto ao tema, editando a Súmula objeto do presente estudo.

5. DA EDIÇÃO DA SÚMULA 621 DO STJ

A segunda Seção do Superior Tribunal de Justiça (STJ) aprovou, no dia 12 de dezembro de 2018, a Súmula 621, com o seguinte Enunciado: "Os efeitos da sentença que reduz, majora ou exonera o alimentante do pagamento retroagem à data da citação, vedadas a compensação e a repetibilidade".

A busca com a edição da Súmula, acredita-se, tenha sido no sentido de, em atendimento ao disposto no art. 926 do CPC/2015,[15] uniformizar a jurisprudência relativa ao tema, já que a matéria objeto gerava muita controvérsia entre os julgadores. Contudo, ainda que a Súmula tenha sido publicada, sua aplicabilidade ainda enseja inúmeros questionamentos.

No ano de 2013, o STJ apreciou recurso de Embargos de Divergência (EREsp 1181119/RJ),[16] com o fito de uniformizar o entendimento sobre o tema. O acórdão em questão, de relatoria do Ministro Luis Felipe Salomão, composta a sessão, ainda, pelos Ministros Ricardo Villas Bôas Cueva, Marco Buzzi, Maria Isabel Galotti, Paulo de Tarso Sanseverino, Antonio Carlos Ferreira e Nancy Andrighi, julgou, por maioria, que na revisão dos alimentos, majoração, redução ou exoneração, a sentença terá os efeitos retroativos à data da citação. Contudo, o voto proferido pelo Ministro Luis Felipe Salomão aponta "não ser razoável considerar o mesmo termo inicial para produção dos efeitos da sentença que majora os alimentos, em relação àquela que os reduz ou que exonera o alimentante de tal encargo." Neste sentido, pois, divergiram o Relator e os Ministros Ricardo Villas Boas Cueva e Marco Buzzi.

Vale destaque a passagem do voto-vista da Ministra Maria Isabel Galloti, após análise de inúmeros precedentes referindo não desconhecer a existência de julgados no sentido de que "o reconhecimento judicial da exoneração do pagamento de pensão alimentícia não alcança as parcelas vencidas e não pagas de dívida alimentar anteriormente reconhecida e cobrada judicialmente". No entanto, pediu vênia para se posicionar em sentido contrário entendendo que a sentença que dá pela procedência da ação revisional declara a alteração do binômio possiblidade-necessidade

---

15. Art. 926 do CPC/15. Os tribunais devem uniformizar sua jurisprudência e mantê-la estável, íntegra e coerente.
16. Civil e processual civil. Embargos de divergência. Cabimento. Revisão dos alimentos. Majoração, redução ou exoneração. Sentença. Efeitos. Data da citação. Irrepetibilidade.
    1. Os efeitos da sentença proferida em ação de revisão de alimentos – seja em caso de redução, majoração ou exoneração – retroagem à data da citação (Lei 5.478/68, art. 13, § 2°), ressalvada a irrepetibilidade dos valores adimplidos e a impossibilidade de compensação do excesso pago com prestações vincendas. 2. Embargos de divergência a que se dá parcial provimento. (EREsp 1181119/RJ, Rel. Ministro LUIS FELIPE SALOMÃO, Rel. p/ Acórdão Ministra Maria Isabel Gallotti, Segunda Seção, julgado em 27.11.2013, DJe 20.06.2014).

e, dispondo a lei, que os alimentos fixados em qualquer caso retroagem à data da citação assim deverá sê-lo em todas as ações revisionais.

Entretanto, pelos entendimentos cabe à doutrina analisar e questionar os precedentes editados com base na Súmula e seus efeitos reflexos no cotidiano forense.

A questão em debate, tanto pela doutrina, quanto pela jurisprudência, até a edição da Súmula objeto do presente estudo, sempre recaiu sobre a definição se a sentença proferida em ação revisional ou em ação exoneratória retroagiria à data da citação, a exemplo do que ocorria com aquela que fixava alimentos definitivos, ou se, protraída no tempo, passaria a produzir efeitos após o trânsito em julgado, nunca existiu debate sobre a aplicação do princípio da irrepetibilidade.

Já Pontes de Miranda nesse sentido se posicionava:

> O que se pagou por causa de alimentos não pode ser repetido, é esse um dos favores reconhecidos à natureza da causa de prestar. E está no direito romano a fonte. *Mulier si in ea opinione sit, ut credat se pro dote obligatam, quidquid dotis nomine dederit, non repetit: sublata enim falsa opinione relinquitur pietatis causa, ex qua solutum repeti non potest* (L. 32 § 2 D – de condictione indebiti 12,6).[17]

Em que pese a falta de previsão expressa do referido princípio em nosso ordenamento, conforme bem observa Yussef Cahali,[18] a irrepetibilidade dos alimentos é consagrada na doutrina e na jurisprudência, prevalecendo mesmo nos casos em que ditos alimentos tenham sido recebidos por erro.

Já no voto proferido quando do julgamento de Embargos de Divergência em Recurso Especial 1.181.119-RS (2011/0269036-7), o Min. Relator, Luis Felipe Salomão, posicionou-se contrariamente à retroação dos efeitos da sentença, entendendo pela sua aplicação apenas quando houvesse redução dos alimentos ou quando o alimentante fosse exonerado do dever de prestá-los. Asseverou não ser razoável considerar o mesmo termo inicial para a produção de efeitos da sentença que majora os alimentos, em relação àqueles que os reduz ou que exonera o alimentante de tal encargo. Referiu que apenas na sentença que majora os alimentos ocorre uma *fixação* do valor, nas outras duas não.

Ademais, a Súmula perde totalmente aplicação prática eficiente a partir do momento que a sentença venha a reduzir ou exonerar o obrigado, exatamente pela necessidade de observância do princípio da irrepetibilidade. Ou seja, a retroação dos efeitos conflita com o referido princípio, tornando a Súmula sem aplicabilidade prática. Veja-se que a sentença que reduz os alimentos acaba por não ter efeito retroativo, ainda que expressamente prevista a forma. Mas, em virtude do princípio da irrepetibilidade, qual o efeito prático se verificaria, já que o alimentante não pode se ver ressarcido quanto aos valores já pagos?

---

17. In PEREIRA, Áurea Pimentel. *Alimentos do Direito de Família e no Direito dos Companheiros*. 3. ed. Rio de Janeiro: Renovar, 2007, p. 4-5.
18. CAHALI, Yussef Said. *Dos Alimentos*. 5. ed. São Paulo: Ed. RT, 2006, p. 115 e 117.

Como os alimentos não podem ser restituídos, somente a majoração do encargo é que disporia de efeito prático, isto é, retroativo à data da citação. Atribuir concreto efeito retroativo às decisões que minoram a obrigação, ou até mesmo exoneram o obrigado, ferido estaria o princípio da irrepetibilidade.

A propósito, Maria Berenice Dias assim se manifestou:

> Ainda assim, mesmo em se tratando de demanda revisional, algumas distinções necessitam ser feitas. Caso a pretensão do autor seja elevar o encargo alimentar estabelecido em anterior ação, se o magistrado aumenta o valor em sede liminar, nesse momento passa a vigorar o montante superior. Se o aumento é concedido exclusivamente na sentença, o novo valor retroage à data da citação. Porém, se a sentença desacolhe a demanda ou estabelece valor aquém do que havia sido deferido inicialmente, voltam os alimentos ao valor pretérito. No entanto, tendo ocorrido na ação revisional aumento em sede liminar, o *quantum* majorado é devido desde a data da elevação até a da sentença que desacolhe a ação ou limita o valor dos alimentos inicialmente majorados. Elevada a verba alimentar na sentença e acolhido o recurso, julgando improcedente a ação revisional, a situação é idêntica. O valor dilatado é devido da data da sentença até o trânsito em julgado do acórdão. Majorados os alimentos liminarmente, o valor vigora até o trânsito em julgado do acórdão que rejeita a ação ou altera o montante estabelecido na sentença. Igualmente, se o magistrado majora os alimentos somente na sentença, vindo esta a ser reformada em sede recursal, mantendo a verba originária, ainda assim os alimentos fixados na sentença vigoram desde a data da citação até o julgamento colegiado.[19]

Disso, desde logo se pode extrair que os efeitos retroativos decorrentes da edição da Súmula não tratam com igualdade as situações pertinentes à obrigação alimentar, em que pese a doutrina de Rolf Madaleno no sentido de entendê-la democrática.[20] A regra da retroatividade é superada pela irrepetibilidade nos casos de redução ou exoneração, tornando-a inócua.

Nessa toada, Maria Berenice Dias afirma que "a retroatividade aceita por alguns julgados não leva em conta sequer a afronta ao princípio da igualdade, pois pune o alimentante que cumpre com o pagamento e acaba por premiar o devedor inadimplente".[21]

Existem decisões[22] proferidas no sentido de que as sentenças de majoração dos alimentos retroagem a data da citação, mas as de redução e exoneração produzem seus efeitos a partir do trânsito em julgado em homenagem ao princípio da vedação à reforma de decisão em prejuízo do alimentando (*reformatio in pejus*), e, em face das divergências apresentadas, é que a Súmula foi editada. Neste caso, há que se entender que os alimentos pagos já foram consumidos e, portanto, não podem ser restituídos.

---

19. DIAS, Maria Berenice. Disponível em: http://www.mariaberenice.com.br/uploads/4alimentos_desde_e_at%E9_quando.pdf. Acesso em: 10 jun. 2023.
20. MADALENO, Rolf. *Alimentos Compensatórios*. Rio de Janeiro: Gen Forense. 2023. p. 131.
21. DIAS, Maria Berenice. *Alimentos aos Bocados*. São Paulo: Ed. RT, 2013, p. 139.
22. HC 152.700/SP, Rel. Min. Paulo Furtado, Desembargador convocado do TJ/BA, DJe 26.03.2010; HC 132.447/SP, Rel. Min. Luis Felipe Salomão, DJe 22.03.2010, AI 0116621-08.2008.8.26.000, Rel. Des Teixeira Leite. 24.07.2008.

Em artigo publicado junto ao IBFAM,[23] Maria Berenice Dias refere, quanto à aplicação da Súmula, que através dela restou consagrado um absurdo, descabido, chancelado por uma Corte Superior. Entende que, ao conferir efeito retroativo aos alimentos fixados na sentença à data da citação do credor, incentiva o inadimplemento e acaba por punir quem atende ao encargo alimentar durante a tramitação da demanda e, nesse sentido a posição da autora. Não é crível que o obrigado que cumpre com pontualidade a obrigação se veja, ao final do trâmite processual, o qual pode dependendo do juízo de tramitação do feito durar por um período de 3 a 4 anos (dependendo da celeridade da instrução do feito), ter contra si constituída uma dívida impagável. Notadamente, levando-se em conta que os alimentos inicialmente fixados devem, presumidamente, ainda que em sede de cognição sumária, terem tomado em conta as reais possibilidades do demandado.

Cahali, em momento anterior a edição da Súmula, já referia:

> Em qualquer caso, *ocorrendo a majoração da pensão pela sentença definitiva,* exatamente em função de sua retroação à data da citação, e substituídos os alimentos provisoriamente concedidos pelos alimentos definitivamente fixados, com a retroação dos efeitos da sentença à data da citação, o alimentante deverá responder pelas diferenças entre os alimentos pagos a menor e aqueles ao final fixados em quantia maior, quando melhor dimensionados os pressupostos do binômio possibilidade-necessidade.[24]

Assim, a título de exemplificação, é de se imaginar uma ação de alimentos em que liminarmente sejam fixados em 1,5 salários mínimos e, ao final de quatro anos (quarenta e oito meses) de trâmite processual, a sentença os majore para 3,0 salários mínimos. Veja-se que, ainda que os alimentos tenham sido adimplidos no valor fixado, de forma absolutamente correta e pontual, o trânsito em julgado da sentença acaba por criar uma dívida contra o alimentante na ordem de 72 (setenta e dois) salários mínimos a valores nominais, sem considerarmos que sobre o débito, como em qualquer dívida de valor, obrigatória será a incidência de correção monetária para atualização do valor e provável incidência de juros, se este não tiver o valor de pronto para saldar a referida dívida.

Por outro lado, embora a Súmula traga expressamente a previsão de alcance da retroatividade às ações que minorem ou exonerem da obrigação, ainda que aplicados os efeitos a tais decisões, estes não irão se operar de forma prática, em nada alterando o resultado já que o alimentando não terá de devolver qualquer valor recebido a maior e, tampouco, o alimentante poderá pretender uma compensação. Assim, a retroação nestes casos é fictícia!

Por conseguinte, o obrigado inadimplente acaba por ser premiado, já que, ao trânsito em julgado da decisão, deverá apenas os valores revisados para menor, devidamente corrigidos. Conforme bem referido por Maria Berenice Dias:

---

23. Disponível em: https://ibdfam.org.br/artigos/1378/S%C3%BAmula+621+do+STJ+incentiva+o+inadimplemento+dos+alimentos. Acessado em: 10 jun. 2023.
24. CAHALI, Yussef Said. *Dos Alimentos.* 5. ed. São Paulo: Ed. RT, 2006, p. 639.

O equívoco sacramentado pela Súmula, admitindo a retroatividade do encargo alimentar, perdoa o devedor de dívida vencida e não paga. A redução do valor atinge o crédito do alimentando a partir do momento em que ele for citado na ação revisional. Exonerado o devedor, livra-se de pagar todas as parcelas a partir do momento em que o credor tomou conhecimento da pretensão exoneratória.[25]

A discussão que se traz é que a incerteza embutida na aplicação da Súmula de forma indistinta enseja uma análise prática, caso a caso, dos efeitos, em especial da sentença que majora os alimentos fixados incialmente. Destarte, a dívida constituída pode até mesmo ensejar uma hipótese de enriquecimento sem causa do alimentado, já que os alimentos têm a finalidade precípua de atendimento das necessidades ordinárias e presentes do alimentando, e estas, em face do adimplemento pontual, foram satisfeitas. Assim, o crédito representaria um *plus* que poderia ser desviado da finalidade, afastando a real proteção jurídica do alimentado oriunda de prestação jurisdicional.

Analisando a hipótese em referência, Mauro Fiterman refere:

> É nesse contexto que pode ser iniciada a análise da possibilidade de relativização dos efeitos retroativos acerca do valor do pensionamento fixado, em decisão final, a maior do que o valor antes fixado. Quando esses alimentos são fixados em maior valor. Em sede de sentença ou mesmo de acórdão, eles inevitavelmente deixam de ter a característica de alimentos presentes e passam a ter a característica de pretéritos..
>
> ...
>
> Com base no reconhecimento de que são alimentos pretéritos, estes perdem a natureza alimentar propriamente dita e assumem uma condição de natureza diversa, podendo-se afirmar que com conteúdo também indenizatório. Eles assumem uma natureza mista, por isso a denominação de alimentos com caráter *sui generis* e especial.[26]

Portanto, caberia ao julgador referir, ainda, em sua decisão para majorar os alimentos que frente a orientação da Súmula sendo os alimentos retroativos, perderiam estes o caráter de imediatidade, transmudando sua natureza jurídica de necessários ao atendimento de necessidades presentes para natureza indenizatória, já que pretéritos.

6. DA NECESSIDADE DE MITIGAÇÃO DA APLICAÇÃO DOS EFEITOS DA SÚMULA EM FACE DOS PRINCÍPIOS NORTEADORES DA OBRIGAÇÃO ALIMENTAR

Veja-se, conforme ementa abaixo transcrita, que a recente decisão proferida pela 4ª Turma do STJ ao apreciar o REsp 1.880.118/RS – 2022, aplica a Súmula sem qualquer ressalva, conforme o entendimento pacificado. No entanto, o presente trabalho busca, como referido, uma reanálise da temática frente aos casos concretos, em especial nos casos de decisões que majorem os alimentos inicialmente fixados:

---

25. Idem.
26. FITERMAN, Mauro. *Direito de Família Contemporâneo* – temas controversos. 2. ed. Porto Alegre: Livraria do Advogado. 2021. p. 140.

Agravo interno. Agravo em recurso especial. Ausência de impugnação a fundamento da decisão de inadmissibilidade. Não conhecimento. Art. 932, III, do Código de Processo Civil/2015. Súmula 182/STJ.

Aplicação por analogia. Entendimento da corte especial. Exoneração de alimentos. Retroação à data de citação. Súmula 621/STJ.

1. Nos termos do art. 932, III, do Código de Processo Civil/2015, não se conhece de agravo cujas razões não impugnam especificamente o fundamento da decisão agravada. Aplicação, por analogia, do enunciado 182 da Súmula do STJ. 2. Em atenção ao princípio da dialeticidade, cumpre à parte recorrente o ônus de evidenciar, nas razões do agravo em recurso especial, o desacerto da decisão recorrida. 3. *"Os efeitos da sentença que reduz, majora ou exonera o alimentante do pagamento retroagem à data da citação, vedadas a compensação e a repetibilidade."* (Enunciado de Súmula 621/STJ). 4. Agravo interno a que se nega provimento (AgInt no AREsp 1616792/SC, Rel. Ministra Maria Isabel Gallotti, Quarta Turma, julgado em 1º.06.2020, DJe 05.06.2020). Em tal circunstância, o entendimento adotado pelo acórdão recorrido não encontra respaldo na jurisprudência pacífica desta Corte, razão pela qual merece reforma. Ante o exposto, dou provimento a o recurso especial para reconhecer a cobrança dos alimentos provisórios a partir da citação do recorrente. Publique-se e intimem-se.

Brasília, 01 de fevereiro de 2022.

Ministro Relator Antonio Carlos Ferreira

(REsp 1.880.118, Ministro Antônio Carlos Ferreira, DJe de 03.02.2022)(grifo nosso).

E isso porque não é possível que se acolha como inconteste o caráter absoluto emprestado à Súmula quanto à retroatividade dos efeitos da sentença que modifica, reduz ou majora e exonera o obrigado, ferindo os princípios norteadores da obrigação alimentar.

Conforme Mauro Fiterman,[27] existe a necessidade de reflexão sobre o caráter absoluto da retroatividade da fixação de verba alimentar, visto que partiria de uma espécie de "presunção absoluta" que não guarda consonância com o que dispõe o sistema jurídico pátrio, podendo traduzir uma real distorção acerca da finalidade alimentar.

Ademais, é relevante considerar que as súmulas traduzem a jurisprudência predominante dos tribunais, e não apresentam natureza normativa vinculativa, obrigatória e definitiva. Existe parcela de juristas que entendem que Súmula 621, por si só, não tem efeito vinculante, em que pese a legislação processual estabeleça a observância, pelos tribunais, dos enunciados de súmulas, facultado, assim, que julgadores possam proferir decisões sem considerar o enunciado da Súmula, deixando, portanto, de aplicar a retroatividade da redução e da exoneração da pensão alimentícia tomando como base a data da citação.

Impende, portanto, que as decisões as quais analisam o caso concreto apresentem, pontualmente, a extensão da decisão, e se esta retroagirá ou não, não se presumindo a sua aplicação de forma absoluta e automática.

---

27. Idem.

Em que pese a louvável e respeitável posição adotada por Rafael Calmon,[28] no sentido de que a Súmula veio para pacificar o tema, sendo ela acertada, eis que os alimentos provisórios não integram definitivamente o patrimônio jurídico subjetivo do alimentando e que, por via de consequência, o resultado da ação de alimentos ou da revisional e ou exoneração deve repercutir de imediato sobre a execução dos alimentos, ousamos discordar, em especial, quando a decisão final majorar os alimentos, conforme já apontado, notadamente quando se instalar um conflito de direitos fundamentais que venha a ferir a dignidade do alimentante ou uma situação fática que venha a ensejar o enriquecimento sem causa.

Senão vejamos. Imagine-se uma situação em que o genitor alimentante, no curso da demanda, receba uma promoção em seu trabalho que reflita em uma majoração na ordem de 50% de seus ganhos. Com tal notícia trazida aos autos, de forma comprovada, autorizado estará o julgador a redimensionar os alimentos inicialmente fixados, majorando-os. Neste caso, a retroação dos efeitos à data da citação acabaria por ensejar um enriquecimento sem causa por parte do alimentando, que estaria a receber alimentos retroativos em valores que não traduziam a real condição econômica do alimentante à época do ajuizamento, com o que não se pode concordar.

7. CONSIDERAÇÕES FINAIS

Conforme se pode verificar do presente ensaio, a temática "alimentos" exige grande cautela por parte dos julgadores, em especial pela perspectiva civil/constitucional do direito em questão.

Assim, a retroatividade das decisões proferidas nas ações que majoram, minoram ou extinguem a obrigação alimentar, como reflexo da Súmula 621 do STJ, não pode ser aplicada indistintamente, olvidando-se da natureza especialíssima da obrigação alimentar. Notadamente quando a decisão proferida for no sentido de majorar os alimentos, de forma definitiva, em sentença, comparados aos inicialmente fixados.

Em nosso ordenamento, não existem alimentos pretéritos. Os alimentos servem a atender as necessidades presentes de quem os pleiteia. E, ainda que a decisão inicialmente proferida, em sede de cognição sumária, os tenha fixado em valores a menor, aqueles já foram pagos, consumidos e atenderam, dentro do possível, conforme o entendimento do julgador, aquelas necessidades momentâneas. Os alimentos não têm por finalidade garantir uma reserva ao alimentando para o futuro.

Com a retroatividade do valor majorado se imporá ao alimentante a complementação dos valores já pagos, em que pese tenha honrado a decisão primeira com pontualidade, criando em favor do alimentando uma espécie de "poupança" de um valor que não necessariamente traduzirá, em soma, suas necessidades presentes. Aí é que se questiona o efetivo atendimento ao direito.

---

28. CALMON, Rafael. *Manual de Direito Processual das Famílias*. 3. ed. São Paulo: Saraiva jur., 2023, p. 547.

Para finalizar o que se pretende é a busca da proteção da dignidade da pessoa humana tanto do alimentante quanto do alimentando com base na imprescindível fundamentação das decisões evitando a violação à segurança jurídica, tudo em observância ao disposto no art. 489, II, § 1º do CPC,[29] claro, sem deixar de aplicar a Súmula 621 do STJ e sim mitigar sua aplicação quando tal se justifique em proteção a igualdade das partes no processo civil brasileiro.

REFERÊNCIAS

CAHALI, Yussef Said. *Dos Alimentos*. 5. ed. São Paulo: Ed. RT, 2006.

DIAS, Maria Berenice, *Alimentos aos Bocados*. São Paulo: Ed. RT, 2013.

DIAS, Maria Berenice. *Alimentos*. Direito, Ação, Eficácia e Execução. 3. ed. Salvador: JusPodivm, 2020.

FITERMAN, Mauro. *Direito de Família Contemporâneo* – Temas Controversos. 2. ed. Porto Alegre: Livraria do Advogado, 2021.

LOBO, Paulo. *Direito Civil*. Famílias. 3. ed. São Paulo: Saraiva, 2010.

MADALENO, Rolf. *.Alimentos Compensatórios*. Rio de Janeiro: Gen Forense, 2023.

MIRANDA, Pontes. *Tratado de Direito Privado*. Atual. Vilson Rodrigues Alves. Campinas, SP: Bookseller, 2000. t. 9.

LOBO, Paulo. *Direito Civil*. Famílias. 3. ed. São Paulo: Saraiva, 2010.

OLIVEIRA, J. F. Basílio. *Alimentos Revisão e Exoneração* – Doutrina. Jurisprudência. Rio de Janeiro: Freitas Bastos, 2004.

PEREIRA, Áurea Pimentel. *Alimentos do Direito de Família e no Direito dos Companheiros*, 3. ed. Rio de Janeiro: Renovar, 2007.

PEREIRA, Caio Mário da Silva. *Instituições de Direito Civil*. Direito de Família. 20. ed. Rio de Janeiro: Forense. 2012. v. V.

RIZZARDO, Arnaldo. *Direito de Família*. Rio de Janeiro: Gen Forense, 2019.

---

29. Art. 489 CPC – São elementos essenciais da sentença:
   II – os fundamentos em que o juiz analisará as questões de fato e de direito
   § 1º Não se considera fundamentada qualquer decisão judicial, seja esta interlocutória, sentença ou acórdão que: (...)

A TUTELA JURISDICIONAL À SUBSISTÊNCIA DOS ANIMAIS DE ESTIMAÇÃO COMO MEMBROS DA FAMÍLIA MULTIESPÉCIE: A NOVA DIMENSÃO DOS ALIMENTOS NO DIREITO PROCESSUAL DAS FAMÍLIAS

Flávia Pereira Hill

Doutora e Mestre em Direito Processual pela UERJ. Professora Associada de Direito Processual Civil da UERJ e do PPGD da UNESA. Pesquisadora visitante da *Università degli Studi di Torino*, Itália. Membro da ABEP, IBDP, IAB, ICPC, AIDC e ABEC. Delegatária de serventia extrajudicial. E-mail: flaviapereirahill@gmail.com.

Cecília Rodrigues Frutuoso Hildebrand

Mestranda em Direito Processual pela UERJ – Universidade do Estado do Rio de Janeiro. Coordenadora do Curso e do Núcleo de Prática Jurídica do Centro Universitário Anhanguera – Leme/SP. Professora. Advogada. Especialista em Direito Processual Civil. Membra da Diretoria da Associação Brasileira Elas no Processo (secretária-geral). E-mail: ceciliahildebrand@gmail.com.

Sumário: 1. Introdução – 2. Breve apontamento sobre o direito a alimentos – 3. Animais de estimação, direito das famílias e alimentos – 4. Aspectos processuais dos alimentos aos animais; 4.1 Da competência; 4.2 Da legitimidade dos animais; 4.3 Da gratuidade de justiça; 4.4 Possibilidade de concessão de alimentos provisórios; 4.5 Violência doméstica e alimentos aos animais; 4.6 Prescrição da pretensão executiva – 5. Do registro dos animais e a possibilidade de se evitar futuros conflitos relativos a alimentos – 6. Conclusão – Referências.

1. INTRODUÇÃO

A Constituição Federal de 1988 estatui, em seu artigo 226, que a família é a base da sociedade brasileira, merecendo, pois, especial proteção do Estado. O conceito de família, por seu turno, tem evoluído ao longo das décadas, razão pela qual a interpretação e a aplicação do comando contido no referido dispositivo constitucional devem acompanhar esse movimento natural verificado na sociedade contemporânea.

Tradicionalmente, o conceito de família se atrelava à instituição do casamento. Todavia, em uma mudança significativa, especialmente nas últimas décadas, passou-se a reconhecer o vínculo de afetividade como suficiente para a configuração de um núcleo familiar,[1] que pode, portanto, ser composto por companheiros em união

---

1. Nesse sentido, reconhecendo o vínculo afetivo como basilar para o reconhecimento de relações familiares na contemporaneidade, afirma Maria Berenice Dias: "O avanço seguinte – e muito significativo – foi o re-

estável (artigo 226, § 3º, CRFB/1988), pais e mães socioafetivos (Provimentos 63 e 83 do Conselho Nacional de Justiça), com todos os consectários jurídicos daí decorrentes, e até mesmo pelo recente movimento a que se vem chamando de "parceria de vida platônica", em que amigos decidem compartilhar a moradia, as finanças, a convivência e estabelecer um núcleo familiar de forma perene.[2]

Nessa esteira, o Direito das Famílias e, correlatamente, o Direito Processual das Famílias têm evoluído rapidamente, com vistas a garantir a necessária tutela jurisdicional às novas configurações familiares verificadas na sociedade atual.

Mas a evolução do tema está longe de ter chegado ao fim. Com o reconhecimento do vínculo de afetividade como fundamento para o reconhecimento de um núcleo familiar, o olhar se volta para as chamadas famílias multiespécies, compostas por seres humanos e seres não humanos ou seres sencientes (animais de estimação). No ano de 2018, estima-se que haveria aproximadamente 139,3 milhões de animais de estimação no convívio de núcleos familiares em todo o Brasil,[3] a revelar a importância dessa configuração familiar em nosso país nos dias atuais.

Nesse contexto, emerge o debate acerca do dever de sustento dos animais de estimação que compõem dado núcleo familiar, especialmente em caso de separação ou divórcio de seus tutores.

O Código Civil de 1916, em sua redação original, lastreava o direito a alimentos à comprovação de vínculo de filiação biológica (ainda que "espúria") ou adotiva (artigo 332, do Código Civil de 1916), ou vínculo de parentesco (na linha reta ou, em sua falta, entre irmãos) entre alimentando e alimentante (artigos 396 a 399 e artigo 405, do Código Civil de 1916) ou em virtude de separação (artigos 224 e 248, IX, do Código Civil de 1916).

Atualmente, o direito pátrio prevê o direito a alimentos entre parentes – *ad exemplum tantum*, pais e filhos, avós e netos, irmãos entre si e até mesmo entre tios e sobrinhos –,[4] cônjuges e companheiros, com vistas a prover o seu sustento, como

---

conhecimento da filiação socioafetiva como de maior significado do que o vínculo biológico. O conceito de filiação migrou de um fato natural para um fato volitivo. A verdade biológica cedeu espaço para a verdade construída pelo desejo de exercício da parentalidade. Dessa reviravolta surgiu um caleidoscópio de novas situações. Depois do reconhecimento jurídico das uniões homoafetivas, a homoparentalidade foi aceita, independentemente do fato de o filho ser adoto ou gerado por meio de técnicas de reprodução assistida. E, quando há a participação e o envolvimento de mais pessoas, não só a concepção, mas também em razão do vínculo de convivência, há necessidade de dilatar-se ainda mais o conceito de filiação. (...) De todas as mudanças, a mais significativa, foi a que provocou uma verdadeira reviravolta no próprio conceito de família. O afeto ganhou o *status* de princípio jurídico fundamental e norteador das relações familiares, conjugais e parentais. O afeto é um fato social e psicológico, além de categoria filosófica, sociológica e psicológica". DIAS, Maria Berenice. *Filhos do afeto*. 3. Salvador: JusPodivm. 2022. p. 23 e 33-34.

2. BBC NEWS BRASIL. *As parcerias de vida platônicas que unem pares até 'que a morte os separe'*. Disponível em: https://www.bbc.com/portuguese/geral-60980873. Acesso em: 07 fev. 2023.
3. INSTITUTO PET BRASIL. *Censo pet*: 139,3 milhões de animais de estimação no Brasil. Disponível em: https://institutopetbrasil.com/imprensa/censo-pet-1393-milhoes-de-animais-de-estimacao-no-brasil/ Acesso em: 07 fev. 2023.
4. INSTITUTO BRASILEIRO DE DIREITO DE FAMÍLIA. *Justiça determina que tio pague pensão alimentícia a sobrinho*. Disponível em: https://ibdfam.org.br/noticias/6109/Justi%C3%A7a+determina+que+tio+pague+pens%C3%A3o+aliment%C3%ADcia+a+sobrinho Acesso em: 7 fev. 2023.

base no direito constitucional à vida, à dignidade e no princípio da solidariedade familiar (artigo 1694 e ss., do Código Civil de 2002 e Lei Federal 5.478/1968). A edição da Lei Federal 11.804, em 2008, passou a prever o direito a alimentos gravídicos devidos pelo futuro pai à mulher gestante, com vistas a garantir uma gestação e um parto seguros, a revelar a tendência à ampliação do direito a alimentos.

No tocante aos animais, cumpre consignar que a Constituição Federal de 1988 garante, no artigo 225, § 1º, inciso VII, que o Estado deve proteger os animais e resguardá-los contra qualquer crueldade. Nessa esteira, a proteção dos animais pressupõe, como item basilar, a adoção de medidas voltadas a prover a sua subsistência e os seus cuidados básicos. No entanto, diante da ausência de legislação específica que discipline o tema, multiplicam-se ações judiciais com o objetivo de garantir aos animais de estimação uma gama de direitos, tais como os assemelhados à guarda e aos alimentos.[5]

A preocupação crescente com a proteção e o bem-estar dos animais de estimação se reflete em recentes iniciativas legislativas, como a edição da Lei Federal 14.064/2020, que alterou a Lei Federal 9.605/1998, com vistas a aumentar a pena para quem maltratar cães e gatos, prevendo reclusão, de 2 (dois) a 5 (cinco) anos, multa e proibição da guarda.

Merece destaque recente decisão proferida pelo Juizado Especial da Comarca de Uberlândia/MG, na qual o magistrado, em prol da família multiespécie, determinou a permanência de um animal de estimação de médio porte em um condomínio onde a convenção permitia somente animais pequenos.[6]

Nesse contexto, o presente trabalho tem por objetivo analisar o dever de sustento dos animais de estimação, que se assemelha substancialmente ao direito a alimentos. Em um primeiro momento, debruçar-se-á, de forma breve, sobre o direito a alimentos tal como disciplinado na legislação civil. A seguir, será analisada a situação jurídica dos animais de estimação no seio das famílias e se o instituto dos alimentos poderia ou não ser aplicado a eles e quais as principais implicações processuais.

Para a pesquisa, utilizar-se-á base documental, especialmente projetos de lei, artigos científicos, livros, decisões judiciais, valendo-se do método dedutivo.

---

5. "Como [os animais] possuem capacidade cognitiva, formam com seus donos o que passou a ser chamada família multiespécie. Quando do fim da convivência, cada vez com mais frequência o casal disputa a guarda dos bichos domésticos. E na falta de consenso do casal, tem a Justiça reconhecido a cotitularidade dos animais de companhia, estabelecendo custódia compartilhada com a imposição do pagamento de alimentos. É absoluta a falta de previsão legal sobre a relação afetiva existente entre seres humanos e animais. Mas não é mais possível ignorar que a ruptura do convívio pode acarretar sofrimento para uns e outros. É preciso atentar aos aspectos psíquicos, principalmente quando mudam de residência e acabam apartados de um de seus tutores". DIAS, Maria Berenice. *Manual de Direito das Famílias*. 15. Ed. Salvador: JusPodivm, 2022. p. 431. Sem colchetes no original.
6. INSTITUTO BRASILEIRO DE DIREITO DE FAMÍLIA. *Famílias multiespécies*: condomínio é impedido de exigir retirada de animal. Disponível em: https://ibdfam.org.br/noticias/10455/Fam%C3%ADlia+multiesp%C3%A9cies%3A+condom%C3%ADnio+%C3%A9+impedido+de+exigir+retirada+de+animal. Acesso em: 7 fev. 2023.

2. BREVE APONTAMENTO SOBRE O DIREITO A ALIMENTOS

Para que se possa analisar a possibilidade de aplicação do direito a alimentos aos animais de estimação, é necessário verificar qual o fundamento para que tal instituto exista no direito das famílias.

O artigo 1.695 do Código Civil de 2002 prevê que são devidos os alimentos quando quem os pretende não tem bens suficientes, nem pode prover, pelo seu trabalho, a própria mantença, e aquele, de quem se reclamam, pode fornecê-los, sem desfalque do necessário ao seu sustento.

Os alimentos devem incluir todas as verbas necessárias à sobrevivência daquele que necessita deles, englobando alimentação, saúde, moradia, educação, lazer etc.

Dessa forma, o direito de alimentos guarda relação com a sobrevivência digna de quem não pode prover o próprio sustento. É uma faceta do direito à vida, previsto constitucionalmente. E encontra justificativa no princípio da solidariedade familiar.[7]

Para a concessão dos alimentos, a doutrina elenca três requisitos: a necessidade de quem os pleiteia; a possibilidade de quem os presta e a proporcionalidade.[8]

No caso dos alimentos aos filhos, a necessidade é presumida, e ambos os genitores devem contribuir para o sustento dos seus filhos, enquanto for necessário. É dever do genitor que não detém a guarda ou que não é titular do lar de referência (na hipótese de guarda compartilhada) arcar com o pagamento dos alimentos. A administração de tais valores pode ser realizada pelo guardião ou pelo próprio filho ou filha quando maior de 18 (dezoito) anos.

Traçada essa breve noção do direito aos alimentos, é necessário observar se a disciplina relativa aos alimentos aos filhos pode ser aplicada aos animais de estimação.

3. ANIMAIS DE ESTIMAÇÃO, DIREITO DAS FAMÍLIAS E ALIMENTOS

O conceito de família evolui nos últimos anos. Se, no Código Civil de 1916, a visão de família era aquela composta por pai, mãe e seus filhos, com o reconhecimento do princípio da afetividade, novos formatos de família passam a ser reconhecidos como tal pela doutrina especializada.

Tratar um animal de estimação como membro de família atualmente é comum, e os estudiosos do tema passam a denominar tal ajuste afetivo de família multiespécie.[9] Com certa frequência, cruzamos com carrinhos com animais em locais de passeio

---

7. TARTUCE, Flávio. *Manual de Direito Civil*. Volume Único. 11. ed. São Paulo: GEN Método. 2020. p. 1384.
8. Idem, ibidem.
9. CABRAL, Liz Márcia de Souza; SILVA, Tagore Trajano de Almeida. O não humano no agrupamento familiar: novo conceito de guarda compartilhada na família multiespécie. *Revista Argumentum*, Marília/SP, v. 21, n. 3, p. 1505-1526, set. dez. 2020. CHAVES, Marianna. Disputa de guarda de animais de companhia em sede de divórcio e dissolução de união estável: reconhecimento da família multiespécie? *Revista IBDFAM*, Belo Horizonte, 28 jul. 2015. Disponível em: https://ibdfam.org.br/artigos/1052/Disputa+de+guarda+de+animais+de+companhia+em+sede. Acesso em: 11 jun. 2022.

público, deparamos com notícias sobre festas de aniversário de *pets*, decoração de cômodos da casa especialmente para eles etc. Esse setor da economia cresceu 6,2% durante o ano de 2021, gerando 2,83 milhões de empregos diretos e indiretos no período. Houve aumento da ordem de 5,58% no número de clínicas e hospitais veterinários em nosso país no mesmo período.[10]

Infelizmente, a legislação civil não acompanha a realidade. Não há nenhuma previsão no capítulo de família do Código Civil sobre família multiespécie, tampouco sobre direito aos alimentos dos animais.

E pior. O Código de Civil de 2002 ainda classifica os animais como bens móveis em seu art. 82. Todavia, a omissão do legislador não pode justificar a estagnação do Direito das Famílias e o descompasso entre a tutela jurisdicional e a realidade social.

Esse tema também é uma questão de gênero. Como regra, o dever de cuidado parental é imposto às mulheres. Com o término do relacionamento afetivo, são elas que ficam sobrecarregadas com o cuidado e sustento dos filhos. Não é diferente com o cuidado e sustento dos animais de estimação. Em 2021, o Conselho Nacional de Justiça publicou o Protocolo para Julgamento com Perspectiva de Gênero, destacando que o dever de cuidado imposto às mulheres contribui para a desigualdade de gênero e impacta diretamente no seu crescimento profissional.[11] O trabalho doméstico foi transformado em um atributo natural em vez de ser reconhecido como trabalho, porque foi destinado a não ser remunerado.[12]

A disciplina conferida aos animais na Constituição Federal e em outras legislações demonstram que o Código Civil de 2002 é ultrapassado nesse tema. No tratamento constitucional e ambiental, há proibição de punição para a crueldade aos animais. A tipificação da conduta da crueldade contra os animais representa que os animais possuem dignidade e devem ter resguardados seus direitos essenciais para que possam sobreviver.

O Decreto Federal 24.645, de 10 de julho de 1934[13] é considerado como o primeiro estatuto jurídico do Direito Animal brasileiro.[14] Nos últimos anos, ele foi utilizado

---

10. REVISTA CÃES E GATOS. *Setor pet brasileiro cria 2,8 milhões de empregos e ultrapassa 285 mil empresas.* Disponível em: https://caesegatos.com.br/setor-pet-brasileiro-cria-283-milhoes-de-empregos-e-ultrapassa-285-mil-empresas/#:~:text=No%20per%C3%ADodo%20de%20um%20ano,2.984%20para%203.298%20no%20Pa%C3%ADs). Acesso em: 7 fev. 2023.
11. BRASIL. Conselho Nacional de Justiça. *Protocolo para julgamento com perspectiva de gênero.* Brasília, 2021. Disponível em: https://www.cnj.jus.br/wp-content/uploads/2021/10/protocolo-18-10-2021-final.pdf. Acesso em: 11 abr. 2022, p. 16, 21, 25, 107.
12. FEDERICI, Silvia. *O Ponto Zero da Revolução.* São Paulo: Elefante, 2019, p. 42/43.
13. BRASIL. Decreto Federal 24.645, de 10 de julho de 1934: estabelece medidas de proteção dos animais. Planalto, Brasília. Disponível em: http://www.planalto.gov.br/ccivil_03/decreto/1930-1949/d24645.htm. Acesso em: 20 maio 2022.
14. ATAIDE JUNIOR, Vicente de Paula; MENDES, Thiago Brizola Paula. Decreto 24.645/1934: breve história da "Lei Áurea" dos animais. *Revista Brasileira de Direito Animal*, Salvador, v. 15, n. 02, p. 47-73, maio ago. 2020.

com fundamentação relevantes decisões do Supremo Tribunal Federal e do Superior Tribunal de Justiça relativas ao direito dos animais,[15] demonstrando sua vigência.

Na década de 70, foi editada a Declaração Universal dos Direitos dos Animais da Organização das Nações Unidas para a Educação, a Ciência e a Cultura (Unesco),[16] reconhecendo os animais como seres capazes de sentir (sencientes) e buscava-se evitar o seu sofrimento desnecessário. O Brasil não foi signatário de tal tratado.

Porém, o art. 225 da Constituição Federal impõe ao Poder Público e à coletividade o dever de defender e preservar o meio ambiente. No inciso VII, prevê o dever de "proteger a fauna e a flora, vedadas, na forma da lei, as práticas que coloquem em risco sua função ecológica, provoquem a extinção de espécies ou submetam os animais a crueldade".[17] O direito dos animais a uma existência digna configura direito de natureza individual e, portanto, cláusula pétrea.[18]

Projetos de Lei para regulamentar a situação jurídica dos animais foram criados, mas nenhum chegou a se tornar lei em vigor. Dentre eles, destaca-se o Projeto de Lei 6.054/2019, que foi aprovado em ambas as casas legislativas e reconhece os animais como seres sencientes e como sujeitos de direito. Todavia, até a presente data, não houve sanção ou publicação desse instrumento normativo.

Em pesquisa realizada em 2015, por Arthur Henrique de Pontes Regis e Gabriele Cornelli, com os indexadores "animal" e "animais", identificaram-se 242 projetos de lei, sendo 26 no Senado Federal e 216 na Câmara dos Deputados, dos quais 9 se relacionam diretamente com a questão da situação jurídica dos animais.

Relativamente ao direito das famílias, tem-se o Projeto de Lei 1.058/2011;[19] o Projeto de Lei 1.365/15;[20] o Projeto de Lei do Senado 542, de 2018.[21] No entanto,

---

15. "No Supremo Tribunal Federal, conforme ADIn 1.856-6/RJ, na linha do voto do relator, Ministro Carlos Velloso, pela qual foi declarada a inconstitucionalidade da lei carioca que regulamentava a 'briga de galos'; no Superior Tribunal de Justiça, conforme REsp 1115916/MG, ementa e voto do Ministro Humberto Martins, pelo qual foi mantido acórdão do Tribunal de Justiça de Minas Gerais, que impedia o uso de gás asfixiante no abate de cães, considerado prática cruel". ATAIDE JUNIOR, Vicente de Paula; MENDES, Thiago Brizola Paula. Decreto 24.645/1934: breve história da "Lei Áurea" dos animais. *Revista Brasileira de Direito Animal*. Salvador, v. 15, n. 02, p. 47-73, maio/ago. 2020.
16. UNESCO. Declaração Universal dos Direitos dos Animais. Disponível em: https://wp.ufpel.edu.br/direitosdosanimais/files/2018/10/DeclaracaoUniversaldosDireitosdosAnimaisBruxelas1978.pdf. Acesso em: 11 jun. 2022.
17. BRASIL. Constituição (1988)]. Constituição da República Federativa do Brasil de 1988. Brasília, DF: Presidência da República, 2022. Disponível em: http://www.planalto.gov.br/ccivil_03/constituicao/constituicaocompilado.htm. Acesso em: 20 fev. 2022.
18. ATAIDE JUNIOR, Vicente de Paula. A capacidade processual dos animais. *Revista de Processo*, São Paulo: Ed. RT, v. 313, p. 95-128, mar. 2021.
19. BRASIL. Projeto de Lei 1.058 de 2011. Câmara dos Deputados. Disponível em: https://www.camara.leg.br/proposicoesWeb/prop_mostrarintegra?codteor=859439&filename=PL+1058/2011. Acesso em: 11 jun. 2022.
20. BRASIL. Projeto de Lei 1.365/15. Câmara dos Deputados. Disponível em: https://www.camara.leg.br/proposicoesWeb/prop_mostrarintegra?codteor=1328694&filename=PL+1365/2015. Acesso em: 11 jun. 2022.
21. BRASIL. Projeto de Lei do Senado 542 de 2018. Senado Federal. Disponível em: https://legis.senado.leg.br/sdleg-getter/documento?dm=7897707&ts=1630432985507&disposition=inline. Acesso em: 11 jun. 2022.

tais projetos tratam apenas da questão da guarda, sendo certo que o único que faz previsão de sustento é o 542/2018, nos seguintes termos:

> § 3º As despesas ordinárias de alimentação e de higiene incumbirão àquele que estiver exercendo a custódia e as demais despesas de manutenção do animal, como aquelas realizadas com consultas veterinárias, internações e medicamentos, serão divididas igualmente entre as partes.

Segundo o projeto, as despesas rotineiras caberiam ao guardião, sendo divididas apenas as despesas médicas e hospitalares, o que não parece razoável, pois continuaria sobrecarregando o tutor-guardião.

O Projeto de Lei 4.375/2021 contempla previsão genérica sobre a estipulação de contribuição pecuniária para a assistência aos animais de estimação nos acordos de divórcio, sugerindo a modificação do inciso IV, do art. 731, do CPC/2015, com a seguinte redação: "o valor da contribuição para criar e educar os filhos e, também, a assistência, se houver animais de estimação".

Sobre a situação jurídica dos animais, há várias teorias para discipliná-la, dentre as quais destacam-se: (i) teoria da personificação animal, tratando os animais não humanos como se fossem pessoas;[22] (ii) criação de uma espécie intermediária entre pessoas e coisas;[23] (iii) teoria que classifica os animais como entes despersonalizados.[24]

Analisando a situação jurídica dos grandes primatas, Migliore propõe uma teoria da personalidade mínima. Não para garantir aos animais todos os direitos dos humanos, mas de reconhecer-lhes um direito de personalidade parcial, de modo a lhes garantir direitos primordiais.[25]

O Supremo Tribunal Federal já analisou a questão animal na ADI 4.983 que reconheceu uma dignidade própria dos animais.[26] No Superior Tribunal de Justiça, no julgamento do Recurso Especial 1.115.916, destacou-se que os animais possuem um sistema nervoso desenvolvido, sentem dor, demonstram ter afeto.[27] No julgamento do Recurso Especial 1.797.175/SP, por seu turno, o Relator, Ministro OG

---

22. LOURENÇO, Daniel Braga. As propostas de alteração do estatuto jurídico dos animais em tramitação no Congresso Nacional Brasileiro. *RJLB*, a. 2, n 1, 2016. Disponível em: https://www.academia.edu/33511852/AS_PROPOSTAS_DE_ALTERA%C3%87%C3%83O_DO_ESTATUTO_JUR%C3%8DDICO_DOS_ANIMAIS_EM_TRAMITA%C3%87%C3%83O_NO_CONGRESSO_NACIONAL_BRASILEIRO. Acesso em: 11 jun. 2022.
23. Essa foi a opção da Alemanha, Suíça, Bélgica, França, Portugal e da cidade do México. In: AGUIAR, Lúcia Frota Pestana. *A questão animal e seu acesso à justiça*: um paradoxo no direito: visão pós-humana entre o sagrado e o justo. Rio de Janeiro: GZ, 2021, p.267.
24. Idem, ibidem, p. 270.
25. MIGLIORE, Alfredo Domingues Barbosa. *A personalidade jurídica dos grandes primatas*. Tese. Universidade de São Paulo, 2010.
26. BRASIL. Supremo Tribunal Federal. ADI 4.983. Relator: Min. Marco Aurélio. Relator Do Acórdão: Min. Dias Toffoli. Disponível em: https://portal.stf.jus.br/processos/detalhe.asp?incidente=4425243. Acesso em: 28 maio 2022.
27. BRASIL. Superior Tribunal de Justiça. Recurso Especial 1.115.916/RJ. Relator: Min. Humberto Martins, j. 1º.09.2009. Disponível em: https://www.stj.jus.br/docs_internet/revista/eletronica/stj-revista-eletronica-2015_238_capFauna.pdf. Acesso em: 28 maio 2022.

Fernandes, reconheceu a violação da dimensão ecológica do princípio da dignidade humana em uma discussão sobre a guarda de um papagaio.[28] No Recurso Especial 1.713.167/SP, foi colocada em destaque a natureza especial dos animais, como seres sencientes e salientou-se a afetividade que existe entre os animais de companhia e seus guardiões.[29] Todavia, houve votos divergentes, como do Ministro Marco Buzzi, que concluiu pela aplicação do direito das coisas,[30] a demonstrar que consiste em tema ainda em evolução.

De 2015 para cá, surgiram diversas ações judiciais discutindo questões familiares relativas aos animais de estimação.[31] A maior parte relativa ao direito de guarda ou visitas.

Em 2022, o tema de alimentos aos animais ganhou os holofotes da comunidade jurídica, no julgamento do Recurso Especial 1.944.228/SP.[32] Na petição inicial, o que se pleiteia é uma indenização pelo período em que a ex-companheira arcou sozinha com o sustento dos animais de que eram guardiões durante o relacionamento afetivo, utilizando-se dos fundamentos do direito de família. Em primeiro e segundo grau, houve a condenação do ex-companheiro ao pagamento da metade dos valores gastos.

No Recurso Especial, discutia-se a prescrição ou não da obrigação. Em que pese o objeto do recurso, os votos também enfrentaram a questão da natureza jurídica dos animais e demonstram a controvérsia que paira sobre o tema. Prevaleceu o entendimento firmado pelo Ministro Marco Aurélio Bellizze, designado Relator para o acórdão, que reconheceu os animais como coisas com a aplicação de um filtro de natureza especial e, ao final, deu provimento do recurso interposto pelo réu, com o reconhecimento da prescrição.[33]

Dessa forma, o entendimento firmado pela Terceira Turma do Superior Tribunal de Justiça no final de 2022 é de que os animais domésticos são coisas e devem seguir a regulamentação da legislação relativa aos bens móveis. Conclusão a que, *data venia*, se ousa divergir.

---

28. BRASIL. Superior Tribunal de Justiça. Recurso Especial 1.797.175/SP. 2 T. Relator Ministro OG Fernandes, j. 21.03.2019. Disponível em: https://scon.stj.jus.br/SCON/GetInteiroTeorDoAcordao?num_registro=201800312300&dt_publicacao=13/05/2019. Acesso em: 11 jun. 2022.
29. BRASIL. Superior Tribunal de Justiça. Recurso Especial 1.713.167/SP. Relator: Ministro Luis Felipe Salomão, j. 19/06/2018. Disponível em: https://scon.stj.jus.br/SCON/GetInteiroTeorDoAcordao?num_registro=201702398049&dt_publicacao=09/10/2018. Acesso em: 11 jun. 2022.
30. BRASIL. Superior Tribunal de Justiça. Recurso Especial 1.713.167/SP. Relator: Ministro Luis Felipe Salomão, j. 19.06.2018. Disponível em: https://scon.stj.jus.br/SCON/GetInteiroTeorDoAcordao?num_registro=201702398049&dt_publicacao=09/10/2018. Acesso em: 11 jun. 2022.
31. Em pesquisa no campo de jurisprudência no site JusBrasil, localizaram-se 2.537 resultados, e em muitas decisões reconhece-se o animal de estimação como coisa a ser partilhada, negando o status de família multiespécie. Disponível em: https://www.jusbrasil.com.br/jurisprudencia/busca?q=%22animal+de+estima%C3%A7%C3%A3o%22+guarda. Acesso em: 12 jun. 2022.
32. BRASIL. Superior Tribunal de Justiça. Recurso Especial 1944228/SP. Relator: Ministro Ricardo Villas Bôas Cueva. Relator para acórdão Ministro Marco Aurélio Bellizze. J. 18.10.2022. Disponível em: https://scon.stj.jus.br/SCON/pesquisar.jsp. Acesso em: 7 fev. 2023.
33. BRASIL. Superior Tribunal de Justiça. Terceira Turma – STJ – 21/06/2022. Youtube. Disponível em: https://www.youtube.com/watch?v=Ybm8XmVqnfA. Acesso em: 21 jun. 2022. 2:55:00 a 3:54:00.

É preciso que o direito acompanhe a evolução relativa às famílias multiespécies, devendo ter uma tutela específica aos animais para atender de forma coerente ao sistema constitucional e aos princípios da dignidade e da afetividade.[34]

Marianna Chaves recomenda a aplicabilidade das normas que regem a guarda de filhos aos animais domésticos, não no sentido de entender os animais iguais às crianças, mas de compreender que nenhum membro do núcleo familiar pode ser abandonado. E, ao contrário das crianças, que um dia alcançarão autonomia, os animas continuarão até o fim da vida convivendo e dependendo do cuidado dos humanos. "É uma relação pautada pelo afeto que ambos os seres experimentarão, mas também vinculada a uma conduta responsável por parte dos humanos, que se exprimirá através de um dever de cuidado".[35]

Augusto Cézar Prado, por seu turno, afirma que "seja qual for a natureza jurídica que se atribua à guarda, a sua utilização para regular situações que envolvam animais implicaria, necessariamente, atribuir-lhes a condição de sujeitos de direito".[36]

Para José Simão, a guarda pode ser fixada na modalidade unilateral ou compartilhada, ainda que o animal doméstico pertença a apenas um dos cônjuges ou ex-companheiros.[37]

Nesse sentido, o Enunciado 11 do Instituto Brasileiro de Direito de Família (IBDFAM), aprovado no X Congresso Brasileiro de Direito de Família, dispõe que "na ação destinada a dissolver o casamento ou a união estável, pode o juiz disciplinar a custódia compartilhada do animal de estimação do casal".[38]

É preciso reconhecer que os animais não são coisas, têm sentimentos, necessidades vitais e devem ser protegidos. Das normas atualmente vigentes, aquelas relativas ao direito de família são as que mais se aproximam da proteção que eles necessitam. A solução adequada para a hipótese de extinção do relacionamento conjugal, portanto, é a de estipular a guarda e os alimentos ao animal doméstico.

O animal de estimação tem o direito a alimentos a serem fornecidos por aquele tutor que não possui a guarda unilateral ou não mora no lar de referência da guarda compartilhada. Essa obrigação é indeclinável e cabe ao Poder Judiciário impor o dever

---

34. O não humano no agrupamento familiar: novo conceito de guarda compartilhada na família multiespécie. *Revista Argumentum*, Marília/SP, v. 21, n. 3, p. 1505-1526, set./dez. 2020.
35. CHAVES, Marianna. Disputa de guarda de animais de companhia em sede de divórcio e dissolução de união estável: reconhecimento da família multiespécie? *Revista IBDFAM*, 28 jul. 2015. Disponível em: https://ibdfam.org.br/artigos/1052/Disputa+de+guarda+de+animais+de+companhia+em+sede. Acesso em: 11 jun. 2022.
36. PRADO, Augusto Cézar Lukascheck. A (im)possibilidade jurídica da guarda de animais. *Revista de direito civil contemporâneo*, São Paulo: RT, n. 5, v. 14, jan. mar./2018, p. 545-547. Disponível em: http://ojs.direitocivilcontemporaneo.com/index.php/rdcc/article/view/189/177. Acesso em: 11 jun. 2022.
37. SIMÃO, José Fernando. Direito dos animais: natureza jurídica. A visão do direito civil. *Revista Jurídica Luso-brasileira*, v. 4, ano 3, 2017. Disponível em: https://www.cidp.pt/revistas/rjlb/2017/4/2017_04_0897_0911.pdf. Acesso em: 11 jun. 2022.
38. INSTITUTO BRASILEIRO DE DIREITO DE FAMÍLIA. Enunciados. Disponível em: https://ibdfam.org.br/conheca-o-ibdfam/enunciados-ibdfam. Acesso em: 11 jun. 2022.

alimentar de acordo com as necessidades do animal-alimentando e a possibilidade de pagamento do alimentante.[39]

A respeito do tema, Regina Beatriz Tavares da Silva traz as seguintes lições:

> Se a responsabilidade em cuidar do animal de estimação é dos tutores, consequentemente, as despesas com alimentação, vacinas, médico veterinário, e outras tantas, devem ser suportadas e compartilhadas de maneira proporcional aos ganhos de cada um, levando-se em conta as necessidades do animal.[40]

Observando-se as normas sobre alimentos no Código Civil, é possível utilizá-las por analogia na relação existente entre os tutores e seus animais de estimação.[41]

Havendo consensualidade, admite-se a previsão da guarda de animal de estimação em escritura de dissolução de união estável ou de divórcio, de forma extrajudicial.[42] Não havendo acordo, será necessário buscar o Poder Judiciário para a estipulação de guarda e alimentos para os animais domésticos.

A relação com os animais é de afetividade e gera ao tutor o dever de manutenção da vida de seu animal de estimação com dignidade, devendo o Poder Judiciário estipular pensão alimentícia a ser paga pelo tutor não guardião.[43]

Maria Berenice Dias entende, com propriedade, que:

> como animais de companhia geram custos, há a imposição da obrigação alimentar. Com a sofisticação dos cuidados assegurados ao chamado mundo *pet*, os custos são consideráveis. Desse modo, nada justifica impor a somente um dos donos o encargo de arcar sozinho com esses gastos.[44]

Conforme destacado anteriormente, os animais domésticos têm uma particularidade. Ao contrário das crianças e dos adolescentes que se tornarão adultos, terão uma profissão e independência com o decorrer dos anos, os animais continuam vulneráveis durante toda sua vida. Sendo assim, os alimentos a eles devem perdurar durante toda a sua existência.

Outro ponto que pode demandar atenção é que os alimentos podem se tornar necessários não apenas no rompimento do vínculo conjugal, mas quando esse animal

---

39. SILVA, Regina Beatriz Tavares da. *Com quem fica o animal de estimação do casal que se separa?* 2016. Disponível em: http://www.cnbsp.org.br/index.php?pG=X19leGliZV9ub3RpY2lhcw==&in=MTI5NDQ. Acesso em: 22 nov. 2018.
40. Idem, ibidem.
41. SILVA, Camilo Henrique. Animais, divórcio e consequências jurídicas. *Revista INTERthesis*, Florianópolis, v. 12, n. 1, p. 102-116, jan./jun. 2015. Disponível em: https://dialnet.unirioja.es/servlet/articulo?codigo=5156830. Acesso em: 03 fev. 2023.
42. GONÇALVES, Thomas Nosch. Família multiespécie e divórcio extrajudicial com guarda de animais sencientes. *Revista IBDFAM*, Belo Horizonte, v. 30, 2019.
43. DIAS, Bruna Heloysa Rocha; POLLETO, Lizandro. Guarda compartilhada de animais na dissolução da sociedade conjugal. *Novos Direitos – Revista Acadêmica do Instituto de Ciências Jurídicas*, v. 4, n. 2, jul./dez. 2017. Disponível em: http://revistas.unifan.edu.br/index.php/RevistaICJ/article/view/448/359. Acesso em: 02 fev. 2023.
44. DIAS, Maria Berenice. Alimentos. *Direito, Ação, Eficácia, Execução*. 3. ed., rev., ampl. e atual. Salvador: JusPodivm, 2020, p. 75.

é abandonado por seu tutor ou tutores. Nessa hipótese, ele faz jus aos alimentos, pois aqueles que tinham responsabilidade pelo seu cuidado devem continuar responsáveis, sem prejuízo das penas relativas ao abandono.

4. ASPECTOS PROCESSUAIS DOS ALIMENTOS AOS ANIMAIS

Diante das particularidades que afetam os animais, destacam-se alguns pontos que podem levantar controvérsias na utilização dos procedimentos previstos para ações de alimentos ou para o cumprimento de sentença.

Não se pretende abordar todos os atos processuais de cada um dos procedimentos aplicáveis, mas enfrentar os principais temas processuais que podem gerar dúvida especificamente no que tange aos alimentos aos animais.

4.1 Da competência

As ações relativas a alimentos destinadas aos animais devem ser propostas na Vara de Família, onde existir varas especializadas, do domicílio do animal de estimação que necessita dos alimentos, conforme previsão do art. 53, II, do CPC.

Maria Berenice Dias comunga o entendimento ora esposado, afirmando que "nada, absolutamente nada justifica remeter a controvérsia para o juízo cível. Imperioso reconhecer a competência das Varas das Famílias, pois diz com controvérsia decorrente do rompimento do vínculo de convivência".[45]

É de se destacar que, na hipótese de mudança de endereço após a sentença, a competência para o cumprimento de sentença não será do mesmo juízo que proferiu a decisão, mas sim daquele em que o animal reside, conforme previsão do § 9º do art. 528, do CPC: "§ 9º Além das opções previstas no art. 516, parágrafo único, o exequente pode promover o cumprimento da sentença ou decisão que condena ao pagamento de prestação alimentícia no juízo de seu domicílio".

4.2 Da legitimidade dos animais

O direito a alimentos pode ser discutido em ação autônoma e nesse caso a legitimidade é daquele que necessita de alimentos (alimentando). Se for incapaz, será representado ou assistido. Para a hipótese dos alimentos aos animais, deve-se adotar lógica similar, podendo o animal de estimação ser o autor da ação de alimentos, representado pelo seu tutor ou, na hipótese de a ação ser contra o tutor, pode ser representado por associações, pelo Ministério Público ou pela Defensoria Pública.

O Decreto Federal 24.645, de 10 de julho de 1934, no art. 2º, § 3º, reconhece a legitimidade dos animais para estar em juízo, *in verbis*: "Os animais serão assistidos

---

45. DIAS, Maria Berenice. *Manual de Direito das Famílias*. Op. cit., p. 431.

em juízo pelos representantes do Ministério Público, seus substitutos legais e pelos membros das sociedades protetoras de animais".[46]

O direito processual pouco discute esse tema, mas já há ações propostas pelos animais. O primeiro caso brasileiro foi o *habeas corpus* impetrado em favor da "Suíça", chimpanzé (nome científico: *Pan troglodytes*) que se encontrava aprisionada no Parque Zoobotânico Getúlio Vargas (Jardim Zoológico), que teve trâmite na 9ª Vara Criminal de Salvador/BA no ano de 2005.[47] Vários outros casos surgiram nos últimos anos.[48]

Reconhecendo a legitimidade dos animais, a 7ª Câmara Cível do Tribunal de Justiça do Estado do Paraná decidiu por unanimidade que "Animais não humanos são sujeitos de direitos e, portanto, podem ser parte ativa de ações judiciais".[49]

Vicente de Paula Ataíde Junior destaca a importância de se garantir o acesso à justiça aos animais. Se, em uma situação de maus-tratos a animais que demandem tratamento, a ação tiver como legitimado o tutor, ele será indenizado por um prejuízo a um patrimônio seu. Recebendo a quantia, nada garante que ele a aplicará em prol do animal, não havendo exigência de prestação de contas. Caso se entenda que os animais não humanos possuem direitos e têm dignidade, eles devem ter legitimidade para defender seus direitos em juízo. Por não deterem capacidade, teriam que estar representados, mas a tutela jurídica se voltaria a beneficiar o animal, de modo que a

---

46. BRASIL. Decreto Federal 24.645, de 10 de julho de 1934: estabelece medidas de proteção dos animais. Planalto, Brasília. Disponível em: http://www.planalto.gov.br/ccivil_03/decreto/1930-1949/d24645.htm. Acesso em: 20 maio 2022.
47. SANTANA, Heron J. de; SANTANA, Luciano R. Santana et al. *Habeas Corpus impetrado em favor da chimpanzé Suíça na 9ª Vara Criminal de Salvador* (BA). Disponível em: https://periodicos.ufba.br/index.php/RBDA/article/view/10258/7314. Acesso em: 11 jun. 2022.
48. Memorial da Assistente Fundação do Jardim Zoológico de Niterói Habeas Corpus. Paciente Jimmy (Chipanzé que vive na fundação) n. 0002637-70.2010.8.19.0000. Relator Desembargador José Munos Pinheiro, 19 abr. 2011. In: AGUIAR, Lúcia Frota Pestana. *A questão animal e seu acesso à justiça*: um paradoxo no direito: visão pós-humana entre o sagrado e o justo. Rio de Janeiro: GZ, 2021, p. 298./ Caso Lili e Megh, duas chimpanzés, in BRASIL. Superior Tribunal de Justiça. Habeas Corpus 96.344/SP. Relator Ministro Castro Meira. Disponível em: ww2.stj.jus.br/processo/revista/documento/mediado/?componente="MON&sequencial=3587765&num_registro=20070. Acesso em: 12 jun. 2022./ Caso Hiasl na Áustria, cujo julgamento foi parar no Tribunal Europeu de Direitos Humanos in BEVILAQUA, Ciméa Barbato. Chimpanzés em juízo: pessoas, coisas e diferenças. Horizontes Antropológicos, Porto Alegre, ano 17, n. 35, p. 65-102, jan./jun. 2011; RIO GRANDE DO SUL. Tribunal de Justiça. 3ª Vara Cível do Foro Central da Comarca de Porto Alegre. Procedimento comum cível 5048149-79.2020.8.21.0001. Juíza Jane maria Kohler Vidal, j. 24 ago. 2020. Disponível em: https://www.conjur.com.br/dl/despacho-tira-caes-gatos-autores-acao.pdf. Acesso em: 21 maio 2022; CONJUR. Grupo de gatos vira-latas ajuíza ação contra construtoras em Salvador, 28 fev. 2020. Disponível em: https://www.conjur.com.br/2020-fev-28/grupo-gatos-vira-latas-ajuiza-acao-construtoras. Acesso em: 28 maio 2022; BAHIA. Tribunal de Justiça. Processo Cível 8000905-50.2020.8.05.001. Disponível em: pje.tjba.jus.br/pje/Processo/ConsultaProcesso/Detalhe/listProcessoCompletoAdvogado.seam?id=2548693&ca=994e94d5. Acesso em: 11 jun. 2022.
49. GIMENES, Erik. *Animais não humanos podem ser autores de ações judiciais, decide TJPR*: decisão foi proferida em caso de cachorros vítimas de maus-tratos, que foram considerados sujeitos de direito. *Jota*. Disponível em: https://www.jota.info/justica/animais-nao-humanos-podem-ser-autores-de-acoes-judiciais-decide-tjpr-19092021. Acesso em: 21 maio 2022.

quantia eventualmente obtida teria que ser aplicada em seu benefício, sendo possível pedir prestação de contas.[50]

Mancuso, em 1988, trazia as reflexões de Christopher D. Stone sobre a legitimidade dos entes naturais para agir em juízo, aspirando que suas considerações pudessem servir de "subsídio para as ações judiciais e reivindicações formuladas na instância administrativa, objetivando preservar o que ainda resta deste santuário ecológico que foi nosso país".[51]

O Projeto de Lei 145/2021 pretende disciplinar a capacidade de ser parte dos animais não humanos em processos judiciais e incluir o inciso XII ao art. 75 da Lei° 13.105, de 16 de março de 2015 – Código de Processo Civil, para determinar quem poderá representar animais em juízo.[52]

Referido projeto prevê: "Art. 1º Os animais não humanos têm capacidade de ser parte em processos judiciais para a tutela jurisdicional de seus direitos". E ainda: "Parágrafo único. A tutela jurisdicional individual dos animais prevista no caput deste artigo não exclui a sua tutela jurisdicional coletiva".

O art. 75 do Código de Processo Civil estipula a representação em juízo de entes despersonificados, como a massa falida; a herança jacente ou vacante; o espólio; a sociedade e a associação irregulares e outros entes organizados sem personalidade jurídica e o condomínio.

Com a alteração proposta pelo projeto, os animais não humanos seriam representados pelo Ministério Público, pela Defensoria Pública, pelas associações de proteção dos animais ou por aqueles que detenham sua tutela ou guarda.[53]

O Projeto de Lei 3.200/2021, por seu turno, prevê a "possibilidade de os animais domésticos figurarem no polo ativo de ação judicial de reparação material por maus-tratos, em caso de conduta atentatória à sua integridade".[54] Sugere-se a inclusão da ação de alimentos no aludido projeto.

Para Daniel Braga Lourenço, ao entender os animais como sujeitos de direitos, nada mais natural do que entender que eles possuem legitimidade ativa *ad causam* para exigir em juízo a garantia e a proteção de seu patrimônio jurídico.[55]

---

50. ATAIDE JUNIOR, Vicente de Paula. Animais têm direitos e podem demandá-los em juízo. *Jota*. Disponível em: https://www.jota.info/opiniao-e-analise/colunas/ajufe/animais-tem-direitos-e-podem-demanda-los-em-juizo-23072020. Acesso em: 13 jun. 2022.
51. MANCUSO, Rodolfo de Camargo. Tutela judicial do meio ambiente: reconhecimento de legitimação para agir aos entes naturais? *Revista de Processo*, São Paulo: Ed. RT, v. 52, p. 58-70, out. dez. 1988.
52. BRASIL. Projeto de Lei 145 de 2021. Câmara dos Deputados. Disponível em: https://www.camara.leg.br/propostas-legislativas/2268821. Acesso em: 21 maio 2022.
53. BRASIL. Projeto de Lei 145 de 2021. Câmara dos Deputados. Disponível em: https://www.camara.leg.br/propostas-legislativas/2268821. Acesso em: 21 maio 2022.
54. BRASIL. Projeto de Lei 3.200 de 2020. Câmara dos Deputados. Disponível em: https://www.camara.leg.br/proposicoesWeb/fichadetramitacao?idProposicao=2254813. Acesso em: 21 maio 2022.
55. *Apud* GORDILHO, Heron José de Santana; SILVA, Tagore Trajano de Almeida. Animais em juízo: direito, personalidade jurídica e capacidade processual. *Revista de Direito Ambiental*, n. 65, p. 333-363, 2012.

Vicente de Paula Ataíde Junior defende que o Decreto Federal 24.645 ainda está vigente, legitimando os próprios animais a estarem em juízo por meio do Ministério Público, dos seus substitutos legais ou das associações de proteção animal.[56] Dessa forma, "os animais podem demandar em juízo por seus direitos (como o podem as crianças e os adolescentes absolutamente incapazes, o nascituro, os humanos incapazes de exprimir sua vontade e, até mesmo, o morto, *ex vi* art. 12, parágrafo único, do Código Civil), mas precisaria ser atualizado constitucionalmente para a inclusão da Defensoria Pública como representante".[57]

Sobre a possibilidade de os animais estarem em juízo, Heron Gordilho e Tagore Silve concluem que: "o reconhecimento da personalidade para os animais garantirá, de uma vez por todas, que o valor intrínseco dos animais seja considerado no momento da ponderação dos seus interesses em juízo".[58]

Maria Berenice Dias comunga o entendimento ora esposado, nos seguintes termos:

> A legitimidade do animal não humano para compor a relação processual no polo ativo ainda depende da carência legal legitimidade que lei deveria estabelecer, visto que o direito fundamenta outros legitimados com características semelhantes. O simples fato de não ser pessoa não é suficiente para ser obstáculo diante da busca de tutela de seus direitos, pois a lei confere aos incapazes, às pessoas jurídicas, à herança e ao condomínio a possibilidade de estarem em juízo, desde que tenham um representante humano.[59]

O tema não é pacífico, mas, para garantir a dignidade dos animais, é preciso reconhecer que eles sejam sujeitos de direitos e legitimados para exigir esse direito em juízo, se necessário.

Se os alimentos forem discutidos em ação de divórcio, a legitimidade para os alimentos pode ser daquele ex-cônjuge que ficará como guardião ou como lar de referência na guarda compartilhada. Trata-se da aplicação, por analogia, da regra especial prevista na Lei 6.515/77, a Lei do Divórcio, que confere legitimidade aos ex-cônjuges para discutir os direitos de guarda e alimentos dos filhos, sem que esses também figurem como autores da ação. Trata-se de lei especial que defere substituição processual para que se resolvam os direitos dos filhos.[60] Por analogia[61] deve-se estender tal disciplina especial aos animais de estimação.

---

56. ATAIDE JUNIOR, Vicente de Paula. Introdução ao direito animal brasileiro. *Revista Brasileira de Direito Animal*, Salvador, v. 13, n. 3, p. 48-76, Set-Dez 2018. Disponível em: https://periodicos.ufba.br/index.php/RBDA/article/view/28768. Acesso em: 11 jun. 2022.
57. ATAIDE JUNIOR, Vicente de Paula. A capacidade processual dos animais. *Revista de Processo*, São Paulo: Ed. RT, v. 313, p. 95-128, mar. 2021.
58. GORDILHO, Heron José de Santana; SILVA, Tagore Trajano de Almeida. Animais em juízo: direito, personalidade jurídica e capacidade processual. *Revista de Direito Ambiental*, n. 65, p. 333-363, 2012, p. 360.
59. DIAS, Maria Berenice. *Manual de Direito das Famílias*. Op. cit., p. 433.
60. PRESGRAVE, Ana Beatriz Ferreira Rebello. *Sobre as especificidades da ação de divórcio*. ABDPRO, Empório do Direito, 2021. Disponível em: https://emporiododireito.com.br/leitura/abdpro-171-sobre-as-especificidades-da-acao-de-divorcio. Acesso em: 03 fev. 2023.
61. Defendendo a aplicação analógica, para a tutela dos animais de estimação, das normas relativas aos filhos, posiciona-se Maria Berenice Dias, *in verbis*: "A guarda é um instituto que trata da posse de fato de pessoas

4.3 Da gratuidade de justiça

A gratuidade de justiça é um benefício que a lei prevê para as pessoas que não possuem condições financeiras de arcar com as custas e despesas processuais. Em que pese a lei processual falar em pessoas, ao se entender os animais como seres sencientes, com direito à dignidade, deve-se estender tal direito também a eles e mais, deve ser presumida a hipossuficiência, pois os animais de estimação não possuem independência financeira, dependendo do sustento por seus tutores.

O direito a alimentos é individual e deve ser analisada a capacidade financeira do alimentado para se apurar se o requerente do benefício faz ou não jus, conforme disciplinam os arts. 98 e seguintes do CPC. Não possuindo capacidade laborativa, aos animais deve ser presumida a necessidade.

Em 2020, na Terceira Turma do Superior Tribunal de Justiça (STJ), a Ministra Nancy Andrighi apontou que, como previsto no artigo 99, parágrafo 6º, do CPC, o direito à gratuidade de justiça é pessoal, não se estendendo a litisconsorte ou a sucessor do beneficiário. Nesse sentido, ponderou a relatora, a concessão do benefício depende do preenchimento dos requisitos pela própria parte, e não pelo seu representante legal.[62]

Tal decisão foi proferida em um processo em que se discutiam alimentos à criança, pessoa vulnerável e presumidamente sem capacidade laborativa. Tais condições também se aplicam aos animais de estimação, diante de sua completa dependência em relação a seus tutores.

4.4 Possibilidade de concessão de alimentos provisórios

É possível aplicar aos alimentos dos animais as mesmas previsões processuais aplicadas aos alimentos devidos aos filhos. Sendo assim, ao despachar o pedido, o juiz fixará desde logo alimentos provisórios a serem pagos pelo devedor (art. 4º, Lei 5.478/68).

O direito a alimentos diz respeito à vida e à subsistência de quem os pede. Quem tem fome, tem pressa. Quando estamos diante de quem não tem voz, a urgência é ainda mais premente.

Sendo assim, ao ingressar com ação de alimentos, é possível requerer a concessão de alimentos provisórios já demonstrando os custos com alimentação, suplementos, vacinas, remédios, *day care, dog walker* etc. A manutenção do padrão de vida que

---

incapazes. Mas, em face da semelhança com o conflito sobre a convivência com os filhos, possível a aplicação analógica dos esmos dispositivos legais (CC 1.583 a 1.590)". DIAS, Maria Berenice. *Manual de Direito das Famílias*. Op. cit., p. 432.

62. BRASIL. Superior Tribunal de Justiça. *Gratuidade em ação de alimentos não exige prova de insuficiência financeira do responsável legal*. Disponível em: https://www.stj.jus.br/sites/portalp/Paginas/Comunicacao/Noticias/Gratuidade-em-acao-de-alimentos-nao-exige-prova-de-insuficiencia-financeira-do-responsavel--legal.aspx. Acesso em: 03 fev. 2023.

existia durante o relacionamento afetivo e a convivência deve ser garantida ao animal de estimação após o divórcio ou a dissolução da união estável dos tutores.

Rafael Calmon, a propósito, entende que tais alimentos provisórios decorrentes da Lei de Alimentos configuram tutela da evidência, "já que o legislador deixa absolutamente claro a desnecessidade de haver urgência na situação tutelanda".[63]

4.5 Violência doméstica e alimentos aos animais

A violência doméstica e familiar atinge toda a família e não seria diferente nas famílias multiespécies.

Nos últimos anos, vários pesquisadores encontraram uma correlação entre violência doméstica e maus-tratos aos animais.

Essa correlação entre violência doméstica e maus-tratos aos animais foi nomeada internacionalmente de *Link* (Elo).[64] E os dados são alarmantes, apontando para uma coocorrência de violência doméstica por parceiro íntimo contra mulheres e maus-tratos contra os animais entre 46,5% e 71%. E mais, a ameaça de violência ao animal de estimação funciona como uma forma de violência psicológica para que a mulher em situação de violência não denuncie os fatos ou fique presa ao ciclo de violência. A mulher tem medo de que algo pior ocorra com o animal ou que seja privada da sua companhia definitivamente. Pesquisas demonstram que "aproximadamente 30% das mulheres vítimas de violência doméstica e proprietárias de pelo menos um animal de estimação está disposta a adiar sua decisão de procurar ajuda pela preocupação com seu animal, colocando em risco a sua própria integridade".[65]

Carolina Salles destaca que muitas vezes a violência nos lares se inicia contra os animais e depois se estende contra as mulheres. Dessa forma, denunciar os maus-tratos aos animais de estimação pode evitar uma futura violência doméstica contra outros membros da família.[66]

Diante dessa correlação, ao conceder medidas protetivas de urgência à mulher em situação de violência, deve o juízo estender aos animais domésticos que sofrem maus-tratos. Dentre as medidas protetivas de urgência previstas na Lei Maria da Penha, tem-se a previsão da estipulação de alimentos provisionais e provisórios, até

---

63. CALMON, Rafael. *Manual de direito processual das famílias*. São Paulo: Saraiva, 2021. E-book. Disponível em: https://integrada.minhabiblioteca.com.br/#/books/9786555597561/. Acesso em: 03 fev. 2023, p. 102.
64. ROCHA, Yasmin Da Silva Gonçalves da. *Maus-tratos aos animais como indicador de violência doméstica*. Universidade Federal do Paraná. Dissertação, 2020. Disponível em: https://acervodigital.ufpr.br/bitstream/handle/1884/69369/R%20-%20D%20-%20YASMIN%20DA%20SILVA%20GONCALVES%20DA%20ROCHA.pdf?sequence=1&isAllowed=y. Acesso em: 04 fev. 2023.
65. GARCIA, Rita de Cassia Maria; BARRERO, Stefany Monsalve. *Violência doméstica e abuso animal*. Universidade Federal do Paraná. Setor de Ciências Agrárias. Disponível em: http://www.agrarias.ufpr.br/portal/blog/noticias/artigo-violencia-domestica-e-abuso-animal. Acesso em: 04 fev. 2023.
66. SALLES, Carolina. A Relação entre os maus-tratos animais e a Violência Doméstica. Jus Brasil. Disponível em: https://carollinasalle.jusbrasil.com.br/artigos/323432057/a-relacao-entre-os-maus-tratos-animais-e-a-violencia-domestica. Acesso em: 04 fev. 2023.

para que essa mulher possa ter condições financeiras de sair do ciclo de violência e ser atendida por profissionais especializados nos processos judiciais que podem surgir desse fato.

Essa medida, prevista no art. 22, V, pode ser estendida aos animais de estimação e é essencial para não sobrecarregar a mulher com o sustento, ainda mais quando também existe violência patrimonial.

Outro cuidado nessas situações de violência doméstica é que haja uma pessoa intermediária para providenciar que esses alimentos aos animais de estimação sejam prestados ou que eles sejam fixados em valores financeiros a serem depositados em conta bancária da guardiã, para que a mulher não corra ainda mais riscos com nova aproximação do guardião.

Há previsão expressa de medida de proibição de aproximação do agressor a mulher em situação de violência e seus familiares, dispositivo que deve ser interpretado abrangendo-se os animais de estimação.

Ainda nesse ponto, embora se entenda que – nas ações que envolvam pedido de alimentos em favor de animais de estimação, por se tratar de ação de família em razão do conceito de família multiespécie – se deve, via de regra, designar a sessão de mediação prevista no artigo 695 do CPC/2015, uma ressalva deve ser feita. Deve ser evitada a designação de sessão prévia de mediação ou conciliação em processos de família que envolvam mulher em situação de violência,[67] caso haja pedido dela nesse sentido, a fim de evitar a sua revitimização. Essa preocupação deve estar presente, inclusive, quando a mulher vítima tiver formulado pedido de alimentos para o sustento de animais de estimação.

Por fim, o não pagamento de alimentos aos filhos configura violência psicológica, moral e patrimonial prevista na Lei Maria da Penha e crime de apropriação indébita, conforme previsão do Protocolo para Julgamento com Perspectiva de Gênero.[68] Tal interpretação também deve ser estendida aos alimentos aos animais domésticos.

4.6 Prescrição da pretensão executiva

É importante frisar que o direito a alimentos é imprescritível, mas não o é a pretensão à sua execução. O § 2º do art. 206 do Código Civil prevê a prescrição em 2 anos.

Todavia, ao falar de direito dos animais, deve-se fazer um paralelo com os incapazes, pois os animais dependem da ação de um humano para que sejam repre-

---

67. NEJAIM, América Cardoso Barreto Lima; HILDEBRAND, Cecília Rodrigues Frutuoso. Obrigatoriedade ou não da audiência de mediação e conciliação em ações de família com violência doméstica e familiar. In: ALVES, Lucélia de Sena; BORGES, Fernanda Gomes e Souza Borges (Org.). *5 anos de vigência do Código de Processo Civil de 2015*. Belo Horizonte, São Paulo: D'Plácido, 2021. p. 443-471.
68. BRASIL. Conselho Nacional de Justiça. Protocolo para julgamento com perspectiva de gênero. Brasília, 2021. Disponível em: https://www.cnj.jus.br/wp-content/uploads/2021/10/protocolo-18-10-2021-final.pdf. Acesso em: 11 abr. 2022.

sentados judicialmente, não podendo sofrer prejuízos em razão da inércia de seu representante legal. Sendo assim, interpretando-se de forma analógica o art. 198, I, CPC, entende-se que a pretensão executiva dos alimentos aos animais não correrá.

Como destacado acima, os animais são vulneráveis durante toda sua existência, razão pela qual devem ser considerados como se incapazes fossem durante toda a sua vida, sem serem atingidos pela prescrição da pretensão executiva.

5. DO REGISTRO DOS ANIMAIS E A POSSIBILIDADE DE SE EVITAR FUTUROS CONFLITOS RELATIVOS A ALIMENTOS

A existência das famílias multiespécies já reflete em processos litigiosos para discutir guarda e alimentos aos animais,[69] e o registro civil pode ser uma forma de evitar ou minimizar conflitos relativos a esse novo formato familiar.

Uma possibilidade é disciplinar em pacto antenupcial ou inserir cláusula em escritura de união estável relativa à guarda e ao sustento dos animais domésticos em caso de dissolução. Alguns cartórios já oferecem esse serviço.[70]

Outra solução que se considera legítima é promover o registro em cartório extrajudicial dos animais de estimação, já discriminando os seus responsáveis e aqueles com quem ele mantém vínculo afetivo e quem seria responsável pelo sustento na hipótese do término do relacionamento afetivo.

O registro de animais de estimação, que já ocorre em diversos Estados[71] e "é um importante exemplo do movimento de descoisificação dos animais domésticos, considerando que o vínculo entre seres humanos e animais de estimação ultrapassa a mera relação de posse e propriedade".[72]

Os serviços notariais e de registro estão disciplinados no art. 236 da Constituição Federal[73] e regulamentados pela Lei 8.935/94,[74] são efetivados por delegação e fiscali-

---

69. Em recente decisão do TJRS, no dia 25 de agosto de 2022, 8ª Câmara Cível do TJRS decidiu, por unanimidade, que um casal que havia adotado 25 cães deverá dividir as despesas com os animais. RIO GRANDE DO SUL. Tribunal de Justiça. Casal divorciado deve dividir despesas com os 25 cães adotados, 25 ago. 2022. Disponível em: https://www.tjrs.jus.br/novo/noticia/casal-divorciado-deve-dividir-despesas-com-os-25-caes-adotados/. Acesso em: 30 ago. 2022.
70. Rio de Janeiro, Paraná, Santa Catarina, Rondônia, Mato Grosso, Mato Grosso do Sul e Goiás. SÃO PAULO. 2 Cartório de Notas. Animais de estimação: como definir a guarda de forma antecipada. Disponível em: https://www.2cartorio.com.br/noticias/detalhe/animais-de-estimacao-como-definir-a-guarda-de-forma-antecipada. Acesso em: 12 jun. 2022.
71. MACHADO, Anelise Siqueira. *Registro de animais de estimação*: uma forma de reconhecimento da família multiespécie. TCC. Pós-Graduação Lato Sensu da Escola da magistratura do Estado do Rio De Janeiro, 2019, p. 58.
72. Idem, ibidem, p. 65.
73. BRASIL. Constituição da República Federativa do Brasil de 1988. Brasília, DF: Presidência da República, 2022. Disponível em: http://www.planalto.gov.br/ccivil_03/constituicao/constituicaocompilado.htm. Acesso em: 20 fev. 2022.
74. BRASIL. Lei 8.935, de 18 de novembro de 1994: Regulamenta o art. 236 da Constituição Federal, dispondo sobre serviços notariais e de registro. (Lei dos cartórios). Disponível em: http://www.planalto.gov.br/ccivil_03/leis/l8935.htm. Acesso em: 14 ago. 2022.

zação do Estado e têm a vantagem de estarem capilarizados em grande parte do país. O registro dos animais de estimação pode garantir a identificação das características daquele animal, como data de nascimento, raça, guardiões etc., evitando litígios futuros. Seria possível, ainda, o reconhecimento socioafetivo de vínculo com animal que já possui guardião anterior, refletindo a realidade de muitas relações familiares.

O local mais adequado para que seja levado a efeito o registro dos animais de estimação é o Registro Civil das Pessoas Naturais (RCPN), pois já são responsáveis pelos registros relativos às famílias.

Desse modo, tem-se que o registro dos animais de estimação deve ser realizado no registro público que tem atribuição de concentrar as informações relativas às pessoas e às relações familiares, qual seja, o RCPN. Não se pode olvidar que as serventias do registro civil são consideradas ofícios da cidadania, podendo exercer novas atribuições consideradas relevantes para garantir a dignidade das pessoas e, em consequência, das famílias.

Sendo o RCPN considerado competente para promover o registro dos animais domésticos, o Livro destinado a tal repositório deve ser o "E", o qual é reservado aos demais atos do registro civil que não são objeto de registro nos outros livros (art. 33, parágrafo único da LRP).[75]

Destaque-se que esse caráter de subsidiariedade do Livro "E" permite que nele sejam registrados quaisquer atos relativos ao estado e à capacidade das pessoas naturais e às relações familiares cuja publicidade seja desejada pelos interessados, não havendo, portanto, taxatividade dos atos nele passíveis de inscrição. Seria interessante no registro já disciplinar a questão dos alimentos evitando-se litígios futuros.

6. CONCLUSÃO

A relação com os animais de estimação está baseada na afetividade e, a exemplo do reconhecimento que o direito das famílias confere à maternidade e à paternidade socioafetivas, a relação com eles deve ser considerada como familiar.

Com a extinção do casamento ou da união estável, é necessário garantir o sustento dos animais de estimação que viviam nessa família multiespécie e, diante da ausência de norma específica, deve-se utilizar por analogia aquelas relativas ao direito a alimentos.

Diante de algumas particularidades, algumas dúvidas podem surgir durante o processo de alimentos aos animais, como competência, legitimidade ativa, representação em juízo, tentativa de acordo, concessão de alimentos provisórios etc. Demonstrou-se a legitimidade processual dos animais, podendo ser representados

---

75. CAMARGO NETO, Mário de Carvalho; OLIVEIRA, Marcelo Salaroli D. *Registro civil de pessoas naturais*: habilitação e registro de casamento, registro de óbito e livro "E". 2 v. (Coleção cartórios). São Paulo: Saraiva, 2014. 9788502224100. E-book. Disponível em: https://integrada.minhabiblioteca.com.br/#/books/9788502224100/. Acesso em: 14 ago. 2022.

pelo tutor guardião ou titular do lar de referência, de associações, do Ministério Público e da Defensoria Pública.

Analisou-se ainda a correlação entre a existência de maus-tratos aos animais e violência doméstica ou familiar regulamentada pela Lei Maria da Penha e a possibilidade de extensão das medidas protetivas de urgência aos animais.

Por fim, ventilaram-se formas de evitar processos judiciais litigiosos com o registro civil dos animais, inclusive com a previsão da responsabilidade alimentar.

O tema é polêmico e possui posições controvertidas, mas o Direito das Famílias e o Direito Processual das Famílias precisa enfrentar os desafios existentes na vida real, deixando o engessamento da letra da lei, valendo-se da analogia para garantir o direito à dignidade dos animais de estimação.

Afinal, não é o afeto que deve ceder para caber nos estreitos limites do direito, mas o direito que deve tutelar condignamente as relações de afeto.

REFERÊNCIAS

ABINPET – Associação Brasileira da Indústria de Produtos para animais de estimação. Mercado Pet Brasil 2021. Disponível em: http://abinpet.org.br/mercado/. Acesso em: 11 jun. 2022.

AGUIAR, Lúcia Frota Pestana. *A questão animal e seu acesso à justiça*: um paradoxo no direito: visão pós-humana entre o sagrado e o justo. Rio de Janeiro: GZ, 2021.

ATAIDE JUNIOR, Vicente de Paula. A capacidade processual dos animais. *Revista de Processo*. São Paulo: Ed. RT, v. 313, p. 95-128, mar. 2021.

ATAIDE JUNIOR, Vicente de Paula. *Animais em Juízo*. Dissertação. Universidade Federal da Bahia, Salvador, 2009.

ATAIDE JUNIOR, Vicente de Paula. Animais têm direitos e podem demandá-los em juízo. *Jota*. Disponível em: https://www.jota.info/opiniao-e-analise/colunas/ajufe/animais-tem-direitos-e-podem-demanda-los-em-juizo-23072020. Acesso em: 13 jun. 2022.

ATAIDE JUNIOR, Vicente de Paula. Introdução ao direito animal brasileiro. *Revista Brasileira de Direito Animal*, Salvador, v. 13, n. 3, p. 48-76, Set-Dez 2018. Disponível em: https://periodicos.ufba.br/index.php/RBDA/article/view/28768. Acesso em: 11 jun. 2022.

ATAIDE JUNIOR, Vicente de Paula; MENDES, Thiago Brizola Paula. Decreto 24.645/1934: Breve história da "Lei Áurea" dos animais. *Revista Brasileira de Direito Animal*, Salvador, v. 15, n. 02, p. 47-73, maio/ago. 2020.

BBC NEWS BRASIL. *As parcerias de vida platônicas que unem pares até 'que a morte os separe'*. Disponível em: https://www.bbc.com/portuguese/geral-60980873 Acesso em: 7 fev. 2023.

BENJAMIN, Antonio Herman de Vasconcellos e. A natureza no direito brasileiro: coisa, sujeito ou nada disso. *BDJur*, STJ, Brasília, 2009. Disponível em: http://bdjur.stj.jus.br/dspace/handle/2011/26184. Acesso em: 12 jun. 2022.

BAHIA. Tribunal de Justiça. Processo Cível 8000905-50.2020.8.05.001. Disponível em: pje.tjba.jus.br/pje/Processo/ConsultaProcesso/Detalhe/listProcessoCompletoAdvogado.seam?id=2548693&ca=994e94d5. Acesso em: 11 jun. 2022.

BEVILAQUA, Ciméa Barbato. Chimpanzés em juízo: pessoas, coisas e diferenças. *Horizontes Antropológicos*, Porto Alegre, ano 17, n. 35, p. 65-102, jan./jun. 2011.

BRASIL. Constituição da República Federativa do Brasil de 1988. Brasília, DF: Presidência da República, 2022. Disponível em: http://www.planalto.gov.br/ccivil_03/constituicao/constituicaocompilado.htm. Acesso em: 20 fev. 2022.

BRASIL. Decreto Federal 24.645, de 10 de julho de 1934: estabelece medidas de proteção dos animais. Planalto, Brasília. Disponível em: http://www.planalto.gov.br/ccivil_03/decreto/1930-1949/d24645.htm. Acesso em: 20 maio 2022.

BRASIL. Lei 8.935, de 18 de novembro de 1994: Regulamenta o art. 236 da Constituição Federal, dispondo sobre serviços notariais e de registro. (Lei dos cartórios). Disponível em: http://www.planalto.gov.br/ccivil_03/leis/l8935.htm. Acesso em: 14 ago. 2022.

BRASIL. Lei 9.605, de 12 de fevereiro de 1998: dispõe sobre as sanções penais e administrativas derivadas de condutas e atividades lesivas ao meio ambiente, e dá outras providências. Planalto, Brasília. Disponível em: http://www.planalto.gov.br/ccivil_03/leis/l9605.htm. Acesso em: 20 maio 2022.

BRASIL. Projeto de Lei 145 de 2021. Câmara dos Deputados. Disponível em: https://www.camara.leg.br/propostas-legislativas/2268821. Acesso em: 21 maio 2022.

BRASIL. Projeto de Lei 1.058 de 2011. Câmara dos Deputados. Disponível em: https://www.camara.leg.br/proposicoesWeb/prop_mostrarintegra?codteor=859439&filename=PL+1058/2011. Acesso em: 11 jun. 2022.

BRASIL. Projeto de Lei do Senado 542 de 2018. Senado Federal. Disponível em: https://legis.senado.leg.br/sdleg-getter/documento?dm=7897707&ts=1630432985507&disposition=inline. Acesso em: 11 jun. 2022.

BRASIL. Projeto de Lei 6.054 de 2019: Acrescenta parágrafo único ao artigo 82 do Código Civil para dispor sobre a natureza jurídica dos animais domésticos e silvestres, e dá outras providências. Câmara dos Deputados. Disponível em: https://www.camara.leg.br/proposicoesWeb/prop_mostrarintegra?codteor=1198509. Acesso em: 11 jun. 2022.

BRASIL. Conselho Nacional de Justiça. Protocolo para julgamento com perspectiva de gênero. Brasília, 2021. Disponível em: https://www.cnj.jus.br/wp-content/uploads/2021/10/protocolo-18-10-2021-final.pdf. Acesso em: 11 abr. 2022.

BRASIL. Superior Tribunal de Justiça. Gratuidade em ação de alimentos não exige prova de insuficiência financeira do responsável legal. Disponível em: https://www.stj.jus.br/sites/portalp/Paginas/Comunicacao/Noticias/Gratuidade-em-acao-de-alimentos-nao-exige-prova-de-insuficiencia-financeira--do-responsavel-legal.aspx. Acesso em: 03 fev. 2023.

BRASIL. Superior Tribunal de Justiça. Recurso Especial 1944228/SP. Relator: Ministro Ricardo Villas Bôas Cueva. Relator para acórdão Ministro Marco Aurélio Bellizze. J. 18/10/2022. Disponível em: https://scon.stj.jus.br/SCON/pesquisar.jsp. Acesso em: 7 fev. 2023.

BRASIL. Superior Tribunal de Justiça. Habeas Corpus 96.344/SP. Relator Ministro Castro Meira. Disponível em:
[ww2.stj.jus.br/processo/revista/documento/mediado/?componente="MON&sequencial=3587765&num_registro=20070. Acesso em: 12 jun. 2022.

BRASIL. Superior Tribunal de Justiça. Recurso Especial 1.115.916/RJ. Relator: Min. Humberto Martins. Julgado em: 01/09/2009, p. 11. Disponível em: https://www.stj.jus.br/docs_internet/revista/eletronica/stj-revista-eletronica-2015_238_capFauna.pdf. Acesso em: 28 maio 2022.

BRASIL. Superior Tribunal de Justiça. Recurso Especial 1.713.167/SP. Relator: Ministro Luis Felipe Salomão, j. 19/06/2018. Disponível em: https://scon.stj.jus.br/SCON/GetInteiroTeorDoAcordao?num_registro=201702398049&dt_publicacao=09/10/2018. Acesso em: 11 jun. 2022.

BRASIL. Superior Tribunal de Justiça. Recurso Especial 1.797.175/SP. 2 T. Relator Ministro OG Fernandes, j. 21/03/2019. Disponível em: https://scon.stj.jus.br/SCON/GetInteiroTeorDoAcordao?num_registro=201800312300&dt_publicacao=13/05/2019. Acesso em: 11 jun. 2022.

BRASIL. Superior Tribunal de Justiça. Recurso Especial 1.944.228/SP. Terceira Turma - STJ - 21/06/2022. Relator Ministro Villas Boas Cuevas. Youtube. Disponível em: https://www.youtube.com/watch?v=Ybm8XmVqnfA. Acesso em: 21 jun. 2022. 2:55:00 a 3:54:00.

BRASIL. Supremo Tribunal Federal. ADI 4.983. Relator: min. Marco Aurélio, Redator do acórdão: MIN. DIAS TOFFOLI https://portal.stf.jus.br/processos/detalhe.asp?incidente=4425243. Acesso em: 28 maio 2022.

CABRAL, Liz Márcia de Souza; SILVA, Tagore Trajano de Almeida. O não humano no agrupamento familiar: novo conceito de guarda compartilhada na família multiespécie. *Revista Argumentum*, Marília/SP, v. 21, n. 3, p. 1505-1526, set. dez. 2020.

CALMON, Rafael. *Manual de direito processual das famílias*. São Paulo: Saraiva, 2021. E-book. Disponível em: https://integrada.minhabiblioteca.com.br/#/books/9786555597561/. Acesso em: 03 fev. 2023.

CAMARGO NETO, Mário de Carvalho; OLIVEIRA, Marcelo Salaroli D. *Registro civil de pessoas naturais*: habilitação e registro de casamento, registro de óbito e livro "E". 2 v. (Coleção cartórios). São Paulo: Saraiva, 2014. 9788502224100. E-book. Disponível em: https://integrada.minhabiblioteca.com.br/#/books/9788502224100/. Acesso em: 14 ago. 2022.

CEARÁ. Tribunal de Justiça. Processo: 0050263-13.2021.8.06.0081. juiz Guido de Freitas Bezerra, j. 09 abr. 2021. Migalhas, Disponível em: https://www.migalhas.com.br/quentes/343665/juiz-concede-protetiva-a-cachorro-que-assinou-peticao-com-a-patinha. Acesso em: 21 maio 2022.

CHAVES, Marianna. Disputa de guarda de animais de companhia em sede de divórcio e dissolução de união estável: reconhecimento da família multiespécie? *Revista IBDFAM*, Belo Horizonte, 28 jul. 2015. Disponível em: https://ibdfam.org.br/artigos/1052/Disputa+de+guarda+de+animais+de+companhia+em+sede. Acesso em: 11 jun. 2022.

CONJUR. Grupo de gatos vira-latas ajuíza ação contra construtoras em Salvador, 28 fev. 2020. Disponível em: https://www.conjur.com.br/2020-fev-28/grupo-gatos-vira-latas-ajuiza-acao-construtoras. Acesso em: 28 maio 2022.

COSTA, Anna Gabriela. *Projeto que proíbe tatuagens e piercings em cães e gatos avança no Senado*. Disponível em: https://www.cnnbrasil.com.br/nacional/projeto-que-proibe-tatuagens-e-piercings-em-caes-e-gatos-avanca-no-senado. Acesso em: 08 jul. 2022.

DIAS, Bruna Heloysa Rocha; POLLETO, Lizandro. Guarda compartilhada de animais na dissolução da sociedade conjugal. *Novos Direitos* – Revista Acadêmica do Instituto de Ciências Jurídicas, v. 4, n. 2, jul./dez. 2017. Disponível em: http://revistas.unifan.edu.br/index.php/RevistaICJ/article/view/448/359. Acesso em: 02 fev. 2023.

DIAS, Edna Cardozo. Os animais como sujeitos de direito. *Revista Jus Navigandi*, ISSN 1518-4862, Teresina, ano 10, n. 897, 17 dez. 2005. Disponível em: https://jus.com.br/artigos/7667. Acesso em: 28 maio 2022.

DIAS, Maria Berenice. Alimentos. *Direito, Ação, Eficácia, Execução*. 3. ed., rev., ampl. e atual. Salvador: JusPodivm, 2020.

DIAS, Maria Berenice. *Manual de Direito das Famílias*. 15. Ed. Salvador: JusPodivm. 2022.

DIAS, Maria Berenice. *Filhos do afeto*. 3. ed. Salvador: JusPodivm. 2022.

FEDERICI, Silvia. *O ponto zero da revolução*. São Paulo: Elefante, 2019, p. 42/43

FELIPE, Sônia T. *Da considerabilidade moral dos seres vivos*: a bioética ambiental de Kenneth E. Goodpaster. Disponível em: https://periodicos.ufsc.br/index.php/ethic/article/view/24874/22012. Acesso em: 2 jun. 2022.

GARCIA, Rita de Cassia Maria; BARRERO, Stefany Monsalve. *Violência doméstica e abuso animal*. Universidade Federal do Paraná. Setor de Ciências Agrárias. Disponível em: http://www.agrarias.ufpr.br/portal/blog/noticias/artigo-violencia-domestica-e-abuso-animal. Acesso em: 04 fev. 2023.

GIMENES, Erik. Animais não humanos podem ser autores de ações judiciais, decide TJPR: decisão foi proferida em caso de cachorros vítimas de maus-tratos, que foram considerados sujeitos de direito. *Jota*. Disponível em: https://www.jota.info/justica/animais-nao-humanos-podem-ser-autores-de-a-coes-judiciais-decide-tjpr-19092021. Acesso em: 21 maio 2022.

GONÇALVES, Thomas Nosch. Família multiespécie e divórcio extrajudicial com guarda de animais sencientes. *Revista IBDFAM*, Belo Horizonte, v. 30, 2019.

GORDILHO, Heron; BOTTEAU, Lyliam. Os caminhos para um novo status jurídico dos animais na França. *Revista de Direito Civil Contemporâneo*, São Paulo: Ed. RT, v. 27, p. 161-178, abr./jun. 2021.

GORDILHO, Heron José de Santana; SILVA, Tagore Trajano de Almeida. Animais em juízo: direito, personalidade jurídica e capacidade processual. *Revista de Direito Ambiental*, n. 65, p. 333-363, 2012.

GORDILHO, Heron; ATAIDE JUNIOR, Vicente de Paula. A capacidade processual dos animais no Brasil e na América Latina. *Revista Eletrônica do Curso de Direito da UFSM*, v. 15, n. 2, 2020.

INSTITUTO BRASILEIRO DE DIREITO DE FAMÍLIA *Enunciados*. Disponível em: https://ibdfam.org.br/conheca-o-ibdfam/enunciados-ibdfam. Acesso em: 11 jun. 2022.

INSTITUTO BRASILEIRO DE DIREITO DE FAMÍLIA. *Famílias multiespécies*: condomínio é impedido de exigir retirada de animal. Disponível em: https://ibdfam.org.br/noticias/10455/Fam%C3%ADlia+multiesp%C3%A9cies%3A+condom%C3%ADnio+%C3%A9+impedido+de+exigir+retirada+de+animal. Acesso em: 7 fev. 2023.

INSTITUTO BRASILEIRO DE DIREITO DE FAMÍLIA. *Justiça determina que tio pague pensão alimentícia a sobrinho*. Disponível em: https://ibdfam.org.br/noticias/6109/Justi%C3%A7a+determina+que+tio+pague+pens%C3%A3o+aliment%C3%ADcia+a+sobrinho Acesso em: 7 fev. 2023.

INSTITUTO BRASILEIRO DE GEOGRAFIA E ESTATÍSTICA. *População de animais de estimação no Brasil - 2013 – Em milhões*. Gov.br. Disponível em: https://www.gov.br/agricultura/pt-br/assuntos/camaras-setoriais-tematicas/documentos/camaras-tematicas/insumos-agropecuarios/anos-anteriores/ibge-populacao-de-animais-de-estimacao-no-brasil-2013-abinpet-79.pdf. Acesso em: 08 jun. 2022.

INSTITUTO PET BRASIL. *Censo pet: 139,3 milhões de animais de estimação no Brasil*. Disponível em: https://institutopetbrasil.com/imprensa/censo-pet-1393-milhoes-de-animais-de-estimacao-no-brasil/ Acesso em: 7 fev. 2023.

LEANDRINI, Caroline Silva. Do Bem-estar dos Animais Domésticos: O Reconhecimento da Família Pluriespécie e a Guarda. *Biodireito e direitos dos animais II* [Recurso eletrônico on-line] organização CONPEDI/UNICURITIBA; Coordenadores: Heron José de Santana Gordilho, Maria Aparecida Alkimin Florianópolis: CONPEDI, 2016.

LEITE, Martha Franco Leite. RODRIGUES, Susana Gabriella Prudente. OLIVEIRA, Liziane Paixão Silva. SILVA, Tagore Trajano de Almeida. *O Rompimento de Relações Pessoais e o destino do animal de estimação: divisão de bens ou guarda?* Universidade Tiradentes. Curso de Graduação em Direito. Trabalho de Conclusão de Curso. Aracaju. 2015.

LOURENÇO, Daniel Braga. As propostas de alteração do estatuto jurídico dos animais em tramitação no Congresso Nacional Brasileiro. *RJLB*, a. 2, n 1, 2016. Disponível em: https://www.academia.edu/33511852/AS_PROPOSTAS_DE_ALTERA%C3%87%C3%83O_DO_ESTATUTO_JUR%C3%8DDICO_DOS_ANIMAIS_EM_TRAMITA%C3%87%C3%83O_NO_CONGRESSO_NACIONAL_BRASILEIRO. Acesso em: 11 jun. 2022.

MACHADO, Anelise Siqueira. *Registro de animais de estimação*: uma forma de reconhecimento da família multiespécie. TCC. Pós-Graduação lato sensu da Escola da Magistratura do Estado do Rio de Janeiro, 2019.

MANCUSO, Rodolfo de Camargo. Tutela judicial do meio ambiente: reconhecimento de legitimação para agir aos entes naturais? *Revista de Processo*, Revista dos Tribunais, v. 52, p. 58-70, out. dez. 1988.

MANZOLILLO, Bruno Lúcio Moreira; OLIVEIRA, George Sena de. Natureza jurídica e capacidade processual de animais não humanos: inovações legais e jurisprudenciais. In VASCONCELOS Adaylson Wagner Sousa de (Org.). *Direito*: uma autêntica e genuína ciência autônoma 2. Ponta Grossa/PR: Atena, 2021.

MEDEIROS, Fernanda Luiza Fontoura de; CACHAPUZ, Maria Cláudia Mércio; PETTERLE, Selma Rodrigues. A natureza jurídica dos animais não humanos: uma discussão necessária. *Revista de Direito Ambiental*. São Paulo: Ed. RT, v. 96, p. 19-46, out. dez. 2019.

MIGLIORE, Alfredo Domingues Barbosa. *A personalidade jurídica dos grandes primatas*. Tese. Universidade de São Paulo, 2010.

MILARÉ, Édis; ARTIGAS, Priscila Santos; MASTROBUONO, Victoria Wagner. Tutela jurídica de animais silvestres abandonados. *Revista de Direito Ambiental*, São Paulo: Ed. RT, v. 61, p. 239-275, jan. mar. 2011.

MINAS GERAIS. Lei. 22.231 de 20 de julho de 2016: Dispõe sobre a definição de maus-tratos contra animais no Estado e dá outras providências. Disponível em: https://www.almg.gov.br/consulte/legislacao/completa/completa.html?ano=2016&num=22231&tipo=LEI. Acesso em: 1 jun. 2022.

NEJAIM, América Cardoso Barreto Lima; HILDEBRAND, Cecília Rodrigues Frutuoso. Obrigatoriedade ou não da audiência de mediação e conciliação em ações de família com violência doméstica e familiar. in ALVES, Lucélia de Sena; BORGES, Fernanda Gomes e Souza Borges (Org.). *5 anos de vigência do Código de Processo Civil de 2015*. Belo Horizonte, São Paulo: D'Plácido, 2021.

OLIVEIRA, Fábio Corrêa Souza de; LOURENÇO, Daniel Braga. Em prol do Direito dos Animais: inventário, titularidade e categorias. *Jurispoiesis*, Rio de Janeiro, v. 12, p. 113-157, 2009.

PRADO, Augusto Cézar Lukascheck. A (im)possibilidade jurídica da guarda de animais. *Revista de direito civil contemporâneo*, São Paulo: Ed. RT, n. 5, v. 14, jan. mar./2018, p. 545-547. Disponível em: http://ojs.direitocivilcontemporaneo.com/index.php/rdcc/article/view/189/177. Acesso em: 11 jun. 2022.

PRESGRAVE, Ana Beatriz Ferreira Rebello. *Sobre as especificidades da ação de divórcio*. ABDPRO, Empório do Direito, 2021. Disponível em: https://emporiododireito.com.br/leitura/abdpro-171-sobre-as-especificidades-da-acao-de-divorcio. Acesso em: 03 fev. 2023.

REGIS, Arthur Henrique de Pontes e CORNELLI, Gabriele. *Situação jurídica dos animais e propostas de alterações no Congresso Nacional*. p. 193. Disponível em: http://www.scielo.br/pdf/bioet/v25n1/1983-8042-bioet-25-01-0191.pdf. Acesso em: 2 jun. 2022.

REVISTA CÃES E GATOS. *Setor pet brasileiro cria 2,8 milhões de empregos e ultrapassa 285 mil empresas*. Disponível em: https://caesegatos.com.br/setor-pet-brasileiro-cria-283-milhoes-de-empregos-e--ultrapassa-285-mil-empresas/#:~:text=No%20per%C3%ADodo%20de%20um%20ano,2.984%20para%203.298%20no%20Pa%C3%ADs). Acesso em: 7 fev. 2023.

RIO GRANDE DO SUL. Tribunal de Justiça. *Casal divorciado deve dividir despesas com os 25 cães adotados*, 25 ago. 2022. Disponível em: https://www.tjrs.jus.br/novo/noticia/casal-divorciado-deve-dividir--despesas-com-os-25-caes-adotados/. Acesso em: 30 ago. 2022.

RIO GRANDE DO SUL. Tribunal de Justiça. Procedimento Comum Cível 5048149-79.2020.8.21.0001. 3ª Vara Cível do Foro Central da Comarca de Porto Alegre. Juíza Jane Maria Kohler Vidal, j. 24 ago. 2020. Disponível em: https://www.conjur.com.br/dl/despacho-tira-caes-gatos-autores-acao.pdf. Acesso em: 21 maio 2022.

ROCHA, Yasmin Da Silva Gonçalves da. *Maus-tratos aos animais como indicador de violência doméstica*. Universidade Federal do Paraná. Dissertação, 2020. Disponível em: https://acervodigital.ufpr.br/bitstream/handle/1884/69369/R%20-%20D%20-%20YASMIN%20DA%20SILVA%20GONCALVES%20DA%20ROCHA.pdf?sequence=1&isAllowed=y. Acesso em: 04 fev. 2023.

RODRIGUES, Susana Gabriella Prudente; LEITE, Martha Franco; OLIVEIRA, Liziane Paixão Silva Oliveira; SILVA, Tagore Trajano de Almeida Silva. O rompimento de relações pessoais e o destino do animal de estimação: divisão de bens ou guarda? *RJLB*, a. 3, n. 3, 2017. Disponível em: https://www.cidp.pt/revistas/rjlb/2017/3/2017_03_1105_1133.pdf. Acesso em: 11 jun. 2022.

SALLES, Carolina. A Relação entre os maus-tratos animais e a Violência Doméstica. *JusBrasil*. Disponível em: https://carollinasalle.jusbrasil.com.br/artigos/323432057/a-relacao-entre-os-maus-tratos-animais-e-a-violencia-domestica. Acesso em: 04 fev. 2023

SANTA CATARINA. Lei 12.854, de 22 de dezembro de 2003: institui o Código Estadual de Proteção aos Animais. Disponível em: http://leis.alesc.sc.gov.br/html/2003/12854_2003_Lei.html. Acesso em: 1º jun. 2022.

SANTANA, Heron J. de; SANTANA, Luciano R. Santana et al. *Habeas Corpus impetrado em favor da chimpanzé Suíça na 9ª Vara Criminal de Salvador* (BA). Disponível em: https://periodicos.ufba.br/index.php/RBDA/article/view/10258/7314. Acesso em: 11 jun. 2022.

SÃO PAULO. 2 Cartório de Notas. Animais de estimação: como definir a guarda de forma antecipada. Disponível em: https://www.2cartorio.com.br/noticias/detalhe/animais-de-estimacao-como-definir-a-guarda-de-forma-antecipada. Acesso em: 12 jun. 2022.

SEGUIN, Élida; ARAÚJO, Luciane Martins de; CORDEIRO NETO, Miguel dos Reis. Uma nova família: a multiespécie. *Revista de Direito Ambiental*, São Paulo: Ed. RT, v. 82, p. 223-248, abr. jun. 2016.

SILVA, Regina Beatriz Tavares da. *Com quem fica o animal de estimação do casal que se separa?* 2016. Disponível em: http://www.cnbsp.org.br/index.php?pG=X19leGliZV9ub3RpY2lhcw==&in=MTI5NDQ. Acesso em: 22 nov. 2018.

SILVA, Tagore Trajano de Almeida. Princípios de proteção animal na Constituição de 1988. *Revista de Direito Ambiental*, São Paulo: Ed. RT, v. 80, p. 17-57, nov. dez. 2015.

SIMÃO, José Fernando. Direito dos animais: natureza jurídica. A visão do direito civil. *Revista Jurídica Luso-brasileira*, v. 4, ano 3, 2017. Disponível em: https://www.cidp.pt/revistas/rjlb/2017/4/2017_04_0897_0911.pdf. Acesso em: 11 jun. 2022.

TRAJANO, Tagore. Capacidade de ser parte dos animais não humanos: repensando os institutos da substituição e representação processual. *Revista Brasileira de Direito Animal*. Universidade Federal da Bahia. Disponível em: https://periodicos.ufba.br/index.php/RBDA/article/view/10637. Acesso em: 12 jun. 2022.

UNESCO. Declaração Universal dos Direitos dos Animais. Disponível em: https://wp.ufpel.edu.br/direitosdosanimais/files/2018/10/DeclaracaoUniversaldosDireitosdosAnimaisBruxelas1978.pdf. Acesso em: 11 jun. 2022.

UNICEF. Situação das crianças e dos adolescentes no Brasil. Disponível em: https://www.unicef.org/brazil/situacao-das-criancas-e-dos-adolescentes-no-brasil#:~:text=O%20Brasil%20possui%20uma%20popula%C3%A7%C3%A3o,ind%C3%ADgenas%20do%20Pa%C3%ADs%20%C3%A9%20crian%C3%A7a. Acesso em: 11 jun. 2022.

VALLE, Ana Carolina Neves Amaral do; BORGES, Izabela Ferreira. A guarda dos animais de estimação no divórcio. *Revista de Direito Privado*, São Paulo: Ed. RT, v. 96, p. 215-232, dez. 2018.

A (IN)CONSTITUCIONALIDADE DA PRISÃO CIVIL DO DEVEDOR DE ALIMENTOS

Flávio Jacinto da Silva

Doutorando em Direito Constitucional pela Universidade de Fortaleza. Advogado. Membro do IBDFAM.

Sumário: 1. Introdução – 2. A prisão civil do devedor de alimentos no ordenamento jurídico brasileiro – 3. Prisão civil por dívida: uma norma constitucional inconstitucional – 4. A prisão civil como *ultima ratio* – 5. Conclusão – 6. Referências.

1. INTRODUÇÃO

A prisão civil do devedor de alimentos é tema de atual discussão na doutrina e na jurisprudência brasileiras. Apesar da doutrina majoritária, a exemplo de Assis (2013), não considerar a prisão civil como pena, não resta dúvidas que ela tem por finalidade a restrição da liberdade do indivíduo através da tomada de seu corpo em um ambiente de reclusão como resultado do cometimento de um crime civil, sendo essa forma de prisão civil a única aceita no ordenamento jurídico brasileiro, já que a prisão do depositário infiel foi declarada ilícita após a edição da Súmula Vinculante 25 pelo STF.

Trata-se, portanto, de limitar a liberdade do indivíduo em razão de dívida de viés alimentício não paga. Dessa forma, pode ser vista como uma maneira de experimentar e testar a capacidade do devedor de saldar sua dívida por meio de coerção psicológica aliada à ameaça de prisão.

Nas palavras de Azevedo (2012, p. 35) a prisão civil por dívida é "o ato de constrangimento pessoal, autorizado por lei, mediante segregação celular do devedor, para forçar o cumprimento de um determinado dever ou de determinada obrigação". Sendo assim, embora seja uma sanção de caráter civil, ela pode ser vista como instrumento coercitivo para compelir o devedor a pagar, evitando que ele tenha sua liberdade restringida. Encara-se, portanto, a prisão civil como um modo de execução com fins econômicos para convencer o devedor de cumprir sua obrigação.

Tendo a prisão civil como ponto de partida, vários questionamentos são levantados: a prisão civil é pena? Existem formas mais eficazes de fazer o devedor de alimentos cumprir com sua obrigação? A prisão civil vai de encontro ao princípio da dignidade humana? Deve-se ponderar o princípio da solidariedade com o princípio da liberdade? Todas essas perguntas são enfrentadas pelos mais diversos doutrinadores, e, embora, a divergência de interpretações seja marcante, busca-se perpassar por esse caminho ainda em construção.

2. A PRISÃO CIVIL DO DEVEDOR DE ALIMENTOS NO ORDENAMENTO JURÍDICO BRASILEIRO

A obrigação primária da pena privativa de liberdade, seja ela cível ou criminal, é a defesa dos direitos fundamentais e dos princípios constitucionais processuais, não podendo ela, como pregavam os absolutistas, como Kant e Hegel, ser vista como um fim em si mesmo, com caráter exclusivamente retributivo.

Superando a visão absolutista, passou-se a se pensar no utilitarismo da sanção penal, tendo como seus maiores expoentes Bentham e Stuart Mill, aproximando-se, portanto, das teorias relativas, que pregam não apenas a retribuição do crime, mas seu não cometimento, adotando-se um viés prático da pena na busca da prevenção do delito, servindo ela como uma forma de intimidação abstratamente cominada a todos e aplicável àquele que resolvesse cometer o crime independentemente de ser penalizado.

Hodiernamente, a teoria mista, que busca a conjugação entre retribuição, prevenção e ressocialização da pena, é a mais difundida e aceita, inclusive no ordenamento brasileiro, conciliando, portanto, os aspectos mais relevantes das teorias absolutas e relativas.

> As teorias mistas ou unificadoras tentam agrupar em um conceito único os fins da pena. Esta corrente tenta escolher os aspectos mais destacados das teorias absolutas e relativas. Merkel foi, no começa do século, o iniciador desta teoria eclética na Alemanha, e, desde então, é a opinião mais ou menos dominante. No dizer de Mir Puig, entende-se que a retribuição, a prevenção geral e a prevenção especial são distintos aspectos de um mesmo e complexo fenômeno que é a pena (Bitencourt, 2004, p. 88).

O processo de prisão no Brasil deve aderir aos princípios fundamentais da lei, não comportando interpretação extensiva dos artigos que o positivam porque isso prejudicaria a garantia constitucional do direito à liberdade pessoal e poria em risco a segurança jurídica do Estado Democrático de Direito.

Processualmente amparada pela Constituição Federal em seu artigo 5º, inciso LXVII, bem como pelo Código de Processo Civil em seus artigos 528 e seguintes, e Lei de Alimentos 5.478/68, a prisão civil do devedor de alimentos é a mais grave repercussão civil imposta pelo descumprimento de obrigação alimentar.

Ressalta-se que, desde as Ordenações Filipinas, já se contemplava o instituto da obrigação alimentar. Posteriormente, o Código Civil de 1916 também trouxe destaque para o tema, cuidando da obrigação alimentar como efeito jurídico do casamento ou como decorrência das relações de parentesco. Atualmente o Código Civil de 2002 também trata da matéria em seus artigos 1.694 a 1.710.

A Constituição Federal estabelece no artigo 5º, LXVII, que "não haverá prisão civil por dívida, salvo a do responsável pelo inadimplemento voluntário e inescusável de obrigação alimentícia e a do depositário infiel". Vale ressaltar que, apesar do texto constitucional ainda manter a redação condizente com a prisão do depositário infiel, ela não é mais possível desde a edição da Súmula Vinculante 25 do STF, publicada em 23 de dezembro de 2009, preconizando que "é ilícita a prisão de depositário infiel, qualquer que seja a modalidade do depósito", mudança ocorrida em virtude da internalização do artigo 7°, 7, do Pacto de São José da Costa Rica, que trata do direito à liberdade pessoal.

Cabe destaque, também, para Súmula n. 309 do STJ, a qual sustenta que "o débito alimentar que autoriza a prisão civil do alimentante é o que compreende as três prestações anteriores ao ajuizamento da execução e as que se vencerem no curso do processo". Dessa forma, não é qualquer débito que conduzirá à prisão do alimentante, devendo, portanto, referir-se a débito atual, compreendido entre as três últimas parcelas devidas. Isso se dá porque um dos fundamentos da pensão alimentícia é a necessidade de socorro do alimentado, e demonstra a urgência em se requerer o pagamento, podendo levar inclusive à drástica prisão do alimentante.

De acordo com Figueiredo (1999, p. 573): "(..) a inadimplência da obrigação de prestar alimentos é muito grave, e, como tal, o legislador criou o antídoto correspondente – a prisão – se tal impontualidade não for devidamente justificada a tempo e modo próprios". Nesse sentido, a prisão civil funciona como meio de execução indireta, com escopo patrimonial, em detrimento da tomada de liberdade do devedor.

Sobre o tema em análise, o ministro do STF Luiz Fux assevera que:

> A natureza da prestação alimentícia, urgente e indispensável ao ângulo da solidariedade humana, timbra-lhe com singularidades mais marcantes, e justifica a forma de sua efetivação. Por isso que a execução vem acompanhada do enérgico meio de coerção consistente na "prisão do devedor" que recalcitra o cumprimento da prestação, podendo adimpli-la - art. 733 do CPC. (Fux, 2009, p. 427).

Por ser a prisão civil uma medida extrema para o devedor, indaga-se sobre a possibilidade do credor de escolher a forma de execução, disciplinada nos artigos 528 e seguintes do CPC e artigos 16 a 20 da Lei de Alimentos. De acordo com o texto das normas supramencionadas, os meios para execução de alimentos são: a) desconto em folha de pagamento; b) desconto de aluguéis ou quaisquer outras formas de rendimento do devedor; c) na impossibilidade de satisfação do crédito através das duas primeiras formas, poderá o alimentando optar pela execução na forma do art. 528 do CPC e art. 18 da Lei 5478/68, com prisão do devedor; d) execução por quantia certa contra devedor solvente.

Apesar da legislação infraconstitucional possibilitar outras formas de cobrança para além da prisão civil, o ordenamento brasileiro não estabelece explicitamente nenhuma forma de preferência, sendo ainda tópico de discussão acalorada na doutrina e na jurisprudência.

3. PRISÃO CIVIL POR DÍVIDA: UMA NORMA CONSTITUCIONAL INCONSTITUCIONAL

A discussão sobre a (in)constitucionalidade da prisão civil por dívida perpassa por duas complexas searas. De um lado, tem-se o debate acerca da inconstitucionalidade material da norma em comento. Por outro lado, tem-se o conflito entre direitos fundamentais, haja vista envolver o direito à tutela efetiva que abrange a sobrevivência do alimentado e o direito à liberdade de ir e vir do alimentante.

Primeiramente, pontua-se que a inconstitucionalidade formal diz respeito à forma de elaboração da norma, trata-se de um vício de procedimento, enquanto a inconstitucionalidade material, ofende fundamentos constitucionais, sendo seu conteúdo incompatível ideologicamente com os postulados da constituição.

No tocante ao debate acerca da inconstitucionalidade material da prisão civil por dívida do alimentante, vale levantar a questão trazida pelo professor Otto Bachof sobre a possibilidade de inconstitucionalidade das normas emanadas do poder constituinte originário.

No ordenamento brasileiro não se pode falar em hierarquia entre as normas constitucionais, o que, em tese, impede a declaração de inconstitucionalidade de uma norma originária, como a da prisão civil. Entretanto, o referido entendimento não impediu que a Súmula Vinculante 25 derrogasse a parte final do artigo 5º, LXVII, da Constituição Federal e tornasse ilícita a prisão do depositário infiel.

> Direito processual. Habeas corpus. Prisão civil do depositário infiel. Pacto de são josé da costa rica. Alteração de orientação da jurisprudência do STF. Concessão da ordem. 1. A matéria em julgamento neste habeas corpus envolve a temática da (in)admissibilidade da prisão civil do depositário infiel no ordenamento jurídico brasileiro no período posterior ao ingresso do Pacto de São José da Costa Rica no direito nacional. 2. Há o caráter especial do Pacto Internacional dos Direitos Civis Políticos (art. 11) e da Convenção Americana sobre Direitos Humanos – Pacto de San José da Costa Rica (art. 7º, 7), ratificados, sem reserva, pelo Brasil, no ano de 1992. A esses diplomas internacionais sobre direitos humanos é reservado o lugar específico no ordenamento jurídico, estando abaixo da Constituição, porém acima da legislação interna. O status normativo supralegal dos tratados internacionais de direitos humanos subscritos pelo Brasil, torna inaplicável a legislação infraconstitucional com ele conflitante, seja ela anterior ou posterior ao ato de ratificação. 3. Na atualidade a única hipótese de prisão civil, no Direito brasileiro, é a do devedor de alimentos. O art. 5º, § 2º, da Carta Magna, expressamente estabeleceu que os direitos e garantias expressos no caput do mesmo dispositivo não excluem outros decorrentes do regime dos princípios por ela adotados, ou dos tratados internacionais em que a República Federativa do Brasil seja parte. O Pacto de São José da Costa Rica, entendido como um tratado internacional em matéria de direitos humanos, expressamente, só admite, no seu bojo, a possibilidade de prisão civil do devedor de alimentos e, consequentemente, não admite mais a possibilidade de prisão civil do depositário infiel. 4. Habeas corpus concedido (HC 95967, Relator(a): Ellen Gracie, Segunda Turma, julgado em 11/11/2008, DJe-227 DIVULG 27-11-2008 PUBLIC 28-11-2008 EMENT VOL-02343-02 PP-00407 RTJ VOL-00208-03 PP-01202).

Evidente, portanto, que a norma que previa a prisão do depositário infiel, mesmo sendo norma do constituinte originário, perdeu sua aplicabilidade por não mais comportar regramento aceito e condizente com os preceitos adotados tanto pela comunidade internacional, como pelo Brasil, que ratificou o Pacto de São José da Costa Rica.

De acordo com Bachof (1994) uma norma constitucional pode ser considerada nula, caso haja desrespeito aos fundamentos constitucionais de forma intolerável.

Isso ocorreu no exemplo acima citado do depositário infiel, bem como no caso da ADI 4.277/2011, quanto na ADPF n. 132, onde o STF reconheceu a possibilidade do casamento homoafetivo em contrariedade ao artigo 226, § 3º, da CF, que reconhece a união apenas entre homem e mulher. Isso significa, mais uma vez, que uma norma originariamente constitucional e eficaz sob o ponto de vista formal, foi considerada materialmente inconstitucional, reforçando a ideia defendida neste trabalho de que a prisão civil, apesar de formalmente constitucional, sendo regulada pelo CPC e Lei de Alimentos, pode e deve ser considerada materialmente inconstitucional, por ofender princípios fundamentais basilares de um Estado Democrático de Direito, tais como o princípio da liberdade, o princípio da dignidade da pessoa humana, princípio da cidadania, dentre outros.

No caso da prisão civil do alimentante, é notória a incongruência entre o princípio da solidariedade e o princípio da liberdade como expoentes. Cabe a ambos os pais o sustento dos filhos, não podendo nenhum deles se escusar do cumprimento da referida obrigação, já que seu descumprimento acarreta prejuízos aos seus dependentes e pode dar ensejo à futura prisão.

Indeclinável, portanto, a obrigação de alimentos à criança. Isso não está em discussão. O que se discute, todavia, é a forma de cobrança da referida obrigação, já que por ser o referido encargo uma responsabilidade de âmbito civil, não pode ter como intenção maior a mera punição do devedor.

Salienta-se que, aqui não se busca justificar o não pagamento da dívida, entretanto, o cerne da discussão subsiste na ilegitimidade da utilização da prisão civil como forma de executar essa dívida, já que a prisão feriria de forma indelével, a imagem do devedor, indo de encontro, portanto, não só com seu direito de ir e vir, mas, com o princípio medular do ordenamento jurídico brasileiro, qual seja a dignidade da pessoa humana.

A temática da contradição entre os princípios exigiria a adoção de medidas resolutivas, buscando a otimização, de acordo com os ensinamentos de Alexy (2009) e Dworkin (2010). Todavia, o legislador, de forma impositiva, não deixou espaço para a discussão em comento, trazendo uma norma formalmente constitucional de conteúdo inconstitucional para dentro da constituição. Além disso, a prisão civil do devedor de alimentos viola tratados e convenções internacionais como o Pacto Internacional sobre Direitos Civis e Políticos.

Maciel (2009, p. 38) destaca que há incoerência na Constituição porque ela não condiz com o regime democrático, agindo contra a sua própria unidade, indo de encontro com um ideal de justiça baseado em valores como a dignidade da pessoa humana, a proibição da degradação do ser humano, o direito ao livre desenvolvimento da personalidade e o princípio da igualdade.

Ademais, vale destacar que a constituição também peca no quesito da proporcionalidade, indo na contramão do princípio da razoabilidade, trazendo consequências danosas desnecessárias ao ser humano, já que existem formas alternativas mais eficazes para o pagamento da dívida alimentar, que consiste em direcionar a execução contra o patrimônio do devedor.

Observa-se que o critério que passou a ser considerado mais relevante para justificar a prisão, é a condição socioeconômica do devedor, não tendo como se sustentar tal condição frente ao atual texto constitucional que estabelece a igualdade entre todos, uma vez que os presos por não pagarem pensão seriam, em sua maioria, os pobres.

Há autores que entendem que a norma em questão é fomentada de vício violento à defesa individual do ser humano, entretanto, a defendem por considerar a prisão como mecanismo imprescindível à tutela do direito. Assim evidencia Marinoni e Arenhart (2008, p. 391):

> Entre todas as técnicas destinadas à execução da obrigação alimentar, a prisão civil é a mais drástica e a mais agressiva, de modo que a sua adoção somente é possível quando não existem outros meios idôneos à tutela do direito [...]. Conquanto se trate de vício violento à defesa individual, a prisão civil constitui mecanismo extremamente importante à execução de alimentos. Não deve haver preconceito em seu uso, uma vez que pode ser imprescindível para garantir a manutenção básica e digna ao alimentado.

Seria, então, o cárcere a única alternativa para o cumprimento dessa obrigação? O direito ao crédito alimentício seria mais importante do que o direito de ir e vir? A prisão por dívida respeita o princípio da dignidade humana? Com respeito aos que pensam diferente, não cremos que a resposta para essas perguntas seja afirmativa. O Estado não deve medir esforços para reequilibrar as relações privadas descumpridas, mas isso deve ocorrer de tal forma que não agrida direitos e garantias fundamentais e da personalidade humana.

A querela em questão comporta argumentação contrária a prisão civil em várias frentes. Primeiramente, deve-se pensar na interpretação teológica da Constituição Federal, que nos conduz a superação da lógica estritamente formal do texto positivado, nos direcionando para o bem jurídico final que a norma deve buscar alcançar, no caso em tela, o pagamento da pensão alimentícia do alimentado. Ademais, salienta-se, que é o patrimônio que deve responder pela dívida alimentar, como por qualquer dívida, e não o corpo do devedor.

Outro fator bastante relevante que merece atenção é que o Código Penal Brasileiro já trata do crime de abandono material por falta de pagamento da pensão alimentícia em seu artigo 244, tratando-se, portanto, de *bis in idem* a condenação a prisão civil, além da penal, pelo mesmo fato. Além disso, a prisão civil seria punida mais gravemente que a prisão penal, não sendo lógica a sua aplicação. Assim entendeu o STF no HC 77.527-MG, em voto do ministro Marco Aurélio, in verbis:

> Fosse o paciente infrator da legislação penal, havendo cometido um crime, haveria contra si pena igual ou inferior a quatro anos, podendo diante das circunstâncias judiciais favoráveis, cumpri-la integralmente em regime aberto. No entanto, por ser um simples devedor, há de observar os trinta dias de custódia no regime fechado, como se envolvido, na espécie, em um crime hediondo. O passo é demasiadamente largo e conflita com os princípios constitucionais da razoabilidade e

da proporcionalidade, fazendo surgir gritante incoerência. O meio coercitivo de pagamento do débito não deve desaguar em situação mais gravosa do que aquela que decorria de uma prática verdadeiramente criminosa.

O ministro Carlos Veloso, corroborando com o pensamento do ministro Marco Aurélio, levantou o questionamento se "seria razoável que alguém que não foi acusado da prática de um crime de abandono material (CPB, art. 244), ficasse preso, em regime fechado, na companhia de criminosos comuns". Não parece razoável a resposta positiva a essa pergunta, já que a prisão estaria sendo utilizada não como *última ratio* e sim ao bel-prazer do julgador.

4. A PRISÃO CIVIL COMO *ULTIMA RATIO*

Apesar de estar ciente de que a maioria da doutrina entende ser a prisão civil constitucional, humildemente, ousamos discordar desse entendimento, como salientado em linhas anteriores. Todavia, por ainda ser a prisão civil uma realidade exponencialmente presente, defendemos a sua utilização apenas como *ultima ratio*, por existirem medidas alternativas mais eficazes para o alcance do objetivo pleiteado.

Ressalta-se que, a própria legislação sobre prisão penal estabelece que a reclusão do indivíduo só deve ser utilizada para crimes mais graves. A referida medida deve ser evitada ao máximo tendo em vista fatores como as condições precárias dos presídios brasileiros, a superlotação dos presídios, as "escolas de crimes" que se formam dentro dos cárceres, dentre outros aspectos do falido sistema prisional brasileiro. Ou seja, se a própria prisão penal deve ser estabelecida como última opção, com mais razão ainda deveria ser a prisão civil.

Ademais, outras alternativas podem ser bem mais úteis para o alcance do pagamento da pensão alimentícia do que a prisão civil do devedor de alimentos, como a execução patrimonial dos bens do devedor, o arresto de seus bens, o sequestro de valores da sua conta bancária e do saldo de seu FGTS, desconto em folha, a restrição de alguns direitos, como a impossibilidade de se ausentar do país, de prestar concurso público, suspensão dos direitos políticos, retenção da Carteira Nacional de habilitação, do passaporte, dentre tantas outras medidas possíveis, utilizando-se a prisão civil não como *prima ratio* e sim com *ultima ratio*.

Alguns juristas mais vanguardistas já vêm percebendo o quanto a prisão civil do alimentante pode ser mais maléfica do que benéfica ao alimentado, a depender do caso concreto. Nesse sentido, o estado do Paraná passou a adotar o uso de tornozeleiras eletrônicas como meio menos agressivo à liberdade do devedor e que possibilita, por exemplo, que o alimentante possa trabalhar para arcar com sua obrigação alimentícia. A Desembargadora Joeci Machado Camargo ao falar sobre essa decisão do Poder Judiciário paraense assim ressaltou:

> O uso da tornozeleira é uma alternativa que apenas é aplicada com a anuência do devedor. Ele é intimado para comparecer ao Departamento Penitenciário (Depen-PR) e colocá-la, em data

predeterminada, sob pena de, não o fazendo, ter imediatamente decretada a ordem de prisão em regime fechado. [...] A inovação está em facultar ao juiz uma nova ferramenta, uma alternativa para casos em que a prisão civil do alimentante se mostre desarrazoada, muitas vezes em prejuízo do próprio alimentado. "É, sem dúvida, mais um passo à construção de uma jurisprudência mais humana, atenta a realidade social e comprometida com a concreção do projeto constitucional de uma sociedade justa e solidária", afirma a Desembargadora.

O destaque também vai para Poder Judiciário de Minas Gerais que vem inovando no que tange ao tema em discussão. Em decisão inédita, o desembargador Luís Carlos Gambogi tratou de prisão domiciliar do devedor de alimentos com o monitoramento eletrônico por tornozeleira.

Na decisão, o desembargador afirmou que desde a promulgação do Código de Processo Civil/2015, entende que se tornou possível reavaliar a questão da ordem de prisão do devedor. Observou que a crise de encarceramento pela qual passa o País requer do magistrado cautela na adoção dessa medida, sobretudo quando o ilícito tem natureza civil. Para ele, "tal medida extrema, a prisão, deve ser adotada levando-se em conta a sua visceral necessidade e eficácia para os fins pretendidos". [...] Em entrevista ao portal IBDFAM, Gambogi ressaltou: "Eu penso que você prender alguém que está em débito, sem permitir que ele trabalhe, não pode produzir um resultado positivo e temos que levar em conta também, ao meu ver, a situação gravíssima do encarceramento no nosso País". [...] Gambogi observou que existem outras medidas, inclusive com expressa previsão no Código de Processo Civil de 2015, que podem ser adotadas pelo juízo da execução, a fim de constranger o devedor de alimentos ao seu pagamento, antes da decretação de sua prisão civil. Além disso, pontuou que a alternativa de prisão domiciliar com monitoramento eletrônico já vem sendo adotada por outros estados como Paraná e Rio Grande do Sul.

Nessa mesma linha de inteligência, o STJ também vem relutando quanto à aplicação de prisões dos devedores de alimentos caso não haja real necessidade por partes dos alimentados. Em decisão da Terceira Turma do STJ de abril de 2022, o ministro Moura Ribeiro cassou ordem de prisão de pai que devia pensão, desde 2017, a filho maior com nível superior. O ministro destacou em seu voto que a coação extrema representada pela privação da liberdade do alimentante apenas se justifica quando for indispensável para o pagamento dos alimentos em atraso e quando combinar a máxima efetividade com a mínima restrição dos direitos do devedor. Para o relator, o devedor, que estava com saúde debilitada, a pena de prisão se aproximaria mais de uma punição do que uma técnica de coação efetiva e eficaz para o alcance do pagamento da pensão, causando-lhe gravame excessivo.

Parece, portanto, que a mudança de entendimento, mesmo que ainda a passos tímidos, já vem ocorrendo dentro do Poder Judiciário, como uma espécie de ativismo jurídico, buscando soluções mais condizentes com os objetivos que se quer alcançar, mesmo que ainda na contramão do legislativo brasileiro.

5. CONCLUSÃO

Como se pôde ver ao longo do texto, o debate em questão trata de tema bastante complexo, envolvendo não só o Direito Civil e Processual Civil, mas, também, o

Direito Constitucional, além de tratados e acordos internacionais. É fundamental aqui perceber que apesar de ser indiscutível a importância da pensão alimentícia de forma urgente para socorrer o alimentado, a forma como ela vem sendo exigida do devedor de alimentos, além de não ser a mais eficaz, vai de encontro com direitos e garantias fundamentais preconizados na constituição brasileira, sendo inconcebível que uma dívida de valor seja buscada através da ameaça de segregação da liberdade do indivíduo, podendo ainda ser utilizada como primeira opção do juiz, apesar de outras tantas possibilidades menos agressivas ao réu.

Entende-se, por fim, que mesmo a prisão estando disposta no texto constituinte originário, merece críticas, devendo tanto o Poder Legislativo, como o Poder Judiciário estarem preparados para dialogar entre si e com a doutrina, a fim da construção de entendimentos que se mostrem mais condizentes com a realidade brasileira, para trazer medidas mais eficazes e de proteção efetiva dos direitos fundamentais da pessoa humana, esteja a parte no polo ativo ou passivo da demanda.

6. REFERÊNCIAS

ALEXY, Robert. *Teoria dos Direitos Fundamentais*. São Paulo: Malheiros Editores LTDA, 2009.

ASSIS, A. *Da execução de alimentos e prisão do devedor*. 8. ed. São Paulo: Ed. RT, 2013. 254 p.

AZEVEDO, A. V. *Prisão civil por dívida*. 3. ed. São Paulo: Atlas, 2012. 192 p.

BACHOF, O. *Normas constitucionais inconstitucionais?* Trad. José Manuel Cardoso da Costa. Coimbra: Almedina, 1994. 92 p.

BITENCOURT, Cezar Roberto. *Tratado de Direito Penal, Parte Geral*. 9. ed. São Paulo: Saraiva, 2004. v. 1.

DWORKIN, Ronald. *Levando os Direitos a Sério*. São Paulo: Editora WMF Martins Fontes, 2010.

FIGUEIREDO, Francisco de Assis. As execuções em direito de família: alimentos e prisão, guarda e visitas. In: PEREIRA, Rodrigo da Cunha (Coord.). *Anais do I Congresso Brasileiro de Direito de Família. Repensando o Direito de Família*. Belo Horizonte: Dei. Rey, 1999.

FUX, L. *Curso de direito processual civil*. Rio de Janeiro: Forense, 2009. 2. v.

MACIEL, L. M. C. *O efeito punitivo da prisão civil*. 2009. 46 p. Monografia do Curso de Direito (Graduação) da Universidade Estadual de MS. UEMS, Dourados, novembro de 2009.

MARINONI, L. G.; ARENHART, S. L. *Execução*. 2 ed. São Paulo: Ed. RT, 2008. 3. v.

PARANÁ inova com monitoramento por tornozeleiras eletrônicas a devedores de alimentos. Publicado em 28 de novembro 2016. Disponível em: https://www.tjpr.jus.br/destaques/-/asset_publisher/1lKI/content/parana-inova-com-monitoramento-por-tornozeleiras-eletronicas-a-devedores-de-alimentos/18319/pop_up?inheritRedirect=false.

TJMG determina prisão domiciliar e tornozeleira eletrônica para devedor de alimentos. Decisão é inédita no estado. Publicado em 14/03/2019. Fonte: Assessoria de Comunicação do IBDFAM (com informações da Assessoria de Comunicação do TJMG. Disponível: http://www.ibdfam.org.br/noticias/6881/TJMG+determina+pris%C3%A3o+domiciliar+e+tornozeleira+eletr%C3%B4nica+para+devedor+de+alimentos.+Decis%C3%A3o+%C3%A9+in%C3%A9dita+no+estado.

TRATAMENTO ADEQUADO DE CONTROVÉRSIAS RELATIVAS AOS ALIMENTOS SOB A PERSPECTIVA DA JUSTIÇA MULTIPORTAS[1]

Fredie Didier Jr.

Pós-Doutorado pela Universidade de Lisboa. Livre-Docente pela USP. Doutor em Direito pela PUC-SP. Mestre em Direito pela UFBA. Professor Titular da Universidade Federal da Bahia, nos cursos de Graduação, Mestrado e Doutorado. Membro da Associação Internacional de Direito Processual, do Instituto Ibero-Americano de Direito Processual, do Instituto Brasileiro de Direito Processual e da Associação Norte e Nordeste de Professores de Processo. Advogado. frediedidier@gmail.com.

Leandro Fernandez

Doutor e Mestre em Direito (UFBA). Membro da Comissão Nacional de Prerrogativas da Anamatra. Coordenador Adjunto da Escola Judicial do TRT-6. Membro da Associação Norte e Nordeste de Professores de Processo. Juiz do Trabalho no TRT-6. fernandez.leandro@hotmail.com.

Sumário: 1. Introdução – 2. O sistema multiportas. A reconstrução da ideia dos anos 70 do século XX – 3. A característica da indisponibilidade dos alimentos e sua relação com os meios adequados de solução de problemas jurídicos – 4. Meios de solução consensual; 4.1 Generalidades; 4.2 Negociação direta – 4.3 *Collaborative law;* 4.4 Conciliação e mediação; 4.4.1 Distinções e semelhanças; 4.4.2 Normas que regem a conciliação e a mediação; 4.4.3 Centro de solução de conflitos; 4.4.4 Defensoria pública; 4.4.5 Ministério público; 4.4.6 Serventias extrajudiciais; 4.4.7 As câmaras privadas de conciliação e mediação – 5. Justiça restaurativa – 6. Arbitragem – 7. Conclusões – Referências.

1. INTRODUÇÃO

Não é frequente a reflexão a respeito do tratamento adequado de controvérsias envolvendo o direito a alimentos sob a perspectiva do sistema de justiça multiportas.

Talvez isso decorra de uma compreensão excessivamente abrangente acerca da indisponibilidade do direito aos alimentos, que, bem vistas as coisas, não corresponde, ao menos integralmente, à realidade do seu regime jurídico. Ou quiçá de uma ideia de que todos os conflitos em derredor do assunto serão encaminhados ao Poder Judiciário.

---

1. Este artigo é também resultado do grupo de pesquisa "Transformações nas teorias sobre o processo e o Direito processual", vinculado à Universidade Federal da Bahia, cadastrado no Diretório Nacional de Grupos de Pesquisa do CNPq respectivamente nos endereços dgp.cnpq.br/dgp/espelhogrupo/7958378616800053. O grupo é membro fundador da "ProcNet – Rede Internacional de Pesquisa sobre Justiça Civil e Processo contemporâneo". Disponível em: http://laprocon.ufes.br/rede-de-pesquisa.

O propósito deste artigo é, então, exatamente apresentar a existência, no ordenamento brasileiro, de múltiplos meios para a solução de conflitos relativos aos alimentos.

2. O SISTEMA MULTIPORTAS. A RECONSTRUÇÃO DA IDEIA DOS ANOS 70 DO SÉCULO XX

A ideia de um *tribunal multiportas* foi proposta inicialmente — embora não com essa denominação[2] — por Frank Sander, em conhecida palestra proferida na Pound Conference, em 1976, posteriormente convertida no artigo *Varieties of Dispute Processing*.[3]

Sander percebeu a vantagem da criação, em tribunais ou em centros de resolução de disputas, de uma espécie de saguão, em que um funcionário de triagem direcionaria os litigantes para a porta mais adequada para a solução do conflito, considerando critérios como a natureza da controvérsia, a relação entre as partes, a dimensão econômica dos direitos envolvidos, os custos e o tempo exigidos para a solução do caso.[4] O valor da ideia residia em uma premissa singela: a única certeza numa política de uniformização absoluta do tratamento de conflitos dotados de características substancialmente distintas é a sua inadequação às especificidades dos casos.

No Brasil, essa ideia foi difundida com a denominação de justiça multiportas, em grande medida em razão do título de obra coletiva de referência sobre o tema, coordenada por Trícia Cabral e Hermes Zaneti Jr.,[5] cuja primeira edição foi publicada em 2016.

Na realidade brasileira, é mais apropriado falar de um sistema de *justiça* multiportas do que de *tribunais* (ou centros de resolução de disputas) multiportas. Isso porque o sistema brasileiro não é organizado a partir de um átrio central, ainda que virtual, mantido e controlado por um único órgão, seja do Poder Judiciário, seja de outra instituição governamental.

O átrio imaginário em que as partes se situam é, então, do sistema de justiça como um todo.

---

2. Originalmente, Sander referiu-se a um "centro abrangente de justiça" (*comprehensive justice center*). A expressão *tribunal multiportas* foi apresentada, ainda em 1976, na capa de uma revista da American Bar Association, que publicou o artigo relativo à famosa palestra proferida na Pound Conference, conforme relata o próprio Sander (SANDER, Frank; CRESPO, Mariana Hernandez. Diálogo entre os professores Frank Sander e Mariana Hernandez Crespo: explorando a evolução do Tribunal Multiportas. In: ALMEIDA, Rafael Alves de; ALMEIDA, Tania; CRESPO, Mariana Hernandez (Org.). *Tribunal Multiportas*: investindo no capital social para maximizar o sistema de solução de conflitos no Brasil. Rio de Janeiro: Editora FGV, 2012, p. 32).
3. SANDER, Frank. *Varieties of Dispute Processing. Hearings Before the Subcommittee on Courts, Civil Liberties, and the Administration of Justice of the Committee on the Judiciary, House of Representatives, Ninety-fifth Congress, Second Session on S. 957*. Washington: US Government Printing Office, 1978.
4. SANDER, Frank. *Varieties of Dispute Processing* cit., p. 191-199.
5. CABRAL, Trícia Navarro Xavier; ZANETI JR., Hermes (Coord.). *Grandes Temas do CPC* – Justiça Multiportas: mediação, conciliação, arbitragem e outros meios de solução adequada para conflitos. Salvador: JusPodivm, 2016. A coleção "Grandes Temas do CPC", atualmente com dezesseis volumes, é coordenada por Fredie Didier Jr., um dos autores deste ensaio.

A partir da premissa de que a "justiça" – aqui compreendida como solução adequada de um problema jurídico – pode ser alcançada por diversas portas, e não apenas pela porta da "jurisdição estatal", os outros meios de solução dos conflitos (e, consequentemente, de tutela dos direitos) passam a fazer parte do sistema de justiça e incorporam-se definitivamente ao âmbito de preocupação dos processualistas. A cartografia dos caminhos da Justiça é atualmente uma das principais preocupações dos processualistas.[6]

3. A CARACTERÍSTICA DA INDISPONIBILIDADE DOS ALIMENTOS E SUA RELAÇÃO COM OS MEIOS ADEQUADOS DE SOLUÇÃO DE PROBLEMAS JURÍDICOS

O poder de disposição consiste na aptidão para escolha da destinação a ser conferida a determinado bem jurídico.[7] Atos de disposição podem ter natureza material, como no caso da destruição, ou jurídica, a exemplo da alienação, e podem ser parciais ou totais.

A indisponibilidade é exceção no sistema jurídico e somente se justifica diante da especial relevância de certo bem jurídico ou das circunstâncias em que se encontra seu titular.

Afirmar a indisponibilidade de dado direito significa assumir a existência de limitação, decorrente do ordenamento jurídico, à autonomia da vontade para a definição quanto ao modo de exercício do direito.

Não há, entretanto, uma única dimensão da indisponibilidade.

---

6. Dois exemplos emblemáticos, ambos oriundos de professoras catedráticas: a) um dos trabalhos que Paula Costa e Silva apresentou para obtenção da cátedra de Processo Civil na Universidade de Lisboa foi, exatamente, SILVA, Paula Costa e. *A nova face da Justiça* – os meios extrajudiciais de resolução de controvérsias. Lisboa: Coimbra Editora, 2009; b) o último livro de Ada Pellegrini Grinover é uma proposta de reconstrução da Teoria Geral do Processo; ela apresenta um novo conceito de jurisdição, em que se insere o que chama de "jurisdição consensual" (GRINOVER, Ada Pellegrini. *Ensaio sobre a processualidade* – fundamentos para uma nova Teoria Geral do Processo. Brasília: Gazeta Jurídica, 2016, p. 18). Sobre o tema, a bibliografia entre os processualistas é cada vez mais vasta: CABRAL, Trícia; ZANETI Jr., Hermes (Coord.). *Grandes temas do novo CPC* – Justiça multiportas. 2. ed. Salvador: JusPodivm, 2018; LESSA NETO, João. O CPC adotou o modelo multiportas!!! E agora? *Revista de Processo*. São Paulo: Ed. RT, v. 244, p. 427 e ss., 2015; ALMEIDA, Diogo Assumpção Rezende. O princípio da adequação e os métodos de solução de conflitos. *Revista de Processo*. São Paulo: Ed. RT, 2011, v. 195, p. 185 e ss.; GARCEZ, José Maria Rossani. *Negociação, ADRS, Mediação, Conciliação e Arbitragem*. 2. ed. Rio de Janeiro: Lumen Juris, 2004; CALMON, Petrônio. *Fundamentos da mediação e da conciliação*. Rio de Janeiro: Forense, 2007; GONÇALVES, Vinícius José Corrêa. *Tribunais Multiportas*: pela efetivação dos Direitos Fundamentais de Acesso à Justiça e à razoável duração dos processos. Curitiba: Juruá, 2014; NUNES, Juliana Raquel. *A importância da mediação e da conciliação para o acesso à justiça*: uma análise à luz do novo CPC. Rio de janeiro: Lumen Juris, 2017; MARZINETTI, Miguel. *Justiça multiportas e o paradoxo do acesso à justiça no Brasil*: da falência do poder judiciário aos métodos integrados de solução de conflitos. Rio de Janeiro: Lumen Juris, 2018; SILVA, Paulo Eduardo Alves da; SALLES, Carlos Alberto de; LORENCINI, Marco Antonio Garcia Lopes. *Negociação, mediação, conciliação e arbitragem*. 2. ed. São Paulo: Forense, 2019; FUX, Luiz; ÁVILA, Henrique; CABRAL, Trícia Navarro Xavier. *Tecnologia e justiça multiportas*. Indaiatuba: Editora Foco, 2021.
7. PERLINGIERI, Pietro. *O Direito Civil na legalidade constitucional*. Trad. Maria Cristina de Cicco. Rio de Janeiro: Renovar, 2008, p. 932.

A indisponibilidade será *absoluta* nas hipóteses de vinculação indissociável entre o titular e o bem jurídico, não se admitindo a alteração, por aquele, da destinação a ser atribuída a este.[8] Na indisponibilidade *relativa*, o que se verifica não é uma vedação à realização de atos de disposição, mas a criação de limitações ou condicionantes legais ou negociais para a sua prática.[9]

Há, ainda, direitos que, em si considerados, são indisponíveis, mas cujas projeções ou modos de aproveitamento admitem disposição, como se dá com diversos direitos da personalidade, ilustrativamente.[10]

O direito aos alimentos, embora associado à subsistência, não está submetido a um único regime jurídico. O direito pode derivar de relações de parentesco (arts. 1.696 a 1.698, Código Civil), observada a especial proteção dispensada a idosos (art. 13, Lei 10.741/2003) e crianças e adolescentes (art. 22, Lei 8.069/1990), da existência anterior de relação de casamento ou união estável, ou, fora dos domínios do Direito de Família, da prática de ato ilícito, quando terão natureza indenizatória (arts. 948 a 950, Código Civil).

No caso das relações de parentesco, notadamente diante de direitos de crianças, adolescentes e idosos, o *direito a receber alimentos* é claramente indisponível. No entanto, como observado por Paulo Lôbo, a indisponibilidade "não é ilimitada, pois não há padrões definidos para a fixação dos alimentos, permitindo-se amplo espaço de transação e conciliação".[11]

Não por acaso, a Lei 13.140/2015 prevê que podem ser objeto de mediação os conflitos que versem sobre direitos indisponíveis que admitam transação (art. 3º, *caput*), e a Lei 10.741/2003 alude expressamente à possibilidade de transação envolvendo alimentos devidos à pessoa idosa (art. 13). Aspectos relativos aos valores e ao modo de satisfação do direito, por exemplo, não se situam no campo da indisponibilidade absoluta.

No caso de ex-cônjuges ou ex-companheiros, até mesmo o direito ao recebimento dos alimentos se encontra no âmbito de disponibilidade das partes, observando-se apenas a impossibilidade de renúncia ao direito na constância do vínculo familiar, conforme interpretação conferida pelo Superior Tribunal de Justiça[12] ao art. 1.707 do Código Civil.[13]

---

8. PASSOS, José Joaquim Calmon de. *Comentários ao Código de Processo Civil*. 7. ed. Rio de Janeiro: Forense, 1994, v. III, p. 443-444.
9. PASSOS, José Joaquim Calmon de. *Comentários ao Código de Processo Civil*, cit., p. 444.
10. Sobre o tema, vide BORGES, Roxana Cardoso Brasileiro. *Disponibilidade dos direitos de personalidade e autonomia privada*. São Paulo: Saraiva, 2005.
11. LÔBO, Paulo. *Direito Civil: Famílias*. 7. ed. São Paulo: Saraiva, 2017, p. 367.
12. STJ, 4ª T., AgRg no Ag 1.044.922/SP, rel. Min. Raul Araújo, j. em 22.06.2010, publicado no DJe de 02.08.2010; STJ, 4ª T., REsp 1.178.233/RJ, rel. Min. Raul Araújo, j. em 06.11.2014, publicado no DJe de 09.12.2014.
13. Art. 1.707. Pode o credor não exercer, porém lhe é vedado renunciar o direito a alimentos, sendo o respectivo crédito insuscetível de cessão, compensação ou penhora.

Essa distinção, a propósito, foi afirmada de modo expresso pelo Superior Tribunal de Justiça no julgamento do REsp 1.705.669/SP: a transação entre os ex-cônjuges em relação aos alimentos devidos entre si opera de imediato os seus efeitos, dada a disponibilidade do direito, ao passo que o acordo relativo ao montante dos alimentos devidos ao filho menor depende de homologação judicial.[14]

É possível, então, a celebração de acordo extrajudicial para definição de valores e modo de satisfação dos alimentos devidos à criança ou ao adolescente, mas ele deve ser submetido a homologação judicial, após necessária intervenção do Ministério Público[15] (art. 3º, § 2º,[16] Lei 13.140/2015), admitida a possibilidade de homologação parcial, com determinação judicial de elevação do valor pactuado[17] – o que consiste em exceção à regra da indivisibilidade da transação (art. 848, CC), que se procura justificar em razão da proteção especial assegurada a crianças e adolescentes.

É exatamente no âmbito desses espaços de disponibilidade (total ou relativa) que outros meios de solução de problemas jurídicos, distintos da heterocomposição judicial (e, de acordo com a hipótese, mais adequados do que ela), podem ser utilizados.

4. MEIOS DE SOLUÇÃO CONSENSUAL[18]

4.1 Generalidades

A autocomposição é a forma de solução do conflito pelo consentimento espontâneo de um dos contendores em sacrificar o interesse próprio, no todo ou em parte, em favor do interesse alheio. É a solução altruísta do litígio.[19] É considerada, atualmente, como prioritária forma de pacificação social (art. 3º, § 2º, CPC). Avança-se no sentido de acabar com o dogma da exclusividade estatal para a solução dos conflitos de interesses. A autocomposição pode ocorrer fora ou dentro do processo jurisdicional.

Autocomposição é o gênero, do qual são espécies: *a) transação*: os conflitantes fazem concessões mútuas e solucionam o conflito; *b) submissão*: um dos conflitantes se submete à pretensão do outro voluntariamente, abdicando dos seus interesses. Quando feita em juízo, a *submissão* do autor é denominada de renúncia (art. 487,

---

14. STJ, 3ª T., REsp 1.705.669/SP, rel. Min. Marco Aurélio Bellizze, j. em 12.02.2019, publicado no DJe de 15.02.2019.
15. STJ, 3ª T., REsp 1.609.701/MG, rel. Min. Moura Ribeiro, j. em 18.05.2021, publicado no DJe de 20.05.2021.
16. Art. 3º, § 2º O consenso das partes envolvendo direitos indisponíveis, mas transigíveis, deve ser homologado em juízo, exigida a oitiva do Ministério Público.
17. AgInt no REsp 1.391.790/TO, Quarta Turma, rel. Ministro Raul Araújo, julgado em 21.09.2017, DJe de 19.10.2017.
18. Este capítulo é parcialmente baseado nos capítulos 4 e 7 de DIDIER JR., Fredie. *Curso de Direito Processual Civil*. 25. ed. Salvador: JusPodivm, 2023, v. 1.
19. ALCALÁ-ZAMORA Y CASTILLO, Niceto. *Proceso, autocomposición y autodefensa*: contribución al estudio de los fines del proceso. México: Universidad Nacional Autónoma de México, 2000, p. 78.

III, "c", CPC); a do réu é designada como reconhecimento da procedência do pedido (art. 487, III, "a", CPC).

Compreende-se que a solução consensual não é apenas um meio eficaz e econômico de resolução dos litígios: trata-se de importante instrumento de desenvolvimento da cidadania, em que os interessados passam a ser protagonistas da construção da decisão jurídica que regula as suas relações.

Neste sentido, o estímulo à autocomposição pode ser entendido como um reforço da participação popular no exercício do poder – no caso, o poder de solução dos litígios. Tem, também por isso, forte caráter democrático. O propósito evidente é tentar dar início a uma transformação cultural – da *cultura da sentença para a cultura da paz*.[20]

O Poder Legislativo tem reiteradamente incentivado a autocomposição, com a edição de diversas leis neste sentido.

O CPC ratifica e reforça essa tendência: *a)* dedica um capítulo inteiro para regular a mediação e a conciliação (arts. 165-175); *b)* estrutura o procedimento de modo a pôr a tentativa de autocomposição como ato anterior ao oferecimento da defesa pelo réu (arts. 334 e 695); *c)* permite a homologação judicial de acordo extrajudicial de qualquer natureza (art. 515, III; art. 725, VIII); *d)* permite que, no acordo judicial, seja incluída matéria estranha ao objeto litigioso do processo (art. 515, § 2º); *e)* permite negócios processuais (sobre o processo, não sobre o objeto do litígio) atípicos (art. 190). A Lei 13.140/2015 disciplina exaustivamente a mediação e conciliação, em geral, e a autocomposição perante o Poder Público, em particular. Diversas leis posteriores também incorporaram a diretriz de incentivo à autocomposição.

O sistema do Direito Processual civil brasileiro é, enfim, estruturado no sentido de estimular a autocomposição. Não por acaso, no rol das normas fundamentais do processo civil, estão os §§ 2º e 3º do art. 3º do CPC, que estabelecem, respectivamente, o dever estatal de promoção, sempre que possível, da solução consensual dos conflitos e o dever funcional dos atores do sistema de justiça de incentivar a utilização da conciliação, da mediação e de outros métodos de solução consensual, inclusive no curso do processo judicial.

O § 3º do art. 3º do CPC é cláusula geral que consagra a abertura do nosso sistema para técnicas *atípicas* de solução de conflito: além das técnicas tradicionais da mediação e da conciliação, o Direito brasileiro permite que se criem técnicas, inclusive pela mixagem de técnicas existentes.

A autocomposição pode ocorrer após negociação dos interessados, com ou sem a participação de terceiros que auxiliem neste processo.

---

20. WATANABE, Kazuo. *Acesso à ordem jurídica justa*: conceito atualizado de acesso à justiça, processos coletivos e outros estudos. Belo Horizonte: Del Rey, 2019, p. 65-73.

4.2 Negociação direta

A negociação direta é o método mais elementar (embora não necessariamente o mais simples) para a solução de um problema jurídico.

A negociação direta pode ser compreendida como um processo comunicativo, baseado na persuasão, destinado à criação de consenso entre dois ou mais sujeitos em relação a interesses compartilhados, divergentes ou conflitantes.[21]

De acordo com o contexto, diferentes parâmetros de abordagem podem ser enfatizados na negociação direta. As partes podem concentrar seus esforços na reconciliação dos interesses envolvidos, na definição de quem está correto à luz do ordenamento jurídico ou na identificação de quem detém maior poder para impor, em mais ampla extensão, sua vontade. Interesses, direitos e poder são, portanto, os elementos decisivos quanto ao modo de condução de uma negociação. A ênfase em cada um deles pode perdurar ao longo de todo o processo negocial ou oscilar, segundo a evolução das circunstâncias.[22]

A negociação centrada na reconciliação de interesses tende a promover maior satisfação das partes. A ênfase na abordagem a partir de direitos e de poder, por estar baseada na lógica "ganha-perde", costuma acirrar a postura de litigância, prolongando a duração do litígio.[23]

A negociação pode ser competitiva ou cooperativa.[24]

Na negociação *competitiva*, a finalidade é a maximização dos ganhos individuais, com sacrifício, parcial ou total, do interesse da outra parte.

A negociação *cooperativa* busca a criação em conjunto de valor, integrando os interesses dos negociadores. Nela, as partes estão empenhadas na obtenção do maior benefício possível para todos os envolvidos, com o mínimo de custos para cada um.

4.3 *Collaborative law*

Levar a sério a postura colaborativa como diretriz da negociação tem implicações técnicas e éticas.

Uma das mais interessantes estratégias para assegurar o real empenho na construção de uma solução negociada é a adoção da figura denominada de *collaborative law*, modali-

---

21. PATTON, Bruce. "Negotiation". In: MOFFITT, Michael L.; BORDONE, Robert C.. *The handbook of dispute resolution*. San Francisco: Jossey-Bass, 2005, p. 279.
22. URY, William L.; BRETT, Jeanne M.; GOLDBERG, Stephen B. Three approaches to resolving disputes. In: SANDER, Frank et al. *Dispute Resolution*: Negotiation, Mediation, Arbitration, and Other Processes. 7. ed. Frederick, MD: Aspen Publishing, 2020, p. 17-18.
23. URY, William L.; BRETT, Jeanne M.; GOLDBERG, Stephen B. Three approaches to resolving disputes. In: SANDER, Frank et al. *Dispute Resolution*: Negotiation, Mediation, Arbitration, and Other Processes, cit., p. 20.
24. URY, William L.; BRETT, Jeanne M.; GOLDBERG, Stephen B. Three approaches to resolving disputes. In: SANDER, Frank et al. *Dispute Resolution*: Negotiation, Mediation, Arbitration, and Other Processes, cit., p. 23.

dade especial de negociação direta. Surgido no contexto das controvérsias de Direito de Família nos Estados Unidos, o método enfatiza a criação de condições que permitam a integração e satisfação, na mais ampla medida possível, dos interesses dos envolvidos.[25]

Diante da delicadeza das questões envolvidas, a solução colaborativa de uma controvérsia pode exigir a participação de profissionais de outras áreas, como de bem-estar infantil, saúde mental e finanças, por exemplo. Há quem prefira denominar a técnica, nessas situações, de *collaborative practice*, enfatizando a abordagem multidisciplinar do problema, com a participação não apenas de profissionais da área jurídica.[26]

A decisão quanto à utilização da *collaborative law* é acompanhada da celebração de um negócio jurídico com um conjunto de cláusulas que minimizam iniciativas de litigância e estabelecem como resultado preferível a autocomposição.[27] Cria-se, com isso, uma estrutura negocial de incentivos à identificação recíproca dos interesses relevantes, ao respeito às expectativas da outra parte e ao empoderamento dos envolvidos para a construção da solução do problema.[28]

A mais conhecida dessas cláusulas diz respeito aos advogados nomeados pelas partes, cuja atuação estará delimitada ao emprego dos melhores esforços para a obtenção da solução consensual, vedando-se, em caso de fracasso da negociação, a atuação em eventual futuro processo judicial. Em termos diretos, separam-se as figuras do advogado do acordo e do advogado do contencioso.

A premissa é de fácil compreensão: a participação (concomitante ou sucessiva) no processo e na negociação para a autocomposição é orientada por incentivos (honorários de sucumbência e cláusula de êxito, por exemplo) e abordagens (ênfase na tese jurídica com maior chance de sucesso, na maior aptidão probatória ou na capacidade de suportar por mais tempo a duração de um processo, ilustrativamente) distintos – e, muitas vezes, contraditórios. A separação entre os dois papéis que o advogado pode assumir contribui, então, para a redução de vieses no tratamento da controvérsia e da possibilidade de ocorrência de conflitos de interesses.

Ao lado desse compromisso, conhecido como pacto de representação de escopo limitado,[29] as partes também estabelecem deveres de confidencialidade, de

---

25. Sobre a utilização do *collaborative law* no âmbito do Direito de Família, com análise acerca das suas implicações sobre o modo de atuação dos advogados, vide: TESLER, Pauline. Collaborative Family Law, the New Lawyer, and Deep Resolution of Divorce-Related Conflicts. *Journal of Dispute Resolution*. v. 2008, p. 83-130.
26. HOFFMAN, David Alan. "Colliding Worlds of Dispute Resolution: Towards a Unified Field Theory of ADR". *Journal of Dispute Resolution*, p. 13-14, 2008.
27. AMERICAN BAR ASSOCIATION STANDING COMMITTEE ON ETHICS AND PROFESSIONAL RESPONSIBILITY. *Formal Opinion 07-477. Ethical Considerations in Collaborative Law Practice*. Disponível em: https://globalcollaborativelaw.com/wp-content/uploads/2017/07/Ethics_Opinion_ABA.pdf, p. 2.
28. HOFFMAN, David Alan. Exploring the Boundaries and Terrain of ADR Practice: Mediation, Arbitration, and Collaborative Law. *Dispute Resolution Magazine*. v. 14, n. 1, fall 2007, p. 6.
29. AMERICAN BAR ASSOCIATION STANDING COMMITTEE ON ETHICS AND PROFESSIONAL RESPONSIBILITY. *Formal Opinion 07-477. Ethical Considerations in Collaborative Law Practice*. Cit., p. 2.

apresentação das informações relevantes para o caso e de não provocação do Poder Judiciário durante a negociação (pacto de *non petendo*[30]), com o objetivo de criar um ambiente que garanta, ao mesmo tempo, segurança e flexibilidade para a resolução do problema.[31]

4.4 Conciliação e mediação.

4.4.1 Distinções e semelhanças

Mediação e *conciliação* são formas de solução de conflito pelas quais um terceiro intervém em um processo negocial, com a função de auxiliar as partes a chegar à autocomposição. Ao terceiro não cabe resolver o problema, como acontece na arbitragem: o mediador/conciliador exerce um papel de catalisador da solução negocial do conflito. Não são, por isso, espécies de *heterocomposição* do conflito; trata-se de exemplos de *autocomposição*, com a participação de um terceiro.

Esses são os aspectos que aproximam as duas técnicas. A diferença entre a conciliação e a mediação é sutil – e talvez, em um pensamento analiticamente mais rigoroso, inexistente, ao menos em seu aspecto substancial.[32] A doutrina costuma considerá-las como *técnicas* distintas para a obtenção da autocomposição.

O conciliador tem uma participação mais ativa no processo de negociação, podendo, inclusive, sugerir soluções para o litígio. A técnica da conciliação é mais indicada para os casos em que *não* havia vínculo anterior entre os envolvidos.

O mediador exerce um papel um tanto diverso. Cabe a ele servir como veículo de comunicação entre os interessados, um facilitador do diálogo entre eles, auxiliando-os a compreender as questões e os interesses em conflito, de modo que

---

30. O pacto de *non petendo* consiste na celebração de uma promessa de não demandar/processar. Essa espécie de *armistício judicial* contribui para aumentar o nível de confiança entre as partes e a percepção de segurança para a construção da solução (parcial ou total) do conflito perante outra porta. É possível que o obstáculo criado pelo acordo seja apenas parcial, alcançando o exercício de certos direitos de postulação que, em princípio, poderiam ser formulados pelo sujeito processual, hipótese denominada de pacto de *non petendo* parcial ou promessa de não postular. Sobre o tema, vide SILVA, Paula Costa e. *Perturbações no cumprimento dos negócios processuais*: convenções de arbitragem, pactos de jurisdição, cláusulas escalonadas e outras tantas novelas talvez exemplares, mas que se desejam de muito entretenimento. Salvador: Editora Juspodivm, 2020, p. 55; CABRAL, Antonio do Passo. "*Pactum de non petendo*: promessa de não processar no direito brasileiro". *Revista de Processo*. São Paulo: Ed. RT, v. 45, n. 305, p. 21; TRIGO, Alberto Lucas Albuquerque da Costa. *Promessa de não processar e de não postular: o pactum de non petendo reinterpretado*. Salvador: JusPodivm, 2020.
31. CABRAL, Antonio do Passo; CUNHA, Leonardo Carneiro. Negociação direta ou resolução colaborativa de disputas (*collaborative law*): 'mediação sem mediador'. In: ALVIM, Teresa Arruda; DIDIER JR., Fredie (Org.). *Doutrinas essenciais* – Novo Processo Civil. 2 ed. São Paulo: Ed. RT, 2018, v. 2, p. 44-47.
32. Daí a distinção não ser encontrada na doutrina americana, reconhecidamente uma das escolas de pensamento que mais valorizam a autocomposição. Ilustrativamente, Leonard Riskin, em texto que se tornou referência quanto às abordagens e técnicas possíveis na mediação, visualiza na figura tanto uma dimensão facilitativa quanto avaliativa (RISKIN, Leonard. *Understanding Mediators' Orientations, Strategies and Techniques: A Grid for the Perplexed*. Harvard Negotiation Law Review, v. 1:7, p. 7-51, 1996).

eles possam identificar, por si mesmos, soluções consensuais que gerem benefícios mútuos. Na técnica da mediação, o mediador não propõe soluções aos interessados. Ela é por isso mais indicada nos casos em que exista uma relação anterior e permanente entre os interessados, como nos casos de conflitos societários e familiares. A mediação será exitosa quando os envolvidos conseguirem construir a solução negociada do conflito.

Os §§ 2º e 3º do art. 165 do CPC ratificam essa diferenciação, que também pode ser identificada no parágrafo único do art. 1º da Lei 13.140/2015.

Em ambos os casos, veda-se a utilização, pelo terceiro, de qualquer tipo de constrangimento ou intimidação para que as partes conciliem.

A mediação e a conciliação podem ocorrer extrajudicialmente ou judicialmente, quando já existente o processo jurisdicional. Neste último caso, o mediador e o conciliador são auxiliares da justiça. Esta qualificação é importante, pois a eles devem ser aplicadas as regras relativas a esse tipo de sujeito processual, inclusive em relação ao impedimento e à suspeição (arts. 148, II, 170 e 173, II, CPC).

A mediação e a conciliação podem ocorrer perante câmaras públicas institucionais, vinculadas a determinado tribunal ou a entes como Defensoria Pública (art. 43 da Lei 13.140/2015), serventias extrajudiciais, associação de moradores, escolas (art. 42 da Lei 13.140/2015) ou Ordem dos Advogados do Brasil, por exemplo, ou em ambiente privado, em câmaras privadas ou com um viés mais informal, em escritórios de advocacia, por exemplo. Há, ainda, a possibilidade de mediação e conciliação em câmaras administrativas, institucionalmente vinculadas à Administração Pública (arts. 167, 174 e 175, CPC; art. 32, Lei 13.140/2015).

O mediador e o conciliador podem ser funcionários públicos ou profissionais liberais (art. 167, CPC). É importante que se encare este tipo de atuação como uma atividade remunerada, até mesmo para que haja um aprimoramento do nível desses auxiliares da justiça (art. 169, CPC). Nada impede, porém, que a mediação e a conciliação sejam feitas *pro bono*, como trabalho voluntário (art. 169, § 1º, CPC).

Os interessados podem escolher, consensualmente, o mediador e o conciliador e a câmara privada para a realização da mediação ou conciliação (art. 168, CPC; art. 4º, *caput*, Lei 13.140/2015). A escolha pode recair em um profissional que não esteja cadastrado perante o tribunal (art. 168, § 1º, CPC). Neste caso, é preciso providenciar este cadastro (art. 167, *caput*, CPC).

O cadastro é importante, pois os mediadores e conciliadores devem passar por um curso de capacitação, cujo programa é definido pelo mesmo CNJ em conjunto com o Ministério da Justiça, além de se submeterem a reciclagens periódicas (art. 167, § 1º, CPC; art. 12, Resolução 125/2010 do CNJ).

De acordo com o art. 11 da Lei 13.140/2015, "poderá atuar como mediador judicial a pessoa capaz, graduada há pelo menos dois anos em curso de ensino superior de instituição reconhecida pelo Ministério da Educação e que tenha obtido capacitação em escola ou instituição de formação de mediadores, reconhecida pela Escola Nacional de Formação e Aperfeiçoamento de Magistrados – ENFAM ou pelos tribunais, observados os requisitos mínimos estabelecidos pelo Conselho Nacional de Justiça em conjunto com o Ministério da Justiça".

4.4.2 Normas que regem a conciliação e a mediação

A conciliação e a mediação são informadas pelos princípios da independência, da imparcialidade, do *autorregramento da vontade*, da confidencialidade, da oralidade, da informalidade e da decisão informada (art. 166, CPC).

A *independência* rege a atuação do mediador e do conciliador, que têm o dever de atuar com liberdade, livre de qualquer pressão interna ou externa, sendo-lhe permitido recusar, suspender ou interromper a sessão se ausentes as condições necessárias para seu bom desenvolvimento, tampouco havendo obrigação de redigir acordo ilegal ou inexequível (art. 1º, § 5º, do Código de Ética de Conciliadores e Mediadores Judiciais – Anexo da Resolução 125/2010-CNJ).

A *imparcialidade* é, realmente, indispensável em um processo de mediação ou conciliação. Mediador e conciliador não podem ter qualquer espécie de interesse no conflito. Trata-se de um reflexo do princípio da impessoalidade, próprio da administração pública (art. 37, *caput*, CF/1988). A aplicação de técnicas negociais, com o objetivo de proporcionar um ambiente favorável à autocomposição, não ofende o dever de imparcialidade (art. 166, § 3º).

O parágrafo único do art. 5º da Lei 13.140/2015 dispõe que "a pessoa designada para atuar como mediador tem o dever de revelar às partes, antes da aceitação da função, qualquer fato ou circunstância que possa suscitar dúvida justificada em relação à sua imparcialidade para mediar o conflito, oportunidade em que poderá ser recusado por qualquer delas". O dever de revelação, também previsto na Lei 9.307/1996 (art. 14, § 1º), deve ser aplicado por extensão a outros agentes imparciais no âmbito dos processos judicial e administrativo.[33]

O princípio do *autorregramento da vontade* é, como se sabe, corolário da liberdade. Na mediação e na conciliação, é um pressuposto e, ao mesmo tempo, a sua própria razão de ser: tudo é pensado para que as partes definam a melhor solução para o seu problema jurídico. O respeito à vontade das partes é absolutamente fundamental, podendo ser considerado, aliás, o princípio mais importante no particular. O mediador e o conciliador estão, por isso, proibidos de constranger os interessados à autocomposição.

---

33. A propósito do tema, DIDIER Jr., Fredie; FERNANDEZ, Leandro. *O Conselho Nacional de Justiça e o Direito Processual*: administração judiciária, boas práticas e competência normativa. Salvador: JusPodivm, 2022, p. 150-155.

A vontade das partes pode direcionar-se, inclusive, à definição das regras procedimentais da mediação ou conciliação[34] e, naturalmente, até mesmo à extinção do procedimento negocial (art. 166, § 4º, CPC; art. 2º, § 2º, do Código de Ética de Conciliadores e Mediadores Judiciais – Anexo da Resolução 125/2010-CNJ). Muito a propósito, o § 2º do art. 2º da Lei 13.140/2015 expressamente consagra o direito de a parte sair a qualquer momento do procedimento de mediação.

A *confidencialidade* estende-se a todas as informações produzidas ao longo do procedimento, cujo teor não poderá ser utilizado para fim diverso daquele previsto por expressa deliberação das partes (art. 166, § 1º, CPC). Mediador e conciliador têm, assim, o dever de sigilo profissional. Ambos, assim como os membros de suas equipes, não poderão divulgar ou depor acerca de fatos ou elementos oriundos da conciliação ou da mediação (art. 166, § 2º, CPC). Os arts. 30 e 31 da Lei 13.140/2015 regulam o dever de confidencialidade na mediação, prevendo, porém, algumas exceções.

A *oralidade* e a *informalidade* orientam a mediação e conciliação. Ambas dão a este processo mais "leveza", sem o ritual e a simbologia próprios da atuação jurisdicional. Mediador e conciliador devem comunicar-se em linguagem simples e acessível e não devem usar nenhum tipo de roupa solene (veste talar, toga etc.). É conveniente que a negociação se realize em ambiente tranquilo, se possível sem barulho, em mesa circular e com as paredes pintadas com cor clara. Todos são aspectos cênicos importantes, pois permitem um diálogo mais franco, reforçando a oralidade e a informalidade.

É imprescindível, porém, que as partes sejam bem informadas. O consenso somente deve ser obtido após a correta compreensão do problema e das consequências do acordo. A informação garante uma participação dos interessados substancialmente qualificada. A qualificação da informação qualifica, obviamente, o diálogo. Eis o princípio da *decisão informada*. Avulta, neste momento, o papel do mediador e do conciliador, como condutores da negociação.

O art. 2º da Lei 13.140/2015 acrescenta, ao rol do art. 166 do CPC, mais alguns princípios que regem a mediação: *a)* isonomia entre as partes (art. 2º, II, Lei 13.140/2015); *b)* busca do consenso (art. 2º, VI, Lei 13.140/2015); *c)* boa-fé (art. 2º, VIII, Lei 13.140/2015).

Isonomia entre as partes (art. 7º, CPC) e *boa-fé* (art. 5º, CPC) são normas fundamentais do processo, e evidentemente também aplicáveis à conciliação.

Uma correta concretização do princípio da isonomia, no procedimento de mediação, está prevista no art. 10, parágrafo único, da Lei 13.140/2015. Como na mediação extrajudicial a presença de advogado ou defensor público é facultativa, o dispositivo determina que, "comparecendo uma das partes acompanhada de advo-

---

34. Sobre o tema, LIPIANI, Julia; SIQUEIRA, Marília. Negócios jurídicos processuais sobre mediação e conciliação. In: ZANETI JR., Hermes e CABRAL, Trícia (Coord.). *Grandes temas do novo CPC – Justiça multiportas*. Salvador: JusPodivm, 2017, p. 141-168.

gado ou defensor público, o mediador suspenderá o procedimento, até que todas estejam devidamente assistidas".

A *busca do consenso* é a própria razão de ser da atividade de conciliação ou mediação, sendo a direção para onde todos os esforços devem ser apontados. Embora previsto apenas para a mediação pela Lei 13.140/2015, a busca do consenso é, também, princípio que rege a conciliação, que, conforme visto, é técnica também destinada a essa finalidade.

4.4.3 Centro de solução de conflitos

Os tribunais deverão criar centros de solução de conflitos. A criação destes centros e as suas linhas gerais estão previstas no art. 165, *caput*, CPC, e nos arts. 8º a 11 da Resolução 125/2010 do CNJ. É importante observar que a criação destes centros é obrigatória.

Estes centros serão preferencialmente responsáveis pela realização das sessões e audiências de conciliação e mediação, que ficarão a cargo de mediadores ou conciliadores – a realização da mediação ou da conciliação no próprio juízo onde tramita o processo deve ser encarada como algo excepcional (art. 165, *caput*, CPC). Além disso, estes centros têm o dever de atender e orientar o cidadão na busca da solução do conflito (art. 165, *caput*, CPC, e art. 8º, *caput*, da Resolução 125/2010, CNJ). Esse dever de orientação abrange o esclarecimento do interessado a respeito da existência de outras portas de acesso à justiça que, de acordo com as circunstâncias, possam ser mais adequadas para a solução do problema jurídico.

Os centros contarão com um juiz coordenador e, se necessário, com um adjunto, aos quais caberá a sua administração, bem como a supervisão do serviço de conciliadores e mediadores (art. 9º, *caput*, Resolução 125/2010, CNJ).

As sessões de conciliação e mediação pré-processual devem realizar-se nestes centros.

4.4.4 Defensoria Pública

Uma das funções institucionais da Defensoria Pública é a promoção, prioritariamente, da solução extrajudicial dos litígios, visando à composição entre as pessoas em conflito de interesses, por meio de mediação, conciliação, arbitragem e demais técnicas de solução e administração de conflitos (art. 4º, II, da Lei Complementar 80/1994, com redação atribuída pela Lei Complementar 132/2009).

Havendo controvérsia a respeito do direito aos alimentos envolvendo ao menos um sujeito considerado necessitado economicamente, a Defensoria Pública atuará buscando, sempre que possível, a solução consensual do conflito, diretriz que viria a ser consagrada também no art. 3º, §§ 2º e 3º, do CPC.

A instituição é mencionada expressamente no art. 13 do Estatuto da Pessoa Idosa, de acordo com o qual a transação relativa a alimentos da pessoa idosa poderá ser efetuada perante a Defensoria Pública, que, após ser referendada, passará a contar com a eficácia de título executivo extrajudicial.

Na hipótese de existência de direitos de incapazes, o acordo celebrado perante a Defensoria Pública deverá ser submetido a homologação judicial, após a oitiva do Ministério Público (art. 3º, § 2º, Lei 13.140/2015).

Conforme destacado pelo Superior Tribunal de Justiça no julgamento do AgInt no REsp 1.391.790/TO, a homologação parcial de acordo celebrado perante a Defensoria Pública, com elevação do valor da pensão alimentícia devida a criança ou adolescente, não representa violação a prerrogativas institucionais da Defensoria, tendo em vista a necessidade de assegurar o melhor interesse do menor.[35]

Finalmente, merece destaque que o Supremo Tribunal Federal[36] já afirmou ser constitucional a criação, por lei estadual, de rito específico para a homologação judicial de acordo de alimentos celebrado com a participação da Defensoria Pública, com a reprodução de dispositivos já existentes em lei federal.[37]

4.4.5 Ministério Público

É importante perceber que a atuação do Ministério Público não se destina apenas a qualificar as condições de acesso à justiça perante outras instituições, mas também o próprio Ministério Público pode ser uma porta de acesso à justiça.

Para o estabelecimento de diretrizes gerais dessa atuação, a *Resolução 118/2014* do CNMP dedica-se a disciplinar a Política Nacional de Incentivo à Autocomposição no âmbito do Ministério Público. O diploma regulamenta aspectos relativos à negociação, à mediação, à conciliação, às práticas restaurativas e às convenções processuais, com recomendação quanto aos respectivos espaços de pertinência.

No âmbito do Direito de Família, o Ministério Público já oferece relevante contribuição para a solução extrajudicial de controvérsias, como no caso de projetos de reconhecimento de paternidade.

No caso do direito aos alimentos, quando presentes direitos de incapazes, o acordo celebrado após a mediação ou a conciliação no âmbito do Ministério Público será levado ao Poder Judiciário para homologação (art. 3º, § 2º, Lei 13.140/2015; art. 10, § 1º, Resolução 118/2014 do CNMP).

---

35. STJ, 4ª T., AgInt no REsp 1.391.790/TO, rel. Min. Raul Araújo, j. em 21.09.2017, publicado no DJe de 19.10.2017.
36. ADI 2922, Pleno, rel. Min. Gilmar Mendes, j. em 03.04.2014, publicado em 30.10.2014.
37. Sobre o tema, com análise específica a respeito da fragilidade da distinção entre processo e procedimento sustentada em parcela dos votos, vide BRAGA, Paulo Sarno. *Norma de processo e norma de procedimento: o problema da repartição de competência legislativa no direito constitucional brasileiro*. 2. ed. São Paulo: JusPodivm, 2021, p. 520-524.

O Estatuto da Pessoa Idosa também possui regra específica sobre a matéria, prevendo que a transação relativa a alimentos poderá ser celebrada perante o Ministério Público, que a referendará, passando a constituir-se em título executivo extrajudicial (art. 13), o que está em consonância com o art. 784, IV, do CPC.

4.4.6 Serventias extrajudiciais

As serventias extrajudiciais são uma das instituições com maior potencial para a ampliação do acesso à justiça e o desenvolvimento de mecanismos cooperativos com o Poder Judiciário. A existência de mais de 13.000 serventias extrajudiciais no Brasil, com presença em todos os Municípios,[38] facilita sua utilização pelo cidadão. A comunicação entre serventias e a prestação dos seus serviços foi recentemente simplificada com a regulamentação do Sistema Eletrônico dos Registros Públicos (SERP) pela Lei 14.382/2022.

A conciliação e a mediação também podem ser realizadas no âmbito das serventias extrajudiciais. O tema está regulado no Provimento 67/2018 pela Corregedoria Nacional do Conselho Nacional de Justiça.

O processo de autorização dos serviços notariais e de registro para a realização de conciliação e de mediação será regulamentado pelos Núcleos Permanentes de Métodos Consensuais de Solução de Conflitos (NUPEMEC) e pelas Corregedorias-Gerais de Justiça (CGJ) dos Estados e do Distrito Federal e dos Territórios (art. 4º).

Os procedimentos de conciliação e de mediação serão fiscalizados pela CGJ e pelo juiz coordenador do Centro Judiciário de Solução de Conflitos e Cidadania (CEJUSC) da jurisdição a que estejam vinculados os serviços notariais e de registro (art. 5º).

A atuação como conciliador ou mediador exige a formação em curso que observe as diretrizes curriculares previstas na Resolução 125/2010 do CNJ (art. 6º).

De acordo com o art. 10 do Provimento 67/2018 do CNJ, podem participar da conciliação e da mediação a pessoa natural absolutamente capaz, a pessoa jurídica e os entes despersonalizados a que a lei confere capacidade postulatória.

Podem ser objeto da mediação e da conciliação os direitos disponíveis e os indisponíveis que admitam transação (art. 11).

É possível, então, que determinadas controvérsias relativas ao direito aos alimentos sejam solucionadas por conciliação ou mediação perante as serventias. No caso de direitos indisponíveis, mas transigíveis, o acordo deverá ser submetido à homologação judicial (art. 12, § 1º).

---

38. De acordo com o art. 44, § 2º, da Lei 8.935/1994, em cada sede municipal haverá no mínimo um registrador civil das pessoas naturais. Os diversos tipos de serviços notariais e de registro, previstos no art. 5º da referida lei, não são acumuláveis, exceto no caso de Municípios que não comportarem, em razão do volume dos serviços ou da receita, a instalação de mais de um dos serviços (art. 26).

4.4.7 As câmaras privadas de conciliação e mediação

A mediação e a conciliação podem realizar-se perante câmaras privadas. Nos EUA, por exemplo, é o que normalmente acontece.

Essas câmaras possuem suas regras procedimentais, além de um quadro de mediadores e conciliadores cadastrados.

Tanto podem caracterizar-se como exercício de uma atividade lucrativa, como podem ser câmaras de conciliação de caráter comunitário, geridas por associações de bairro ou outras entidades não governamentais sem finalidade lucrativa – como, por exemplo, os sindicatos, com as suas comissões de conciliação prévia para as questões trabalhistas.

As câmaras de arbitragem costumam atuar, também, como instância de mediação e conciliação.

A disciplina acerca da interação entre as câmaras privadas e o Poder Judiciário está prevista nos arts. 12-C a 12-F da Resolução 125/2010 do CNJ.

5. JUSTIÇA RESTAURATIVA

De acordo com a Resolução 2002/12 da Organização das Nações Unidas, *justiça restaurativa* corresponde a qualquer programa que use processos restaurativos e objetive atingir resultados restaurativos.

Um *processo restaurativo* é aquele em que a vítima e o ofensor, e, quando apropriado, quaisquer outros indivíduos ou membros da comunidade afetados por um crime, participam ativamente na resolução das questões oriundas do crime ou outro ilícito, geralmente com a ajuda de um facilitador. Processos restaurativos abrangem variadas modalidades de solução de conflitos, como a mediação, a conciliação, a reunião familiar ou comunitária (*conferencing*) e círculos decisórios (*sentencing circles*).

Resultado restaurativo refere-se a um acordo construído no processo restaurativo. Resultados restaurativos incluem espécies diversas de respostas e programas, a exemplo da reparação, da restituição e do serviço comunitário, objetivando atender as necessidades individuais e coletivas e responsabilidades das partes, bem como promover a reintegração da vítima e do ofensor.

As práticas de justiça restaurativa enfatizam, portanto, o consenso e a participação, conferindo um papel ativo à vítima e ao autor do delito,[39] em consonância com a diretriz geral do sistema prevista no art. 3º, §§ 2º e 3º, do CPC.

Não surpreende, então que, em âmbito nacional, o Conselho Nacional de Justiça tenha editado a Resolução 225/2016, que disciplina a Política Nacional de Justiça Restaurativa no âmbito do Poder Judiciário.

---

39. SANTANA, Selma Pereira de. Justiça Restaurativa. *A reparação como consequência jurídico-penal autônoma do delito*. Rio de Janeiro: Lumen Juris, 2010, p. 165.

A Resolução conceitua justiça restaurativa como conjunto ordenado e sistêmico de princípios, métodos, técnicas e atividades próprias, que visa à conscientização sobre os fatores relacionais, institucionais e sociais motivadores de conflitos e violência, e por meio do qual os conflitos que geram dano, concreto ou abstrato são solucionados de modo estruturado de acordo com as seguintes diretrizes (art. 1º):

a) é necessária a participação do ofensor, e, quando houver, da vítima, bem como, das suas famílias e dos demais envolvidos no fato danoso, com a presença dos representantes da comunidade direta ou indiretamente atingida pelo fato e de um ou mais facilitadores restaurativos;

b) as práticas restaurativas serão coordenadas por facilitadores restaurativos capacitados em técnicas autocompositivas e consensuais de solução de conflitos próprias da justiça restaurativa, podendo ser servidor do tribunal, agente público, voluntário ou indicado por entidades parceiras;

c) as práticas restaurativas terão como foco a satisfação das necessidades de todos os envolvidos, a responsabilização ativa daqueles que contribuíram direta ou indiretamente para a ocorrência do fato danoso e o empoderamento da comunidade, destacando a necessidade da reparação do dano e da recomposição do tecido social rompido pelo conflito e as suas implicações para o futuro.

De acordo com a Resolução 118/2014 do CNMP, as práticas restaurativas são recomendadas nas situações nas quais seja viável a busca da reparação dos efeitos da infração por intermédio da harmonização entre o(s) seu(s) autor(es) e a(s) vítima(s), com o objetivo de restaurar o convívio social e a efetiva pacificação dos relacionamentos (art. 13).

Por sua conformação e objeto, os processos restaurativos são um ambiente favorável à celebração de negócios jurídicos – processuais ou mistos –, bem como à formalização de protocolos institucionais entre o Poder Judiciário e entidades qualificadas à promoção de práticas restaurativas, como previsto nos arts. 3º, III, e 4º da Resolução 225/2016 do CNJ.

Práticas restaurativas podem ser coordenadas, por meio da cooperação judiciária (arts. 67 a 69, CPC; Resolução 350/2020, CNJ), em processos envolvendo os mesmos sujeitos no juízo criminal ou em processos que tramitem em ramos do Judiciário com competência distinta – ilustrativamente, no caso de um conflito que gere repercussões sobre o juízo penal e o de família.[40]

É plenamente possível, aliás, a utilização de técnicas da justiça restaurativa em processos não penais, como os relativos a créditos de alimentos – sobretudo daqueles decorrentes da prática de atos ilícitos.

---

40. OLIVEIRA, Samyle Regina Matos. *Justiça restaurativa: nova regulamentação, construção de parâmetros mínimos e ampliação das potencialidades*. Tese (Doutorado em Direito). Faculdade de Direito, Universidade Federal da Bahia, p. 101-102, 149-154.

6. ARBITRAGEM

A arbitragem é técnica de solução de conflitos mediante a qual os conflitantes buscam em uma terceira pessoa, de sua confiança, a solução amigável e "imparcial" (porque não feita pelas partes diretamente) do litígio. É, portanto, *heterocomposição*.

Trata-se, mais precisamente, de heterocomposição de origem convencional. O consenso desenvolvido entre as partes refere-se não ao conteúdo da solução do problema, mas ao método para sua obtenção, que, no caso, será proveniente de terceiro.[41]

A decisão arbitral fica imutável pela coisa julgada (arts. 31 a 33, Lei 9.307/1996). É por conta dessa circunstância que se pode afirmar que a arbitragem, no Brasil, não é equivalente jurisdicional: é propriamente jurisdição, exercida por particulares, com autorização do Estado e como consequência do exercício do direito fundamental de autorregramento (autonomia privada).[42]

Não há qualquer vício de inconstitucionalidade na instituição da arbitragem,[43] que não é compulsória; trata-se de opção conferida a pessoas capazes para solucionar problemas relacionados a direitos patrimoniais e disponíveis. Trata-se de manifestação de sua autonomia privada, direito potestativo fundamental decorrente do direito à liberdade.

Diversamente do CPC/1973, editado em contexto de ampla predominância da solução judicial de controvérsias, com admissibilidade apenas excepcional da arbitragem regulada pelo Código Civil de 1916 (arts. 1.037 a 1.048), o Código de Processo Civil de 2015 supõe, desde os estágios iniciais de sua elaboração, a existência de um sistema multiportas de solução de problemas jurídicos, oferecendo um conjunto de normas para sua estruturação e desenvolvimento.

Não surpreende, então, a alusão à arbitragem em diversas passagens do CPC/2015: arts. 3º, § 1º (estímulo à sua utilização), 42 (ressalva à competência do juiz estatal),

---

41. A definição, pelas próprias partes, acerca do método de solução do conflito é o aspecto que leva ao enquadramento, por parcela da doutrina, da arbitragem como modalidade de autotutela (exemplificativamente, BETTI, Emilio. *Diritto processuale civile italiano*. 2. ed. Roma: Societa Editrice Del Foro Italiano, 1936, p. 36), posição rejeitada neste ensaio.
42. É digna de registro a evolução do pensamento de Calmon de Passos, que, em seu primeiro livro, recusava natureza jurisdicional à arbitragem – e tudo isso antes da Lei 9.307/1996: "De tudo se conclui, na verdade, que os árbitros não têm jurisdição. E porque não a têm é que os autores, diante da perplexidade, procuram fugir com afirmativas de nenhum conteúdo, quais as de jurisdição extraordinária, ou menos plena, ou quase ordinária" (PASSOS, J. J. Calmon de. *Da jurisdição*. Salvador: Universidade da Bahia: 1957, p. 46). Décadas depois, conquanto ainda haja afirmado, certamente como simples generalização, ser a "jurisdição, em nosso país, privilégio dos juízes que atendam às exigências constitucionais", destacou que os "árbitros não são funcionários públicos nem funcionários do juízo. São árbitros. Se funcionários fossem, árbitros não poderiam ser. Juízo arbitral é, por natureza, jurisdição extraestatal, jurisdição deferida, excepcionalmente, ao sujeito privado" (PASSOS, J. J. Calmon de. "A Lei Estadual 4.630/85 (Juizados de Pequenas Causas) e a necessidade de sua imediata correção". In: DIDIER FR., Fredie; BRAGA, Paula Sarno (Org.). *Ensaios e Artigos*. Salvador: Juspodivm, 2016, v. II, p. 264 e 265, respectivamente).
43. STF, Pleno, SE n. 5206 AgR, rel. Min. Sepúlveda Pertence, j. em 12.12.2001, DJ de 30.04.2004.

189, IV (segredo de justiça em processos que versem sobre arbitragem, desde que a confidencialidade estipulada na arbitragem seja comprovada perante o juízo), 237, IV (expedição de carta arbitral), 260, § 3º (requisitos da carta arbitral), 267 (recusa ao cumprimento da carta arbitral), 337, X, e §§ 5º e 6º (alegação de convenção de arbitragem), 359 (conciliação judicial e arbitragem), 485, VII (acolhimento da convenção de arbitragem e reconhecimento, pelo juízo arbitral, da sua competência), 515, VII (sentença arbitral como título executivo judicial), 516, III (cumprimento da sentença arbitral), 960, § 3º (homologação de decisão arbitral estrangeira), 1.012, § 1º, IV (produção imediata de efeitos da sentença que julga procedente o pedido de instituição de arbitragem), 1.015, III (cabimento do agravo de instrumento contra decisão interlocutória que rejeita a alegação de convenção de arbitragem) e 1.061 (alteração do art. 33, § 3º, da Lei 9.307/1996, passando a prever que a decretação da nulidade da sentença arbitral também poderá ser requerida na impugnação ao cumprimento da sentença).

A arbitragem pode também ser utilizada para a solução de controvérsias envolvendo o direito aos alimentos.

Desde que as partes sejam capazes, é possível a adoção da arbitragem para a definição do direito a alimentos entre ex-cônjuges ou ex-companheiros e, de forma mais ampla, para a determinação do valor devido. A indisponibilidade dos alimentos, como visto anteriormente, não é ilimitada. Aliás, é preciso deixar a mente aberta para a arbitragem como forma de solução de conflitos de família, muitos deles envolvendo direitos patrimoniais.

No caso de pessoas necessitadas economicamente, a arbitragem pode ser realizada pela Defensoria Pública, como previsto no art. 4º, II, da Lei Complementar 80/1994.

7. CONCLUSÕES

O direito aos alimentos, embora associado à subsistência, não está submetido a um único regime jurídico. O direito pode derivar de relações de parentesco, observada a especial proteção dispensada a idosos e crianças e adolescentes, da existência anterior de relação de casamento ou união estável ou, fora dos domínios do Direito de Família, da prática de ato ilícito, quando terão natureza indenizatória.

A heterocomposição judicial não é, como visto, a única via para a solução de controvérsias envolvendo o direito aos alimentos. Há múltiplos meios para o tratamento dessas controvérsias, como a negociação direta (inclusive na modalidade de *collaborative law*), a conciliação e a mediação (que podem ser realizadas perante diversas instituições), a justiça restaurativa e a arbitragem.

O critério de orientação quanto à utilização de cada uma dessas portas é a aptidão, de acordo com os sujeitos e o objeto envolvidos, para a produção de uma solução adequada ao caso.

REFERÊNCIAS

ALCALÁ-ZAMORA Y CASTILLO, Niceto. *Proceso, autocomposición y autodefensa*: contribución al estudio de los fines del proceso. México: Universidad Nacional Autónoma de México, 2000.

ALMEIDA, Diogo Assumpção Rezende. O princípio da adequação e os métodos de solução de conflitos. *Revista de Processo*. São Paulo: Ed. RT, 2011. v. 195.

AMERICAN BAR ASSOCIATION STANDING COMMITTEE ON ETHICS AND PROFESSIONAL RESPONSIBILITY. *Formal Opinion 07-477. Ethical Considerations in Collaborative Law Practice*. Disponível em: https://globalcollaborativelaw.com/wp-content/uploads/2017/07/Ethics_Opinion_ABA.pdf.

BETTI, Emilio. *Diritto processuale civile italiano*. 2. ed. Roma: Societa Editrice Del Foro Italiano, 1936.

BRAGA, Paulo Sarno. *Norma de processo e norma de procedimento: o problema da repartição de competência legislativa no direito constitucional brasileiro*. 2. ed. São Paulo: JusPodivm, 2021.

CABRAL, Antonio do Passo. *Pactum de non petendo*: promessa de não processar no direito brasileiro. *Revista de Processo*. São Paulo: Ed. RT, v. 45, n. 305.

CABRAL, Antonio do Passo; CUNHA, Leonardo Carneiro. Negociação direta ou resolução colaborativa de disputas (*collaborative law*): 'mediação sem mediador'. In: ALVIM, Teresa Arruda; DIDIER JR., Fredie (Org.). *Doutrinas essenciais* – Novo Processo Civil. 2 ed. São Paulo: Ed. RT, 2018. v. 2.

CABRAL, Trícia Navarro Xavier; ZANETI JR., Hermes (Coord.). *Grandes Temas do CPC* – Justiça Multiportas: mediação, conciliação, arbitragem e outros meios de solução adequada para conflitos. Salvador: JusPodivm, 2016.

CABRAL, Trícia Navarro Xavier; ZANETI JR., Hermes (Coord.). *Grandes temas do novo CPC* – Justiça multiportas. 2. ed. Salvador: JusPodivm, 2018.

CALMON, Petrônio. *Fundamentos da mediação e da conciliação*. Rio de Janeiro: Forense, 2007.

DIDIER Jr., Fredie. *Curso de Direito Processual Civil*. 25. ed. Salvador: JusPodivm, 2023. v. 1.

DIDIER Jr., Fredie; FERNANDEZ, Leandro. *O Conselho Nacional de Justiça e o Direito Processual*: administração judiciária, boas práticas e competência normativa. Salvador: JusPodivm, 2022.

FUX, Luiz; ÁVILA, Henrique; CABRAL, Trícia Navarro Xavier. *Tecnologia e justiça multiportas*. Indaiatuba: Editora Foco, 2021.

GARCEZ, José Maria Rossani. *Negociação, ADRS, Mediação, Conciliação e Arbitragem*. 2. ed. Rio de Janeiro: Lumen Juris, 2004.

GONÇALVES, Vinícius José Corrêa. *Tribunais Multiportas*: pela efetivação dos Direitos Fundamentais de Acesso à Justiça e à razoável duração dos processos. Curitiba: Juruá, 2014.

GRINOVER, Ada Pellegrini. *Ensaio sobre a processualidade* – fundamentos para uma nova Teoria Geral do Processo. Brasília: Gazeta Jurídica, 2016.

HOFFMAN, David Alan. Colliding Worlds of Dispute Resolution: Towards a Unified Field Theory of ADR. *Journal of Dispute Resolution*, v. 2008.

HOFFMAN, David Alan. Exploring the Boundaries and Terrain of ADR Practice: Mediation, Arbitration, and Collaborative Law. *Dispute Resolution Magazine*. v. 14, n. 1, fall 2007.

LESSA NETO, João. O CPC adotou o modelo multiportas!!! E agora? *Revista de Processo*. São Paulo: Ed. RT, v. 244. 2015.

LIPIANI, Julia; SIQUEIRA, Marília. Negócios jurídicos processuais sobre mediação e conciliação. In: ZANETI JR., Hermes e CABRAL, Trícia (Coord.). *Grandes temas do novo CPC – Justiça multiportas*. Salvador: JusPodivm, 2017.

LÔBO, Paulo. *Direito Civil*: Famílias. 7. ed. São Paulo: Saraiva, 2017.

MARZINETTI, Miguel. *Justiça multiportas e o paradoxo do acesso à justiça no Brasil*: da falência do poder judiciário aos métodos integrados de solução de conflitos. Rio de Janeiro: Lumen Juris, 2018.

NUNES, Juliana Raquel. *A importância da mediação e da conciliação para o acesso à justiça: uma análise à luz do novo CPC*. Rio de janeiro: Lumen Juris, 2017.

OLIVEIRA, Samyle Regina Matos. *Justiça restaurativa*: nova regulamentação, construção de parâmetros mínimos e ampliação das potencialidades. Tese (Doutorado em Direito). Faculdade de Direito, Universidade Federal da Bahia.

PASSOS, J. J. Calmon de. A Lei Estadual 4.630/85 (Juizados de Pequenas Causas) e a necessidade de sua imediata correção. In: DIDIER FR., Fredie; BRAGA, Paula Sarno (Org.). *Ensaios e Artigos*. Salvador: JusPodivm, 2016.

PASSOS, J. J. Calmon de. *Comentários ao Código de Processo Civil*. 7. ed. Rio de Janeiro: Forense, 1994. v. III: arts. 270 a 371.

PASSOS, J. J. Calmon de. *Da jurisdição*. Salvador: Universidade da Bahia: 1957.

PATTON, Bruce. Negotiation. In: MOFFITT, Michael L.; BORDONE, Robert C. *The handbook of dispute resolution*. San Francisco: Jossey-Bass, 2005.

PERLINGIERI, Pietro. *O Direito Civil na legalidade constitucional*. Trad. Maria Cristina de Cicco. Rio de Janeiro: Renovar, 2008.

RISKIN, Leonard. Understanding Mediators' Orientations, Strategies and Techniques: A Grid for the Perplexed. *Harvard Negotiation Law Review*, v. 1:7, 1996.

SANDER, Frank. *Varieties of Dispute Processing. Hearings Before the Subcommittee on Courts, Civil Liberties, and the Administration of Justice of the Committee on the Judiciary, House of Representatives, Ninety-fifth Congress, Second Session on S. 957*. Washington: US Government Printing Office.

SANDER, Frank; CRESPO, Mariana Hernandez. Diálogo entre os professores Frank Sander e Mariana Hernandez Crespo: explorando a evolução do Tribunal Multiportas. In: ALMEIDA, Rafael Alves de; ALMEIDA, Tania; CRESPO, Mariana Hernandez (Org.). *Tribunal Multiportas*: investindo no capital social para maximizar o sistema de solução de conflitos no Brasil. Rio de Janeiro: Editora FGV, 2012.

SANTANA, Selma Pereira de. Justiça Restaurativa. *A reparação como consequência jurídico-penal autônoma do delito*. Rio de Janeiro: Lumen Juris, 2010.

SILVA, Paula Costa e. *A nova face da Justiça* – os meios extrajudiciais de resolução de controvérsias. Lisboa: Coimbra Editora, 2009.

SILVA, Paula Costa e. *Perturbações no cumprimento dos negócios processuais*: convenções de arbitragem, pactos de jurisdição, cláusulas escalonadas e outras tantas novelas talvez exemplares, mas que se desejam de muito entretenimento. Salvador: JusPodivm, 2020.

SILVA, Paulo Eduardo Alves da; SALLES, Carlos Alberto de; LORENCINI, Marco Antonio Garcia Lopes. *Negociação, mediação, conciliação e arbitragem*. 2. ed. São Paulo: Forense, 2019.

TESLER, Pauline. Collaborative Family Law, the New Lawyer, and Deep Resolution of Divorce-Related Conflicts. *Journal of Dispute Resolution*. 2008.

TRIGO, Alberto Lucas Albuquerque da Costa. *Promessa de não processar e de não postular*: o pactum de non petendo reinterpretado. Salvador: JusPodivm, 2020.

URY, William L.; BRETT, Jeanne M.; GOLDBERG, Stephen B. Three approaches to resolving disputes. In: SANDER, Frank et al. *Dispute Resolution*: Negotiation, Mediation, Arbitration, and Other Processes. 7. ed. Frederick, MD: Aspen Publishing, 2020.

WATANABE, Kazuo. *Acesso à ordem jurídica justa*: conceito atualizado de acesso à justiça, processos coletivos e outros estudos. Belo Horizonte: Del Rey, 2019.

A "DOSIMETRIA" DO PRAZO DE PRISÃO CIVIL: UMA QUESTÃO DE EFETIVIDADE DOS DIREITOS FUNDAMENTAIS

Gustavo D'Alessandro

Mestre em Direito pela UnB. Especialista em Direito pela FESMPDFT. Pós-graduado em Direito de Família e Sucessões. Assessor de Ministro do Superior Tribunal de Justiça – STJ. Coordenador da coletânea Direito de Família conforme interpretação do STJ.

Email: gustavodalessandro@gmail.com.

Sumário: 1. Introdução – 2. A prisão civil – 3. O dever de fundamentação e o CPC/2015 – 4. A atual jurisprudência do STJ e a definição de critérios objetivos no arbitramento dos danos morais e na fixação das *astreintes* – 5. A "dosimetria" do prazo de prisão civil; 5.1 Sugestão de critérios objetivos para a fixação do prazo de prisão civil – 6. Considerações finais – Referências – *Jurisprudência*.

1. INTRODUÇÃO

A Constituição Federal, ao permitir a prisão civil do responsável pelo inadimplemento voluntário e inescusável de obrigação alimentícia (CF, art. 5º, LXVII), vedou a privação da liberdade de locomoção em virtude de dívida, ressalvando aquela decorrente do não pagamento, de forma injustificada, de natureza alimentar, refletindo o entendimento de que, no conflito entre a sobrevivência do alimentante e a liberdade do alimentado, deve-se dar prevalência à primeira hipótese.

O Código de Processo Civil, visando dar efetividade à referida tutela jurisdicional, previu disposições normativas (CPC, art. 528), regulando a prisão civil, com a definição do débito que a autoriza – a dívida que compreender até as 3 (três) prestações anteriores ao ajuizamento da execução e as vencidas no curso do processo (§ 7º) –, a forma de seu cumprimento – o regime fechado de cumprimento (§ 4º) – e o prazo de restrição da liberdade do devedor – de 1 (um) a 3 (três) meses (§ 3º).

Ocorre que, como exigência de toda medida coercitiva, não se atentou para a necessidade de se delimitar, de forma objetiva, critérios de ponderação objetivos para a definição do tempo adequado de prisão a ser cumprido pelo devedor, entre os referidos marcos mínimo e máximo preestabelecidos pela norma.

De fato, o Código de Processo Civil, em sua perspectiva constitucionalizada, estabelece que o magistrado deve motivar de forma qualificada e analítica todas as suas decisões (art. 489, § 1º), mediante fundamentação que resguarde e promova a dignidade da pessoa humana, atenda aos fins sociais e às exigências do bem comum, bem como observe a proporcionalidade, a razoabilidade, a legalidade, a publicidade, a eficiência (art. 8º), a boa-fé objetiva (arts. 5º e 489, § 3º) e o dever de cooperação processual (art. 6º). Deve, ainda, valer-se da técnica da ponderação de princípios, valores e normas (CPC, art. 489, § 2º) e ter como norte a segurança jurídica e a isonomia (CPC, art. 927, § 4º).

O julgador não poderá decidir, por outro lado, "com base em valores jurídicos abstratos sem que sejam consideradas as consequências práticas da decisão", necessitando demonstrar, de forma motivada, a necessidade e a adequação da medida imposta, inclusive em face das possíveis alternativas, conforme estabelece o art. 20 da Lei de Introdução às Normas de Direito Brasileiro – LINDB.

No entanto, na análise de casos concretos tem-se constatado a total ausência de critérios no momento da fixação do tempo de coerção prisional pelo juízo, ainda que se esteja diante de situações totalmente distintas.[1]

O sopesamento motivado da "dosimetria" do prazo de prisão civil está intrinsecamente vinculado à efetividade dos direitos fundamentais do executado. A sua inexistência acaba por esvaziar o dever de fundamentação adequada, impelindo, não raras vezes, ao arbítrio do julgador em detrimento da efetividade da tutela jurisdicional e, como agravante, inviabilizando o efetivo controle do provimento judicial pelas instâncias superiores, vulnerando direitos fundamentais do executado, em especial, a sua dignidade e o seu direito de liberdade de locomoção.

Em razão da carência legislativa e do fato de que o juiz não pode se eximir de decidir alegando lacuna da lei (LINDB, art. 4º) há a obrigação de o magistrado julgar, com a fundamentação analítica e adequada somada a técnica de ponderação, valendo-se de critérios razoáveis e de acordo com o caso em concreto, de modo a permitir a melhor dosagem de aprisionamento do executado, inclusive como forma de influenciar em seu futuro comportamento à conformidade legal e de se buscar a máxima eficiência do remédio processual, evitando os altos custos do Estado com o encarceramento.

Destaque-se que a atual jurisprudência do STJ vem buscando sistematizar parâmetros objetivos para fundamentar, de forma mais racional, as suas decisões no tocante a diversos institutos em que há lacuna legislativa, como no arbitramento do dano moral e na fixação das *astreintes*.

O objetivo do presente artigo é trazer uma reflexão (e trazer sugestões) acerca de parâmetros objetivos na fixação do prazo de prisão civil, permitindo que o magistrado, no âmbito de sua *ratio decidendi*, possa definir, de forma fundamentada, o móvel que o levou a arbitrar determinado tempo de duração de restrição de liberdade como o mais adequado para o caso específico, inclusive permitindo a referida discussão pelas

---

1. Como exemplo, pode-se imaginar duas situações do cotidiano forense: a de um pai sem muitos recursos financeiros que, após anos de fiel quitação da pensão de seus filhos, perde o emprego e acaba deixando de pagar alguns meses de sua obrigação alimentar (apesar de continuar se esforçando, pegando empréstimo, pagando parceladamente etc.) e, em outra perspectiva, a do genitor extremamente rico que, a cada três meses (CPC, art. 528, § 7º), por renitência, deixa de pagar o valor devido, obrigando o credor a buscar, reiteradamente, as portas do Judiciário para fazer valer o seu direito.

instâncias superiores e, com isso, trazer maior efetividade aos direitos fundamentais do cidadão que é alvo da medida coercitiva.

2. A PRISÃO[2] CIVIL[3]

Em sua opção política, o legislador constituinte autorizou a prisão civil do devedor de alimentos, promovendo uma ponderação entre direitos fundamentais – o direito de liberdade e de dignidade humana do executado *versus* o direito à tutela jurisdicional efetiva, à sobrevivência, à subsistência e à dignidade humana do credor –, dando prevalência ao direito do alimentado/exequente.

Em razão da ideia elementar de que os alimentos asseguram a subsistência do homem e dão concretude ao princípio da dignidade da pessoa humana, exige-se que o Estado preveja um instrumental ágil, célere e eficaz para satisfazer o crédito alimentar, em prestação de uma tutela jurisdicional efetiva.

A prisão civil é considerada instrumento processual de grande serventia em razão dos seus "altos índices de eficiência",[4] em que os dados estatísticos do cotidiano forense demonstram que ela "cumpre, em larga medida, a sua finalidade: fazer com que o alimentante pague a dívida alimentar".[5]

A visibilidade e a agressividade das medidas de execução da obrigação de alimentos, bem como das sanções aplicadas decorrentes do seu descumprimento, são consideradas os principais fatores para se alcançar o êxito no índice de pagamentos do débito alimentar.[6]

Diante disso, é que se tem reconhecido a medida como remédio adequado para induzir e punir o comportamento indesejado – a recalcitrância no cumprimento do dever de prestar alimentos.

A sua justificação perpassa, ainda, pela consideração de que o alimentando que não consegue receber o que lhe é devido no Brasil, "não desfruta de qualquer

---

2. O vocábulo prisão deriva do termo francês *prision,* cuja origem é a expressão latina *prehensio, onis,* cujo significado revela a ideia de cárcere, captura, cadeia, prisão, penitenciária, sendo, por conseguinte, ato de apreensão física da pessoa que fica cerceada em sua liberdade e sob subordinação de alguém (AZEVEDO, Álvaro Villaça. *Prisão Civil por Dívida.* 3. ed. São Paulo: Atlas, 2012, p. 35).
3. A prisão é considerada civil quando realizada nos domínios do Direito Privado, na esfera da jurisdição cível, como instrumento de coercibilidade e com o desígnio de compelir o devedor pela ameaça da segregação celular a cumprir a sua obrigação alimentar, não podendo ser confundida com pena ou punição (prisão penal). É considerada, dentro das espécies de prisão, como extrapenal, assim como ocorre com a militar e a administrativa.
4. DIAS, Maria Berenice. *Alimentos* – Direito, Ação, Eficácia, Execução. 3. ed. Salvador: JusPodivm, 2020, p. 355.
5. FARIAS, Cristiano Chaves de; ROSENVALD, Nelson. *Curso de Direito Civil:* Obrigações. 15. ed. Salvador: JusPodivm, 2021, p. 114.
6. SOTTOMAYOR, Maria Clara. *Regulação do Exercício das Responsabilidades Parentais nos Casos de Divórcio.* 7. ed. Coimbra: Almedina, 2021, p. 479.

proteção social, pois inexistem no país planos de assistência social que amparem condignamente à infância, à velhice e à invalidez".[7]

Assim, a prisão civil do devedor alimentar é injunção tida como essencial para o alcance de seu desiderato – a efetivação do direito a alimentos –, por meio do incentivo de comportamento em decorrência do temor ao cárcere, sendo, ao menos até o momento, o principal mecanismo utilizado pelo Estado para dar efetividade a referido direito fundamental, além de realizar um objetivo de ordem pública relevante que é o enfrentamento do problema social envolvendo o inadimplemento da obrigação alimentar.[8]

Trata-se, mais precisamente, de técnica executiva processual[9] voltada a intimidar o devedor a cumprir, de forma célere e efetiva, o pagamento do débito alimentar, sob pena de privação de sua liberdade de locomoção, com o recolhimento ao cárcere. Não se trata de punição, portanto.[10]

Pelos pressupostos dispostos no art. 538 do CPC, exige-se: i) dívida que compreenda até as 3 (três) prestações anteriores ao ajuizamento da execução e as que vencerem no curso do processo;[11] ii) intimação do devedor para pagar a dívida de alimentos, provisórios ou definitivos, em 3 dias,[12] provar que o fez ou justificar a sua impossibilidade[13] (CPC, art. 528, *caput* cc. art. 531), sob pena de protesto do título

---

7. GRECO, Leonardo. *O Processo de Execução*. Rio de Janeiro: Renovar, 2001, v. 2, p. 535.
8. "A inadimplência da obrigação alimentar possui um problema de evidente caráter público, em razão do interesse social relevante na sobrevivência do ser humano e manutenção da espécie, possuindo uma dimensão de natureza superior, de um interesse público maior que o estritamente familiar. Isso torna indispensável a presença do Estado como partícipe, indutor ou regulador de políticas públicas, que deverá se valer de todos os meios possíveis para a consecução do fim proposto – garantir o direito fundamental à alimentação – notadamente, porque a resistência ao seu adimplemento, para além da efetividade de uma decisão judicial, põe em risco à vida e proteção do ser humano, fundamento do ordenamento jurídico" (D'ALESSANDRO, Gustavo. *Uma Questão de Política Pública*: A Prisão Civil do Devedor de Alimentos no Brasil e o Fundo Garantidor em Portugal [Dissertação de Mestrado Profissional em Direito, Regulação e Políticas Públicas pela Universidade de Brasília (UnB)]. Brasília: 2022, p. 46-47).
9. Procedimento ou rito e técnica executiva não se confundem. Conforme pontua Rafael Calmon "o *procedimento* ou rito é aquele conjunto de atos inter-relacionados que devem ser seguidos com o objetivo de que o Estado preste jurisdição [...] Técnica executiva é qualquer medida processual revestida de aptidão para, dentro de um procedimento de índole executiva, compelir o obrigado ou responsável a cumprir a obrigação exigida. Em resumo: *procedimento* é esquema ritual; *técnica executiva* é método, medida, mecanismo. São coisas distintas. Logo, não se confundem a técnica executiva da prisão civil com o procedimento executivo que a contempla" (*Manual de direito processual das famílias*. 2. ed. São Paulo: SaraivaJur, 2021, p. 614).
10. STJ: HC 401.887/SC, Rel. Ministra Nancy Andrighi, Terceira Turma, DJe 29.09.2017.
11. É o teor da Súmula 309 do STJ: "O débito alimentar que autoriza a prisão civil do alimentante é o que compreende as três prestações anteriores ao ajuizamento da execução e as que se vencerem no curso do processo".
12. O prazo deverá ser contado em dias úteis, haja vista a sua natureza processual, nos termos do Enunciado 146 da II Jornada de Direito Processual Civil do Conselho da Justiça Federal – CJF: "O prazo de 3 (três) dias previsto pelo art. 528 do CPC conta-se em dias úteis e na forma dos incisos do art. 231 do CPC, não se aplicando seu § 3º".
13. Segundo o entendimento do STJ, a justificativa apta a afastar a prisão civil "deverá ser baseada em fato novo, isto é, que não tenha sido levado em consideração pelo juízo do processo de conhecimento no momento da definição do débito alimentar. Outrossim, a impossibilidade do devedor deve ser apenas temporária; uma vez reconhecida, irá subtrair o risco momentâneo da prisão civil, não havendo falar, contudo, em exoneração

(art. 528, § 1º) e decretação de sua prisão civil (art. 538, § 3º);[14] iii) possibilidade de reiteração da ordem de prisão civil, caso configurado novo descumprimento da obrigação de pagar alimentos (§ 7º); iv) cumprimento da prisão civil em regime fechado (§ 4º); e v) prazo de restrição da liberdade do devedor de 1 (um) a 3 (três) meses (§ 3º).

A utilização do rito prisional é faculdade conferida ao credor (art. 528, § 8º).[15] Em vez do aprisionamento, pode ele optar pelo regime de cumprimento de sentença que reconhece a exigibilidade de obrigação de pagar quantia certa (arts. 523 a 527),[16] vedado ao magistrado decretar a medida prisional de ofício.

Por esse procedimento específico, além da coerção pessoal (CPC, art. 528, § 3º), diversas outras medidas (típicas e atípicas) são previstas e podem ser empregadas.

Dentre as típicas, há o protesto do pronunciamento judicial (CPC, 528, § 1º), a negativação do nome[17] (CPC, art. 782, § 3º), o desconto em folha (CPC, art. 529) e a expropriação (CPC, art. 528, § 8º, c/c art. 530).

No que toca à utilização de medidas atípicas, pode haver "o bloqueio de cartões de crédito, a apreensão de Carteira Nacional de Habilitação ou do passaporte do devedor e a inserção de juros moratórios progressivos na dívida (limitados ao teto de 12% ao ano)".[18]

É possível que ocorra a prorrogação do prazo de prisão, desde que demonstrada a recalcitrância e a desídia do devedor de alimentos, observado o prazo máximo legal (a dilação tem sido autorizada apenas quando o prazo de prisão tenha sido inicialmente fixado abaixo do patamar de três meses).[19]

A jurisprudência do STJ não tem admitido a aplicação da teoria do adimplemento substancial nos vínculos jurídicos familiares,[20] especialmente para elidir a prisão civil

---

da obrigação alimentícia ou redução do encargo, que só poderão ser analisados em ação própria". Apesar de afastar temporariamente a prisão, a justificativa não impede, "porém, que a execução prossiga em sua forma tradicional (patrimonial), com penhora e expropriação de bens, ou ainda, que fique suspensa até que o executado se restabeleça em situação condizente à viabilização do processo executivo, conciliando as circunstâncias de imprescindibilidade de subsistência do alimentando com a escassez superveniente de seu prestador, preservando a dignidade humana de ambos" (REsp 1185040/SP, Rel. Ministro Luis Felipe Salomão, Quarta Turma, DJe 09.11.2015).

14. Se o devedor for insolvente, deverá ele se submeter ao rito previsto nos arts. 748 e seguintes do CPC/1973 (conforme estabelece o art. 1.052 do CPC/2015).
15. STJ: REsp 1557248/MS, Rel. Ministro Ricardo Villas Bôas Cueva, Terceira Turma, DJe 15.02.2018.
16. O STJ decidiu que "é cabível a cumulação das técnicas executivas da coerção pessoal (prisão) e da coerção patrimonial (penhora) no âmbito do mesmo processo executivo de alimentos, desde que não haja prejuízo ao devedor (a ser devidamente comprovado) nem ocorra nenhum tumulto processual no caso em concreto (a ser avaliado pelo magistrado)" (REsp 1.930.593/MG, relator Ministro Luis Felipe Salomão, Quarta Turma, DJe de 26.08.2022.). No mesmo sentido: REsp 2.004.516/RO, relatora Ministra Nancy Andrighi, Terceira Turma, DJe de 21.10.2022.
17. Antes da específica previsão do CPC/2015, o STJ já reconhecia tal possibilidade: REsp 1533206/MG, Rel. Ministro Luis Felipe Salomão, Quarta Turma, DJe 1º.02.2016.
18. CALMON, Rafael. *Manual de direito processual das famílias*. 2. ed. São Paulo: SaraivaJur, 2021, p. 598.
19. STJ: REsp 1698719/SP, Rel. Ministra Nancy Andrighi, Terceira Turma, DJe 28.11.2017.
20. STJ: HC 439.973/MG, Rel. p/ Acórdão Ministro Antonio Carlos Ferreira, Quarta Turma, DJe 04.09.2018.

do devedor de alimentos. Do mesmo modo, não se admite o pagamento parcial do débito para afastamento do cárcere, uma vez que as quantias inadimplidas são tidas como débito atual, que compreende as três prestações anteriores à citação e as que vencerem no curso do processo.[21]

Ainda que cumprido o período de cárcere, remanescerá o executado na condição de inadimplente, uma vez que a prisão não tem efeito liberatório da dívida (CPC, art. 528, § 5º), podendo ela continuar a ser cobrada por outros meios.

Em se efetivando a quitação do débito, deverá ocorrer a imediata soltura do devedor (CPC, art. 528, § 6º) e a modificação de seu *status*, especialmente porque não se trata de punição, mas de técnica de execução, não havendo interesse do Estado em manter a segregação do executado.

Por fim, o cumprimento da prisão civil deverá se dar pelo regime fechado, devendo o encarcerado ficar separado dos presos comuns (CPC, art. 528, § 4º). Apesar da clareza do normativo, a jurisprudência vem abrandando, de forma excepcional, tal disposição para autorizar o recolhimento do preso em regime diverso do fechado, como em situações envolvendo portadores de doenças graves (esclerose múltipla, diabetes e poliartrose, que inspiram cuidados médicos contínuos e cuja falta poderá ensejar risco de morte ou de danos graves à saúde e integridade física),[22] idosos,[23] mulheres devedores que têm a guarda de outro filho menor,[24] em razão da pandemia da Covid-19[25] e, por mais improvável que possa parecer, em relação ao preso que é advogado, diante da disposição do art. 7º da Lei 8.906/1994.[26]

3. O DEVER DE FUNDAMENTAÇÃO E O CPC/2015

O CPC, logo em seu dispositivo inaugural, estabelece que "o processo civil será ordenado, disciplinado e interpretado conforme os valores e as normas fundamentais estabelecidos na Constituição da República Federativa do Brasil, observando-se as disposições deste Código" (art. 1º).

A disposição tem nítido prognóstico hermenêutico. Concretiza a ideia de constitucionalização do processo civil, em que a dinâmica de desenvolvimento e operacionalização do processo deverá respeitar, primeiramente, a Constituição Federal

---

21. STJ: HC 561.257/SP, Rel. Ministro Raul Araújo, Quarta Turma, DJe 08.05.2020.
22. STJ: RHC 86.842/SP, Rel. Ministra Nancy Andrighi, Terceira Turma, DJe 19.10.2017.
23. STJ: HC 57.915/SP, Rel. Ministro Humberto Gomes de Barros, Terceira Turma, DJe 14.08.2006.
24. STJ: HC 770.015/SP, Rel. Ministra Nancy Andrighi, Terceira Turma, DJe de 09.02.2023.
25. STJ: HC 568.021/CE, Rel. p/ Acórdão Ministra Nancy Andrighi, Segunda Seção, DJe 31.08.2020.
26. Após alguma divergência, a Segunda Seção do STJ definiu a tese de que o advogado devedor de alimentos não tem o direito de ser recolhido em sala de Estado Maior, ou, na sua ausência, em seu domicílio, por ser prerrogativa restrita à prisão penal, de índole punitiva. Deverá, no entanto, ser garantido a ele um local apropriado, devidamente segregado dos presos comuns, nos termos do artigo 528, parágrafo 4º, do Código de Processo Civil (HC 740.531/SP, relator Ministro Luis Felipe Salomão, Segunda Seção, DJe de 27.12.2022).

e, posteriormente, os demais princípios e preceitos estratificados, devendo a leitura do diploma de 2015 se dar à luz dessa compreensão constitucional.[27]

Nessa linha de raciocínio, o art. 8º do CPC entoa o meta princípio da dignidade humana, do qual derivam todos os princípios e todas as regras atinentes aos direitos fundamentais, o norte obrigatório do aplicador do direito. Além disso, torna expresso os princípios da proporcionalidade, da razoabilidade e da eficiência.

O diploma processual previu, na tendência de abertura semântica, os princípios da boa-fé objetiva e da cooperação processual (arts. 5º e 6º) a reforçar o devido processo legal e concretizar a fundamentação adequada inerente ao Estado Democrático de Direito.

Ademais, no âmago das novidades encetadas pelo novo códex, dispôs, de forma expressa, atendendo aos ditames constitucionais do art. 93, IX, da CF/88, o dever de fundamentação analítica e adequada de todas as decisões judiciais (art. 489, § 1º), em substituição ao livre convencimento e em repulsa às interpretações arbitrárias e solipsistas, buscado afastar a insegurança jurídica. Pelo § 2º do art. 489, previu-se a técnica de ponderação da decisão judicial e, no § 3º, a determinação de que a decisão judicial deve "ser interpretada a partir da conjugação de todos os seus elementos e em conformidade com o princípio da boa-fé".

Nessa perspectiva, mais especificamente no âmbito do Direito das Famílias, o Instituto Brasileiro de Direito de Família – IBDFAM editou o Enunciado 17, segundo o qual "a técnica de ponderação, adotada expressamente pelo art. 489, § 2º, do novo CPC, é meio adequado para a solução de problemas práticos atinentes ao direito das famílias e das sucessões".

Apesar disso, constata-se que não se tem dado a devida atenção em torno da necessidade de ponderação quanto à fixação do prazo de prisão civil. Em verdade, a "dosimetria" do tempo de restrição da liberdade do devedor de alimentos tem ocorrido por mera escolha discricionária e indistinta do magistrado, muitas vezes com arbitrariedade e em violação à dignidade do executado.

Assim, ao fixar o prazo de duração da prisão civil, o magistrado deverá fundamentar a sua decisão de forma analítica e qualificada, valendo-se de critérios hermenêuticos para fins de estipulação do tempo de constrição de liberdade, ponderando critérios objetivos somados a efetividade dos direitos fundamentais que estão em jogo: o direito de liberdade e de dignidade do alimentante *versus* o direito à vida, à saúde, à educação e dignidade do alimentado. O que não se admite é que decisões superficiais venham definir o tempo de restrição de liberdade de qualquer pessoa.

---

27. DUARTE DE OLIVEIRA JR., Zulmar. *Teoria geral do processo*: comentários ao CPC de 2015 – Parte geral. São Paulo: Método, 2015, p. 2-3.

4. A ATUAL JURISPRUDÊNCIA DO STJ E A DEFINIÇÃO DE CRITÉRIOS OBJETIVOS NO ARBITRAMENTO DOS DANOS MORAIS E NA FIXAÇÃO DAS *ASTREINTES*

O STJ, corte cuja atribuição constitucional é a de uniformizar a interpretação da lei federal, ao se deparar com a carência legislativa e com a divergência jurisprudencial em relação à definição de valores devidos a título de danos morais e na fixação da multa coercitiva (*astreintes*), vem se valendo da técnica de ponderação, em um movimento crescente na estipulação de critérios objetivos mínimos para fins de quantificação desses direitos, permitindo a fundamentação adequada na solução de celeumas específicas.

Após anos a fio julgando ao alvedrio de cada juízo, as Turmas da Seção de Direito Privado do STJ passaram a adotar, em relação ao dano moral, o método bifásico de arbitramento. Por essa metodologia, num primeiro momento, é estabelecido um valor-base para a indenização, levando em conta o interesse jurídico lesado, com esteio em precedentes jurisprudenciais de casos semelhantes. Na segunda fase, em que há a fixação definitiva do valor da indenização, o julgador passa a considerar as circunstâncias da situação em específico, valendo-se da equidade.[28]

Com relação aos *astreintes*, a Quarta Turma do STJ também estabeleceu parâmetros objetivos em sua fixação, sempre a depender do caso em concreto, tendo como pilar a efetividade da tutela (a multa deve ser suficientemente coercitiva) vedando, por outro lado, o enriquecimento ilícito.

Segundo o colegiado, o intérprete deve se valer, ao menos como norte, de alguns critérios para a definição do importe devido, tais como: 1º) o valor da obrigação e importância do bem jurídico tutelado; 2º) o prazo para cumprimento; 3º) a capacidade do devedor (econômica/resistência); 4º) o dever do credor de ajudar a minimizar o seu prejuízo e a possibilidade de adoção de outros meios coercitivos pelo julgador.[29]

Portanto, pela análise dos referidos julgados, há uma tendência dos Tribunais Superiores em definir – na busca de garantia à segurança jurídica, prestigiando a manutenção de uma jurisprudência estável, íntegra e coerente (CPC, 2015, art. 926) – indicadores objetivos a guiar o intérprete, possibilitando uma solução fundamentada e mais transparente, razoável, proporcional e isonômica.

5. A "DOSIMETRIA" DO PRAZO DE PRISÃO CIVIL

Nos dias atuais, mostra-se inquestionável "que a ameaça de prisão civil atinge altos índices de eficiência, devido ao forte impacto causado sobre o obrigado (art. 528, § 4º, do CPC)".[30]

---

28. STJ: REsp 1152541/RS, Rel. Ministro Paulo de Tarso Sanseverino, Terceira Turma DJe 21.09.2011.
29. AgInt no AgRg no AREsp 738.682/RJ, Rel. para o Acórdão Ministro Luis Felipe Salomão, Quarta Turma, DJe 14.12.2016.
30. DIAS, Maria Berenice. *Alimentos – Direito, Ação, Eficácia, Execução*. 3. ed. Salvador: JusPodivm, 2020, p. 355.

Apesar disso, na prática forense e na doutrina especializada, não se tem observado a devida atenção em torno da necessidade de ponderação quanto à fixação do prazo de prisão civil em nítida afronta à efetividade dos direitos fundamentais do executado.

A "dosimetria" do tempo de restrição da liberdade do devedor de alimentos tem sido realizada em decisões sem a suficiente e a adequada fundamentação, incorrendo-se, indistintamente, em mera escolha discricionária de um determinado prazo entre o mínimo e o máximo estabelecidos pela legislação (de 1 a 3 meses).

Ocorre que, o fato de a lei ser insuficiente na definição de marcos para a dosimetria do prazo de prisão não pode servir de escusa para o julgador. É necessário que haja, no momento da decisão que determine a prisão civil, um juízo de ponderação – como mecanismo argumentativo lastreado na proporcionalidade e na razoabilidade de acordo as circunstâncias fáticas e dos direitos e normas envolvidos – na definição do prazo de cárcere do devedor.[31]

Realmente, para que a técnica executiva possa ser considerada um meio eficiente e efetivo de cumprimento da obrigação e, ao mesmo tempo, reverenciar a dignidade humana do alimentado e do alimentante, com a devida ponderação entre o direito à sobrevivência de um e o direito à liberdade de outro, ela deverá ser fixada de forma individualizada, proporcional e razoável, como toda medida de índole coercitiva, levando-se em conta determinados critérios definidos pelo julgador, enquanto não houver a definição pelo legislador.

Segundo o saudoso Yussef Cahali, "na aplicação da 'pena' de prisão contra o devedor recalcitrante, o juiz deverá dosar o tempo de duração segundo as circunstâncias, sempre respeitado, porém, o limite máximo [...] e pelas características da cominação, tem-se como ineficaz o decreto de prisão omisso quanto ao respectivo prazo [...] torna-se, demais, simplesmente inexequível o mandado judicial sem que contenha explícita menção do tempo de duração da medida constritiva de liberdade".[32]

Rafael Calmon, por sua vez, entende que o julgador deve se pautar em critérios racionais e legítimos na fixação, defendendo que "fatores como idade, condição de saúde e envergadura financeira dos envolvidos, bem como quantidade de prestações inadimplidas e o tempo de atraso no pagamento deveriam influenciar seriamente na fixação do prazo prisional. De repente, poderia ser cogitado até um paralelismo entre a quantidade de prestações devidas e a quantidade de tempo de prisão: um mês de aprisionamento poderia ser fixado para quem devesse uma prestação, dois meses de aprisionamento para quem devesse duas prestações e três meses para quem devesse três prestações ou mais, por exemplo. A razoabilidade, a singularidade e a proporcionalidade na decretação da prisão civil e na fixação de seu prazo devem

---

31. Em sentido contrário, Amílcar Castro entende que o juiz poderá decretar a prisão "pelo prazo de um a três meses, graduando esse tempo a seu prudente arbítrio" (CASTRO, Amílcar. *Comentários ao código de processo civil*. São Paulo: Ed. RT, 1974, n. 513, v. 8, p. 376).
32. CAHALI, Yussef Said. *Dos alimentos*. 8. ed. São Paulo: Ed. RT, 2013, p. 760.

ser observadas com o cuidado necessário para que uma 'medida coercitiva' não se transforme em 'medida punitiva'".[33]

Segundo Arnaldo Marmitt, a fixação do prazo de prisão civil deve levar em conta o que "parecer mais razoável para o devedor refletir e sentir-se convidado a quitar a dívida, de vital importância para o credor", socorrendo-se "das peculiaridades e das circunstâncias que amoldurarem o quadro concreto, mais o seu prudente arbítrio e os fins sociais a que se dirige a lei, aliado às exigências do bem comum".[34]

No que toca à definição do prazo de confinamento, aliás, Araken de Assis defende que "é preciso deixar bem claro ao alimentante relapso que, insatisfeitas as prestações, a pena se concretizará da pior forma e duramente; caso contrário, ensina a experiência, o obrigado não se sensibilizará com a medida judicial".[35]

O professor Cândido Rangel Dinamarco perfilha do entendimento que "é indispensável distinguir entre o mau pagador malicioso e chicanista e aquele 'devedor infeliz e de boa-fé', que não paga porque não pode".[36]

Dessarte, reconhecendo-se a prisão civil, ao menos até o momento, como um mal necessário, por envolver a liberdade da pessoa do devedor, mostra-se evidente que a decisão que a determina deve receber uma fundamentação analítica e adequada, dentro do marco constitucional dos princípios do devido processo legal e da motivação das decisões judiciais, diante da perspectiva do novo Código de Processo Civil, em que a dinâmica de desenvolvimento e operacionalização do processo deverá se dar à luz de uma compreensão constitucional.

5.1 Sugestão de critérios objetivos para a fixação do prazo de prisão civil

Nessa ordem de ideias, em relação ao momento de fixação do prazo de prisão civil entre 1 (um) a 3 (três) meses, com objetivo de produzir uma fundamentação adequada, em respeito aos princípios da segurança jurídica, da isonomia, da proporcionalidade e da dignidade humana, sugere-se que o magistrado utilize os seguintes critérios:

1º) Capacidade econômica do devedor e valor da dívida – como a prisão civil tem um viés eminentemente econômico, a análise da condição financeira, apesar de não ser justificativa hábil a afastar a obrigação alimentar, mostra-se crucial na definição do prazo de aprisionamento. Deverá ser considerada, portanto, a disparidade entre a capacidade econômica do devedor e o valor da dívida. Evidentemente, o executado

---

33. CALMON, Rafael. *Manual de direito processual das famílias*. 2. ed. São Paulo: SaraivaJur, 2021, p. 648-649.
34. MARMITT, Arnaldo. *Prisão civil por alimentos e depositário infiel*. Rio de Janeiro: Aide, 1989, p. 120 e 123.
35. ASSIS, Araken de. Da execução de alimentos e prisão do devedor. 10. ed. São Paulo: Thomson Reuters Brasil, 2019, p. 176. Inclusive, ao criticar especificamente a tentativa de mudança do regime de cumprimento, assevera o renomado autor que "o deferimento de prisão domiciliar ao executado constitui amarga pilhéria. Dela não resulta nenhum estímulo real sobre a vontade renitente do devedor [...] As experiências de colocar o executado em albergue, à margem da lei, em nome de um duvidoso garantismo, revelaram que o devedor, nesta contingência, prefere cumprir a pena em lugar de pagar dívida" (Op. cit., p. 176).
36. DINAMARCO, Cândido Rangel. *Instituições de direito processual civil*. 9. ed. São Paulo: Malheiros, 2017, p. 361. v. I.

que possui boas condições financeiras, em contrapartida ao montante da dívida, acabará por merecer uma reprimenda maior do que aquele devedor que se encontra em situação mais precária em relação ao valor que lhe está sendo cobrado.

2º) Características pessoais do credor e do devedor – deverão ser analisados os traços particulares de cada um dos envolvidos, tais como: o desemprego, o nascimento de outro filho, se possui alguma patologia grave, se é portador de necessidades especiais, a idade dos contendores, entre outros. Aqui, mais uma vez, apesar de as características não serem, por si só, aptas a afastar a prisão, deverão ser devidamente sopesadas, seja para majorar, seja para diminuir o prazo de constrição. Assim, a depender da gravidade da situação do alimentado, a "reprimenda" deverá ser mais dura. Em sentido oposto, o alimentante que estiver em situação periclitante deverá ter a sua situação amenizada (inclusive, o STJ, como visto, tem reconhecido a possibilidade, excepcional, de cumprimento da prisão em regime aberto). É claro que a capacidade financeira (critério anterior) está intimamente ligada à presente variável.

c) Comportamento do devedor – por este parâmetro, o julgador deverá atentar para a boa-fé do executado, isto é, verificar a sua recalcitrância, se se trata de um mau pagador reincidente, se o devedor está buscando, por todos os meios, ainda que parcialmente, adimplir a dívida. Deve-se avaliar, ainda, diante da alegação de falta de condições, se o devedor ajuizou ação revisional ou exoneratória a corroborar as suas alegações ou se peticionou pleiteando o reconhecimento de alguma justificativa. A depender da conduta, merecerá o devedor um maior ou menor grau de reprimenda.

d) comportamento do credor – justamente por ser o maior interessado em receber o crédito, sua conduta também deverá ser levada em consideração, haja vista a boa-fé objetiva, o dever anexo de cooperação e a vedação ao abuso do direito. Com efeito, o alimentante também deverá mitigar suas próprias perdas, não podendo ficar inerte ante o descaso do devedor. De fato, ele tem o dever de cooperar com o Juízo e com a parte *ex adversa*, indicando outros meios de adimplemento, não dificultando a prestação do devedor, aceitando alguma proposta razoável de acordo, ou seja, impedindo, de alguma forma, o crescimento exorbitante do débito.[37]

d) circunstâncias e peculiaridades do caso em concreto – neste momento, o Juízo deve ponderar as peculiaridades relevantes da situação em concreto, como o tempo de inadimplência, o número de prestações devidas, se há responsabilidade subsidiária pela prestação dos alimentos (como na situação em que a obrigação tenha recaído sobre o avô do alimentado, por exemplo).

e) consequências advindas da inadimplência – o magistrado deverá levar em conta eventuais consequências graves decorrentes da omissão alimentar, como: internação hospitalar por desnutrição; abandono da escola pela inadimplência das mensalidades, do transporte entre outras.

---

37. AgInt no AgRg no AREsp 738.682/RJ, Relator Ministro Luis Felipe Salomão, DJe 14.12.2016. Trata-se do Enunciado 169 das Jornadas de Direito Civil do CJF/STJ: "o princípio da boa-fé objetiva deve levar o credor a evitar o agravamento do próprio prejuízo".

f) os custos da prisão civil – em densificação ao postulado do art. 20 da LINDB, em se tratando de decisão que envolve valores jurídicos abstratos (isto é, aqueles previstos em normas jurídicas com alto grau de indeterminação e abstração) impõe-se que o órgão julgador considere, no momento de decidir, "as consequências práticas da decisão", motivando a necessidade e adequação da medida imposta, inclusive em razão de possíveis alternativas.[38] Assim, diante da abertura semântica da norma que estabelece o prazo de prisão civil e tendo-se em conta a ausência de lei definindo critérios objetivos, deverá o magistrado, no momento da "dosimetria" do prazo, valer-se de valores abstratos e, consequentemente, levar em conta, em sua ponderação, as consequências econômicas da prisão.[39]

6. CONSIDERAÇÕES FINAIS

A Constituição Federal, ao permitir a prisão civil do responsável pelo inadimplemento voluntário e inescusável de obrigação alimentícia (CF, art. 5º, LXVII), reflete o entendimento de que, no conflito entre a sobrevivência do alimentante e a liberdade do alimentado, deve-se dar prevalência à primeira hipótese.

Previu, assim, que poderá o devedor de alimentos, em razão de dívida que compreenda até as 3 prestações anteriores ao ajuizamento da execução e as vencidas no curso do processo, ser preso pelo prazo de 1 a 3 meses em regime fechado de cumprimento.

No entanto, como exigência de toda medida coercitiva, não se atentou o legislador para a necessidade de delimitar, de forma objetiva, critérios para a fixação do prazo adequado de prisão a ser cumprido pelo devedor, entre os marcos mínimo e máximo estabelecidos pela norma.

Na práxis forense tem-se constatado que a falta de parâmetros objetivos na "dosimetria" do prazo de prisão civil vem fazendo que juízes incorram, muitas vezes, em uma decisão arbitrária em detrimento da efetividade da tutela jurisdicional, ao

---

38. "O *caput* do art. 20 inaugura, em termos dogmáticos, o postulado hermenêutico do pragmatismo, segundo o qual as consequências práticas devem ser consideradas no momento da valoração e da escolha de um dos sentidos possíveis do texto normativo de conteúdo semântico aberto [...] Depois de apurar o princípio normativo que regula o caso e seus possíveis sentidos, e depois de considerar as consequências práticas decorrentes da adoção desses possíveis sentidos, cabe ao julgador adotar a solução que, em comparação com as outras soluções possíveis para o caso, demonstre ser a medida necessária e adequada – ou, em outras palavras, a medida mais proporcional. Isso vale para qualquer solução a que se chegue: imposição de prestação (fazer, não fazer ou pagar quantia), tutela declaratória ou tutela constitutiva (como a invalidação de ato jurídico, por exemplo)" (DIDIER JR., Fredie, OLIVEIRA, Rafael Alexandria de. Dever judicial de considerar as consequências práticas da decisão: interpretando o art. 20 da Lei de Introdução às Normas do Direito Brasileiro. *Revista do Ministério Público do Estado do Rio de Janeiro*, n. 73, p. 122-123, jul./set. 2019).
39. "há um custo estatal aproximado de R$ 2,15 mil por preso, por mês, aos cofres públicos (podendo chegar a 3 meses e, portanto, um gasto próximo de R$ 6,5 mil para cada preso) que deverá ser somado ao custo médio unitário de um processo de execução que gira em torno de R$ 4 mil reais. Portanto, em uma prisão civil de 3 meses, o Poder Público acaba tendo um gasto aproximado de R$ 10,5 mil, isto é, mais ou menos R$ 3,5 mil por mês" (D'ALESSANDRO, Gustavo. *Uma Questão de Política Pública*: A Prisão Civil do Devedor de Alimentos no Brasil e o Fundo Garantidor em Portugal [*Dissertação de Mestrado* Profissional em Direito, Regulação e Políticas Públicas pela Universidade de Brasília (UnB)]. Brasília: 2022, p. 87-88).

impor medida coercitiva extrema, sem a mínima fundamentação e sem permitir o seu efetivo controle, vulnerando diversos direitos fundamentais do executado, como a liberdade de locomoção e a dignidade humana.

A ausência de previsão normativa não pode eximir o magistrado de decidir alegando lacuna da lei (LINDB, art. 4º), havendo a obrigação de o juiz julgar, fundamentadamente, valendo-se de critérios razoáveis e de acordo com o caso em concreto, concretizando a melhor dosagem de aprisionamento do executado, de forma a buscar a máxima eficiência do remédio processual e garantir a efetividade dos direitos fundamentais, evitando, ao mesmo tempo, os altos custos do Estado com o encarceramento.

O STJ vem mostrando tendência de sistematizar parâmetros mais objetivos onde há lacuna legislativa, como, por exemplo, nos casos envolvendo o arbitramento do dano moral e a fixação da multa judicial (*astreintes*).

Assim, no momento da fixação do prazo de prisão civil, entende-se que o Juízo deva considerar, dentre outros, os seguintes critérios: a) capacidade econômica do devedor e valor da dívida; b) características pessoais do credor e do devedor; c) comportamento do devedor; d) comportamento do credor; d) circunstâncias e peculiaridades do caso em concreto; e) consequências advindas da inadimplência; e f) os custos da prisão civil.

Por óbvio, o presente artigo não é exaustivo, mas um primeiro passo a provocar a doutrina e contribuir com a jurisprudência no sentido de permitir uma melhor reflexão sobre o tema, demonstrando a urgente necessidade de se refletir sobre a adoção de parâmetros objetivos para definição a fixação do prazo de prisão civil, trazendo maior segurança jurídica ao ordenamento e, principalmente, efetividade dos direitos fundamentais do cidadão devedor de alimentos, notadamente, a sua liberdade e a sua dignidade.

REFERÊNCIAS

ASSIS, Araken de. *Da execução de alimentos e prisão do devedor*. 10. ed. São Paulo: Thomson Reuters Brasil, 2019.

CAHALI, Yussef Said. *Dos alimentos*. 8. ed. São Paulo: Ed. RT, 2013.

CALMON, Rafael. *Manual de direito processual das famílias*. 2. ed. São Paulo: SaraivaJur, 2021.

CASTRO, Amílcar. *Comentários ao Código de processo Civil*. São Paulo: Ed. RT, 1974, n. 513. v. 8.

D'ALESSANDRO, Gustavo. *Uma Questão de Política Pública*: A Prisão Civil do Devedor de Alimentos no Brasil e o Fundo Garantidor em Portugal [*Dissertação de Mestrado* Profissional em Direito, Regulação e Políticas Públicas pela Universidade de Brasília (UnB)]. Brasília: 2022.

DIAS, Maria Berenice. *Alimentos* – Direito, Ação, Eficácia, Execução. 3. ed. Salvador: JusPodivm, 2020.

DIDIER JR., Fredie, OLIVEIRA, Rafael Alexandria de. Dever judicial de considerar as consequências práticas da decisão: interpretando o art. 20 da Lei de Introdução às Normas do Direito Brasileiro. *Revista do Ministério Público do Estado do Rio de Janeiro*. n. 73, jul./set. 2019.

DINAMARCO, Cândido Rangel. *Instituições de direito processual civil*. 9. ed. São Paulo: Malheiros, 2017. v. I.

DUARTE DE OLIVEIRA JR., Zulmar. *Teoria geral do processo*: comentários ao CPC de 2015 – Parte geral. São Paulo: Método, 2015.

FARIAS, Cristiano Chaves de; ROSENVALD, Nelson. *Curso de Direito Civil: Obrigações*. 15. ed. Salvador: Ed. JusPodivm, 2021.

GRECO, Leonardo. *O Processo de Execução*. Rio de Janeiro: Renovar, 2001. v. 2.

MARMITT, Arnaldo. *Prisão civil por alimentos e depositário infiel*. Rio de Janeiro: Aide, 1989.

SOTTOMAYOR, Maria Clara. *Regulação do Exercício das Responsabilidades Parentais nos Casos de Divórcio*. 7. ed. Coimbra: Almedina, 2021.

JURISPRUDÊNCIA

BRASIL. Superior Tribunal de Justiça. HC 401.887/SC, Rel. Ministra Nancy Andrighi, Terceira Turma, DJe 29.09.2017.

BRASIL. Superior Tribunal de Justiça. REsp 1185040/SP, Rel. Ministro Luis Felipe Salomão, Quarta Turma, DJe 09.11.2015.

BRASIL. Superior Tribunal de Justiça. REsp 1557248/MS, Rel. Ministro Ricardo Villas Bôas Cueva, Terceira Turma, DJe 15.02.2018.

BRASIL. Superior Tribunal de Justiça. REsp 1.930.593/MG, relator Ministro Luis Felipe Salomão, Quarta Turma, DJe de 26.08.2022.

BRASIL. Superior Tribunal de Justiça. REsp 2.004.516/RO, relatora Ministra Nancy Andrighi, Terceira Turma, DJe de 21.10.2022.

BRASIL. Superior Tribunal de Justiça. REsp 1533206/MG, Rel. Ministro Luis Felipe Salomão, Quarta Turma, DJe 1º.02.2016.

BRASIL. Superior Tribunal de Justiça. HC 740.531/SP, relator Ministro Luis Felipe Salomão, Segunda Seção, DJe de 27.12.2022.

BRASIL. Superior Tribunal de Justiça. AgInt no AgRg no AREsp 738.682/RJ, Rel. para o Acórdão Ministro Luis Felipe Salomão, Quarta Turma, DJe 14.12.2016.

BRASIL. Superior Tribunal de Justiça. REsp 1152541/RS, Rel. Ministro Paulo de Tarso Sanseverino, Terceira Turma DJe 21.09.2011.

BRASIL. Superior Tribunal de Justiça. HC 568.021/CE, Rel. p/ Acórdão Ministra Nancy Andrighi, Segunda Seção, DJe 31.08.2020.

BRASIL. Superior Tribunal de Justiça. HC 770.015/SP, Rel. Ministra Nancy Andrighi, Terceira Turma, DJe de 09.02.2023.

BRASIL. Superior Tribunal de Justiça. HC 57.915/SP, Rel. Ministro Humberto Gomes de Barros, Terceira Turma, DJe 14.08.2006.

BRASIL. Superior Tribunal de Justiça. RHC 86.842/SP, Rel. Ministra Nancy Andrighi, Terceira Turma, DJe 19.10.2017.

BRASIL. Superior Tribunal de Justiça. HC 561.257/SP, Rel. Ministro Raul Araújo, Quarta Turma, DJe 08.05.2020.

BRASIL. Superior Tribunal de Justiça. HC 439.973/MG, Rel. p/ Acórdão Ministro Antonio Carlos Ferreira, Quarta Turma, DJe 04.09.2018.

BRASIL. Superior Tribunal de Justiça. REsp 1698719/SP, Rel. Ministra Nancy Andrighi, Terceira Turma, DJe 28.11.2017.

BRASIL. Superior Tribunal de Justiça. AgInt no AgRg no AREsp 738.682/RJ, Relator Ministro Luis Felipe Salomão, DJe 14.12.2016.

MOTIVAÇÃO E DISCRICIONARIEDADE JUDICIAL NA FIXAÇÃO DOS ALIMENTOS

Humberto Santarosa de Oliveira

Doutor e Mestre em Direito Processual pela Universidade do Estado do Rio de Janeiro. Pós-Graduado em Direito Processual pela Universidade Federal de Juiz de Fora. Professor e Advogado. E-mail: humbertosantarosa@hotmail.com.

Sumário: 1. Introdução – 2. A garantia fundamental de motivação das decisões judiciais dentro da lei e da constituição – 3. A discricionariedade judicial – 4. O contraditório e a motivação das decisões judiciais em uma perspectiva contemporânea – 5. A fundamentação das decisões como o ambiente de aferição da participação das partes no processo: o processo jurisdicional democrático – 6. A discricionariedade na fixação de alimentos – algumas notas sobre o trinômio necessidade-possibilidade-razoabilidade – 7. Conclusão – Referências.

1. INTRODUÇÃO

O tema da discricionariedade judicial sempre se revelou desafiador. A possibilidade de o juiz decidir uma ação sem se socorrer de bases ou elementos objetivos, especificamente delimitados pela lei, é fator que volta e meia coloca em xeque a própria função jurisdicional – cuja legitimidade de atuação se dá pelo seu "saber" e sua argumentação.[1] Para fins de comparação e ilustração, a discricionariedade administrativa permite que alguns julgamentos ocorram por motivos de conveniência e oportunidade, o que se justifica pela representatividade política que os agentes administrativos normalmente tem, afinal são eleitos ou executam ordens de representantes do povo. Já quanto à discricionariedade judicial, a sua legitimidade pode se revelar um problema, pois os magistrados não são eleitos e nem são representantes diretos do povo, se mostrando importante, assim, encontrar elementos capazes de justificar a sua atuação, especialmente nos casos em que há uma maior margem de liberdade na escolha de alternativas para a tomada de decisão.

O debate a respeito da discricionariedade judicial ocorre nos mais variados campos do Direito, desde os mais complexos e atuais temas, até aqueles assuntos mais corriqueiros. A liberdade de atuação do juiz, pois, é verificada tanto nos litígios que envolvem os chamados processos estruturais e coletivos, nas ações em que se discute a existência de informação enganosa direcionada para um consumidor em específico, bem como nas próprias ações de família.

---

1. TARUFFO, Michele. Leyendo a Ferrajoli: consideraciones sobre la jurisdicción. Trad. de Maximiliano Aramburo Calle. *Páginas sobre justicia civil*. Madrid: Marcial Pons, 2009, p. 21-29. Para mais detalhes sobre essa atuação legítima do Judiciário, remete-se o leitor para o nosso *Motivação e discricionariedade*: as razões de decidir e o contraditório como elementos legitimadores da atuação judicial. Rio de Janeiro: Lumen Juris, 2020.

O presente estudo trata especificamente das ações em que se busca a fixação de alimentos contra o responsável que não contribui financeiramente com a criação da criança ou adolescente. Ressalte-se, tal contribuição para o sustento é dever comum de todos os responsáveis (art. 1.566, IV, CC e art. 22, da Lei 8.069/90), mesmo que esses custos não tenham a obrigação de distribuição serem isonômica.

Portanto, nessa realidade de resistência de um (ou mais) responsável em cumprir com sua obrigação de custeio do alimentando, o que chama a atenção é a necessidade de observância do que se acostumou denominar de trinômio balizador da fixação dos alimentos. Ao magistrado cabe, pois, analisar e julgar a causa sobre três pressupostos cumulativos em qualquer demanda que se discuta o arbitramento de valor devido a título de alimentos: "necessidade X possibilidade X razoabilidade".[2-3]

É na avaliação desses conceitos vagos ou indeterminados que se verifica a existência da discricionariedade judicial no momento de fixar os alimentos. O que se procurará neste artigo será demonstrar a importância e os mecanismos para melhor controle dessa deliberação, cuja margem de atuação se mostra ampla em razão da abertura semântica que os termos do suscitado trinômio possuem.

Antes, todavia, necessário passar por algumas premissas e delimitar alguns direitos processualmente assegurados aos jurisdicionados, notadamente a motivação das decisões, o contraditório e o próprio agir discricionário do juiz. Somente após a apreciação dessas balizas é que se passará a analisar especificamente sobre a discricionariedade nas ações de fixação de alimentos.

2. A GARANTIA FUNDAMENTAL DE MOTIVAÇÃO DAS DECISÕES JUDICIAIS DENTRO DA LEI E DA CONSTITUIÇÃO

O princípio da obrigação de motivação das decisões judiciais como garantia fundamental do cidadão tem história recente no Direito brasileiro, datando especi-

---

2. A observância do referido trinômio é referida por DIAS, Maria Berenice. *Manual de direito das famílias*. São Paulo: Revista dos Tribunais, 20013, p. 579, ao dizer: "Tradicionalmente, invoca-se o binômio necessidade-possibilidade do alimentante para estabelecer o valor do pensionamento. No entanto, essa mensuração é feita para que se respeite a diretriz da proporcionalidade. Por isso se começa a falar, com mais propriedade, em trinômio: proporcionalidade-possibilidade-necessidade.". Em sentido contrário, indicando que a proporcionalidade não poderia servir como parâmetro na fixação dos alimentos, a permanecer o entendimento de que a fixação dos alimentos observaria o binômio possibilidade-necessidade, ver CATALAN, Marcos Jorge. A proporcionalidade na fixação da verba alimentar: desconstruindo o trinômio. In: HIRONAKA, Giselda Maria Fernandes Novaes; TARTUCE, Flávio; SIMÃO, José Fernando (Org.). *Direito de família e das sucessões: temas atuais*. São Paulo: Método, 2009, p. 423-437.
3. A jurisprudência do STJ também faz referências ao trinômio, a saber: "(...) 4. Como é de sabença, enquanto o filho for menor, a obrigação alimentícia de ambos os genitores (de custear-lhe as despesas com moradia, alimentação, educação, saúde, lazer, vestuário, higiene e transporte) tem por lastro o dever de sustento derivado do poder familiar, havendo presunção de necessidade do alimentando; ao passo que, após a maioridade civil (dezoito anos), exsurge o dever dos pais de prestar alimentos ao filho – em decorrência da relação de parentesco – quando demonstrada situação de incapacidade ou de indigência não proposital, bem como por estar o descendente em período de formação escolar profissionalizante ou em faculdade, *observado o trinômio "necessidade de quem recebe, capacidade contributiva de quem paga e proporcionalidade"*. Inteligência da Súmula 358/STJ" (REsp 1.699.013/DF, relator Ministro Luis Felipe Salomão, Quarta Turma, julgado em 04.05.2021, DJe de 04.06.2021).

ficamente de 1988, com a promulgação da Constituição da República Federativa do Brasil, em seu art. 93, IX. A realidade não significa, todavia, que os juízes, antes da promulgação do texto constitucional, detinham a escusa de apontar as razões que consubstanciavam suas decisões, pois é de longo tempo que se impõe ao magistrado justificar seus posicionamentos.[4]

A previsão de motivação das decisões não passou despercebida no Código vigente, que em seus artigos 371 e 489 reafirmaram (como ocorria no CPC/73) a necessidade de o magistrado indicar as razões de seu convencimento e a fundamentação das decisões, afirmando que "(...) qualquer decisão judicial, seja ela interlocutória, sentença ou acórdão" deverá ser fundamentada, na forma como dispõe estabelece o art. 489, § 1º.

É neste último dispositivo, juntamente com as previsões dos §§ 2º e 3º do mesmo artigo, que reside uma das grandes novidades da Lei Processual vigente: o estabelecimento de regras (ou um roteiro) a serem observadas e cumpridas pelo magistrado no momento de decidir qualquer litígio.[5] A ideia aqui é tornar a motivação o mais completa possível, no sentido de que ela possa abarcar todos os pontos relevantes em discussão no processo – ou seja, abarcar todos os fatos e fundamentos jurídicos debatidos pelas partes e que realmente tenham a possibilidade de influir no resultado da demanda.

Essa ideia a respeito da completude e da adequação da motivação das decisões, a despeito de seu tratamento legal no CPC/15, teve inicial destaque em razão da atribuição de força normativa à Constituição de 1988,[6] que foi influenciada pelo movimento de constitucionalização dos ordenamentos no pós-Segunda Guerra. As chamadas Constituições pós-bélicas previam, pois, um rol de direitos inalienáveis

---

4. BARBOSA MOREIRA, José Carlos. A motivação das decisões judiciais como garantia inerente ao Estado de Direito. *Temas de Direito Processual* – 2ª Série. Rio de Janeiro: Saraiva, 1988, p. 85-86, que assim destaca: "A obrigatoriedade da motivação tem fundas raízes na tradição luso-brasileira. No Código Filipino, assim estatuía a Ordenação do Livro III, Título LCVI, § 7, *principio*: (...). O mesmo princípio inspirou o art. 232 do Regulamento de n. 737, de 1850, *verbis*: 'A sentença deve ser clara, sumariando o juiz o pedido e a contestação com os fatos e fundamentos respectivos, motivando com precisão o seu julgado, e declarando sob sua responsabilidade a lei, uso ou estilo em que se funda'. Sob redação idêntica passaria a regra ao antigo Código de Processo Civil e Comercial do Rio Grande do Sul (art. 499), e com ligeiras alterações ao do Distrito Federal (art. 273, *caput*), onde já anteriormente a acolhera o Decreto de n. 9.263, de 28 de setembro de 1911, que regulamentou a Justiça local (art. 259). Em igual sentido dispuseram, entre tantos outros, o Código baiano (art. 308), o mineiro (art. 382), o paulista (art. 333), o pernambucano (art. 388). Não se afastou da linha o Código nacional de 1939, conforme ressaltava dos arts. 118, parágrafo único, e 280, n. II, aquele a determinar que o juiz indicasse 'os fatos e circunstâncias que motivaram o seu convencimento', este a exigir que a sentença contivesse 'os fundamentos de fato e de direito'".
5. Uma análise minuciosa desses incisos e parágrafos pode ser encontrada em OLIVEIRA, Humberto Santarosa de. *Motivação e discricionariedade*: as razões de decidir e o contraditório como elementos legitimadores da atuação judicial. Rio de Janeiro: Lumen Juris, 2020, p. 170-189.
6. Cfr. BARROSO, Luis Roberto. Neoconstitucionalismo e a constitucionalização do Direito (O triunfo tardio do direito constitucional no Brasil), *Revista de Direito Administrativo*, n. 240, 2005.

aos cidadãos,[7] dentre eles as mais diversas garantias fundamentais processuais, as quais podem ser sintetizadas na expressão "processo justo".[8]

Dentro desse rol de direitos processuais fundamentais, interessa aquele previsto no art. 93, IX, da CRFB/88. Isto porque, o que fez o legislador constituinte ao elevá-la ao nível de garantia fundamental, foi permitir o mais amplo diálogo sobre as suas nuances e seu conteúdo, especialmente a sua completude. Esse debate, muito influenciado pelas discussões já correntes na doutrina estrangeira,[9] serviu para auxiliar na construção de uma ponte para solucionar um relevante abismo teórico, qual seja, o debate sobre a discricionariedade judicial.

3. A DISCRICIONARIEDADE JUDICIAL

Toda essa noção de normatividade do texto constitucional se faz fundamental, pois ela simbolizou o resgate do discurso moral para os debates jurídicos. A inserção de princípios no ordenamento jurídico coloca o modelo positivista em dúvida, fazendo ascender as ideias pós-positivistas que apostavam em outras soluções para os problemas da completude o direito, da criatividade judicial, da teoria da norma, entre outros.

Em brevíssima síntese, o movimento pós-positivista, aqui representado pelas ideias de Dworkin, atacou as três bases fundantes das teorias positivistas: i) o teste de *pedigree* das normas, que seria a análise de validade formal das regras; ii) o poder discricionário do aplicador do direito, no qual o juiz, quando a regra não estipulasse exatamente a conduta praticada pelo agente, poderia usar as suas convicções para decidir o conflito sob sua apreciação; e iii) o conceito de obrigação jurídica, que, na visão dos positivistas, seria correspondente à existência de uma regra jurídica válida (aferida através do teste de *pedigree*).[10]

Atentando especificamente para a discricionariedade judicial, vale-se dos ensinamentos de Hart, expoente positivista, que defendia a sua prática pelos magistrados

---

7. Destaca-se, todavia, que o processo de constitucionalização verificado na Europa pós-segunda Grande Guerra não se mostra como o momento pioneiro da positivação das previsões garantistas conferidas aos cidadãos, podendo-se citar, a título elucidativo, o *Bill of Rights* editado pelos Estados Unidos da América e sua consagrada cláusula do *due process of law*. Neste sentido TARUFFO, Michele. Las garantías fundamentaltes de la justicia civil en el mundo globalizado. Trad. de Maximiliano Aramburo Calle. *Páginas sobre justicia civil*. Madrid: Marcial Pons, 2009.
8. Por todos, GRECO, Leonardo. Garantias fundamentais do processo: o processo justo. *Estudos de Direito Processual*, Rio de Janeiro: Faculdade de Direito de Campos, 2005, p. 225-286.
9. O maior expoente dessas ideias sobre a motivação das decisões é Michele Taruffo e sua obra *La motivazione della sentenza civil é*, cuja publicação originária data de 1975, ou seja, antes mesmo da Constituição brasileira. A obra já foi t traduzida para diversas línguas, inclusive português e espanhol. Segue indicação do texto traduzido para o espanhol: TARUFFO, Michelle. *La motivación de la sentencia civil*. Trad. Lorenzo Córdova Vianello. Madrid: Trotta, 2011.
10. DWORKIN, Ronald. *Levando os Direitos a Sério*. Trad. Nelson Boeira. São Paulo: Marins Fontes. 2002, p. 23-126. A suma dos estudos de Dworkin acima descritas são basicamente desenvolvidas como críticas à Hart, cujas principais ideias estão desenvolvidas em HART, Herber L. A. *O Conceito de Direito*. 3. ed. Lisboa: Fundação Calouste Gulbenkian, 2001.

em razão da própria falibilidade do legislador, uma condição natural do homem. Como não se tem poderes para conhecer todos os fatos de uma vida de complexidade e contingências, impossível seria determinar todas as atividades, objetivos, condutas e finalidades de atuação,[11] a permitir que nessas lacunas o juiz decidisse o caso criando o direito para aquela situação em específico (cerne da discricionariedade judicial).

Aliás, nas lições positivistas, a própria vagueza da linguagem e dos termos empregados nas normas são consequências da condição defectível do ser humano. Entretanto, ainda assim, são largamente utilizadas na elaboração de normas abstratas e gerais, isso em razão da busca por segurança através de padronização de comportamentos prefixados.[12]

Portanto, para Hart, o poder discricionário do magistrado decorreria da impossibilidade de regular todas as condutas humanas, além da própria vagueza de algumas normas, cuja baixa densidade conceitual impede a previsão de uma consequência jurídica direta e unívoca para determinadas ações. Em situações tais, ao juiz, de forma intersticial e limitado pelo próprio ordenamento, permitir-se-ia uma tomada de decisão inovadora, podendo até mesmo recorrer às suas preferências morais, as quais derivariam dos "padrões jurídicos variáveis" existentes dentro do direito.[13]

Já para Dworkin, que desenvolve a sua teoria do Direito como integridade,[14] o que se verificaria é que não existiria espaços para a criação do juiz, ao contrário, haveria um trabalho interpretativo para descortinar o direito existente e vigente. O contexto histórico-social e a tradição são bases de sustentação do juiz para a busca do direito previsto na lei. E como se infere, as decisões pretéritas (os precedentes judiciais) são elementos de suma importância para o autor na sua teoria que se embasa em uma interpretação reconstrutiva do Direito em que se busca encontrar a única resposta correta para o caso.[15]

Em síntese, para o autor norte-americano, o cerne do seu pensamento é que todos os casos postos ao conhecimento do Judiciário – inclusive os chamados *hard*

---

11. HART. Herbert. L. A. *O conceito de Direito*. Op. cit., p. 141.
12. Ibidem, p. 140-141 e 148-149. A suma das ideias positivistas a respeito do poder de criação judicial diante de um caso concreto, doutrinas estas com as quais Hart se coaduna, é bem exposta por DEMOULIS, Dimitri. A Relevância Prática do Positivismo Jurídico. *Revista Brasileira de Estudos Políticos*. Belo Horizonte, n. 102, jan./jun. 2011, p. 230-231.
13. Importante apenas destacar que Hart se qualificava como um positivista moderado, afinal os princípios e os valores morais estariam sempre circundando sua teoria: ora são vislumbrados como critérios de validade existentes dentro da própria norma de reconhecimento, ora são utilizados como pontos de apoio do magistrado em seus fundamentos e raciocínio decisório quando da utilização do poder discricionário, cfr. HART, Herbert L. A. *O Conceito de Direito* ... Op. cit., p. 324-326.
14. DWORKIN, Ronald. *O Império do Direito*. Trad. Jefferson Luiz Camargo. São Paulo: Martins Fontes. 2007, p. 291, que assim destaca sobre a integridade: "O direito como integridade pede que os juízes admitam, na medida do possível, que o direito é estruturado por um conjunto coerente de princípios sobre a justiça, a equidade e o devido processo legal adjetivo, e pede-lhes que os apliquem nos novos casos que se lhes apresentem, de tal modo que a situação de cada pessoa seja justa e equitativa segundo as mesmas normas".
15. Sobre a ideia de única resposta correta, ver DWORKIN, Ronald. *Uma questão de princípio*. Trad. Luís Carlos Borges. São Paulo: Martins Fontes, 2001, p. 175-216.

cases – terão uma e única resposta correta, a qual já estaria predeterminada no sistema, bastando ao intérprete encontrá-la. Inexistiria, portanto, poder criativo do juiz, pois esta atividade hermenêutica do jurista de reconstrução do Direito evidenciaria a sua completude.

Ainda que um antagonismo possa ser evidenciado do célebre debate entre Hart e Dworkin, entende-se possível enxergar uma convergência entre as teorias, cujo tangenciamento centra-se na interpretação.

A teoria de Dworkin é construída a partir de um remodelamento da interpretação do Direito (teoria interpretativista); em sintonia, o positivismo jamais descartou a interpretação das normas. Com essa similitude em mente, e pensando em termos de interpretação, comunga-se com o entendimento de que todo ato interpretativo se apoia em elementos que não estão descritos na lei; em suma, interpretar também pode ser considerado uma forma de criar.[16] Ora, impossível defender a existência de informações que não se mostram presentes expressamente na norma (no caso, alguns princípios são implicitamente inferidos dos textos) e, ao mesmo tempo, negar a presença de padrões extrajurídicos – que seria incorporados no texto da lei pelos princípios.

Assim, mostra-se bastante claro que a complementação das normas realizada através da sua interpretação pode impor o descobrimento de um novo viés que não se mostraria anteriormente estipulado ou que não teria sido antevisto. Dworkin não nega este caráter criativo da interpretação, ao contrário, ratifica-o.[17] Da mesma forma, Hart acena para a possível existência de uma relação entre direito e moral, o que se visualiza em passagem de seu texto quando diz que o juiz poderia decidir casos utilizando-se das "suas próprias crenças e valores".[18]

Há, neste sentido, um a convergência de entendimento entre os autores. Pela análise, o que se pode inferir é que os meios justificadores de cada qual são diferentes, mas o fim, apesar de nominalmente díspares, é o mesmo: a existência de um poder criativo do juiz.

Mas qual a importância desse debate para o cenário atual? Qual a necessidade de estudar e compreender o fenômeno da discricionariedade, relacionando-a com a motivação das decisões? A resposta está justamente na atual prática do Direito pelos

---

16. Cfr, CAPPELLETTI, Mauro. *Juízes Legisladores?* Trad. de Carlos Alberto Álvaro de Oliveira. Porto Alegre: Fabris, 1993, p. 20. Mas, não pura ou exclusivamente criativa, conforme bem pontua MITIDIERO, Daniel. *Precedentes*: da persuasão à vinculação. 3. ed. São Paulo: Thomson Reuters Brasil, 2018, p. 70: "Consequentemente, é impreciso sustentar tanto que a interpretação judicial do direito é simples declaração quanto pura criação. Na verdade, a interpretação consiste em uma reconstrução do sentido normativo, com o que não se trata nem de uma declaração de uma norma preexistente e nem de uma criação *ex nihilo*.".
17. Embora Dworkin negue a textura aberta do Direito, a sua teoria, por ser interpretativa, é visceralmente ligada à ideia de criação. E esta situação foi afirmada pelo próprio autor em *O Império do Direito*. Trad. Jefferson Luiz Camargo. São Paulo: Martins Fontes. 2007. Ainda sobre o tema, MACEDO JUNIOR, Ronaldo Porto. *Do Xadrez à Cortesia*: Dworkin e a teoria do Direito Contemporânea. São Paulo: Saraiva, 2013, p. 149-152.
18. HART. L. A. Herbert. *O conceito de direito* ... Op. cit., p. 336.

Tribunais, no presente estudo, na definição das ações em que se pede a fixação de alimentos.

De uma forma geral, se o ordenamento jurídico brasileiro é um ambiente vasto em proliferação de direitos exigíveis, notório que as respectivas concretizações, se não espontaneamente cumpridas pelos sujeitos a quem competem os respectivos deveres, poderão ter no Judiciário as suas respectivas salvaguardas, afinal é o Poder estatal que garante o cumprimento do texto normativo.

Claro que essa atuação com vias a concretizar e efetivar os direitos deve se realizar dentro de determinadas balizas. Ao mesmo tempo que o ordenamento assegura uma grande quantidade de direitos, ele também estabelece os limites para a atuação judicial. Na Constituição, por exemplo, isso se dá por meio de um extenso rol de garantias processuais previstos, implícita e explicitamente, nas suas disposições.[19] Para se ter uma importância dessas garantias, os principais princípios que formariam o denominado processo justo foram replicados nos onze primeiros artigos do CPC/15.

A motivação das decisões judiciais é uma dessas garantias e, no entender deste estudo, é ela que assegura a fidedignidade e, acima de tudo, a legitimidade da decisão judicial. No caso da discricionariedade, a motivação das decisões é a principal arma para verificar a correção da decisão ou, caso se prefira, para verificar se a eventual atividade criativa do juiz (dentro do seu poder discricionário) atentou para as demais disposições normativas, que representam as balizas e os limites da atuação proativa dos magistrados.

Mas, além do adequado dever de motivar, que no caso das decisões ditas discricionárias é mais substancioso,[20] tem-se o imprescindível aspecto participativo. Os cidadãos como detentores primários do poder têm o direito de participar das tomadas de decisão. Dentro das garantias fundamentais, é o contraditório que exerce esse papel, permitindo que as partes do processo influam na tomada de decisão através dos seus argumentos.

É dessa junção entre motivação e contraditório que se revelará possível defender a legitimidade da atuação do magistrado que, diante de normas vagas, precisa decidir o caso, e muitas vezes o faz usando de seu poder discricionário. Imperioso, pois, analisar, ainda que de forma mais superficial, as principais ideias de cada uma dessas garantias.

---

19. Sobre a Constituição de 1988, assim destaca Michele Taruffo: "La Constitución brasileña de 1988 se inserta, de pleno derecho, en la que se puede definir como la 'fase madura' de uno de los fenómenos más importantes que han caracterizado la evolución de la justicia civil a partir de la mitad del siglo XX, vale decir, la 'constitucionalización' de las garantías fundamentales del proceso". TARUFFO, Michele. La protección Judicial de los Derechos en un Estado Constitucional. Trad. de Maximiliano Aramburo Calle. *Páginas sobre justicia civil*. Madrid: Marcial Pons, 2009, p. 63.
20. Sobre este aspecto, entre vários autores, cfr. VIDAL, Isabel Lifante. Dos conceptos de discrecionalidad jurídica. *DOXA Cuadernos de Filosofia del Derecho* 25, 2002. Disponível em: http://www.cervantesvirtual.com/obra/dos-conceptos-de-discrecionalidad-jurdica-0/. Acesso em: 16 jan. 2022, p. 433-434.

4. O CONTRADITÓRIO E A MOTIVAÇÃO DAS DECISÕES JUDICIAIS EM UMA PERSPECTIVA CONTEMPORÂNEA

O movimento de constitucionalização pós-Segunda Guerra irradiou seus efeitos para todas as áreas do Direito. Na seara processual, a previsão de uma série de garantias fundamentais foi determinante para a evolução do estudo dos procedimentos, repercutindo diretamente nas compreensões dos conceitos e dos conteúdos de vários princípios.

A título exemplificativo, e para o que interessa neste artigo, o contraditório teve suas ideias sensivelmente alteradas. De uma compreensão inicialmente estática, resumida no binômio "informação-reação", passou-se a envolver aspectos dinâmicos, com considerações de viés democrático-participativo. Isso não significa, todavia, o abandono da imperiosa notificação da parte sobre qualquer ato do processo e a sua consequente faculdade em reagir ao referido estímulo, mas sim que essa noção precisava ser analisada e estudada sob novos contornos.

O contraditório na visão mais atualizada revela que as partes têm o "direito de apresentar alegações, propor e produzir provas, participar da produção das provas (...) e exigir a adoção de todas as providências que possam ter utilidade na defesa dos seus interesses".[21] Ademais, o efetivo respeito ao contraditório pressupõe a possibilidade de participação das partes antes de qualquer provimento judicial, com exceção para os provimentos emergenciais, evitando, inclusive, as chamadas decisões surpresa[22] – na linha como expressamente previu o art. 10 do Código de Processo Civil.

Mas, vai-se além. A ideia de contraditório como direito de influir na tomada de decisão é um dos grandes responsáveis por essa dinâmica democratizada do princípio. Ora, a noção de participação em uma democracia contemporânea deve ser entendida como o direito de ser ouvido, bem como o direito de efetivamente exercer influência na decisão a ser tomada.

A participação somente se concretiza, ultrapassa o seu aspecto formal de manifestação, se os cidadãos tiveram a real possibilidade de ver os seus argumentos enfrentados pelo juiz na hora de decidir a respeito da matéria *sub judice*. Como bem salienta o Professor Leonardo Greco, "no diálogo todos os interlocutores falam, ouvem, dizendo o que pensam e reagindo às opiniões do outros, de tal modo que ao seu término cada um deles influiu nas ideias do outro e por elas foi também influenciado".[23] Essa é a real dimensão que o contraditório-influência precisa experimentar, com todos os sujeitos do processo condicionando-se entre si pelos argumentos apresentados.

---

21. GRECO, Leonardo. O princípio do contraditório. *Estudos de Direito Processual*. Rio de Janeiro: Faculdade de Direito de Campos, 2005, p. 548.
22. Sobre o tema, e por todos, DENTI, Vittorio. Questioni rilevabili d'ufficio e contradditorio. *Rivista di Diritto Processuale*. Padova: CEDAM, p. 217-231. 1968.
23. GRECO, Leonardo. O princípio do contraditório. *Estudos de Direito Processual*. Rio de Janeiro: Faculdade de Direito de Campos, 2005, p. 555.

A lógica presente nessa ideia de influência está representada pela concepção de que, ao atender as razões expressadas pelas partes, respeita-se um ambiente de igualdade e diálogo no processo, a significar a melhor possibilidade de uma tomada de decisão legítima e racional, na qual todos os envolvidos naquela demanda tenham condições de participar e condicionar o pronunciamento revelado

Em suma, participar ativamente do processo, visando a efetivamente influenciar o pronunciamento judicial, dentro de um cenário colaborativo e em paridade de armas, são as principais nuances do contraditório contemporâneo.[24] O antigo binômio "informação-reação" pode e deve ser visto hoje como um trinômio: "informação-reação-participação". Esta terceira via acrescentada, por certo, é dirigida tanto às partes quanto aos magistrados.[25]

Como se infere do exposto até então, ter condições de influir nos pronunciamentos judiciais é expressão do princípio democrático. Mas, como verificar, ou melhor, como atestar que os argumentos apresentados efetivamente foram tomados em consideração? As partes precisam ter meios de comprovação de que realmente influíram na decisão.

É neste momento que se volta os olhos para a motivação das decisões. Analisar as suas funções e o seu conteúdo é primordial para compreender o princípio e a sua função global dentro de um cenário democrático de respeito às garantias fundamentais.

A primeira ideia a ser trabalhada é que o dever de motivar as decisões possui duas funções: uma endoprocessual e outra extraprocessual. A primeira tem por objetivo atender as partes da demanda e o juiz. Para este viés, a obrigação de fundamentação teria a meta de funcionar como requisito técnico da decisão judicial (*v.g.*, aferição da correção do direito aplicado, adequação das provas analisadas, coerência do raciocínio judicial etc.) e, ainda, relacionar-se com uma possível impugnação do pronunciamento,[26] refletindo tanto para a parte que pretende recorrer da decisão, como para o magistrado responsável por julgar a irresignação do recorrente.

---

24. Apesar de atual, o referido entendimento já era defendido por José Carlos Barbosa Moreira, que antes mesmo da promulgação da CRFB/88, assim pontuava: "Tanto maior, conforme bem se compreende, a necessidade de assegurar às partes, nesse momento capital, o pleno gozo das garantias que o ordenamento lhes deve proporcionar, com o fito de permitir-lhes influir no desfecho do processo, tornando-lhes possível, ao mesmo tempo em que uma atuação eficiente na defesa de seus interesses, também – e sobretudo – uma colaboração prestadia no trabalho de esclarecimento dos fatos e na formação do material probatório a cuja luz tratará o juiz de reconstruí-los". In: BARBOSA MOREIRA, José Carlos. A Garantia do Contraditório na Atividade de Instrução. *Revista de Processo*. São Paulo: Ed. RT, v. 35, jul. 1984, versão eletrônica.
25. Em sentido semelhante, LOPES, João Batista. Princípios do Contraditório e da Ampla Defesa na Reforma da Execução Civil. In: SANTOS, Ernane Fidélis dos; WAMBIER, Luiz Rodrigues; NERY JR., Nelson; WAMBIER, Teresa Arruda Alvim (Coord.). *Execução civil*: estudos em homenagem ao Professor Humberto Theodoro Júnior. São Paulo: Ed. RT, 2007. Quem também parece se coadunar com o exposto, ressaltando a multifuncionalidade do contraditório, MITIDIERO, Daniel. A multifuncionalidade do direito fundamental ao contraditório e a improcedência liminar (art. 285-A, CPC): resposta à crítica de José Tesheiner. *Revista de Processo*. São Paulo: Ed. RT, v. 144, fev. 2007, versão eletrônica.
26. TARUFFO, Michele. La Motivación de la Sentencia. Trad. de Maximiliano Aramburo Calle. *Páginas sobre justicia civil*. Madrid: Marcial Pons, 2009, p. 516.

Já a segunda função narrada suplanta os muros do processo e tem por condão permitir que a população funcione como o órgão de controle do Judiciário; é o real caráter democrático da fundamentação das decisões. Há, basicamente, mais três razões que justificam esse viés extraprocessual de justificar as decisões: o primeiro concerne à faceta instrumental da norma, ou seja, é na fundamentação da decisão que se verifica se todos os direitos e garantias das partes foram efetivamente respeitados; o segundo refere-se à demonstração, por parte dos juízes, de que suas razões de decidir são suficientemente válidas e boas no intuito de aceitá-las como coerentes com o ordenamento vigente; o terceiro atenta-se para o fator de racionalização da jurisprudência, ou seja, expor os motivos de decidir é necessário para fins de convencer os demais magistrados a seguirem o mesmo entendimento quando defronte a casos similares ao julgado.[27]

A despeito da relevância e importância de todas essas funções apresentadas, a pedra de toque que sustenta toda a nuance do controle externo da obrigação de justificar o pronunciamento jurisdicional é aquela primeira já destacada: permitir que a sociedade, como um todo, tenha condições de aferir a correção da tutela conferida pelo Estado.

É inverossímil pensar em um Estado Democrático de Direito sem que a controlabilidade da motivação dos pronunciamentos judiciais possa ser realizada por todos os cidadãos. E a razão para tanto é simples: se a prestação jurisdicional pelo Estado se mostra equivocada em determinado caso, a crise do direito não afeta apenas as partes do processo, ela tem potencial de afrontar o Direito para toda a população.[28]

Controlabilidade social sobre os pronunciamentos judiciais é, portanto, elemento mais que fundamental da democracia no processo. Expor as razões de decidir para que a sociedade possa, eventualmente, exercer o seu juízo crítico, é pressuposto da própria validade do processo.

Um último elemento se mostra relevante analisar quanto ao tema das razões de decidir: a imperiosa necessidade de completude da fundamentação das decisões. Não se pode ter dúvidas que uma adequada e completa motivação dos pronunciamentos pressupõe tanto a apresentação de argumentos que corroborem ou demonstrem a correção das escolhas feitas pelo magistrado, como também o apontamento das justificativas que indiquem os motivos pelos quais outros fatos ou outros fundamentos jurídicos discutidos foram relegados.

A fundamentação das decisões inerente ao Estado Democrático de Direito deve abordar tanto as questões que apoiam a decisão tomada, quanto os motivos pelos quais

---

27. A completude dessas ideias é encontrada em TARUFFO, Michele. La Obligación de Motivación de la Sentencia Civil: Entre el Derecho Común y la Ilustración. Trad. de Maximiliano Aramburo Calle. *Páginas sobre justicia civil*. Madrid: Marcial Pons, 2009, p. 489-514.
28. É o que também entende BARBOSA MOREIRA, José Carlos. A motivação das decisões judiciais como garantia inerente ao Estado de Direito. *Temas de Direito Processual* – 2ª Série. Rio de Janeiro: Saraiva, 1988, p. 90.

determinados fatos e direitos relacionados à discussão foram rejeitados ou ignorados. Como já defendia Taruffo, "uma eleição [da premissa decisória] não está completa e adequadamente justificada se as alternativas rechaçadas não foram devidamente consideradas. Uma escolha não está 'completamente' justificada, se a justificativa somente se refere às razões que apoiam a alternativa escolhida".[29]

Como se observa, não há como pensar e estudar o processo sem atentar para o seu viés participativo, com a ampla permissão de as partes atuarem na demanda e efetivamente influenciarem na tomada de decisão. Da mesma forma, não se pensa em pronunciamento judicial sem um mínimo de fundamentos aptos a responder a participação das partes. Se a função endoprocessual visa à proteção do jurisdicionado, que pode aferir nas razões de decidir os argumentos que defendeu no processo, é a função extraprocessual que publiciza a atividade judicial, colocando o Judiciário sob o controle social, sob o manto da democracia.

Para finalizar as premissas do estudo, analisará abaixo a relação entre contraditório e motivação, para posteriormente entrar nas nuances da fixação dos alimentos e a tentativa de controle da discricionariedade judicial na sua definição.

5. A FUNDAMENTAÇÃO DAS DECISÕES COMO O AMBIENTE DE AFERIÇÃO DA PARTICIPAÇÃO DAS PARTES NO PROCESSO: O PROCESSO JURISDICIONAL DEMOCRÁTICO

A inafastabilidade da tutela jurisdicional (art. 5º, XXXV da CRFB/88) é a principal fonte de legitimidade das decisões judiciais. O estabelecimento de que é o Poder Judiciário o órgão competente, *a priori*, para resolver disputas, milita a favor da presunção de que juízes e magistrados também exercem suas funções democraticamente – ainda que não diretamente eleitos.

Mas é preciso ir além. Como visto, as garantias fundamentais do processo também servem como elementos de legitimação da atuação judicial. Todavia, para que se possa falar na efetivação das garantias fundamentais com o fito de cumprir o desiderato democrático, deve-se pensar em forma e conteúdo. O meio justo para o alcance do resultado justo somente é obtido quando houver o devido respeito aos direitos, bem como a adequada observação e atenção da natureza, da essência e da substância das normas procedimentais.

É neste cenário que as relações entre contraditório e motivação das decisões judiciais entram em cena. As duas garantias, encaradas pelos seus respectivos conteúdos, não somente comporiam a base estruturante do processo justo e do devido

---

29. Tradução livre. No original: "una elección no está completa y adecuadamente justificada si las alternativas que se han rechazado no se han considerado debidamente. Una elección no está 'completamente' justificada si la justificación sólo se refiere a las razones que apoyan la alternativa elegida". In: TARUFFO, Michele. Decisiones judiciales e inteligencia artificial. *Páginas sobre justicia civil*. Maximiliano Aramburo Calle. Madrid: Marcial Pons. 2009, p. 386.

processo legal, como também permitiriam a identificação dos eventuais vícios que acometem um pronunciamento judicial.

No que tange ao contraditório, a participação será observada quanto maior for a interação e a comunicação das partes com o juiz e deste com aquelas – situação que precisa ser verificada durante todo o caminhar do procedimento.

Já no que se refere à exposição das razões de decidir, a participação observará um duplo escopo: primeiro, por meio dos motivos consegue-se verificar se a mais ampla oportunização do diálogo foi respeitada pelo magistrado (viés instrumental); e, segundo, tem como objetivo permitir a efetivação do controle da sociedade sobre a atividade judicante. É particularmente neste segundo momento que se mostra factível ver se à comunidade foi permitida demonstrar a sua soberania em relação ao Poder Judiciário.[30]

Estes dois escopos da motivação das decisões são interdependentes. É a possibilidade de controle social que permitirá a aferição, por meio da exposição dos fundamentos, do respeito ao contraditório no desenvolver do procedimento. Não basta propiciar a participação, deve-se incentivar o debate, fomentar a discussão das matérias entre os atores principais do processo (partes e juiz) e, se possível, permitir a apresentação de novos fundamentos por terceiros (através das audiências públicas ou da admissão de *amicus curiae*, v.g.). No fim, compete ao magistrado observar e justificar os motivos pelos quais utilizou uns e descartou outros argumentos dialogados, o que permite à sociedade verificar e controlar o exercício da função jurisdicional do juiz por meio das razões de decidir.[31]

O dever de motivar tem como resultado natural não apenas a exposição dos fatos e fundamentos discutidos nos autos (situação propiciada pelo contraditório), mas também demonstrar à sociedade que a decisão foi alcançada em razão da participação das partes.

A interação entre as normas é total e completa, não havendo uma previsão posta e outra pressuposta. Contraditório e motivação se interpenetram e influenciam-se mutuamente, o que se faz por meio de um indissociável procedimento dialógico, cuja decisão deve respeitar e associar-se aos fatos e aos fundamentos debatidos no processo. E esta ideia de que a motivação deve refletir a discussão travada sob contraditório (pelo menos aqueles argumentos que tenham o real condão de modificar

---

30. Cfr. TARUFFO, Michele. Michelle. Il significato costituzionale dell'obbligo di motivazione. In: GRINOVER, Ada Pelegrine; DINAMARCO, Cândido Rangel; WATANABE, Kazuo (Coord.). *Participação e Processo*. São Paulo: Ed. RT, 1988, p. 42, senão veja: "Attraverso il controllo, ed anzi per effetto della sua stessa possibilita, il popolo si riappropria della sovranità e la esercita diretamente, evitando che il meccanismo della delega del potere si trasformi in una espropriazione definitiva della sovranità da parte degli organi che tale potere esercitano in nome del popolo".
31. Neste exato sentido, BARBOSA MOREIRA. José Carlos. A motivação das decisões judiciais como garantia inerente ao Estado de Direito. Op. cit., p. 88, bem como WAMBIER, Teresa Arruda Alvim. A influência do contraditório na convicção do juiz: fundamentação de sentença e de acórdão. *Revista de Processo*, v. 168, fev. 2009, versão eletrônica.

ou alterar a posição discutida), com possibilidade de as controlar a atuação do juiz para que respeite essa interação comunicativa, desde há muito é defendida pela doutrina estrangeira.[32]

A interligação dos princípios, pois, é lógica e finalística. Lógica, porque o contraditório é o elemento que traz a ampla participação para o processo. Entretanto, necessário um ato subsequente, pois não basta participar, é preciso que ela reflita e seja assimilada pelo órgão decisor, daí que finalística. Como se pode intuir, o clímax funcional da motivação das decisões judiciais está neste exato momento, pois é ela que permite atestar se o juiz analisou os fatos e fundamentos discutidos pelas partes.

A motivação das decisões é mais que um fim necessário de um processo participativo, ela é o momento no qual se exerce o controle da atividade judicial e se atesta que esta atuação foi legal e legítima. As partes podem até admitir que suas argumentações foram "desatendidas, mas jamais ignoradas".[33]

A conclusão disso tudo é que a mútua conexão entre contraditório e motivação tem o nítido condão de melhorar a qualidade da prestação jurisdicional, que passa a preocupar-se não apenas com o aspecto formal referente ao respeito às garantias processuais, mas também com o resultado da decisão, que observa a efetivação do conteúdo das normas e sua possibilidade de controle por parte da sociedade. E aqui se depara com o aspecto legitimador que a estrutura do devido processo legal, alicerçado no contraditório e na motivação das decisões, traz para o ambiente jurisdicional.

É por tudo isso que se pode afirmar que a relação entre contraditório e motivação tem o condão de evitar os riscos de decisionismos, ou seja, também tem por fim legitimar a atuação discricionária dos juízes. A decisão pautada na discussão das partes, com o apontamento dos motivos pelos quais se adota alguns fundamentos e se refutam outros, afastaria os riscos de eleições subjetivas por parte dos magistrados no momento de decidir e expor suas razões.

A motivação das decisões não é, e jamais poderia ser, uma exposição de elementos pessoais, escolhidos única e individualmente pelo julgador. A limitação da função jurisdicional está na lei, e o contraditório, como norma modelo da participação democrática processual, deve ser o espelho das razões nas quais se funda a decisão.

A legitimidade da decisão judicial, assim, é aferida pela conjugação dos conteúdos que abarcam os princípios do contraditório e da motivação das decisões judiciais, os quais conciliam participação democrática, influência, exposição de motivos, completude e possibilidade de controle. Estes elementos têm o condão tanto de garantir a aplicação do direito vigente com o auxílio da sociedade, como também de justificar,

---

32. Por todos, TROCKER, Nicolò. *Processo civile e Costituzione*. Milano: Giuffrè, 1974, p. 460.
33. GOMES FILHO, Antonio Magalhães. A garantia de motivação das decisões judiciais na Constituição de 1988. In: PRADO, Geraldo; MALAN, Diogo (Coord.). *Processo Penal e Democracia*: estudos em homenagem aos vinte anos da Constituição da República de 1988. Rio de Janeiro: Lumen Juris, 2009, p. 64.

concreta e abstratamente, as atribuições e funções do Poder Judiciário, notadamente quando em questão o poder discricionário dos juízes.

6. A DISCRICIONARIEDADE NA FIXAÇÃO DE ALIMENTOS – ALGUMAS NOTAS SOBRE O TRINÔMIO NECESSIDADE-POSSIBILIDADE-RAZOABILIDADE

Como visto no tópico anterior, a relação entre contraditório e motivação das decisões é elementar para buscar minorar os riscos de arbitrariedades e críticas advindas de decisões eivadas de discricionaridade. Neste sentido, a importância das garantias processuais supramencionadas está em permitir (i) que o contraditório propicie às partes a melhor participação para a "construção conjunta" do sentido da norma e (ii) que o Judiciário motive sua conclusão (estabelecendo o conteúdo concreto da norma) com apoio nos pontos discutidos pelas partes.

Como visto, essa interrelação entre contraditório e motivação das decisões é essencial em qualquer ato decisório, mas a sua observância se revela ainda mais imperiosa em demandas com a presença de conceitos jurídicos vagos ou indeterminados. Entretanto, neste momento, as observações a serem realizadas se direcionarão para as peculiaridades nas ações de fixação de alimentos, que tem no trinômio "necessidade X possibilidade X razoabilidade" as premissas basilares para a compreensão e deliberação do pedido, e que são, como revela-se óbvio, três conceitos jurídicos com enorme abertura semântica.

Um adendo preliminar, porém. Nas próprias ações em que se discute alimentos é possível observar variações de fatos, fundamentos e sujeitos processuais, o que impede a análise dessas peculiaridades no presente estudo. Exemplifica-se com os casos em que são entabulados acordos, quando a liberdade das partes (desde que observado os interesses do alimentando) pode ignorar qualquer dos elementos do suscitado trinômio, e até mesmo nos casos em que as famílias possuem mais de dois responsáveis pelo alimentando (famílias multiparentais, v.g.), quando se cria elementos de complicação na fixação dos alimentos em razão de uma necessária redistribuição dos custos para todos os responsáveis.

O presente trabalho, portanto, se destina para as situações mais ocorrentes na praxe forense, como quando o alimentando aciona judicialmente um dos sujeitos que foge de sua obrigação de arcar com os custos da criação da criança – sem prejuízo de as conclusões aqui trabalhadas se aplicarem, como efeito indireto, nestas outras situações.

Assim, e analisando especificamente cada um dos três conceitos presentes no suscitado trinômio, tem-se que a "necessidade" está diretamente associada ao alimentando, sujeito cuja proteção é elementar.

Toda e qualquer análise a ser feita pelo juiz no caso concreto deve partir do pressuposto de que o alimentando precisa ser protegido pelos seus responsáveis, os quais têm a obrigação de repartir os custos da sua criação. Trata-se de obrigação legal (art. 1.566, IV, CC e art. 22, da Lei 8.069/90), não havendo liberdade para o juiz decidir (discricionariamente) que apenas um dos responsáveis arque com os custos do alimentando.

A "necessidade" implica que há custos a serem repartidos entre os responsáveis da criança, para que ela tenha condições de sobreviver. Mas a definição do valor devido em razão destas despesas revela-se altamente volátil, a dotar o julgador de ampla margem de liberdade para deliberar sobre a questão. É preciso encontrar formas de minorar essa liberdade ou, ainda, controlar essa discricionariedade no momento de decidir.

A melhor forma de evitar uma fixação de valores aleatórios (discricionários) está na demonstração pelo representante processual do alimentando de quais são as suas atividades e as quantias despendidas em cada uma delas. O simples pedir, sem demonstrar ou instruir, representa a concessão de um poder quase divino ao magistrado na deliberação do valor devido para o autor da ação.

A falta de parâmetros para o julgador é, em realidade, o grande responsável pelas decisões com forte carga de discricionariedade. Assim, o que se revela aqui é que o representante do alimentando deve demonstrar no processo, e isso pelos mais variados meios de provas (desde que admissível e legítimo, na forma do art. 369, do CPC), quais são os custos ordinários e extraordinários incorridos pela criança durante o seu dia a dia.

Apesar de o mais conveniente ser que os custos estejam todos, ou na maior medida, indicados e comprovados no processo, a existência de um vulnerável sob o aspecto do direito material acaba por turvar ou exigir soluções não muito seguras no campo processual. Claro que as alegações ajudam e podem, em determinadas hipóteses, constituir-se com indícios de despesas. Porém, quando possível, é fundamental a apresentação das provas dos custos incorridos pelo alimentando para que o juiz tenha elementos hábeis em que possa se fiar para decidir sobre os alimentos. Ou seja, não se deve ignorar os casos em que a vulnerabilidade material acaba por gerar uma vulnerabilidade processual na demonstração dos gastos, entretanto, há casos em que a produção de provas é possível, mas acaba por ignorada, o que amplia em muito a discricionariedade do juiz.

Sem provas ou sem a adequada demonstração dos custos incorridos diariamente, com o alimentando pleiteando e alegando apenas pela necessidade de pagamento das despesas, o que se faz é praticamente direcionar o juiz para o único parâmetro "normativo" que o ordenamento lhe confere nessas hipóteses. Esse padrão, adianta--se para dizer, não decorre da lei, cuja menção, vide art. 1.694, § 1º do Código Civil assenta apenas que "os alimentos devem ser fixados na proporção das necessidades do reclamante e dos recursos da pessoa obrigada". A referida normatividade, pois, decorre da praxe forense, com inúmeras decisões arbitrando o valor dos alimentos entre 10% e 30% do salário-mínimo para cada alimentando-autor (pode haver litisconsórcio), e isso na hipótese de ambas as partes ou apenas o réu do processo estarem assistidas pela Defensoria Pública – afinal, como soa evidente, nesses casos se presume a situação de vulnerabilidade da pessoa.

Inclusive, deve-se entender que esse valor de piso somente pode ser fixado nas ações em que não se tenha um mínimo de prova sobre os custos incorridos pelo alimentando e, repita-se, desde que assistido pela Defensoria. Qualquer elemento de prova que vier aos autos informando custos ordinários ou extraordinários incorridos pela criança deve ser levado em consideração na fixação dos alimentos pelo magistrado, inclusive justificando eventual desconsideração dessa prova apresentada.

Aliado à "necessidade" do alimentando tem-se a "possibilidade" do responsável em débito na prestação dos alimentos. O escopo desse conceito é aferir a capacidade financeira da pessoa que tem o dever de arcar com as necessidades da criança. Para além de verificar e analisar as despesas ordinárias e extraordinárias a que o alimentando faz jus, também cabe ao magistrado analisar qual é o poder aquisitivo do responsável em arcar com os custos de vida do alimentando.

Ao mesmo tempo em que não pode o réu de uma demanda de alimentos fugir de um mínimo obrigacional, soa igualmente óbvio que não é direito do alimentando exigir prestações além das possibilidades do responsável. Neste sentido, por mais que haja prova nos autos confirmando as despesas da criança, acaso essa quantia atinja ou ultrapasse valor cujo montante represente a importância que o responsável use para viver dignamente, então não pode e nem deve o magistrado fixar o montante em numerário que torne deveras onerosa as condições do responsável.

Claro que essas alegações do alimentante (réu na demanda) sobre o seu "mínimo existencial" devem ser comprovadas com a respectiva apresentação das suas despesas e seus ganhos para o juiz. Todavia, o juiz também pode entender que os gastos apresentados não se justificam face à realidade do alimentando, afinal, a proteção sempre é a seu favor. O fato é que não basta ao réu alegar dificuldades financeiras ou mesmo suscitar um pedido de valores exorbitantes por parte do autor da ação, o alimentante precisa demonstrar concretamente no processo tudo o que alega para que possa ter os seus fatos e fundamentos considerados pelo magistrado quando da fundamentação da decisão, levando em conta, pois, as suas "reais possibilidades" em prover o alimentando.

É exatamente neste ponto que o trinômio se completa, pois essa relação entre as necessidades do alimentando e as possibilidades do responsável deve atender a uma razoabilidade que permita ao alimentante viver dignamente, bem como que a criança tenha as suas necessidades atendidas. Não é preciso muito esforço para verificar que esse terceiro conceito do trinômio, a razoabilidade, está mais direcionada ao órgão de decisão.

O juiz da causa tem o dever de analisar todos os fatos e fundamentos apresentados, sopesando argumentos e provas, para ao final deliberar a respeito da fixação dos alimentos, cujo resultado deve ser um ponto de equilíbrio entre o que foi pedido pelo autor e o que foi defendido/proposto pelo réu. Como visto, como a fixação dos alimentos não obedece a padrões objetivos sobre os valores devidos, mas o resultado do processo deve sempre espelhar uma solução razoável no sentido de não desassistir ao alimentando, sem descurar da própria dignidade do alimentante.

Claro que o balanceamento dessa equação entre o autor e o réu nas ações de alimentos será sempre mais propensa ao alimentando, uma vez que sua proteção é irrevogável e inegociável, afinal há obrigação *ope legis* de tutela da criança (art. 1.566, do CC e art. 22, da Lei 8.069/90 – Estatuto da Criança e do Adolescente).

Neste sentido, algo primordial na equação a ser razoavelmente equilibrada pelo juiz é que o ônus argumentativo no balizamento dos valores a serem sopesados (necessidade e possibilidade) tem que ser sempre maior para o réu da demanda. Ele, o responsável omisso no custeio do alimentando, tem o dever de demonstrar tanto que as suas possibilidades não alcançam o pretendido pelo autor, como também contraprovar, caso necessário, que o alimentando não necessita das despesas reveladas e demonstradas. Dito de outra maneira, o réu da demanda que busca a fixação de alimentos estará sempre em posição de desvantagem em relação ao autor da demanda, pois a norma vigente é que o alimentando tem o direito de receber os alimentos e é dever dos seus responsáveis custeá-los.

Há, por certo, exceção nesta situação em que o réu da demanda se encontra em posição de desvantagem. É o caso de o representante do alimentando na ação judicial ter melhores condições financeiras de arcar com as despesas da criança, no comparativo com o réu da ação. Aqui, e à luz do caso concreto, é possível ao magistrado exigir menos da parte requerida da ação de alimentos, isso pelo maior ônus que será suportado pelo próprio representante do alimentando na ação. Veja que não se está defendendo a desoneração por completo do réu, afinal, reitera-se, todos os responsáveis pelo alimentando têm o dever de contribuir com as despesas, o que se entende é que nestas hipóteses de o representante do alimentando ter um melhor e maior poder financeiro, então ao réu seria aliviada a sua posição provedor, o que se faria avaliando as suas possibilidades em comparação com o poder aquisitivo do outro responsável. Essa análise, notoriamente, deve ser justificada pelo órgão de decisão, sendo a razoabilidade o ponto de equilíbrio da decisão que distribui os custos relativos ao alimentando, observando não apenas as necessidades da criança, mas principalmente as possibilidades dos responsáveis. A decisão do exemplo dado, como se pode intuir, representa um verdadeiro juízo de adequação para a realidade imaginada na hipótese, pois desvela uma autêntica razoabilidade da exação judicial.

Por tudo, revela-se evidente que a ação de fixação de alimentos é campo fértil para a atuação discricionária do magistrado, cujos efeitos podem ser minorados por meio de um processo com ampla participação, comprovações robustas e justificativas sérias e comprometidas com o debate dos autos – como em todo e qualquer ramo do Direito. Entretanto, como nessa ação em específico há um trinômio a ser observado para o proferimento da decisão, as peculiaridades inerentes a cada um dos conceitos demonstram um maior cuidado pelo magistrado na hora de determinar o valor devido a título de alimentos, evidenciando que cada um dos atores principais do processo (autor, réu e juiz) tem um conceito indeterminado que abrange a sua área de atuação e precisa ser detidamente analisado para se chegar na decisão que seja o menos discricionária possível.

7. CONCLUSÃO

Como se anotou, nas ações em que se busca a fixação de alimentos em favor do alimentando há grande margem de liberdade judicial para o arbitramento do valor devido. Isso decorre, precipuamente, porque não há qualquer ato legislado estabelecendo padrões sobre os montantes devidos pelos alimentantes.

Todavia, a despeito da ausência de lei geral e abstrata, há parâmetro normativo que precisa ser analisado pelo juiz quando instado a decidir sobre o dever de prestar alimentos. Trata-se do trinômio "necessidade X possibilidade X razoabilidade" que segundo a mais abalizada jurisprudência, está alicerçada na "necessidade de quem recebe, capacidade contributiva de quem paga e proporcionalidade" da decisão pelo órgão competente (REsp 1.699.013/DF, rel. Min, Luis Felipe Salomão, Quarta Turma, DJe de 04.06.2021).

A toda evidência, referido parâmetro é dotado de conceitos com vagueza semântica, a ver que a atuação discricionária do juiz é uma realidade inafastável na sua função de fixar os alimentos. O artigo procurou analisar, assim, qual seria a melhor forma de minorar esse espaço de liberdade do magistrado no momento de deliberar sobre o custeio das despesas do alimentando.

Procurou-se trabalhar, neste sentido, com os conceitos de contraditório e motivação das decisões judiciais, duas garantias fundamentais do processo, cujos conteúdos alicerçam a legitimidade do processo, que na visão defendida, ocorreria com a participação das partes no processo e com a resposta fundamentada do juiz em atenção ao diálogo travado na demanda.

Portanto, e a exemplo de todos os outros ramos do Direito que lidam com conceitos jurídicos indeterminados, são os princípios do contraditório e da motivação das decisões os verdadeiros escudos dos jurisdicionados contra as decisões discricionárias, pois eles possibilitam um maior controle da atividade do juiz quando sua margem decisória se mostra "livre" das amarras legais.

E no caso específico das ações que buscam a fixação de alimentos, essa conclusão revela-se ainda mais marcante, pois o papel do contraditório estará ligado à demonstração das "necessidades" do alimentando e das "possibilidades" do alimentante, ao passo que o juiz, no exercício do seu dever jurisdicional, irá decidir o processo fundamentadamente, fixando os alimentos de forma "proporcional e razoável", e sempre em atenção ao debatido e provado pelas partes.

REFERÊNCIAS

BARBOSA MOREIRA, José Carlos. A motivação das decisões judiciais como garantia inerente ao Estado de Direito. *Temas de Direito Processual* – 2ª Série. Rio de Janeiro: Saraiva, 1988.

BARBOSA MOREIRA, José Carlos. A Garantia do Contraditório na Atividade de Instrução. *Revista de Processo*. São Paulo: Ed. RT, v. 35, jul. 1984, versão eletrônica.

BARROSO, Luis Roberto. Neoconstitucionalismo e a constitucionalização do Direito (O triunfo tardio do direito constitucional no Brasil). *Revista de Direito Administrativo*, n. 240, 2005.

CAPPELLETTI, Mauro. *Juízes Legisladores?* Trad. de Carlos Alberto Álvaro de Oliveira. Porto Alegre: Fabris, 1993.

CATALAN, Marcos Jorge. A proporcionalidade na fixação da verba alimentar: desconstruindo o trinômio. In: HIRONAKA, Giselda Maria Fernandes Novaes; TARTUCE, Flávio; SIMÃO, José Fernando (Org.). *Direito de família e das sucessões*: temas atuais. São Paulo: Método, 2009.

DEMOULIS, Dimitri. A Relevância Prática do Positivismo Jurídico. *Revista Brasileira de Estudos Políticos*. Belo Horizonte, n. 102, jan./jun. 2011.

DENTI, Vittorio. Questioni rilevabili d'ufficio e contradditorio. *Rivista di Diritto Processuale*. Padova: CEDAM, p. 217-231. 1968.

DIAS, Maria Berenice. *Manual de direitos das famílias*. São Paulo: Ed. RT, 2013.

DWORKIN, Ronald. *Uma questão de princípio*. Trad. Luís Carlos Borges. São Paulo: Martins Fontes, 2001.

DWORKIN, Ronald. *Levando os Direitos a Sério*. Trad. Nelson Boeira. São Paulo: Marins Fontes. 2002.

DWORKIN, Ronald. *O Império do Direito*. Trad. Jefferson Luiz Camargo. São Paulo: Martins Fontes. 2007.

GOMES FILHO, Antonio Magalhães. A garantia de motivação das decisões judiciais na Constituição de 1988. In: PRADO, Geraldo; MALAN, Diogo (Coord.). *Processo Penal e Democracia*: estudos em homenagem aos vinte anos da Constituição da República de 1988. Rio de Janeiro: Lumen Juris, 2009.

GRECO, Leonardo. Garantias fundamentais do processo: o processo justo. *Estudos de Direito Processual*, Rio de Janeiro: Faculdade de Direito de Campos, 2005.

GRECO, Leonardo. O princípio do contraditório. *Estudos de Direito Processual*. Rio de Janeiro: Faculdade de Direito de Campos, 2005.

HART, Herber L. A. *O Conceito de Direito*. 3. ed. Lisboa: Fundação Calouste Gulbenkian, 2001.

LOPES, João Batista. Princípios do Contraditório e da Ampla Defesa na Reforma da Execução Civil. In: SANTOS, Ernane Fidélis dos; WAMBIER, Luiz Rodrigues; NERY JR., Nelson; WAMBIER, Teresa Arruda Alvim (Coord.). *Execução civil*: estudos em homenagem ao Professor Humberto Theodoro Júnior. São Paulo: Ed. RT, 2007.

MACEDO JUNIOR, Ronaldo Porto. *Do Xadrez à Cortesia*: Dworkin e a teoria do Direito Contemporânea. São Paulo: Saraiva, 2013.

MITIDIERO, Daniel. *Precedentes*: da persuasão à vinculação. São Paulo: Thomson Reuters Brasil, 2018.

MITIDIERO, Daniel. A multifuncionalidade do direito fundamental ao contraditório e a improcedência liminar (art. 285-A, CPC): resposta à crítica de José Tesheiner. *Revista de Processo*. São Paulo: Ed. RT, v. 144, fev. 2007, versão eletrônica.

NOGUEIRA, Gustavo Santana. *Sir Edward Coke e o Judicial Review* inglês: Breve História. In: DIDIER JR., Fredie e JORDÃO, Eduardo Ferreira (Coord.). *Teoria do Processo* – Panorama Doutrinário Mundial. Salvador: JusPodivm. 2010.

OLIVEIRA, Humberto Santarosa de. *Motivação e discricionariedade*: as razões de decidir e o contraditório como elementos legitimadores da atuação judicial. Rio de Janeiro: Lumen Juris, 2020.

TARUFFO, Michelle. *La motivación de la sentencia civil*. Trad.: Lorenzo Córdova Vianello. Madrid: Trotta, 2011.

TARUFFO, Michelle. Las garantías fundamentaltes de la justicia civil en el mundo globalizado. Trad. de Maximiliano Aramburo Calle. *Páginas sobre justicia civil*. Madrid: Marcial Pons, 2009.

TARUFFO, Michelle. La protección Judicial de los Derechos en un Estado Constitucional. Trad. de Maximiliano Aramburo Calle. *Páginas sobre justicia civil*. Madrid: Marcial Pons, 2009.

TARUFFO, Michelle. La Motivación de la Sentencia. Trad. de Maximiliano Aramburo Calle. *Páginas sobre justicia civil*. Madrid: Marcial Pons, 2009.

TARUFFO, Michelle. La Obligación de Motivación de la Sentencia Civil: Entre el Derecho Común y la Ilustración. Trad. de Maximiliano Aramburo Calle. *Páginas sobre justicia civil*. Madrid: Marcial Pons, 2009.

TARUFFO, Michelle. Decisiones judiciales e inteligencia artificial. Trad. de Maximiliano Aramburo Calle. *Páginas sobre justicia civil*. Madrid: Marcial Pons. 2009.

TARUFFO, Michelle. Leyendo a Ferrajoli: consideraciones sobre la jurisdicción. Trad. de Maximiliano Aramburo Calle. *Páginas sobre justicia civil*. Madrid: Marcial Pons, 2009.

TARUFFO, Michelle. Il significato costituzionale dell'obbligo di motivazione. In: GRINOVER, Ada Pelegrine; DINAMARCO, Cândido Rangel; WATANABE, Kazuo, (Coord.). *Participação e Processo*. São Paulo: Ed. RT, 1988.

TROCKER, Nicolò. *Processo civile e Costituzione*. Milano: Giuffrè, 1974.

VIDAL, Isabel Lifante. Dos conceptos de discrecionalidad jurídica. *DOXA Cuadernos de Filosofia del Derecho* 25, 2002. Disponível em: http://www.cervantesvirtual.com/obra/dos-conceptos-de-discrecionalidad-jurdica-0/. Acesso em: 16 jan. 2022.

WAMBIER, Teresa Arruda Alvim. A influência do contraditório na convicção do juiz: fundamentação de sentença e de acórdão. *Revista de Processo*, v. 168, fev./2009, versão eletrônica.

A POSSIBILIDADE DE CUMULAÇÃO DAS TÉCNICAS EXECUTIVAS DA COERÇÃO PESSOAL (PRISÃO) E DA COERÇÃO PATRIMONIAL (PENHORA) NO ÂMBITO DA MESMA EXECUÇÃO DE ALIMENTOS

Humberto Theodoro Júnior

Professor Titular Aposentado da Faculdade de Direito da UFMG. Desembargador Aposentado do TJMG. Membro da Academia Brasileira de Letras Jurídicas, da Academia Mineira de Letras Jurídicas, do Instituto dos Advogados Brasileiros, do Instituto dos Advogados de Minas Gerais, do Instituto de Direito Comparado Luso-Brasileiro, do Instituto Brasileiro de Direito Processual, do Instituto Ibero-Americano de Direito Processual, da *International Association of Procedural Law* e da *Association Henri Capitant des Amis de la Culture Juridique Française*. Doutor em Direito. Advogado.

Helena Lanna Figueiredo

Mestre em Direito pela Pontifícia Universidade Católica de São Paulo. Doutoranda em Direito na UFMG. Especialista em Direitos Difusos e Coletivos pelo IEC/PUC Minas. Professora. Advogada.

Sumário: 1. Introdução – 2. Os alimentos – 3. Formas de execução da verba alimentícia; 3.1 Introdução; 3.2 Execução por coerção pessoal (prisão civil); 3.3 Desconto em folha de pagamento; 3.4 Expropriação – 4. Cumulação de execuções – 5. Possibilidade de cumulação dos ritos da prisão civil e da expropriação; 5.1 O acórdão do STJ ora analisado; 5.2 A correção do entendimento à luz das circunstâncias do caso concreto; 5.3 A dificuldade da reunião do rito da prisão com a expropriação: ressalva feita pela Ministra Maria Isabel Gallotti; 5.4 Outro julgado do STJ sobre o tema – 6. Conclusões – Referências.

1. INTRODUÇÃO

Recentemente, o Superior Tribunal de Justiça decidiu, no Recurso Especial 1.930.593/MG,[1] ser possível ao credor de alimentos processar em conjunto, numa mesma execução, os requerimentos de prisão e expropriação, desde que *(i)* não haja prejuízo ao devedor e *(ii)* não provoque tumulto processual.

O crédito alimentício, por sua natureza e relevância, recebe tratamento especial, inclusive constitucional, com vistas a facilitar a sua satisfação. É salutar, nesse contexto, qualquer iniciativa dos operadores do direito, especialmente os magistrados, em auxiliar a concretização do direito à dignidade daqueles que precisam dos alimentos de forma célere e efetiva.

---

1. STJ, 4ª T., REsp. 1.930.593/MG, Rel. Min. Luis Felipe Salomão, ac. 09.09.2022, *DJe* 28.08.2022.

A despeito da importância do tema e da solução alcançada pelo acórdão ora analisado que, no caso concreto, deu à lide a melhor solução, mister indagar se essa cumulação de procedimentos executivos será sempre benéfica ao credor e representará maior agilidade e eficácia na satisfação do seu direito.

No plano substancial, o processo deverá proporcionar efetividade da tutela àquele a quem corresponda a situação jurídica amparada pelo direito. Essa efetividade é alcançada se a prestação jurisdicional for entregue dentro de um prazo razoável, sem procrastinações injustificáveis (CF, art. 5º, LXXXVIII). De fato, a fiel aplicação dessa garantia constitucional exige das partes um comportamento leal e do juiz uma diligência atenta aos desígnios da ordem institucional, para não se perder em questiúnculas formais secundárias.[2]

É certo que, para viabilizar uma duração razoável do processo, o atual CPC é mais flexível em relação a procedimentos e não se apega demais a meras formalidades, facilitando, por exemplo, a cumulação de ações. Entretanto, em matérias como a execução, o formalismo mostra-se essencial, para "resguardar a higidez da relação jurídico processual, o direito de defesa do executado e a razoável duração do processo".[3]

É que, como explica Diego Martinez Fervenza Cantoario, no procedimento executivo a atividade deve ser desenvolvida de modo organizado, a fim de evitar "tumulto processual quanto a prazos para a apresentação de defesa, bem como permitir o adequado trâmite da demanda perante os órgãos do Poder Judiciário".[4]

O presente estudo pretende analisar a possibilidade de cumulação dos ritos executivos da obrigação alimentícia, especialmente o da prisão civil e o da expropriação, sob os aspectos da viabilidade e do benefício que porventura possa trazer ao credor. Para isso, será feita uma breve análise dos alimentos, da cumulação das execuções e do acórdão do Recurso Especial 1.930.593/MG.

2. OS ALIMENTOS

O direito a alimentos é informado por dois princípios fundamentais: a dignidade da pessoa humana (CF, art. 1º, III) e a solidariedade familiar.[5] Uma vez que "ninguém

---

2. THEODORO JÚNIOR, Humberto. *Curso de direito processual civil*. 64. ed. Rio de Janeiro: Forense, 2023, v. I, n. 38, p. 57.
3. CANTOARIO, Diego Martinez Fervenza. Algumas questões relevantes sobre a tutela jurisdicional executiva das obrigações alimentares. *Revista de Processo*, n. 322, dez. 2021, p. 352.
4. Op. cit., p. 350.
5. "Seu fundamento encontra-se no princípio da solidariedade familiar. Embora se tenha fortalecido ultimamente a convicção de que incumbe ao Estado amparar aqueles que, não podendo prover à própria subsistência por enfermidade ou por outro motivo justo, necessitam de ajuda e amparo, persiste a consciência de que devem ser chamados a cumpri-lo, se não as satisfazem espontaneamente, as pessoas que pertencem ao mesmo grupo familiar. Os laços que unem, por um imperativo da própria natureza, os membros de uma mesma família impõem esse dever moral, convertido em obrigação jurídica como corretivo às distorções do sentimento de solidariedade" (GOMES, Orlando. *Direito de família*. 10. ed. Rio de Janeiro: Forense, 1998, p. 429).

é digno quando desprovido de condições materiais de existência"[6] e preocupando-se a Constituição com a proteção à família (CF, art. 226[7]), ressai a obrigação de assistência e amparo entre pais e filhos (CF, art. 229[8]), cônjuges, companheiros e parentes (CC, art. 1.694[9]). Como bem ensinam Gustavo Tepedino e Ana Carolina Brochado Teixeira,

> "do aspecto axiológico, a reciprocidade da obrigação alimentar entre pais e filhos, parentes, companheiros e cônjuges demonstra a mitigação da individualidade e a proeminência dos interesses e direitos da coletividade – no caso, da coletividade familiar –, protegidos pelo Estado, pela sociedade e pelos integrantes da família".[10]

Os alimentos, em sua acepção jurídica, "são o conjunto das prestações necessárias para a vida digna do indivíduo".[11] Englobam não apenas o necessário para a subsistência propriamente dita, mas também para a saúde, a moradia, o lazer, o vestuário, a educação etc.[12]

3. FORMAS DE EXECUÇÃO DA VERBA ALIMENTÍCIA

3.1 Introdução

Por se tratar de verba especial, pois destina-se à subsistência do credor,[13] o CPC conferiu tratamento especial para a sua cobrança, prevendo três formas de se executar uma dívida alimentar, seja ela fixada em título judicial ou extrajudicial: *(i)* pela coerção pessoal (arts. 528, §§ 2º a 7º e 911, parágrafo único); *(ii)* pelo desconto em folha de pagamento (arts. 529 e 912); ou, *(iii)* pela expropriação (arts. 528, § 8º e 913); cabendo, em regra, ao credor a escolha da via executiva que pretende utilizar.[14]

---

6. TEPEDINO, Gustavo; TEIXEIRA, Ana Carolina Brochado. *Fundamentos do direito civil:* direito de família. Rio de Janeiro: Forense, 2020, v. 6, p. 335.
7. "Art. 226. A família, base da sociedade, tem especial proteção do Estado".
8. "Art. 229. Os pais têm o dever de assistir, criar e educar os filhos menores, e os filhos maiores têm o dever de ajudar e amparar os pais na velhice, carência ou enfermidade".
9. "Art. 1.694. Podem os parentes, os cônjuges ou companheiros pedir uns aos outros os alimentos de que necessitem para viver de modo compatível com a sua condição social, inclusive para atender às necessidades de sua educação".
10. TEPEDINO, Gustavo; TEIXEIRA, Ana Carolina Brochado. *Fundamentos do direito civil* cit., p. 336.
11. GAGLIANO, Pablo Stolze; PAMPLONA FILHO, Rodolfo. *Novo curso de direito civil:* direito em família, as famílias em perspectiva constitucional. 4. ed. São Paulo: Saraiva, 2014, v. 6, p. 685.
12. "São os alimentos, tanto os chamados 'alimentos naturais' (alimentação, vestuário, habitação) quanto os 'civis', que, sob outro aspecto, designam-se como 'côngruos' – educação, instrução, assistência" (PEREIRA, Caio Mário da Silva. *Instituições de direito civil:* direito de família. 27. ed. Rio de Janeiro: Forense, 2019, v. V, n. 425, p. 637).
13. A verba pode decorrer da lei, em razão de vínculo de parentesco, casamento ou união estável (alimentos legítimos); da convenção entre as partes, quando, por exemplo, é ofertada por um legado deixado em testamento (alimentos voluntários); ou de ato ilícito, obrigando o devedor a indenizar a vítima, que ficou incapacitada para o trabalho, ou seus parentes, em caso de morte (alimentos indenizativos) (MADALENO, Rolf. In: ASSIS, Araken de; ARRUDA ALVIM, Angélica; ARRUDA ALVIM, Eduardo; LEITE, George Salomão (Coord.). *Comentários ao Código de Processo Civil.* 2. ed. São Paulo: Saraiva, 2017, p. 1.062).
14. "*Cabe ao credor a opção pela via executiva da cobrança de alimentos*. Assim, pode optar pela cobrança com penhora de bens ou ajuizar desde logo a execução pelo procedimento previsto no art. 733, CPC [de 1973],

É que, havendo prestações pretéritas – com mais de três meses de vencimento –, não é possível ao exequente escolher o rito da coerção pessoal.

Tratando-se de cumprimento de sentença, se, no prazo designado, o devedor não efetuar o pagamento, não provar que o efetuou ou não apresentar a justificativa para a impossibilidade de fazê-lo, o juiz "mandará protestar o pronunciamento judicial" (CPC, art. 528, § 1º). Segundo o STJ, é, inclusive, possível a inscrição do nome do devedor de alimentos nos cadastros de proteção ao crédito:

> 1. É possível, à luz do melhor interesse do alimentando, na execução de alimentos de filho menor, *o protesto e a inscrição do nome do devedor de alimentos nos cadastros de proteção ao crédito*.
>
> 2. Não há impedimento legal para que se determine a negativação do nome de contumaz devedor de alimentos no ordenamento pátrio.
>
> 3. *O mecanismo de proteção que visa salvaguardar interesses bancários e empresariais em geral (art. 43 da Lei 8.078/90) pode garantir direito ainda mais essencial relacionado ao risco de vida*, que violenta a própria dignidade da pessoa humana e compromete valores superiores a mera higidez das atividades comerciais.
>
> 4. O legislador ordinário incluiu a previsão de tal mecanismo no Novo Código de Processo Civil, como se afere da literalidade dos artigos 528 e 782 (g.n.).[15]

Esses vários mecanismos disponibilizados ao exequente têm por finalidade proporcionar a satisfação do crédito com maior efetividade, com vistas a "agilizar a satisfação desses créditos essenciais à subsistência das pessoas".[16]

Independentemente do procedimento eleito pelo exequente, o devedor será citado para, em três dias, efetuar o pagamento das parcelas que se venceram antes da execução e das que se vencerem no seu curso, provar que o fez ou justificar a impossibilidade de fazê-lo (CPC, arts. 528, *caput,* e 911, *caput*).

3.2 Execução por coerção pessoal (prisão civil)

Optando o credor pelo rito especial, se o executado não pagar a dívida em três dias, ou se sua justificativa não for aceita, o juiz decretar-lhe-á a prisão pelo prazo de 1 (um) a 3 (três) meses. Trata-se de medida *coercitiva,* não tendo natureza de pena, uma vez que "visa ao convencimento do executado de que é melhor cumprir a obrigação do que sofrer as consequências do inadimplemento".[17]

---

desde que se trate de dívida atual" (g.n.) (STJ, 4ª T., REsp. 345.627/SP, Rel. Min. Sálvio de Figueiredo Teixeira, ac. 02.05.2002, DJU 02.09.2002, p. 194).

15. STJ, 3ª T., REsp. 1.469.102/SP, Rel. Min. Ricardo Villas Bôas Cueva, ac. 08.03.2016, DJe 15.03.2016. No mesmo sentido: STJ, 3ª T., REsp. 1.655.259/MT, Rel. Min. Nancy Andrighi, ac. 04.04.2017, DJe 10.04.2017. A decisão passível de protesto não é apenas a transitada em julgado, "a decisão que determina o pagamento da pensão alimentícia, ainda que instável, pode ser levada a protesto" (BUENO, Cassio Scarpinella. *Comentários ao Código de Processo Civil:* da liquidação e do cumprimento da sentença. São Paulo: Saraiva Jur., 2018, v. 10, p. 528).

16. DINAMARCO, Cândido Rangel. *Instituições do direito processual civil*. São Paulo: Malheiros, 2019, v. IV, p. 675.

17. DONOSO, Denis; VANNUCCI, Rodolpho. Cumprimento da sentença que reconheça a exigibilidade da obrigação de pagar alimentos. *In* ASSIS, Araken; BRUSCHI, Gilberto Gomes (Coord.). *Processo de execução e cumprimento da sentença:* temas atuais e controvertidos. 2. ed. Rio de Janeiro: Ed. RT, 2022, v. 1, p. 389.

A prisão será cumprida em regime fechado e o executado deverá ficar "separado dos presos comuns" (art. 528, §§2º e 3º[18]). O cumprimento da pena não exime o devedor do pagamento das prestações vencidas e vincendas, de modo que a prisão "não impede a penhora de bens do devedor e o prosseguimento dos atos executivos propriamente ditos".[19]

A execução segundo esse rito especial somente é admissível para cobrança das três prestações anteriores ao ajuizamento da execução e as que se vencerem no curso do processo (art. 528, §7º e Súmula 309 do STJ[20]), não podendo ser incluídas verbas como custas processuais e honorários de advogado.[21]

3.3 Desconto em folha de pagamento

O exequente pode, ainda, requerer seja o pagamento do débito feito mediante desconto em folha de pagamento do devedor, sempre que for possível identificar uma fonte de pagamentos, tais como emprego público ou privado, rendimentos com aluguéis etc.[22]

Trata-se de mecanismo eficaz e rápido de satisfação do crédito alimentar, na medida em que o desconto é feito diretamente no salário do executado e transferido para a conta do exequente, que deverá ser indicada na inicial. Para Marcelo Abelha, o legislador deu preferência a essa modalidade executiva, "pois sempre que possível será mais eficaz para o exequente e menos onerosa para o executado".[23]

À época da legislação anterior a jurisprudência divergia quanto à possibilidade de o desconto ser feito para as prestações vincendas.[24] O Código atual parece ter resolvido a questão, ao autorizar que,

---

18. Dispositivos aplicáveis a esta modalidade de execução por determinação do parágrafo único do art. 911.
19. THEODORO JÚNIOR, Humberto. *Curso de direito processual civil*. 55. ed. Rio de Janeiro: Forense, 2022, v. III, n. 482, p. 513.
20. "Súmula 309. O débito que autoriza a prisão civil do alimentante é o que compreende as três prestações anteriores ao ajuizamento da execução e as que se vencerem no curso do processo".
21. STJ, 3ª T., HC 20.729/SP, Rel. Min. Antônio de Pádua Ribeiro, ac. 16.04.2002, *DJU* 13.05.2002, p. 205.
22. DONOSO, Denis; VANNUCCI, Rodolpho. Cumprimento da sentença que reconheça a exigibilidade da obrigação de pagar alimentos cit., p. 396.
23. ABELHA, Marcelo. *Manual de execução civil*. 7. ed. Rio de Janeiro: Forense, 2019, p. 494.
24. *Vedando o desconto:* "A dívida de alimentos, concernente ao período anterior às três últimas parcelas que antecedem ao ajuizamento da ação de execução, deve ser cobrada segundo o rito do artigo 732 do Código de Processo Civil [de 1973] (Capítulo IV – Execução por Quantia Certa), *restando, portanto, obstado o desconto direto na folha de pagamento do executado do débito relativo a tal período*, ainda mais considerando-se que a dívida alimentar, no caso concreto, formou-se por culpa exclusiva da fonte pagadora, que recolheu a menor o valor mensal devido pelo executado à exequente" (g.n.) (STJ, 3ª T., AgRg no REsp. 822.486/RJ, Rel. Min. Sidnei Beneti, ac. 18.09.2008, *DJe* 08.10.2008). *No mesmo sentido:* STJ, 4ª T., HC 20.905/MS, Rel. Min. Aldir Passarinho Júnior, ac. 25.06.2002, *DJU* 26.08.2002, p. 218. *Admitindo o desconto:* "Destarte, não havendo ressalva quanto ao tempo em que perdura o débito para a efetivação da medida, não é razoável restringir-se o alcance dos comandos normativos para conferir proteção ao devedor de alimentos. Precedente do STJ. 4. É possível, portanto, o desconto em folha de pagamento do devedor de alimentos, inclusive quanto a débito pretérito, *contanto que o seja em montante razoável e que não impeça sua própria subsistência*" (g.n.) (STJ, 4ª T., REsp. 992.515/RJ, Rel. Min. Luis Felipe Salomão, ac. 18.10.2011, *DJe* 26.10.2011).

sem prejuízo do pagamento dos alimentos vincendos, o débito objeto de execução pode ser descontado dos rendimentos ou rendas do executado, de forma parcelada, nos termos do *caput* deste artigo, contanto que, somado à parcela devida, não ultrapasse cinquenta por cento de seus ganhos líquidos (art. 529, § 3º).

Há, como se vê, uma limitação para que o valor do desconto não ultrapasse 50% (cinquenta por cento) dos ganhos líquidos do executado, para garantir a sua subsistência, compatibilizando os interesses contrapostos.

Estando averbado o desconto em folha de pagamento, considera-se seguro o juízo,[25] razão pela qual o executado poderá pleitear que os seus embargos à execução sejam recebidos com efeito suspensivo (CPC, art. 919, § 1º).

3.4 Expropriação

Por fim, pode o credor optar pela expropriação comum, oportunidade em que deverão ser penhorados bens do executado suficientes para garantir a execução. Entretanto, se a constrição recair sobre dinheiro, "a concessão de efeito suspensivo aos embargos à execução não obsta a que o exequente levante mensalmente a importância da prestação" (art. 913), justamente em razão de seu caráter alimentar.

Ainda que o credor escolha ajuizar a execução pelo rito especial com cominação de prisão, não lhe é vedado o direito de, posteriormente, requerer o prosseguimento da execução por quantia certa pelo rito comum, caso não tenha satisfeito todo o seu crédito.

4. CUMULAÇÃO DE EXECUÇÕES

Como já observou em doutrina o primeiro autor deste trabalho,[26] na execução forçada não se discute mais o mérito do crédito do exequente. O título assegura-lhe o caráter de liquidez e certeza. Não importa, portanto, a diversidade de *títulos* para que o credor se valha de um só processo. Todos eles serão utilizados para um só fim: a realização da sanção a que se acha sujeito o devedor.

É por isso que, numa evidente medida de economia processual, admite o art. 780 do CPC/2015 que o credor cumule num só processo várias execuções contra o mesmo devedor, "ainda que fundadas em títulos diferentes", e desde que a sanção a realizar seja de igual natureza, para todos eles.

Quando isto ocorre, "sob o ponto de vista *formal*, a execução é só uma, porque fica correndo um único processo, mas, sob o ponto de vista *substancial*, as execuções

---

25. "O recebimento da comunicação pelo destinatário *corresponde à penhora* da parte dos vencimentos atribuível ao credor, que poderá recebê-la periódica e diretamente da repartição pública, da empresa ou do empregador. Uma vez feita a comunicação, *considera-se seguro o juízo, podendo o devedor defender-se por meio de embargos*" (g.n.) (AMARAL SANTOS, Moacyr. Primeiras linhas de direito processual civil. 22. ed. São Paulo: Saraiva, 2008, v, III, n. 918, p. 296).
26. THEODORO JÚNIOR, Humberto. *Curso de direito processual civil* cit., v. III, n. 207, p. 250-251.

são tantas quantas as *dívidas* que o processo se destina a satisfazer".[27] Verifica-se, portanto, pluralidade de lides ou de pretensões insatisfeitas solucionadas dentro de um mesmo processo.

Trata-se, outrossim, de mera faculdade do credor, que não está compelido sempre a unificar suas execuções contra o devedor. Mas, uma vez utilizada a cumulação, é evidente a economia tanto do juízo como do próprio devedor, que terá de arcar com as despesas e ônus de apenas um processo.

Para a admissibilidade da unificação das execuções, exigem-se, de acordo com o art. 780, os seguintes requisitos, sem os quais não é possível a cumulação:[28]

a) *Identidade do credor* nos diversos títulos. O Código não permite a chamada "coligação de credores" (reunião numa só execução de credores diversos com base em títulos diferentes) a não ser na execução do devedor insolvente;

b) *Identidade de devedor*. As execuções reunidas terão obrigatoriedade de se dirigir contra o mesmo executado;

c) *Competência do mesmo juízo para todas as execuções*. Se a competência para uma das execuções for apenas relativa, não poderá ser declarada *ex officio*, mas apenas por meio de regular alegação de incompetência.

d) *Identidade da forma do processo*. Não se permite cumulação, por exemplo, de execução de obrigação *de dar* com *de fazer*. O tumulto processual decorrente da diversidade de ritos e objetivos seria evidente, caso se reunissem, num só processo, pretensões tão diversas.

Uma vez que a cumulação visa justamente a economia processual, a doutrina é uníssona no sentido de que, quando os ritos são diferentes e as citações revelam pretensões e cominações diversas, embora o título seja único e o devedor seja o mesmo, é impossível a cumulação:

> Para que haja cumulação de execuções, é preciso que *os procedimentos de todos os títulos sejam idênticos*. (...) Essa medida do legislador processual tem por fim evitar o tumulto processual decorrente da diversidade de procedimentos e de objetivos de cada uma das diferentes espécies de execução existentes" (grifos no original).[29]

De fato, caso a sentença contenha capítulos diferentes, com condenação a prestações que se sujeitam a ritos executivos distintos, também não é possível a cumulação. É que cada procedimento previsto no CPC para a execução de título

---

27. REIS, José Alberto dos. *Processo de execução*. Coimbra: Coimbra Ed., 1943, v. I, n. 71, p. 259. "A rigor não há cumulação de execuções, porque esta será uma só. O que ocorre efetivamente é a cumulação de vários títulos numa única execução" (BELTRAME, José Alonso. *Dos embargos do devedor*. 2. ed. São Paulo: Saraiva, 1983, p. 168).
28. ZAVASCKI, Teori. *Comentários ao Código de Processo Civil*: artigos 771 ao 796. Atualizado por Francisco Prehn Zavascki. 2. ed. Rio de Janeiro: Ed. RT, 2018, p. 92-93.
29. COSTA, Rosalina Moitta Pinto da. *Estratégias defensivas na execução:* defesas homotópicas e heterotópicas. São Paulo: Thomson Reuters Brasil, 2022, p. 221 No mesmo sentido: PONTES DE MIRANDA, Francisco Cavalcanti. *Comentários ao Código de Processo Civil*. Rio de Janeiro: Forense, 2001, t. IX, p. 104-405.

executivo extrajudicial ou para o cumprimento de sentença está moldado à peculiaridade da obrigação a ser executada, razão pela qual não é dado ao credor alterar o rito legalmente previsto. Trata-se do *princípio da indisponibilidade do rito*, essencial para o bom andamento das execuções.

Na hipótese de pretensões executivas díspares, o exequente deverá iniciar um procedimento específico para cada uma, sob pena de tumultuar o feito, prejudicando a marcha processual:

> Os meios executivos são diferentes, adaptados à obtenção de um resultado específico. *O princípio da adequação das formas, de observância compulsória na execução, impede que a parte possa dispor dos ritos estabelecidos.* Essa a razão pela qual não é viável cumular execuções quando as obrigações a serem executadas, pela sua natureza díspar, exijam procedimentos diferentes, como, por exemplo, uma obrigação de fazer e uma obrigação de pagar quantia certa.
>
> Essa limitação, aliás, se faz presente mesmo quando o título executivo seja formalmente um só. No exemplo mencionado, é possível que ambas as obrigações – a de fazer e a de pagar – estejam previstas no mesmo contrato. *O princípio da indisponibilidade do rito impede a cumulação, cabendo ao credor, nesta situação, promover duas execuções ou dois requerimentos de cumprimento de sentença, que trilharão diferentes caminhos procedimentais* (g.n.).[30]

Como bem anotado por Cassio Scarpinella Bueno, a ressalva final do art. 780, do CPC, "é significativa da necessidade de identidade procedimental dos atos executivos a serem praticados, sem a qual é inviável o atingimento do 'princípio da economia e eficiência processual', que justifica o instituto".[31]

5. POSSIBILIDADE DE CUMULAÇÃO DOS RITOS DA PRISÃO CIVIL E DA EXPROPRIAÇÃO

5.1 O acórdão do STJ ora analisado

O STJ recentemente analisou a questão no julgamento do REsp. 1.930.593/MG. O recurso cuidou de cumprimento de sentença no qual o credor objetivou o recebimento de obrigação alimentar por meio de duas técnicas executivas: a prisão, para as parcelas vencidas há três meses e as que se vencerem durante o procedimento; e a expedição de ofício ao INSS para proceder ao desconto dos proventos de aposenta-

---

30. ZAVASCKI, Teori. *Comentários ao Código de Processo Civil* cit., p. 94. "Por fim, é preciso dizer que, mesmo sendo único o título executivo do qual se possam extrair distintos direitos a prestação, isso não quer dizer que será possível cumular, num só procedimento, todas essas demandas executivas. (...) *não será possível cumular as duas execuções, eis que cada uma submete-se a procedimento próprio*" (g.n.) (DIDIER JR., Fredie; CUNHA, Leonardo Carneiro da; BRAGA, Paulo Sarno; OLIVEIRA, Rafael Alexandria de. *Curso de direito processual civil*: execução. 7. ed. Salvador: Ed. JusPodivm, 2017, p. 159-160).
31. BUENO, Cassio Scarpinella. *Curso sistematizado de direito processual civil*: tutela jurisdicional executiva. 3. ed. São Paulo: Saraiva, 2010, p. 72. Denis Danoso e Rodolpho Vannucci advertem que a identidade de procedimento das execuções cumuladas é requisito essencial, porque a medida "quer concretizar o princípio da economia processual. Quando se cumulam execuções sob ritos diversos, todavia, cria-se tumulto processual, o que acaba por agredir o próprio espírito da norma" (DANOSO, Denis; VANNUCCI, Rodolpho. Cumprimento de sentença que reconheça a exigibilidade da obrigação de pagar alimentos. In: ASSIS, Araken; BRUSCHI, Gilberto Gomes (Coord.). *Processo de execução e cumprimento da sentença* cit., p. 398).

doria do devedor, para as parcelas vincendas e as mais remotas, de forma parcelada, observando o limite de 50% estabelecido no art. 529, § 3º, do CPC.

Na oportunidade, a Quarta Turma Julgadora entendeu viável a cumulação pretendida, nos seguintes termos:

> Processo civil. Recurso especial. Execução de alimentos. Cumulação de técnicas executivas: coerção pessoal (prisão) e coerção patrimonial (penhora). Possibilidade, desde que não haja prejuízo ao devedor nem ocorra nenhum tumulto processual in concreto.
>
> 1. Diante da flexibilidade normativa adotada pelo CPC/2015 e do tratamento multifacetado e privilegiado dos alimentos, disponibilizou o legislador diversas medidas executivas em prol da efetividade da tutela desse direito fundamental.
>
> 2. Cabe ao credor, em sua execução, optar pelo rito que melhor atenda à sua pretensão. A escolha de um ou de outro rito é opção que o sistema lhe confere numa densificação do princípio dispositivo e do princípio da disponibilidade, os quais regem a execução civil.
>
> 3. É cabível a cumulação das técnicas executivas da coerção pessoal (prisão) e da coerção patrimonial (penhora) no âmbito do mesmo processo executivo de alimentos, desde que não haja prejuízo ao devedor (a ser devidamente comprovado) nem ocorra nenhum tumulto processual no caso em concreto (a ser avaliado pelo magistrado).
>
> 4. Traz-se, assim, adequação e efetividade à tutela jurisdicional, tendo sempre como norte a dignidade da pessoa do credor necessitado. No entanto, é recomendável que o credor especifique, em tópico próprio, a sua pretensão ritual em relação aos pedidos, devendo o mandado de citação/intimação prever as diferentes consequências de acordo com as diferentes prestações. A defesa do requerido, por sua vez, poderá ser ofertada em tópicos ou separadamente, com a justificação em relação às prestações atuais e com a impugnação ou os embargos a serem opostos às prestações pretéritas.
>
> 5. Na hipótese, o credor de alimentos estabeleceu expressamente a sua "escolha" acerca da cumulação de meios executivos, tendo delimitado de forma adequada os seus requerimentos. Por conseguinte, em princípio, é possível o processamento em conjunto dos requerimentos de prisão e de expropriação, devendo os respectivos mandados citatórios/intimatórios se adequar a cada pleito executório.
>
> 6. Recurso especial provido".

Em substancioso voto, o Eminente Relator, Min. Luis Felipe Salomão, destacou que a viabilidade de cumulação é matéria controvertida desde a vigência do CPC de 1973. Após colacionar farta doutrina e jurisprudência sobre o tema, destacando os fundamentos das correntes favorável e desfavorável à cumulação, o julgador adotou um posicionamento conciliatório entre as divergentes posições, que, segundo ele, é capaz de conferir "concretude à opção procedimental do credor de alimentos, sem se descuidar de eventual infortúnio prático a ser sopesado no caso concreto, trazendo adequação e efetividade à tutela jurisdicional, tendo sempre como norte a dignidade da pessoa do credor" (fl. 32 do acórdão).

Segundo o Relator, não haveria impedimento à cumulação das execuções uma vez que "o novel diploma processual adotou a flexibilização procedimental como tônica, devendo-se autorizar a ampla utilização de técnicas a fim de se concretizarem normas fundamentais" (fl. 24 do acórdão).

Além disso, rebatendo os argumentos da corrente contrária, asseverou que não se poderia "presumir eventual prejuízo decorrente da cumulação de ritos e muito menos pressupor a ocorrência de tumulto processual" (fls. 26). Caberia, portanto, ao juiz analisar o caso concreto para verificar a existência de empecilhos para a reunião dos procedimentos em uma só execução:

> Assim, em regra, penso que é cabível a cumulação das medidas executivas da coerção pessoal e da expropriação no âmbito do mesmo procedimento executivo, desde que não haja prejuízo ao devedor (a ser devidamente comprovado por ele) nem ocorra nenhum tumulto processual, ambos a serem avaliados pelo magistrado no caso concreto" (fl. 33).

Para evitar transtornos à marcha processual, todavia, fez a seguinte recomendação às partes:

> que o credor especifique, em tópico próprio, a sua pretensão ritual em relação a eles, assim como o mandado de citação/intimação deverá prever as diferentes consequências de acordo com as diferentes prestações. A defesa do requerido, por sua vez, poderá dar-se em tópicos ou separadamente, com a justificação em relação às prestações atuais e com a impugnação ou os embargos a serem opostos às prestações pretéritas (fl. 33).

Segundo o relator, "a delimitação de cada pedido é apta a afastar, em tese, algum embaraço processual, cindindo-se o feito diante das técnicas executivas pleiteadas de forma a permitir que a parte adversa tenha conhecimento do que e de como se defender" (fl. 34). Essa sistemática atenderia, a um só tempo, os princípios da celeridade, da economia, da eficiência e da proporcionalidade e prestigiaria o credor dos alimentos.

Assim, deu provimento ao recurso especial para permitir a cumulação das execuções no caso concreto, prosseguindo o processo sob o rito da coerção pessoal, para as verbas recentes e determinando a expedição de ofício ao INSS para determinar àquela autarquia a realização do desconto nos proventos de aposentadoria pagos ao executado para as verbas vincendas e as sete prestações mais remotas, observando-se o limite de 50% de sua remuneração mensal.

5.2 A correção do entendimento à luz das circunstâncias do caso concreto

De fato, a solução alcançada pelo acórdão se adequou perfeitamente às peculiaridades do caso concreto, na medida em que os ritos reunidos não eram capazes de embaraçar a marcha processual, por ausência de incompatibilidade. Assim, prestigiou-se a celeridade processual e a satisfação integral do crédito alimentício.

É que a execução por meio de desconto em folha de pagamento das verbas vincendas – e parte das vencidas não abarcadas pelo rito coercitivo – se exaure com a expedição de ofício ao INSS. Assim, o devedor, no caso concreto, será citado apenas para efetuar o pagamento das três últimas parcelas, provar que pagou ou justificar a impossibilidade de fazê-lo. Não haverá, destarte, necessidade de expedição de dois mandados distintos de citação para o executado, contendo valores, prazos de pagamento e formas de defesa diversos. Seguindo o processo normalmente apenas em relação às verbas recentes, não haverá tumulto algum capaz de postergar a satisfação do crédito.

Nesse contexto, a reunião dos procedimentos foi salutar, pois resultou em benefício ao credor, à efetividade da prestação jurisdicional e à celeridade processual.

A situação se assemelha àquela já solucionada pelo STJ em casos de reajuste salarial de servidor público, em que se admite a cumulação da execução de quantia certa para as parcelas vencidas e da execução de obrigação de fazer, consistente apenas na incorporação do reajuste aos vencimentos do servidor, realizado automaticamente após a expedição de ofício ao responsável pela elaboração da folha de pagamento.[32] De fato, a incorporação de reajuste aos vencimentos de servidor, segundo a orientação daquela Corte superior, "consubstancia-se em obrigação de fazer cuja executoriedade é imediata".[33]

Essas duas hipóteses, como se viu, não provocam qualquer tumulto, permitindo uma rápida prestação jurisdicional, segundo os princípios do processo justo.

5.3 A dificuldade da reunião do rito da prisão com a expropriação: ressalva feita pela Ministra Maria Isabel Gallotti

Diversa é a hipótese quando se pretende a cumulação entre o rito coercitivo e a expropriação, por meio de penhora dos bens do devedor. Consoante bem ressaltado pela Ministra Maria Isabel Gallotti em voto proferido no julgamento em análise, nesse caso específico haveria incompatibilidade de ritos, capaz de tumultuar o feito e prejudicar o credor:

> Vislumbro várias circunstâncias que poderiam ocorrer, por exemplo: 'Pague, sob pena de prisão e/ou penhora de bens no valor da dívida.' Por quê? No caso de penhora de determinado imóvel para pagar sob o rito da execução por quantia certa, o devedor poderia embargar a execução e obter a sua suspensão discutindo excesso de execução (o que é comum em obrigação alimentar, em que muitas vezes o devedor invoca o cumprimento in natura de obrigações), ou poderia não haver embargos à execução, mas resultar em praça negativa, ou seja, o credor poderia obter uma ordem de prisão, mas, além disso, ele obteve uma penhora. A praça poderia ser negativa, e a sorte do estado de liberdade do paciente ficaria a depender de decisões e contingências do andamento de processos de execução por quantia certa" (fl. 3 do acórdão).

Por isso, concluiu a ilustre julgadora:

> Em síntese, considero que há compatibilidade no rito da execução sob pena de prisão e outras medidas voltadas a obter o implemento da obrigação de pagar, como essa de ofício para retenção

---

32. "Tratando-se de execução de sentença que concede a servidores públicos reajustes salariais, é possível cumular-se a execução por quantia certa, para haver as prestações vencidas, com a obrigação de fazer, para implementar o percentual aos vencimentos do executante" (STJ, 2ª T., REsp. 1.263.294/RR, Rel. Min. Diva Malerbi, ac. 13.11.2012, DJe 23.11.2012). No mesmo sentido: STJ, 5ª T., AgRg no AgRg no REsp. 888.328/RS, Rel. Min. Arnaldo Esteves Lima, ac. 06.11.2008, DJe 24.11.2008.
33. STJ, 2ª T., AgRg no REsp. 1.544.859/DF, Rel. Min. Humberto Martins, ac. 1º.03.2016, DJe 08.03.2016.

em proventos futuros do alimentante, mas que não haveria compatibilidade em requerer a prisão e/ou a penhora, porque aí incidiria a vedação do § 8º do art. 528, o qual estabelece que, quando o exequente optar pelo rito da execução por quantia certa, não será admissível a prisão do executado. Então, neste caso, acompanho o voto de V. Exa., com ressalva de fundamentação (fl. 3).

A incompatibilidade entre os ritos é defendida por grande parte da doutrina, *in verbis*:

> *(i)* "É evidente que a multiplicidade de procedimentos simultâneos pode gerar prejuízos à marcha processual. A própria justificativa da existência de inúmeros procedimentos especiais, como a ação de alimentos, ações possessórias, e mandado de segurança, se fundamenta na necessidade de proteção de direitos que necessitam ser tutelados com celeridade. Caso essas ações fossem cumuladas com outros procedimentos, o prejuízo seria tão evidente que o legislador repudia a sua cumulação (CPC, art. 327, § 2º).
>
> No caso da tutela jurisdicional executiva não é diferente. Assim, tanto pela perspectiva das partes, quanto pela perspectiva da gestão processual pelos órgãos do Poder Judiciário, fica evidente que o gerenciamento de diversos prazos, procedimentos e técnicas processuais no mesmo processo não oferece ganhos qualitativos para o exercício da jurisdição. (...)
>
> A análise dos procedimentos da coerção pessoal e da expropriação evidencia que a cumulação de ambas as execuções é desaconselhável. Os prazos existentes na legislação são distintos para ambos os procedimentos. (...) A concomitância destes prazos, na mesma relação jurídica processual, eliminaria a vantagem conferida pelo legislador ao exequente que tiver ajuizado a demanda pelo rito da prisão, pois este verá a sua pretensão ser soterrada, nas filas de movimentação processual dos cartórios, pelas execuções ajuizadas pelo rito da expropriação, e o seu infindável périplo pela busca de bens penhoráveis. Logo, a admissibilidade da cumulação apenas poderia vir ocorrer em prejuízo do exequente. (...)
>
> Portanto, é inadmissível a cumulação de demandas pelos ritos da expropriação e prisão, pois a única consequência será subtrair ao exequente direito a um procedimento mais célere assegurado pelo legislador. O rito da prisão é especial em relação ao rito da expropriação, e a cumulação de ambos só poderá vir em prejuízo do rito da coerção pessoal, quando o próprio exequente renunciar ao meio mais célere (CPC, art. 528, § 8º)."[34]
>
> *(ii)* Com o devido respeito, contudo, somos adeptos da opinião contrária – que rejeita a possibilidade de cumulação de execuções de alimentos sob ritos distintos – pois parece ser mais aceitável, não apenas porque os procedimentos são diferentes (e o art. 780 do CPC *literalmente* exige que sejam *idênticos*), mas especialmente pelo fato de que *tal cumulação seria agressiva ao princípio da economia processual e à instrumentalidade do processo,* fato que se torna mais grave quando o pleito é de alimentos. Não é exagero imaginar, por exemplo, que num determinado momento processual não se saberá mais o que se está cobrando ou a que título o executado fez um pagamento parcial (parcelas recentes ou pretéritas).
>
> O direito aos alimentos, exatamente pelas qualidades que ostenta, deve estar blindado de discussões desnecessárias e contraproducentes que invariavelmente surgirão se admitida a cumulação de execuções por técnicas distintas (grifos no original).[35]

---

34. CANTOARIO, Diego Martinez Fervenza. Algumas questões relevantes sobre a tutela jurisdicional executiva das obrigações alimentares cit., p. 351-352.
35. DANOSO, Denis; VANNUCCI, Rodolpho. Cumprimento de sentença que reconheça a exigibilidade da obrigação de pagar alimentos *cit.*, p. 399. No mesmo sentido, também: CÂMARA, Alexandre Freitas. *O novo processo civil brasileiro.* São Paulo: Atlas, 2015, p. 364.

É certo que a formalidade, nas execuções de obrigação alimentar, deve ficar em segundo plano, em razão da natureza do crédito requerer celeridade em sua satisfação. Entretanto, a agilidade somente será, de fato, obtida se o processo transcorrer regularmente, sem embaraços.

Como bem destacado pelo Relator do acórdão ora analisado, há doutrina favorável à cumulação.[36] Entretanto, concordamos com a Ministra Maria Isabel Gallotti ao ressaltar as dificuldades dessa reunião, mormente em relação às diferenças de prazos e meios de defesa. Na expropriação, o devedor irá apresentar embargos à execução ou impugnação – dependendo se o título executivo é judicial ou extrajudicial –, defendendo-se dos efeitos da execução, não só visando evitar a deformação dos atos executivos e o descumprimento de regras processuais, como também resguardar direitos materiais supervenientes ou contrários ao título executivo, capazes de neutralizá-lo ou reduzir-lhe a eficácia. Já no rito coercitivo, a manifestação do executado é para pagar, provar que pagou ou justificar a impossibilidade de fazê-lo.

De fato, as manifestações das partes podem vir destacadas para que se identifique facilmente a qual verba/rito se referem. Mas é de se reconhecer que a medida não evita transtornos e confusões, como, aliás, bem destacado pela doutrina acima colacionada. Tanto é assim que o próprio artigo 528, § 8º prevê que a escolha pela expropriação torna inadmissível a prisão do executado, inviabilizando, destarte, a cumulação.

Por outro lado, deve-se indagar qual benefício essa reunião traria em comparação à instauração de procedimentos incidentais específicos para as verbas remotas e as mais recentes. Nos parece que essa última opção levaria a uma maior celeridade, justamente porque cada rito seguirá regularmente o seu próprio curso, de acordo com suas regras específicas, sem sofrer interferências das especificidades de outros ritos.

De fato, os procedimentos executivos de prisão e expropriação são bem distintos, justificando a impossibilidade de sua cumulação, nos termos da legislação processual. E, como bem observou Diego Martinez Fervenza Cantoario, os requisitos traçados pelo art. 780 do CPC se justificam "por razões de higidez do processo e proteção a direitos fundamental das partes. Conforme já verificamos, o formalismo no processo de execução é de grande importância".[37]

5.4 Outro julgado do STJ sobre o tema

Não obstante o nosso entendimento – e de grande parte da doutrina – a respeito da impossibilidade, em regra, de cumulação dos ritos de execução de alimentos por meio de prisão civil e expropriação, parece que a orientação do STJ se direciona para admitir a reunião.

---

36. TARTUCE, Fernanda; DELLORE, Luiz. Do CPC/73 ao novo CPC. In: TARTUCE, Fernanda; MAZZEI, Rodrigo; CARNEIRO, Sérgio Barradas (Coord.). *Famílias e Sucessões*. Salvador: JusPodivm, 2016, p. 477-498.
37. ABELHA, Marcelo. *Manual de execução civil*. 7. ed., Rio de Janeiro: Forense, 2019, p. 494. CANTOARIO, Diego Martinez Fervenza. Op. cit., p. 350.

Em outubro de 2022, a Terceira Turma, julgando recurso especial, entendeu cabível a cumulação, *in verbis:*

1 – Ação de alimentos em fase de cumprimento de sentença iniciado em 02.03.2020. Recurso especial interposto em 06.10.2021 e atribuído à Relatora em 09.05.2022.

2 – O propósito recursal é definir se é admissível a cumulação, em um mesmo processo, de cumprimento de sentença de obrigação de pagar alimentos atuais, sob a técnica da prisão civil, e alimentos pretéritos, sob a técnica da penhora e da expropriação.

3 – Em se tratando de cumprimento de sentença condenatória ao pagamento dos alimentos no qual se pleiteiam as 03 últimas parcelas antes do requerimento e as que se vencerem no curso dessa fase procedimental, é lícito ao credor optar pela cobrança mediante a adoção da técnica da prisão civil ou da técnica da penhora e expropriação.

4 – Em se tratando de cumprimento de sentença condenatória ao pagamento dos alimentos no qual se pleiteiam parcelas vencidas mais de 03 meses antes do requerimento, contudo, essa fase procedimental se desenvolverá, necessariamente, mediante a adoção da técnica de penhora e expropriação.

5 – Na hipótese em que se pretenda a cobrança de alimentos pretéritos, mediante a técnica da penhora e expropriação, e também de alimentos atuais, mediante a técnica da coerção pessoal, discute-se na doutrina e na jurisprudência se seria admissível o cumprimento de sentença, em relação a ambas as prestações alimentícias, no mesmo processo ou se, obrigatoriamente, caberia ao credor instaurar dois incidentes de cumprimento da mesma sentença.

6 – A legislação processual em vigor não responde expressamente à questão controvertida, na medida em que não há regra que proíba, mas também não há regra que autorize o cumprimento das obrigações alimentares pretéritas e atuais de modo conjunto e no mesmo processo.

7 – Conquanto se afirme que a regra do art. 780 do CPC/15, segundo a qual a cumulação de execuções pressupõe a existência de identidade procedimental, impediria o cumprimento da sentença condenatória ao pagamento de alimentos pretéritos e atuais no mesmo processo, não se pode olvidar que a referida regra está topologicamente situada no processo de execução de título extrajudicial, cujas disposições se aplicam à fase de cumprimento de sentença apenas no que couber, ou seja, quando não houver regra do próprio cumprimento de sentença que melhor se amolde à hipótese.

8 – Nesse contexto, o art. 531, § 2º, do CPC/15, que trata especificamente do cumprimento da sentença condenatória ao pagamento de alimentos, estabelece que o cumprimento definitivo ocorrerá no mesmo processo em que proferida a sentença e não faz nenhuma distinção a respeito da atualidade ou não do débito, de modo que essa é a regra mais adequada para suprir a lacuna do legislador no trato da questão controvertida.

9 – O art. 780 do CPC/15, ademais, trata especificamente das partes na execução de título executivo extrajudicial, de modo que é correto afirmar que se destina, precipuamente, à fixação das situações legitimantes que definirão os polos ativo e passivo da execução de título extrajudicial, mas não ao procedimento executivo ou, mais precisamente, às técnicas aplicáveis à execução na fase de cumprimento da sentença.

10 – Ademais, sublinhe-se que o art. 780 do CPC/15 proíbe a cumulação de execuções fundadas em títulos de diferentes naturezas e espécies, desde que para elas existam diferentes procedimentos, o que não se aplica à hipótese, em que se pretende cumprir sentença condenatória de idêntica natureza e espécie (pagar alimentos fixados ou homologados por sentença).

11 – Embora seja lícita, razoável e justificada a opção do legislador pela necessidade de unidade procedimental na hipótese de cumulação de execuções de título extrajudicial, uma vez que se

trata de relação jurídico-processual nova, autônoma e que se inaugura por petição inicial, não há que se falar, na hipótese, em inauguração de uma nova relação jurídico-processual, pois o cumprimento de sentença é apenas uma fase procedimental do processo de conhecimento, de modo que o controle acerca da compatibilidade procedimental, incluída aí a formulação de pretensões cumuladas de que poderão resultar execuções igualmente cumuladas, é realizado por ocasião do recebimento da petição inicial, observado o art. 327, §§ 1º a 3º, do CPC/15.

12 – Se é admissível que haja, no mesmo processo e conjuntamente, o cumprimento de sentença que contenha obrigações de diferentes naturezas e espécies, ainda que existam técnicas executivas diferenciadas para cada espécie de obrigação e que impliquem em adaptações procedimentais decorrentes de suas respectivas implementações, com muito mais razão deve ser admissível o cumprimento de sentença que contenha obrigação da mesma natureza e espécie no mesmo processo, como na hipótese em que se pretenda a cobrança de alimentos pretéritos e atuais.

13 – O art. 528, § 8º, do CPC/15, não é pertinente para a resolução da questão controvertida, pois o referido dispositivo somente afirma que, no cumprimento de sentença processado sob a técnica da penhora e da expropriação, não será admitido o uso da técnica coercitiva da prisão civil, o que não significa dizer que, na hipótese de cumprimento de sentença parte sob a técnica da coerção pessoal e parte sob a técnica da penhora e expropriação, deverá haver, obrigatoriamente, a cisão do cumprimento de sentença em dois processos autônomos em virtude das diferentes técnicas executivas adotadas.

14 – Não se deve obstar, ademais, o cumprimento de sentença de alimentos pretéritos e atuais no mesmo processo ao fundamento de risco de tumultos processuais ou de prejuízos à celeridade processual apenas genericamente supostos ou imaginados, cabendo ao credor, ao julgador e ao devedor especificar, precisamente, quais parcelas e valores se referem aos alimentos pretéritos, sobre os quais incidirá a técnica da penhora e expropriação, e quais parcelas e valores se referem aos alimentos atuais, sobre os quais incidirá a técnica da prisão civil.

15 – Não se afigura razoável e adequado impor ao credor, obrigatoriamente, a cisão da fase de cumprimento da sentença na hipótese em que pretenda a satisfação de alimentos pretéritos e atuais, exigindo-lhe a instauração de dois incidentes processuais, ambos com a necessidade de intimação pessoal do devedor, quando a satisfação do crédito é perfeitamente possível no mesmo processo.

16 – Hipótese em que o exequente detalhou precisamente, no requerimento de cumprimento de sentença, que determinados valores se referiam aos alimentos pretéritos e outros valores se referiam aos alimentos atuais, apresentando, inclusive, planilhas de cálculo distintas e plenamente identificáveis.

17 – Recurso especial conhecido e provido, para desde logo autorizar a tramitação conjunta, no mesmo processo, do cumprimento de sentença dos alimentos pretéritos e dos atuais, devendo o mandado de intimação do devedor especificar, precisamente, quais parcelas ou valores são referentes aos pretéritos e quais parcelas ou valores são referentes aos atuais, com as suas respectivas consequências.[38]

6. CONCLUSÕES

Conforme se viu, a possibilidade de cumulação, num mesmo procedimento, da execução de alimentos pelo rito de prisão e expropriação é matéria controvertida desde o CPC de 1973.

---

38. STJ, 3ª T., REsp. 2.004.516/RO, Rel. Min. Nancy Andrighi, ac. 18.10.2022, *DJe* 21.10.2022.

Parte da doutrina defende a viabilidade e o benefício da reunião para agilizar a satisfação do crédito alimentício, cuja natureza exige maior presteza na entrega da prestação jurisdicional, por ser uma verba destinada à subsistência do indivíduo.

Por outro lado, há aqueles que entendem ser inviável a cumulação, em face da diferença de ritos pois, além de ferir o art. 780, do CPC, que exige identidade procedimental, tumultuará desnecessariamente a execução, em evidente prejuízo ao credor.

A jurisprudência do STJ parece estar aderindo à corrente autorizativa, ao argumento de que não há obstáculo legal para a reunião dos procedimentos, que, por sua vez, redundará numa maior agilidade para o credor receber a verba. Entretanto, para evitar tumulto processual, destaca que o autor, na inicial, deverá destacar as parcelas relativas a cada rito, cabendo ao juiz determinar a expedição de mandados distintos, com a específica determinação de prazos e modos de defesa.

Nesse contexto, caberá ao juiz, analisando o caso concreto, verificar se a cumulação dos procedimentos executivos de prisão e expropriação permitirá a satisfação do crédito alimentar de maneira mais célere ou se, ao contrário, irá tumultuar o andamento do feito redundando em procrastinação perniciosa ao credor.

Mas, bem ponderado, se para cumular numa só petição o credor de alimentos deverá dividi-la em dois capítulos distintos, cada um com créditos individualizados, com prazos e temas de defesas distintos, não seria mais prático que se apresentassem dois requerimentos para intimação, defesa e procedimentos adequados a cada um dos grupos de verbas homogêneas? As duas execuções correriam simultaneamente, mas em autuações distintas e apensadas, sem prejuízo para as partes. Talvez isto fosse mais prático e condizente com a necessidade de atender a regra geral de que não se devem cumular procedimentos especiais, a não ser quando redutíveis ao procedimento comum.

Resta, porém, inconveniente, a nosso ver, admitir, sem ressalvas, a cumulação indigitada como regra geral subordinada apenas ao alvedrio do exequente das diferentes verbas alimentares. Mais prudente é a postura adotada no REsp. 1.930.593/MG, de analisar a cumulatividade caso a caso, para admiti-la apenas quando não houver, de fato, prejuízo para a defesa do executado nem haja risco de tumulto procedimental.

Diversa, contudo, é a situação de cumulação do rito de prisão com o de desconto em folha de pagamento. Uma vez que a execução, sob o último rito, se exaurirá com a expedição do respectivo ofício, não se vislumbra, na doutrina e na jurisprudência, qualquer empecilho para a cumulação.

REFERÊNCIAS

ABELHA, Marcelo. *Manual de execução civil*. 7. ed. Rio de Janeiro: Forense, 2019.

AMARAL SANTOS, Moacyr. *Primeiras linhas de direito processual civil*. 22. ed. São Paulo: Saraiva, 2008. v, III, n. 918.

BELTRAME, José Alonso. *Dos embargos do devedor*. 2. ed. São Paulo: Saraiva, 1983.

BUENO, Cassio Scarpinella. *Curso sistematizado de direito processual civil*: tutela jurisdicional executiva. 3. ed., São Paulo: Saraiva, 2010.

BUENO, Cassio Scarpinella. *Comentários ao Código de Processo Civil*: da liquidação e do cumprimento da sentença. São Paulo: Saraiva Jur., 2018, v. 10.

CÂMARA, Alexandre Freitas. *O novo processo civil brasileiro*. São Paulo: Atlas, 2015.

CANTOARIO, Diego Martinez Fervenza. Algumas questões relevantes sobre a tutela jurisdicional executiva das obrigações alimentares. *Revista de Processo*, n. 322, dez. 2021.

COSTA, Rosalina Moitta Pinto da. *Estratégias defensivas na execução*: defesas homotópicas e heterotópicas. São Paulo: Thomson Reuters Brasil, 2022.

DANOSO, Denis; VANNUCCI, Rodolpho. Cumprimento de sentença que reconheça a exigibilidade da obrigação de pagar alimentos. In: ASSIS, Araken; BRUSCHI, Gilberto Gomes (Coord.). *Processo de execução e cumprimento da sentença* temas atuais e controvertidos. 2. ed. Rio de Janeiro: Ed. RT, 2022. v. 1.

DIDIER JR., Fredie; CUNHA, Leonardo Carneiro da; BRAGA, Paulo Sarno; OLIVEIRA, Rafael Alexandria de. *Curso de direito processual civil*: execução. 7. ed. Salvador: Ed. JusPodivm, 2017.

DINAMARCO, Cândido Rangel. *Instituições do direito processual civil*. São Paulo: Malheiros, 2019. v. IV.

GAGLIANO, Pablo Stolze; PAMPLONA FILHO, Rodolfo. *Novo curso de direito civil*: direito em família, as famílias em perspectiva constitucional. 4. ed. São Paulo: Saraiva, 2014. v. 6.

GOMES, Orlando. *Direito de família*. 10. ed. Rio de Janeiro: Forense, 1998.

MADALENO, Rolf. In: ASSIS, Araken de; ARRUDA ALVIM, Angélica; ARRUDA ALVIM, Eduardo; LEITE, George Salomão (Coord.). *Comentários ao Código de Processo Civil*. 2. ed. São Paulo: Saraiva, 2017.

PEREIRA, Caio Mário da Silva. *Instituições de direito civil*: direito de família, 27. ed. Rio de Janeiro: Forense, 2019. v. V, n. 425.

PONTES DE MIRANDA, Francisco Cavalcanti. *Comentários ao Código de Processo Civil*. Rio de Janeiro: Forense, 2001. t. IX.

TARTUCE, Fernanda; DELLORE, Luiz. Do CPC/73 ao novo CPC. In: TARTUCE, Fernanda; MAZZEI, Rodrigo; CARNEIRO, Sérgio Barradas (Coord.). *Famílias e Sucessões*. Salvador: JusPodivm, 2016.

TEPEDINO, Gustavo; TEIXEIRA, Ana Carolina Brochado. *Fundamentos do direito civil*: direito de família. Rio de Janeiro: Forense, 2020, v. 6.

THEODORO JÚNIOR, Humberto. *Curso de direito processual civil*. 64. ed. Rio de Janeiro: Forense, 2023. v. I.

THEODORO JÚNIOR, Humberto. *Curso de direito processual civil*. 55. ed. Rio de Janeiro: Forense, 2022. v. III, n. 482.

ZAVASCKI, Teori. *Comentários ao Código de Processo Civil*: artigos 771 ao 796. Atualizado por Francisco Prehn Zavascki. 2. ed. Rio de Janeiro: Ed. RT, 2018.

A REAVALIAÇÃO DO ENUNCIADO DA SÚMULA 277 DO STJ À LUZ DOS PRINCÍPIOS CONSTITUCIONAIS

Jaqueline Prestes

Advogada. Especialista em Direito de Família e Sucessões, com capacitação para Infância e Juventude e docência do Ensino Superior (ESA/SP). Membro da Comissão de Direito das Famílias e Sucessões da OAB Itapetininga/SP

Iara Viana Ferreira

Advogada. Pós-graduada em Direito de Família e Sucessões, com capacitação para Infância e Juventude e docência do Ensino Superior (ESA/SP). Membro da Comissão de Direito das Famílias e Sucessões da OAB Itapetininga/SP.

Sumário: 1. Introdução – 2. Função dos alimentos no direito das famílias; 2.1 Breves considerações; 2.2 Dever de sustento dos filhos menores; 2.3 Alimentos ao nascituro – 3. Do termo inicial da eficácia dos alimentos nas ações de investigação de paternidade – 4. Considerações finais – Referências.

1. INTRODUÇÃO

Procedendo uma análise na legislação brasileira no que diz respeito a prestação alimentícia, mais precisamente aquela paga pelos pais aos filhos, podemos perceber seu tratamento como direito fundamental, justamente por decorrer da garantia da dignidade da pessoa humana à subsistência, logo, trata-se de um direito dos filhos e por consequência de um dever dos pais.

Nesse mesmo sentido, observamos da previsão constitucional que os alimentos decorrem ainda da proteção dada à criança e ao adolescente, sendo dever da família, sobretudo dos pais, proteger e garantir a alimentação, educação, cultura, lazer e saúde que, portanto, fundamentam e englobam a prestação alimentar.

Ocorre que, embora nossa legislação garanta tal direito, o que vemos na prática, no dia a dia forense, é um acumulo de processos em que filhos buscam seu direito à pensão alimentícia.

Ou seja, a falta de responsabilidade dos pais decorrente da ausência ou atraso na contribuição é a causa do aumento desenfreado de demandas envolvendo pedidos relacionados aos alimentos, sobrecarregando as varas de família do judiciário brasileiro.

É justamente por tal razão que juristas, assim como nós, buscam formas de tentar solucionar ou ao menos amenizar a problemática, utilizando como fundamento os direitos fundamentais garantidos pela Constituição Federal, além das legislações infraconstitucionais, e em específicos aquelas que regulamentam o direito das famílias.

Aprofundando a controvérsia exposta, nos deparamos constantemente com demandas em que envolvem a necessidade de retroação da prestação alimentícia, e que ao nosso ver, não são regulamentadas com eficiência pelo ordenamento pátrio, dando margem para inúmeras interpretações e construções jurisprudenciais sobre o tema.

Verifica-se a existência de uma incoerência no que diz respeito a previsão de retroação dos efeitos da sentença de alimentos ao momento da citação expressa na Lei 5.478/68, em confronto com a Lei 11.804/2008 que, por sua vez, autoriza a possibilidade de fixação de alimentos gravídicos à gestante, sendo exatamente esse tópico que buscamos enfrentar.

Por tal razão, já há vários anos o Superior Tribunal de Justiça (STJ) instado a se manifestar sobre o tema, diante de inúmeras ações, em especial envolvendo ação de investigação de paternidade com pedido de fixação de alimentos, editou a Súmula 277: *"Julgada procedente a investigação de paternidade, os alimentos são devidos a partir da citação"*, pacificando o entendimento de que a retroação em tal modalidade de ação tem como base a data da citação.

Em contrapartida, temos que os encargos decorrentes do poder familiar se iniciam com a concepção do filho, justamente porque a legislação brasileira garante os direitos do nascituro desde tal momento (art. 4º, CC).

Logo, mesmo antes do nascimento os pais estão conscientes de seus deveres para com o filho, entre os quais assegurar-lhe o sustento e a educação, de modo que, se as necessidades iniciam a partir de sua concepção, é a partir de tal momento que devem ser garantidos ao filho.

À vista disso, a legislação pátria e o poder judiciário, tem o dever de buscar incansavelmente a efetividade do princípio da paternidade responsável estampada em nossa Constituição Federal (art. 227, CF) que, como mencionado, buscou dar prioridade absoluta a proteção integral a crianças e adolescentes, delegando tal responsabilidade não somente à família, mas também e sobretudo ao próprio Estado.

Ao procedermos a leitura do até aqui mencionado, nos encanta falar da dignidade humana, da paternidade responsável, e ainda da proteção integral a crianças e adolescentes, porém, o que pretendemos enfatizar é a necessidade de proporcionar de fato a efetividade a todos esses princípios, e que, certamente, consiste em responsabilidade da Justiça.

Diante disso, o objetivo geral mostra-se em desenvolver uma exposição sobre o tema e assim construir uma conclusão no que diz respeito à retroatividade do dever de pagar alimentos dos pais para os filhos, levando em conta a coerência temporal das necessidades e que eventual demora na propositura de ação, ou até mesmo no andamento processual não pode implicar na invalidade da proteção, demonstrando assim que o direito aos alimentos é implicitamente devido desde o momento em que os pais geram seus filhos, não no momento da citação.

2. FUNÇÃO DOS ALIMENTOS NO DIREITO DAS FAMÍLIAS

2.1 Breves considerações

Quando, cotidianamente, utiliza-se a expressão "alimentos", é extremamente comum se fazer uma correspondência com a noção de "alimentação", no sentido dos nutrientes fornecidos pela comida.[1]

Talvez se possa dizer que o primeiro direito fundamental do ser humano é o de sobreviver! E este, com certeza, é o maior compromisso do Estado: garantir a vida. Todos têm direito de viver, e com dignidade. Surge, desse modo, o direito a alimentos como princípio da preservação da dignidade humana.[2]

A Emenda Constitucional 64, de 2010, alterou o artigo 6º da Constituição da República para introduzir a alimentação como um direito social, o que reforça a sua amplitude e importância como direito essencial (...).[3]

Restritamente do seu conceito jurídico, os alimentos não são apenas aqueles necessários à nutrição da pessoa, porquanto a expressão designa as despesas do alimentando para com o seu sustento, a sua habitação, vestuário, assistência médica, e demais gastos destinados ao lazer.[4]

Segundo Maria Berenice Dias, "a expressão alimento não serve apenas para o controle da fome. Outros itens completam a necessidade humana, que não alimentam somente o corpo, mas também a alma".[5]

Assim, no que tange o direito das famílias, mais precisamente quanto ao dever dos pais com relação ao filho, os alimentos "são prestações para satisfação das necessidades de quem não pode prové-las por si".[6]

2.2 Dever de sustento dos filhos menores

É cediço, "que a natureza jurídica dos alimentos está ligada à origem da obrigação",[7] e, a obrigação de sustento dos pais para com o filho menor advém do poder familiar, isto é, cabe aos pais garantir os subsídios necessários para assegurar o desenvolvimento saudável da sua prole, tanto físico quanto moral, conforme dispõe os

---

1. STOLZE, Pablo, PAMPLONA FILHO, Rodolfo. *Manual de Direito Civil* – volume único. 4. ed. São Paulo: Editora Saraiva, 2020. p. 2086.
2. DIAS, Maria Berenice. *Manual de Direito das Famílias*. 14. ed. rev. ampl. e atual. Salvador: JusPodivm, 2021. p. 203.
3. PEREIRA, Rodrigo da Cunha. *Direito das Famílias*. 3. ed. Rio de Janeiro: Editora Forense, 2022. p. 279.
4. ROLF MADALENO. *Obrigação, dever de assistência e alimentos transitórios*. Disponível em: https://www.rolfmadaleno.com.br/web/artigo/obrigacao-dever-de-assistencia-e-alimentos-transitorios. Acesso em: 18 fev. 2023.
5. DIAS, Maria Berenice. *Manual de Direito das Famílias*. 11. edição. rev. ampl. e atual. São Paulo: Ed. RT, 2016. p. 547.
6. GONÇALVES, Carlos Roberto. *Direito Civil Brasileiro*. 12. ed. São Paulo: Editora Saraiva, 2015. v. 6, p. 506.
7. DIAS, Maria Berenice. *Manual de Direito das Famílias*. 11. ed. rev. ampl. e atual. São Paulo: Ed. RT, 2016. p. 549.

artigos 229 da Constituição Federal,[8] 1.566, IV, do Código Civil[9] e 22[10] do Estatuto da Criança e do Adolescente.

Enquanto o artigo 227 da Constituição Federal assegura à criança e ao adolescente o direito à vida, à saúde, à alimentação, à educação, ao lazer, à profissionalização, à cultura, à dignidade, ao respeito, à liberdade e a convivência familiar, o artigo 229 dispõe quanto ao dever dos pais em assistir, criar e educar os filhos menores.

O poder familiar é constituído por um conjunto de deveres visando o interesse dos filhos e do núcleo familiar. Portanto, podemos dizer que trata-se de um poder--dever e, sob a ótica da verba alimentar em favor da prole, um dever de sustento.

Por sua vez, o dever de sustento, além de estar atrelado ao instituto do poder-dever familiar, também reflete o que disciplina o princípio fundamental da dignidade da pessoa humana e o princípio da proteção integral da criança e do adolescente. E não é só isso. Uma vez que os alimentos em favor dos filhos estão atrelados ao poder familiar, não é possível que os pais sejam liberados dessa obrigação, tendo em vista ainda, que o poder-dever familiar é irrenunciável.

Yussef Said Cahali ensina:

> a doutrina, de maneira uniforme, inclusive com respaldo na lei, identifica duas ordens de obrigações alimentares, distintas, dos pais para com os filhos: uma resultante do poder familiar, consubstanciada na obrigação de sustento da prole durante a menoridade (art. 1.566, IV, do CC/2002); e outra, mais ampla, de caráter geral, fora do poder familiar e vinculada à relação de parentesco em linha reta. (...) A obrigação de sustento tem a sua causa no poder familiar. (...) Quanto aos filhos, sendo menores e submetidos ao poder familiar, não há um direito autônomo de alimentos, mas sim uma obrigação genérica e mais ampla de assistência paterna, representada pelo dever de criar e sustentar a prole. O titular do poder familiar, ainda que não tenha o usufruto dos bens do filho, é obrigado a sustenta-lo, mesmo sem auxílio das rendas do menor ainda que tais rendas suportem os encargos da alimentação: a obrigação subsiste enquanto menores os filhos, independentemente do estado de necessidade deles, como na hipótese, perfeitamente possível, de disporem eles de bens (por herança ou doação).[11]

---

8. Art. 229. Os pais têm o dever de assistir, criar e educar os filhos menores, e os filhos maiores têm o dever de ajudar e amparar os pais na velhice, carência ou enfermidade.
9. Art. 1.566. São deveres de ambos os cônjuges:
    I – fidelidade recíproca;
    II – vida em comum, no domicílio conjugal;
    III – mútua assistência;
    IV – sustento, guarda e educação dos filhos;
    V – respeito e consideração mútuos.
10. Art. 22. Aos pais incumbe o dever de sustento, guarda e educação dos filhos menores, cabendo-lhes ainda, no interesse destes, a obrigação de cumprir e fazer cumprir as determinações judiciais.
    Parágrafo único. A mãe e o pai, ou os responsáveis, têm direitos iguais e deveres e responsabilidades compartilhados no cuidado e na educação da criança, devendo ser resguardado o direito de transmissão familiar de suas crenças e culturas, assegurados os direitos da criança estabelecidos nesta Lei. (Incluído pela Lei 13.257, de 2016).
11. CACHALI, Yussef Said. Dos Alimentos. 6. ed. São Paulo: Ed. RT, 2009. p. 339.

Assim, enquanto o filho ainda estiver sob o poder familiar dos pais, o que se dá até que atinja a sua maioridade ou seja emancipado, é dever dos pais garantir o seu sustento. Não se pode perder de vista o que dispõe a Súmula 358, do STJ.[12]

2.3 Alimentos ao nascituro

No ordenamento jurídico brasileiro é consagrado o direito do menor ainda em idade gestacional, desde a sua concepção, nos moldes do artigo 2º do Código Civil e, por certo não poderia ser diferente.

Ora, "garantir ao nascituro expectativas de direitos, ou mesmo direitos condicionados ao nascimento, só faz sentido se lhe for garantido também o direito de nascer, o direito à vida, que é direito pressuposto a todos os demais".[13]

Em que pese a atribuição da personificação do nascituro só se relevar diante o seu nascimento com vida, é certo que o "direito a alimentos, no sentido das coisas necessárias à sua manutenção e sobrevivência",[14] deve ser deferido a favor da mãe gestante, compreendendo "os valores suficientes para cobrir as despesas adicionais do período de gravidez e que sejam dela decorrentes, da concepção ao parto, inclusive as referentes a alimentação especial, assistência médica e psicológica, exames complementares, internações, parto, medicamentos e demais prescrições preventivas e terapêuticas indispensáveis, a juízo do médico, além de outras que o juiz considere pertinentes",[15] ficando, por via de consequência, resguardados os direitos do próprio nascituro. Levando-nos a admitir que, a Lei de alimentos gravídicos, tem por escopo, a proteção da mãe e a garantia de uma sobrevida digna ao nascituro.

Ademais, o direito à vida se revela como direito da personalidade, protegido pelo artigo 5º da Constituição Federal e, sopesado que alguns direitos do nascituro estão assegurados pela legislação, é certo "admitir a aquisição da personalidade desde a concepção apenas para a titularidade de direitos da personalidade, sem conteúdo patrimonial, a exemplo do direito à vida ou a uma gestação saudável".[16]

---

12. Súmula 358, STJ. O cancelamento de pensão alimentícia de filho que atingiu a maioridade está sujeito à decisão judicial, mediante contraditório, ainda que nos próprios autos. SUPERIOR TRIBUNAL DE JUSTIÇA. *Revista Eletrônica* – Súmula 149. Disponível em: https://www.stj.jus.br/docs_internet/revista/eletronica/stj-revista-sumulas-2012_31_capSumula358.pdf. Acesso em: 10 mar. 2023.
13. SUPERIOR TRIBUNAL DE JUSTIÇA. Relatório Resp. 1.415.727/SC. Disponível em: https://processo.stj.jus.br/SCON/GetInteiroTeorDoAcordao?num_registro=201303604913&dt_publicacao=29/09/2014. Acesso em: 10 mar. 2023.
14. GONÇALVES, Carlos Roberto. *Direito Civil Brasileiro*. 12. ed. São Paulo: Saraiva, 2015. v. 6, p. 550.
15. Art. 2º Os alimentos de que trata esta Lei compreenderão os valores suficientes para cobrir as despesas adicionais do período de gravidez e que sejam dela decorrentes, da concepção ao parto, inclusive as referentes a alimentação especial, assistência médica e psicológica, exames complementares, internações, parto, medicamentos e demais prescrições preventivas e terapêuticas indispensáveis, a juízo do médico, além de outras que o juiz considere pertinentes. PLANALTO. Lei dos alimentos gravídicos. Disponível em: https://www.planalto.gov.br/ccivil_03/_ato2007-2010/2008/lei/l11804.htm. Acesso em: 10 mar. 2023.
16. GONÇALVES, Carlos Roberto. *Direito Civil Brasileiro*. 12. ed. São Paulo: Saraiva, 2015. v. 6, p. 551.

Contudo, é cediço, que ao nascituro não é reconhecida a legitimidade processual para tal pleito, nem mesmo diante de representação, devendo, portanto, ser exercido o direito a alimentos pela gestante, o que a torna titular direta da verba alimentar. Sendo certo que, a luz do que determina o parágrafo único do art. 6º da Lei 11.804/2088, com o nascimento com vida do nascituro, os alimentos gravídicos convertem-se em pensão alimentícia a seu favor, passando ele a ser o titular dos alimentos.

Veja, que mesmo sendo reconhecido os direitos do nascituro na legislação, ele não se vê contemplado com relação ao exercício do direito a alimentos, o que contraria as próprias normas contidas na Constituição Federal, Código Civil e Estatuto da Criança e do Adolescente.

Não obstante o dever legal do pai em contribuir com o sustento da prole ocorrer "depois do nascimento do filho e a partir do momento em que ele vem a juízo pleitear alimentos",[17] é inequívoco que, "com personalidade jurídica declarada legalmente ou não, existe para o nascituro mais do que simples interesse em jogo".[18]

É inquestionável a responsabilidade parental desde a concepção, e, via de consequência, também a obrigação alimentar, que está mais do que implícita no ordenamento jurídico. A garantia dos alimentos desde a concepção não significa a consagração da teoria concepcionista, até porque os alimentos não são assegurados ao nascituro, mas à gestante.[19]

3. DO TERMO INICIAL DA EFICÁCIA DOS ALIMENTOS NAS AÇÕES DE INVESTIGAÇÃO DE PATERNIDADE

Feitas as considerações pertinentes, necessário se faz a explanação da construção jurisprudencial, mais precisamente do Superior Tribunal de Justiça no que tange a eficácia da sentença que fixa alimentos em ações de investigação de paternidade.

Sabido é que, existindo prova pré-constituída da filiação e com isso do vínculo obrigacional alimentar, o demandante utilizar-se-á da Lei Especial (Lei 5.478/68) que dispõe de rito específico e célere, admitindo assim a concessão de tutela antecipada para fixação de alimentos provisórios.

A lei é expressa ainda na aplicação de seus dispositivos às demais ações em que, havendo a prova pré-constituída, objetivem a fixação de alimentos, conforme previsão abaixo.

> Art. 13 O disposto nesta lei aplica-se igualmente, no que couber, às ações ordinárias de desquite, nulidade e anulação de casamento, à revisão de sentenças proferidas em pedidos de alimentos e respectivas execuções.

---

17. DIAS, Maria Berenice. *Manual de Direito das Famílias*. 11. ed. rev. ampl. e atual. São Paulo: Ed. RT, 2016. p. 814.
18. DIAS, Maria Berenice. *Manual de Direito das Famílias*. 11. ed. rev. ampl. e atual. São Paulo: Ed. RT, 2016. p. 814.
19. DIAS, Maria Berenice. *Manual de Direito das Famílias*. 11. ed. rev. ampl. e atual. São Paulo: Ed. RT, 2016. p. 815.

§ 1º. Os alimentos provisórios fixados na inicial poderão ser revistos a qualquer tempo, se houver modificação na situação financeira das partes, mas o pedido será sempre processado em apartado.

§ 2º. Em qualquer caso, os alimentos fixados retroagem à data da citação.

Contudo, já nas ações de investigação de paternidade, como o próprio objeto da ação consiste na confirmação e declaração da relação de parentesco, inexistente a prova pré-constituída do vínculo, não havendo assim que se falar em aplicação do rito e demais dispositivos da citada lei especial.

Ademais, conforme prevê o artigo 7º da Lei 8.560, de 29.12.1992, tão somente na sentença que reconhece a paternidade que seriam fixados os alimentos provisionais ou definitivos.

Art. 7º Sempre que na sentença de primeiro grau se reconhecer a paternidade, nela se fixarão os alimentos provisionais ou definitivos do reconhecido que deles necessite.

Observando que tal dispositivo não se coaduna com os princípios constitucionais da dignidade humana, da paternidade responsável e da proteção integral a crianças e adolescentes, foi que a jurisprudência passou a admitir a concessão de alimentos provisórios nas demandas de investigação de paternidade, desde que presentes indícios da filiação.

Admitindo ainda o deferimento incidental do pedido de alimentos provisórios, após o resultado positivo do exame de DNA ou quando, havendo a recusa a submeter-se à perícia, aplica-se a presunção sumulada (Sumula 301 do STJ).[20]

Foi então que, diante de tal celeuma, verificando a necessidade de uniformização quanto aos efeitos da fixação de alimentos nas sentenças proferidas em ações de investigação de paternidade, o Superior Tribunal de Justiça em sede de embargos de divergência 85.685-SP (97.0066072-9), fixou o entendimento e editou a Súmula 277: *Julgada procedente a investigação de paternidade, os alimentos são devidos a partir da citação.*[21]

Tal construção jurisprudencial, teve como ponto de partida dois posicionamentos diversos, os quais, conto todo respeito, não é o que partilhamos.

A primeira corrente, da qual a Quarta Turma era adepta, com o voto condutor do Senhor Ministro *Sálvio de Figueiredo Teixeira* entendia que:

não se aplicando a referida lei, o *dies a quo* da incidência dos pretendidos alimentos não pode ser a data da citação, mas sim a da sentença, mesmo que sujeita à apelação (CPC, art. 520 - II).

Não se aplica ao caso o § 2º do art. 13, da Lei 5.478, como consignou o r. aresto hostilizado, pois tal dispositivo refere-se aos cônjuges e aos parentes já previamente assim considerados, e na ação proposta com base nesse Diploma Legal discute-se apenas se estão presentes os demais

---

20. Súmula 301, STJ. Em ação investigatória, a recusa do suposto pai a submeter-se ao exame de DNA induz presunção juris tantum de paternidade. SUPERIOR TRIBUNAL DE JUSTIÇA. *Revista Eletrônica* – Súmula 301. Disponível em: https://www.stj.jus.br/docs_internet/revista/eletronica/stj-revista-sumulas-2011_23_capSumula301.pdf. Acesso em: 10 mar. 2023.
21. SUPERIOR TRIBUNAL DE JUSTIÇA. *Revista Eletrônica* – Súmula 277. Disponível em: file:///C:/Users/Cliente/Downloads/5800-21005-1-SM%20(3).pdf. Acesso em: 10 mar. 2023.

pressupostos para a estipulação dos alimentos (necessidade do alimentando e possibilidade do alimentante de prestá-los).[22]

Logo, percebe-se que o entendimento era pela não aplicação da regra estipulada no § 2º do artigo 13 da Lei 5.478/1968,[23] sob o fundamento de que, pela teologia da própria redação, aplica-se tão somente às situações dos processos regulados por tal lei, os quais pressupõe prova pré-constituída do vínculo de parentesco (paternidade), logo, da obrigação alimentar, pelo que, defendia-se a não retroação dos efeitos, os quais surtiriam tão somente após a prolação da sentença, ainda que pendente de recurso.

A contrário senso, o entendimento da Terceira Turma no paradigma apresentado, entendia que: "em ação de investigação de paternidade cumulada com alimentos o termo inicial destes é a data da citação, com apoio no artigo 13, § 2º, da Lei 5.478/1968, que comanda tal orientação em qualquer caso".[24]

Fundamentam tal entendimento no fato de que seriam os alimentos fixados em ação de investigação de paternidade, decorrentes de sentença declaratória de paternidade e condenatória de alimentos, ou seja, de caráter definitivo, logo, aplica-se o previsto no artigo 13, § 2º, da Lei 5.478/1968, com retroação dos efeitos à data da citação.

Acrescentam ainda que, com o reconhecimento do vínculo, o filho passa a ter um pai, e toda uma origem genealógica decorrente da filiação, impondo-se a alteração da sucessão, e muitas vezes de obrigações firmadas no período em que se desconhecia tal relação, a exemplo de doações feitas aos demais filhos.

Logo, defendem que se a ação de investigação de paternidade é dotada de natureza declaratória, ela não cria o laço de parentesco, mas tão somente estabelece sua certeza jurídica, pelo que, se todo o exposto no parágrafo acima fica alcançado pela retroação dos efeitos da paternidade declarada posteriormente, não seria diferente no que tange aos alimentos, como já previsto em lei.

Oportuno consignar nesse ponto que, partilhamos exatamente do entendimento de que é impossível negar que a obrigação alimentar preexiste à sentença, ou seja, não é ela, evidentemente, que cria a relação de parentesco, mas tão somente traz a sua confirmação, sendo assim, ilógico defender que os efeitos da obrigação alimentes devem ser tidos apenas após a prolação da sentença.

Nesse sentido, permitiria ainda que o réu, de má-fé, utilizasse de artifícios processuais para retardar ainda mais a prestação jurisdicional, ou seja, possibilitando a criação de incidentes e ainda da utilização do último dia dos prazos legais para

---

22. SUPERIOR TRIBUNAL DE JUSTIÇA. *Revista Eletrônica* – Súmula 277. Disponível em: file:///C:/Users/Cliente/Downloads/5800-21005-1-SM%20(3).pdf. Acesso em: 10 mar. 2023.
23. Art. 13. O disposto nesta lei aplica-se igualmente, no que couber, às ações ordinárias de desquite, nulidade e anulação de casamento, à revisão de sentenças proferidas em pedidos de alimentos e respectivas execuções. § 2º Em qualquer caso, os alimentos fixados retroagem à data da citação.
24. SUPERIOR TRIBUNAL DE JUSTIÇA. *Revista Eletrônica* – Súmula 277. Disponível em: file:///C:/Users/Cliente/Downloads/5800-21005-1-SM%20(3).pdf. Acesso em: 10 mar. 2023.

postergar a prolação da sentença, pois somente este seria o marco do início da prestação alimentar.

Foi então que, após inúmeros julgados adeptos de ambos os posicionamentos, a jurisprudência, ao atentar à natureza declaratória da demanda investigatória de paternidade, deu um significativo passo, e o Superior Tribunal de Justiça editou a Súmula 277, colocando fim a não retroação dos efeitos da sentença de alimentos em tal modalidade de ação.

Tal solução, talvez há época, pois, frise-se, trata-se de Súmula editada há 20 anos, foi uma forma satisfatória de dar um basta à postura procrastinatória do réu, que fazia uso de expedientes protelatórios para tardar o desfecho da ação, e com isso livrar-se durante anos, ou décadas, do encargo alimentar.

Necessário acrescentar nesse ponto, ainda que fixando-se como marco inicial dos efeitos a data da citação, não podemos deixar de lado o fato de que por todo o período anterior o alimentado, além de ignorar quem era seu genitor, e por isso permanecer sem seu apoio pessoal, também dele nada recebeu em termos materiais.

Aliás, embora para muitos a paternidade seja considerada uma surpresa, salvo hipóteses excepcionais, havemos de convir que dificilmente possa ser ignorada por completo, justamente por tratar-se de situação em que há duas as pessoas envolvidas, razão pela qual a ignorância jamais poderá ser tida como absoluta.

Logo, pai é pai desde a concepção do filho, data em que nascem os ônus, encargos e deveres decorrentes do poder familiar, razão pela qual o simples fato de o genitor não assumir a responsabilidade parental não o desonera, embora seja isso o que se vê acontecer todos os dias.

Contudo, como explanado acima, embora tenha se tratado de um avanço, estamos falando de uma Sumula editada em 2003 com base em entendimentos e julgados do ano de 1996 a 2002, e que tomaram como base legislação de 1968.

Ora, sabido é que o fato gerador da norma é o fato social, razão pela qual, em constante alteração, de modo que, se já não atendia há época as necessidades do nascituro e do período da concepção até a citação, quem dirá nos dias de hoje.

Posto isto, com máximo respeito ao entendimento jurisprudencial formado, este não é mais o que melhor atende os anseios da sociedade, sobretudo tratando-se da garantia da subsistência digna de uma criança, adolescente, e frise-se mais, do nascituro.

4. CONSIDERAÇÕES FINAIS

Indubitável que a obrigação paterna surge desde a concepção da prole. Assim, a pedra de toque para estabelecer a retroação dos alimentos em ação de paternidade, ou em qualquer outra que envolva o direito a alimentos de menor, não deveria ser justamente a data da concepção?

Como já dito, a Súmula 277, há época de sua edição, atendeu, mesmo que não plenamente, os anseios da sociedade. Contudo, o que se extrai da sua formação, são questões visando tão somente a oneração ou não do pai e, após duas décadas de vigência e considerando o novo olhar do STJ nas decisões que que versam sobre os direitos da criança e do adolescente, é salutar o posicionamento do C. Tribunal na busca pela efetivação do princípio do melhor interesse da criança e do adolescente em face dos direitos dos pais.

Ademais, ainda que a paternidade não seja programada, o que acontece em maior escala, não deve o nascituro suportar as penalidades pela escolha do pai. Ideal mesmo seria, que fosse restringido o interesse individual do genitor em conformidade com o bem-estar da prole.

E se assim não for, estaríamos transferindo uma responsabilidade financeira que é de ambos pais, tão somente para a mãe e em prejuízo do filho, o que ofende claramente o princípio da paternidade responsável.

E é por essa ótica que os julgadores devem reavaliar a questão da eficácia dos alimentos em ações de investigação de paternidade. Ora, uma vez comprovada a paternidade, subsistindo o dever do pai, não há razão para que a retroação da verba alimentar se limite a data da citação, o que por vezes não ocorre com brevidade, podendo levar meses, quiçá anos.

Aliás, o que observamos comumente, é o comodismo lucrativo do pai, que fica aguardando a propositura da ação alimentar e, enquanto isso, queda-se omisso e só é obrigado a adimplir a obrigação após citado.

E isso não é novidade, uma vez que foi até necessária a edição da Súmula 301, do STJ,[25] tendo em vista que muitos pais se recusavam a realizar o exame de DNA.

A alteração do termo inicial da eficácia dos alimentos, nas ações que versam sobre alimentos, especificamente a ação de investigação de paternidade, não é importante tão somente para atender os interesses do vulnerável, mas servirá como forma de conscientizar os futuros pais quanto a sua responsabilidade em gerar um filho ou mais filhos.

Além disso, é preciso conferir "tratamento isonômico aos filhos, vedando discriminações (CF, art. 227, § 6º). O pai responsável acompanha o filho desde sua concepção, participa do parto, registra o filho, embala-o no colo. Com relação ao filho que não recebeu estes cuidados, deve a Justiça procurar suavizar essas desigualdades e não as acentuar ainda mais limitando a obrigação alimentar do genitor, relapso".[26]

---

25. Sumula 301, STJ. Em ação investigatória, a recusa do suposto pai a submeter-se ao exame de DNA induz presunção juris tantum de paternidade. Superior Tribunal de Justiça. *Revista Eletrônica* – Súmula 301. Disponível em: https://www.stj.jus.br/docs_internet/revista/eletronica/stj-revista-sumulas-2011_23_cap-Sumula301.pdf. Acesso em: 10 mar. 2023.
26. IBDFAM. Termo inicial da obrigação alimentar na ação de alimentos e investigatória de paternidade. Disponível em: https://ibdfam.org.br/artigos/246/Termo+inicial+da+obriga%C3%A7%C3%A3o+alimentar+-na+a%C3%A7%C3%A3o+de+alimentos+e+investigat%C3%B3ria+de+paternidade. Acesso em: 09 mar. 2023.

Assim, a fim de dar efetividade a todos os princípios constitucionais aqui invocados e contribuir para uma conscientização dos cidadãos quanto o aumento da natalidade em nosso país, atribuindo a responsabilidade a quem de direito, é indispensável a reavaliação do enunciado da Súmula 277 pelo Poder Judiciário, para garantir a cidadania a todos, principalmente aos cidadãos de amanhã.

REFERÊNCIAS

CAHALI, Yussef Said. *Dos Alimentos*. 6. ed. São Paulo: Ed. RT, 2009.

DIAS, Maria Berenice. *Manual de Direito das Famílias*. 11. ed. rev. ampl. e atual. São Paulo: Ed. RT, 2016.

DIAS, Maria Berenice. *Manual de Direito das Famílias*. 14. ed. Salvador: JusPodivm, 2021.

GONÇALVES, Carlos Roberto. *Direito Civil Brasileiro*. 12. ed. São Paulo: Saraiva, 2015. v. 6.

IBDFAM. *Termo inicial da obrigação alimentar na ação de alimentos e investigatória de paternidade*. Disponível em: https://ibdfam.org.br/artigos/246/Termo+inicial+da+obriga%C3%A7%C3%A3o+alimentar+na+a%C3%A7%C3%A3o+de+alimentos+e+investigat%C3%B3ria+de+paternidade. Acesso em: 09 mar. 2023.

PEREIRA, Rodrigo da Cunha. *Direito das Famílias*. 3. ed. Rio de Janeiro: Forense, 2022.

PLANALTO. *Código Civil*. Disponível em: https://www.planalto.gov.br/ccivil_03/leis/2002/l10406compilada.htm. Acesso em: 10 mar. 2023.

PLANALTO. *Constituição Federal*. Disponível em: https://www.planalto.gov.br/ccivil_03/constituicao/constituicao.htm. Acesso em: 10 mar. 2023.

PLANALTO. *Estatuto da Criança e do adolescente*. Disponível em: https://www.planalto.gov.br/ccivil_03/leis/l8069.htm. Acesso em: 10 mar. 2023.

PLANALTO. *Lei dos alimentos gravídicos*. Disponível em: https://www.planalto.gov.br/ccivil_03/_ato2007-2010/2008/lei/l11804.htm. Acesso em: 10 mar. 2023.

PLANALTO. *Lei dos alimentos*. Disponível em: https://www.planalto.gov.br/ccivil_03/leis/l5478.htm. Acesso em: 10 mar. 2023.

ROLF MADALENO. *Obrigação, dever de assistência e alimentos transitórios*. Disponível em: https://www.rolfmadaleno.com.br/web/artigo/obrigacao-dever-de-assistencia-e-alimentos-transitorios. Acesso em: 18 fev. 2023.

STOLZE, Pablo, PAMPLONA FILHO, Rodolfo. *Manual de Direito Civil* – volume único. 4. ed. São Paulo: Saraiva, 2020.

SUPERIOR TRIBUNAL DE JUSTIÇA. Relatório Resp. 1.415.727/SC. Disponível em: https://processo.stj.jus.br/SCON/GetInteiroTeorDoAcordao?num_registro=201303604913&dt_publicacao=29/09/2014. Acesso em: 10 mar. 2023.

SUPERIOR TRIBUNAL DE JUSTIÇA. Revista Eletrônica – Súmula 149. Disponível em: https://www.stj.jus.br/docs_internet/revista/eletronica/stj-revista-sumulas-2012_31_capSumula358.pdf. Acesso em: 10 mar. 2023.

SUPERIOR TRIBUNAL DE JUSTIÇA. Revista Eletrônica - Súmula 277. Disponível em: file:///C:/Users/Cliente/Downloads/5800-21005-1-SM%20(3).pdf. Acesso em: 10 mar. 2023.

SUPERIOR TRIBUNAL DE JUSTIÇA. Revista Eletrônica – Súmula 301. Disponível em: https://www.stj.jus.br/docs_internet/revista/eletronica/stj-revista-sumulas-2011_23_capSumula301.pdf. Acesso em: 10 mar. 2023.

IMPORTÂNCIA E VALIDADE DA PROVA DIGITAL NAS AÇÕES DE ALIMENTOS

Patrícia Corrêa Sanches

Doutora em Ciências Jurídicas e Sociais. Docente na Escola da Magistratura do Tribunal de Justiça do Estado do Rio de Janeiro – EMERJ, e nos Cursos de Pós-Graduação do IBDFAM e ESA-SP. Presidente da Comissão Nacional de Família e Tecnologia do IBDFAM. Coordenadora e coautora do livro Direito das Famílias e Sucessões na Era Digital. Advogada.

Sumário: 1. O que é prova digital? – 2. Tipos de provas digitais utilizadas em processos de alimentos; 2.1 Ata notarial; 2.2 Inspeção judicial; 2.3 Prova pericial; 2.4 Prova documental digital; 2.4.1 Os desafios da prova documental digital; 2.4.2 Integridade e autenticidade da prova digital – 3. STJ e a (in)validade da prova digital – 4. Conclusão – Referências.

Trata-se de um tema, ao mesmo tempo, complexo e delicado, com importantes fatores a serem considerados. O primeiro deles é a diversidade de elementos que podemos considerar como prova digital; o segundo, que cada tipo demanda tratamento específico. Todos esses elementos podem ser relevantes em processos de alimentos, pois são capazes de comprovar, além da existência de acordos firmados, comunicações entre as partes envolvidas e, também, a necessidade de quem pede o pensionamento e a capacidade financeira de quem se pleiteia a obrigação.

No entanto, a dificuldade do credor de alimentos de produzir prova da capacidade do devedor, como preceitua Cristiano Chaves de Farias, "caracteriza uma tragédia processual", e continua afirmando que:

> Todavia, muita vez, inexiste prova segura acerca dos ganhos do alimentante, o que torna sobremaneira difícil a fixação da verba, praticamente infernal, desesperançando o credor e fazendo periclitar o próprio sistema jurídico. O problema que se afigura, nesse específico ponto, ao meu sentir, diz respeito à própria compreensão da prova prevalecente entre os juristas: suposta reconstrução da verdade dos fatos da vida.[1]

Tal dificuldade processual tem levado a doutrina e a jurisprudência a permitirem a utilização da teoria da aparência, para demonstrar a exteriorização de pretensa riqueza do devedor de alimentos, estampada em fotos nas redes sociais. Nesse caso, o ônus da prova de demonstrar que aquele fato não condiz com a realidade da vida do devedor volta-se a ele próprio.

---

1. FARIAS. Cristiano Chaves. A utilização das redes sociais como prova da capacidade contributiva do devedor e da necessidade do credor nas ações de alimentos: vencendo uma prova infernal. In: SANCHES, Patrícia Corrêa (Coord.). *Direito das Famílias e Sucessões na Era Digital*. Belo Horizonte: Editora IBDFAM, 2021, p. 370.

Existem vários tipos de arquivos digitais que podem ser apresentados em processos judiciais, tais como: a) e-mails trocados entre as partes envolvidas no caso; b) mensagens de texto enviadas por meio de aplicativos de mensagens, como WhatsApp e Messenger; c) registros de chamadas de telefones celulares ou fixos, que mostram quando as partes envolvidas se comunicaram entre si; d) documentos em formato do Word, Excel e PDF; e) registros da internet, como o histórico de navegação da web, que pode ser usado para mostrar a atividade on-line das partes envolvidas no caso; f) fotos e vídeos, mostrando as imagens de fatos ocorridos; g) registros de GPS com informações de localização armazenadas em dispositivos eletrônicos, como smartphones, e que podem ser usados como prova de onde as partes envolvidas estavam em determinado momento; h) registros de redes sociais com conteúdo postado no Facebook, Instagram e Twitter, e outras redes sociais; i) gravações de áudio, dentre outros.

É importante lembrar que todas essas provas digitais precisam ser coletadas, armazenadas e apresentadas corretamente para que sejam aceitas como evidências legítimas. Além disso, é preciso ter cuidado com a manipulação de provas digitais, especialmente com o uso de inteligência artificial, para garantir que as provas apresentadas sejam íntegras e autênticas.

A possibilidade de utilização das provas digitais no Brasil advém da Lei 11.419/2006, que instituiu o processo eletrônico, alterando o Código de Processo Civil de 1973, vigente à época. Atualmente, o Código de Processo Civil de 2015 e o Marco Civil da Internet (Lei 12.965/2014) provêm o fundamento jurídico que possibilita a produção e a obtenção das provas digitais. De acordo com essas normativas, as provas digitais são admitidas desde que observados os requisitos de autenticidade e integridade, garantindo que sejam produzidas por meio de mecanismos seguros, ou seja, caso a prova seja questionada, que se possa provar a idoneidade e afastar indícios de fraude ou manipulação do material.

1. O QUE É PROVA DIGITAL?

Nas palavras de Alexandre Freitas Câmara, "prova é todo elemento trazido ao processo para contribuir com a formação do convencimento do juiz a respeito da veracidade das alegações concernentes aos fatos da causa".[2]

O Código de Processo Civil prevê diversas provas típicas, e ainda admite outras atípicas, desde que produzidas de maneira idônea. A partir do art. 384 do CPC, alguns tipos de provas típicas são elencadas: ata notarial (art. 384), depoimento pessoal (art. 385), confissão (art. 389), exibição de documento ou coisa (art. 396), prova documental (art. 405), prova testemunhal (art. 442), prova pericial (art. 464), e inspeção judicial (art. 481) – embora a boa doutrina discuta a natureza da exibição de documento ou coisa como elemento de prova.

---

2. CÂMARA, Alexandre Freitas. *Manual de Direito Processual Civil*. Barueri: 2022, p. 381.

A prova digital é um arquivo eletrônico que pode demonstrar um fato ocorrido de forma permanente, com o objetivo de contribuir para o convencimento do juízo, desde que, processualmente, fiquem atestadas a integridade e a autenticidade dos documentos juntados a esse fim.

Os documentos digitais são, tecnicamente, uma sequência binária que somente pode ser lida e traduzida para a compreensão humana através do sistema. Esses documentos se subdividem em duas categorias: digitais por natureza, ou seja, são criados diretamente em meio eletrônico, como as fotos e os vídeos feitos por celulares, mensagens de WhatsApp etc.; e documentos digitalizados, que foram gerados em meio físico e, posteriormente, passaram pelo processo de digitalização, a exemplo de correspondências e de tantos outros documentos em papel, que são fotografados ou "escaneados", passando a existir no meio digital.

A Lei 12.965, de 23 de abril de 2014, conhecida como Marco Civil da Internet no Brasil, tocou em questões pertinentes à informática em geral e ao direito à prova, mas não regulamentou minuciosamente essas questões, levantando críticas sobre sua possível incompletude e problemas interpretativos.

No contexto das ações de alimentos, as provas em formato digital são excelentes ferramentas para demonstrar a real capacidade da pessoa que tem o dever jurídico de prestar os alimentos, assim como, a real necessidade de quem os pleiteia. Fotos e vídeos publicados em redes sociais, cada vez mais, vêm sendo utilizados como provas nesses tipos de processos, especialmente quando ocorre a incompatibilidade entre o discurso apresentado (tanto da inicial, quanto na contestação), e o que a pessoa exterioriza de sua vida pessoal nas redes sociais.

2. TIPOS DE PROVAS DIGITAIS UTILIZADAS EM PROCESSOS DE ALIMENTOS

Conforme exposto, existem diversos tipos de provas previstos em nosso ordenamento jurídico: ata notarial, pericial, testemunhal, documental e inspeção judicial que, com o advento do processo judicial eletrônico, passaram a ser apresentados no formato digital.

A vida cotidiana passou a ser contada através das redes sociais, as comunicações passaram a ser realizadas por aplicativos de mensagens e por e-mail, situações que facilitam o arregimento de provas para comprovar a realidade econômica das pessoas envolvidas nos processos de alimentos – tanto de quem deve pagar quanto de quem necessita receber.

Diante da diversidade dos tipos de provas que são previstos em nosso ordenamento, bem como de suas particularidades, vamos nos ater àquelas que mais impactam nos processos de alimentos.

2.1 Ata notarial

O CPC trata da ata notarial em apenas um único artigo. A requerimento do interessado, um determinado fato poderá ser atestado pelo tabelião que colocará, em uma ata, a descrição do que está vendo ou ouvindo. Por ser lavrada pelo tabelião de um tabelionato de notas[3] denomina-se ata notarial e pode conter escritos e imagens.

> Art. 384. A existência e o modo de existir de algum fato podem ser atestados ou documentados, a requerimento do interessado, mediante ata lavrada por tabelião.
>
> Parágrafo único. Dados representados por imagem ou som gravados em arquivos eletrônicos poderão constar da ata notarial.

A ata notarial pode ser originada através da impressão em papel e entregue ao requerente. Ocorre que, nos processos eletrônicos, para que essa ata notarial sirva como prova, ela terá que ser digitalizada e juntada aos autos do processo – afinal, o que não está nos autos, não está no mundo.

A Resolução 100/2020 do CNJ – Conselho Nacional de Justiça, que dispõe sobre a prática de atos notariais eletrônicos utilizando o sistema e-Notariado, regulamentou as atas notariais em formato eletrônico – emitidas em formato PDF/A que não permite alteração. Ou seja, passou a não ser necessário que a ata notarial fosse digitalizada (ou escaneada) para integrar os autos do processo eletrônico, bastando ser emitida em arquivo eletrônico e fazer o *upload* no sistema do Tribunal.

> Art. 20. Ao tabelião de notas da circunscrição do fato constatado ou, quando inaplicável este critério, ao tabelião do domicílio do requerente compete lavrar as atas notariais eletrônicas, de forma remota e com exclusividade por meio do e-Notariado, com a realização de videoconferência e assinaturas digitais das partes.

Fernanda Tartuce bem expõe sobre as inúmeras possibilidades de utilização da ata notarial, voltando-se à realidade do mundo digital:

> Por meio da ata notarial, o notário certifica ocorrências e acontecimentos com imparcialidade e autenticidade, pré-constituindo prova sobre páginas eletrônicas, sites ou outros documentos eletrônicos (como e-mails ou mensagens de celular), fixando um fato. Por esse meio também é possível provar fatos caluniosos, injúrias e difamações.[4]

Nas ações em que se busca a definição de uma prestação alimentícia, as atas notariais são bastante úteis e vêm sendo cada vez mais utilizadas.

Imaginemos uma moça com 19 anos, que receba alimentos de seu pai, poste em redes sociais as fotos da assinatura da sua união estável, da festa de comemoração e, posteriormente, da sua viagem de lua de mel. Ora, a união estável da filha maior de idade faz cessar o dever de prestar alimentos (art. 1.708, CC). Ao perceber a situação, a filha-alimentanda poderá retirar, a qualquer momento, as postagens das redes sociais, prejudicando o elemento de prova do pai-alimentante para requerer a exoneração dos alimentos. Nesse caso, é cabível que o interessado requeira uma ata notarial, em que

---

3. Lei 8.935/1994. Art. 7º Aos tabeliães de notas compete com exclusividade: (...) III – lavrar atas notariais.
4. TARTUCE, Fernanda. Prova nos processos de família e no projeto do CPC: ônus da prova, provas ilícitas e ata notarial. *Anais do IX Congresso Brasileiro de Direito de Família Famílias*: Pluralidade e Felicidade. IBDFAM. p. 355. Disponível em: https://ibdfam.org.br/assets/upload/anais/309.pdf. Acesso: mar. 2023.

o tabelião poderá fazer *prints* da tela, contendo as fotos e as postagens, descrevendo o fato e sedimentando as informações na ata notarial. Ainda que essa filha retire as postagens, o fato já estará demonstrado em um instrumento com fé pública.

2.2 Inspeção Judicial

A prova produzida através da inspeção judicial é obtida pela verificação direta realizada pela juíza/juiz que poderá acessar, por exemplo, um site, uma rede social ou mesmo os arquivos no celular das partes presentes, para conhecer dos fatos alusivos à prova. Nesta hipótese, não será produzida uma prova documental e sim, uma prova por inspeção judicial que será integrada aos autos através de uma ata ou termo de audiência. Porém, quando a inspeção for realizada fora da sede do juízo (verificação *in loco, por exemplo*), será lavrado o auto da inspeção – portanto, difere a prova documental da prova documentada – e nesse caso teremos a prova da inspeção judicial documentada através de uma ata (ou auto) juntada aos autos do processo.

A integração da inspeção judicial como elemento de prova, por essência, precisa estar documentada nos autos – seja através de uma ata, termo de audiência ou auto da inspeção – e deve conter tudo o que foi visto e examinado pelo juízo, inclusive pode conter fotos, prints de tela, e tudo o que se fizer necessário para demonstração do fato inspecionado.

> Art. 484. Concluída a diligência, o juiz mandará lavrar auto circunstanciado, mencionando nele tudo quanto for útil ao julgamento da causa.
> Parágrafo único. O auto poderá ser instruído com desenho, gráfico ou fotografia.

O Tribunal e Justiça do RS considerou a prova trazida pela inspeção judicial que, na ocasião fez com que o juiz verificasse o celular da autora, demonstrando a quantidade abusiva de mensagens de texto, em uma ação em defesa do consumidor:

> Recurso inominado. Consumidor. Telefonia. Ação de obrigação de não fazer c/c indenização por danos morais. Recebimento ininterrupto de mensagens de texto idênticas enviadas pela operadora de telefonia. Tentativa de solução administrativa do problema, sem êxito. *Realização de inspeção judicial no aparelho celular da autora*. Perturbação do sossego configurada. Dano moral excepcionalmente caracterizado no caso concreto. Quantum indenizatório fixado em r$ 2.500,00 que não comporta redução, pois arbitrado de acordo com os princípios da razoabilidade e da proporcionalidade. Sentença mantida por seus próprios fundamentos. Recurso desprovido. (Recurso Cível 71006812804, Quarta Turma Recursal Cível, Turmas Recursais, Relator: Glaucia Dipp Dreher, Julgado em 14.09.2017).

2.3 Prova pericial

Outro tipo comum de prova é a pericial, que é produzida por profissional que, em regra, possui especialização no assunto e produzirá um laudo revelando um fato fundamentado no conhecimento técnico. Apesar do laudo ser um documento a ser juntado aos autos do processo, importante frisar que não será uma prova documental, mas sim uma prova pericial.

A prova pericial pode ser de 3 espécies (art. 464): exame (a perícia que tem por objeto pessoas ou bens móveis), vistoria (perícia cujo objeto é um bem imóvel) e avaliação (perícia cujo único objeto é a determinação do valor de mercado de um bem móvel ou imóvel).[5]

Em processo eletrônico, a prova pericial será juntada no formato digital – o que possibilita que o laudo traga informações escritas e, também, poderá conter fotos, vídeos e links que remetam a informações complementares para além do documento juntado. Muitas vezes, é necessária uma perícia contábil para elucidar a capacidade do alimentante, a exemplo de um empresário com uma diversidade de negócios, lucros e dividendos.

Na hipótese do alimentante negar que possua investimentos em criptomoedas, o fato dos investimentos ocorrerem por operadoras internacionais poderá dificultar a demonstração desses ativos. Nesse caso, uma perícia realizada por profissional da informática possa atestar o rastreio da informação.

Cada vez mais, os profissionais com especialização na área de informática vêm sendo chamados a prestar perícias judiciais, para elucidarem fatos extraídos de redes sociais, arquivos corrompidos ou deletados, verificação de localização via GPS integrado ao aparelho celular, dentre outras diversas hipóteses.

A prova pericial é tratada no Código de Processo Civil a partir do art. 464, determinando que é cabível sua produção quando a prova depender de conhecimento especial de pessoa com conhecimento técnico, cabendo ao juízo indeferi-la quando for desnecessária diante da existência de outras provas que já demonstram o fato alegado.

2.4 Prova documental digital

A prova documental é aquela apresentada ou requerida pela parte interessada, consistente em escritos – como contratos, recibos, certidões – e, também, fotos, vídeos, localização por GPS etc.

Mas, afinal, o que podemos considerar como documento? O documento pode ser físico ou digital, e permite o registro de um fato de maneira permanente. Nesse contexto, o vídeo, o áudio, as mensagens trocadas por e-mail ou por aplicativos – SMS, WhatsApp, e Messenger, são exemplos de documentos digitais, assim como os livros, os demais escritos no papel ou na parede, os antigos retratos expostos nos móveis da sala são exemplos de documentos físicos.

Bem sintetizam o documento como elemento de prova, Fredie Didier Jr., Paula S. Braga e Rafael A. de Oliveira, quando escrevem que:

> O conceito de documento sempre se construiu sobre os seguintes elementos: a) coisa, b) representativa de um fato, c) por obra da atividade humana.[6]

---

5. DIDIER Jr., Fredie. BRAGA, Paula Sarno. OLIVEIRA, Rafael Alexandria de. *Curso de Direito Processual Civil*. 17. ed. São Paulo: JusPodivm, 2022, p. 425
6. DIDIER Jr., Fredie. BRAGA, Paula Sarno. OLIVEIRA, Rafael Alexandria de. *Curso de Direito Processual Civil*. 17. ed. São Paulo: JusPodivm, 2022, p. 225

E continuam ensinando sobre a necessidade da autoria humana, a ser considerado no conceito de documento:

> c) documento é coisa representativa de um fato por obra da atividade humana. Ainda que a atividade humana não tenha por objetivo a documentação do fato para posterior utilização disso como meio de prova num processo judicial, é inerente à noção de documento que ele derive de um ato humano. A atividade humana (autoria), conforme se verá adiante, é pressuposto de existência do documento, embora haja quem defenda a existência do documento mesmo que não se possa identificar a sua autoria, isto é, mesmo que ele não decorra da atividade humana.[7]

Conceitualmente, vimos que os documentos são produtos da atividade humana, porém, com o avanço da Inteligência Artificial, nos encontramos frente a frente com a quebra de diversos paradigmas. A interação da vida cotidiana com a tecnologia foi impulsionada, principalmente, com a popularização da internet, que passou a permitir a comunicação cada vez mais veloz, até chegarmos à instantaneidade de hoje – os fatos acontecem e são documentados e compartilhados em tempo real.

Por séculos, o incremento das novidades seguiu de maneira linear. Atualmente, o surgimento de novas tecnologias acontece de forma exponencial, acelerando o ritmo das inovações, que passaram a ser indissociáveis da vida em sociedade.

A partir dessa realidade social, é mais comum a produção de documentos digitais do que físicos, a exemplo das fotografias que são produzidas pelos celulares, ou por máquinas fotográficas que passaram a ser digitais, ressalvando alguns nostálgicos que utilizam filmes e fazem a "revelação" da foto em papel.

No contexto da prova digital apresentada como uma reprodução digitalizada de um documento físico, a lei processual civil a considera com o mesmo valor probatório que o original:

> Art. 425. Fazem a mesma prova que os originais:
> (...)
> VI – As reproduções digitalizadas de qualquer documento público ou particular, quando juntadas aos autos pelos órgãos da justiça e seus auxiliares, pelo Ministério Público e seus auxiliares, pela Defensoria Pública e seus auxiliares, pelas procuradorias, pelas repartições públicas em geral e por advogados, ressalvada a alegação motivada e fundamentada de adulteração.
> § 1º Os originais dos documentos digitalizados mencionados no inciso VI deverão ser preservados pelo seu detentor até o final do prazo para propositura de ação rescisória.
> § 2º Tratando-se de cópia digital de título executivo extrajudicial ou de documento relevante à instrução do processo, o juiz poderá determinar seu depósito em cartório ou secretaria.

O texto legal, acima descrito, demonstra que na produção de provas digitais advindas da digitalização de documentos originais, estes precisam "ser preservados pelo seu detentor até o final do prazo para propositura de ação rescisória" – CPC, art. 425, § 1º.

---

7. Op. cit., p. 227.

Agora, atentemos que o juízo de primeiro grau deverá tomar conhecimento do conteúdo de vídeos e áudios apresentados como provas digitais em audiência – após prévia intimação das partes, conforme o CPC vigente:

> Art. 434. Incumbe à parte instruir a petição inicial ou a contestação com os documentos destinados a provar suas alegações.
>
> Parágrafo único. Quando o documento consistir em reprodução cinematográfica ou fonográfica, a parte deverá trazê-lo nos termos do caput, mas sua exposição será realizada em audiência, intimando-se previamente as partes.

A juíza ou o juiz ouvirá o áudio e assistirá o vídeo em audiência e na presença das partes ou seus representantes. Essa conduta processual fará com que tenham a certeza de que o juízo teve conhecimento dos fatos ali alegados, cabendo à parte interessada, se for o caso, impugnar a prova.

2.4.1 Os desafios da prova documental digital

A prova digital em processo judicial necessita de uma produção e apresentação correta nos autos, uma vez que podem ser manipuladas e, portanto, devem ser coletadas, armazenadas e apresentadas de forma adequada para serem aceitas como prova legítima.

Os desafios específicos que a advocacia enfrenta na produção e apresentação dessas provas em formato digital advêm da complexidade das tecnologias envolvidas, e se julgadores e partes envolvidas não tiverem o mínimo de conhecimento quanto aos riscos da tecnologia, as provas em formato digital podem afetar o convencimento do juízo, levado a uma falsa aferição da verdade.

A inteligência artificial pode ser utilizada para manipular provas digitais, como fotos e vídeos, de maneira a torná-las falsas e enganosas. Isso pode ser feito usando tecnologias de processamento de imagens e de aprendizado de máquina para modificar as características da imagem original ou para criar imagens totalmente falsas. Sites e aplicativos que utilizam essa tecnologia passaram a oferecer sistemas capazes de automatizar todo o processo. Essas técnicas podem ser usadas, por exemplo, para criar *deepfakes*, que são vídeos e áudios falsos, porém muito realistas, usando inteligência artificial – e somente uma análise atenta aos mínimos detalhes é capaz de descobrir a falsidade.

A manipulação de provas digitais sempre trouxe preocupações, no entanto, o aprimoramento e a popularização da inteligência artificial tornaram exponencial essa inquietação, uma vez que fotos, áudios e vídeos podem ser importantes elementos de provas, principalmente nos dias atuais, onde ocorre farta produção desses arquivos. Por essas razões, é importante que se tomem medidas para verificar a integridade das provas digitais que forem apresentadas.

A mesma inteligência artificial usada para manipular provas digitais, também pode estar a serviço da análise e da afirmação da autenticidade e da integridade dos arquivos de provas digitais.

Para superar esses desafios, é importante envolver especialistas forenses digitais, com conhecimento específico para cada tipo de prova digital produzida.

Algumas técnicas de verificação de integridade e autenticidade incluem a análise dos metadados, que são informações incorporadas na imagem ou no arquivo e, também, a comparação de imagens com outras fontes conhecidas para determinar a veracidade – técnicas que o perito precisa ter o absoluto domínio para uma correta análise.

Existem maneiras de garantir a autenticidade e integridade das provas eletrônicas, incluindo a utilização de assinaturas digitais, certificados digitais e técnicas de *hash*. Além disso, é preciso atentar para a forma adequada de coleta, preservação e apresentação dessas provas para garantir sua aceitação como prova legítima.

Guilherme de Siqueira Pastore, juiz de direito do Tribunal de Justiça do estado de São Paulo, discorre sobre a facilidade da produção da prova digital, considerando a atual familiaridade com os dispositivos eletrônicos:

> Na verdade, a dificuldade em relação à prova digital se inverteu: a onipresença da tecnologia, fora do restrito âmbito processual, e a crescente familiaridade dos profissionais do direito com as fontes de prova que frequentemente interessam ao processo – basta pensar nos históricos de conversas travadas por meio de aplicativos de celular, reproduzidos por imagem da tela do dispositivo –, somados à legislação lacunosa, têm resultado na prevalência da confiança individual e subjetiva em cada específica fonte de prova, muitas vezes superficial e alheia às suas características técnicas, em detrimento de análise objetiva dos riscos que a atividade probatória envolve.[8]

Continua o mesmo autor, ressaltando a confiabilidade da prova, seja ela a natureza que tiver, para que possa cumprir sua finalidade a serviço da verdade:

> A lei não passou integralmente ao largo desse risco, ao preceituar que qualquer reprodução mecânica ou eletrônica tem o valor do original, se não for impugnada (art. 225 do Código Civil), e que as fotografias digitais, assim como a forma impressa das mensagens eletrônicas, fazem prova do que reproduzem até a impugnação, cabendo, neste caso, a "autenticação eletrônica" ou a realização de perícia (art. 422, §§ 1º e 3º, do Código de Processo Civil).[9]

2.4.2 Integridade e autenticidade da prova digital

A força probante é o resultado da credibilidade que se dá à determinado elemento de prova. No entanto, essa força pode ser cessada através de uma declaração judicial de falsidade.

No contexto jurídico brasileiro, a Medida Provisória 2.200-2, de 2001, foi de extrema importância ao instituir a Infraestrutura de Chaves Públicas Brasileira – ICP-Brasil, reconhecendo expressamente a validade dos documentos eletrônicos. Além disso, a Lei 11.419, de 19 de dezembro de 2006, estabeleceu a informatização

---

8. PASTORES, Guilherme de Siqueira. Considerações sobre a autenticidade e a integridade da prova digital. *Cadernos Jurídicos da Escola da Magistratura de São Paulo*, ano 21, n. 53, p. 63-79, jan./mar. 2020. Disponível em: https://bdjur.stj.jus.br/jspui/bitstream/2011/142286/consideracoes_autenticidade_integridade_pastore.pdf. p. 67. Acesso em: mar. 2023.
9. Idem, p. 68.

do processo digital e reconheceu a assinatura digital como garantia de autenticidade das informações e admitiu a conservação dos autos em meio exclusivamente eletrônico, desde que garantida a integridade dos dados:

> Art. 11. Os documentos produzidos eletronicamente e juntados aos processos eletrônicos com garantia da origem e de seu signatário, na forma estabelecida nesta Lei, serão considerados originais para todos os efeitos legais.

Por meio de editores de imagem e aplicativos, encontrados facilmente na internet, é possível criar imagens de telas de computador e celulares que parecem autênticas. A lei reconhece que reproduções mecânicas e eletrônicas têm valor probatório, desde que não sejam impugnadas, conforme se extrai do Código de Processo Civil vigente, que passou a tratar, expressamente, da prova digital, embora com algumas lacunas:

> Art. 225. As reproduções fotográficas, cinematográficas, os registros fonográficos e, em geral, quaisquer outras reproduções mecânicas ou eletrônicas de fatos ou de coisas fazem prova plena destes, se a parte, contra quem forem exibidos, não lhes impugnar a exatidão.

A integridade e a autenticidade das provas eletrônicas são essenciais para a justiça e a efetividade do processo judicial, sendo imprescindível a garantia da segurança e da confiabilidade dessas provas para que sejam aceitas como evidências legítimas. Caso o documento não seja impugnado pela parte interessada, passará a fazer prova do fato alegado, conforme dispõe o CPC no caput do art. 422, abaixo transcrito:

> Art. 422. Qualquer reprodução mecânica, como a fotográfica, a cinematográfica, a fonográfica ou de outra espécie, tem aptidão para fazer prova dos fatos ou das coisas representadas, se a sua conformidade com o documento original não for impugnada por aquele contra quem foi produzida.

O mesmo dispositivo especifica quanto à produção de provas digitais, apresentadas através de imagens extraídas da internet que, se não forem impugnadas, passam a ser válidas. No entanto, caso sejam impugnadas, a parte que as produziu deverá apresentar a autenticação eletrônica da imagem ou demonstrar sua autenticidade através de perícia.

> § 1º As fotografias digitais e as extraídas da rede mundial de computadores fazem prova das imagens que reproduzem, devendo, se impugnadas, ser apresentada a respectiva autenticação eletrônica ou, não sendo possível, realizada perícia.

Será mais fácil a demonstração da autenticidade da foto digital apresentada em juízo se esta advir de um jornal ou revista, bastando, no caso de impugnação, que seja apresentado o exemplar original.

> § 2º Se se tratar de fotografia publicada em jornal ou revista, será exigido um exemplar original do periódico, caso impugnada a veracidade pela outra parte.

Em se tratando da reprodução impressa de um e-mail ou de mensagens eletrônicas, por exemplo, o original deve ser preservado para que possam ser verificados, em caso de impugnação.

> § 3º Aplica-se o disposto neste artigo à forma impressa de mensagem eletrônica.

O CPC concede valor probatório aos documentos digitais produzidos e juntados aos autos dos processos eletrônicos, desde que sejam atestados por aquele que emite o documento, de que conferem com o original:

> Art. 425. Fazem a mesma prova que os originais:
>
> (...)
>
> V – os extratos digitais de bancos de dados públicos e privados, desde que atestado pelo seu emitente, sob as penas da lei, que as informações conferem com o que consta na origem.

No entanto, a fé pública não é absoluta, vez que a declaração judicial de que determinado documento não seja verdadeiro ou que tenha sido alterado faz cessar a força probante, conforme determina o CPC:

> Art. 427. Cessa a fé do documento público ou particular sendo-lhe declarada judicialmente a falsidade.

A falsidade relaciona-se com a falta de autenticidade e/ou com a falta de integridade. A autenticidade refere-se à autoria do documento, significando dizer que um documento autêntico é aquele que se demonstra advir do autor a ele atribuído. A exemplo da uma pessoa que junta aos autos, os e-mails que recebeu da parte Ré como prova de seus rendimentos. Neste caso, muito importante que, além da impressão em arquivo PDF dos e-mails que se pretende demonstrar, seja juntado o teor eletrônico original que demonstra o rastreio contendo o IP, data e horário de envio e recebimento do e-mail.

Citando Francesco Carnelutti e Moacyr Amaral Santos, mais uma vez Fredie Didier Jr., Paula Braga e Rafael Oliveira, afirmam que "é autêntico o documento quando a autoria aparente corresponde à autoria real, isto é, quando ele efetivamente provém do autor nele indicado".[10]

Importante ressaltar que a autenticidade é presumida nos documentos públicos. Nos documentos particulares, a presunção advém da assinatura reconhecida pelo tabelião, ou por outro meio legal de certificação – ainda que eletrônica, a exemplo da utilização de certificação através de uma *Blockchain*. A esse respeito, sintetiza bem a autenticidade utilizando-se essa tecnologia, a edição 763 do Informativo de Jurisprudência do STJ:

> Aplicando-se uma técnica de algoritmo hash, é possível obter uma assinatura única para cada arquivo – uma espécie de impressão digital ou DNA, por assim dizer, do arquivo. Esse código hash gerado da imagem teria um valor diferente caso um único bit de informação fosse alterado em alguma etapa da investigação, quando a fonte de prova já estivesse sob a custódia da polícia. Mesmo alterações pontuais e mínimas no arquivo resultariam numa hash totalmente diferente, pelo que se denomina em tecnologia da informação de efeito avalanche.

---

10. DIDIER Jr., Fredie. BRAGA, Paula Sarno. OLIVEIRA, Rafael Alexandria de. *Curso de Direito Processual Civil*. 17. ed. São Paulo: JusPodivm, 2022, v. 2, p. 240.

Tendo em vista que um documento certificado em uma Blockchain torna fácil a verificação de sua autenticidade, vem sendo utilizada com mais frequência, à medida que o acesso a essa tecnologia vai se popularizando.

Em todos os casos, nos termos do art. 411, III do CPC, se não houver impugnação da parte interessada quanto à autenticidade do documento, este será considerado autêntico[11]. Quem produz a prova, tem o ônus de provar sua autenticidade, no entanto, quando a impugnação se refere à integridade, o ônus da prova recai sobre aquele que arguir a falsidade do documento:

> Art. 429. Incumbe o ônus da prova quando:
> I – se tratar de falsidade de documento ou de preenchimento abusivo, à parte que a arguir;
> II – se tratar de impugnação da autenticidade, à parte que produziu o documento.

A integridade relaciona-se à falsidade em sentido estrito, advindo do vício intrínseco, referente ao conteúdo do documento, a exemplo, de afirmar ou demonstrar um fato que não existiu.

> Art. 427. (...)
> Parágrafo único. A falsidade consiste em:
> I – formar documento não verdadeiro;
> II – alterar documento verdadeiro.

O vício extrínseco diz respeito à forma do documento, a exemplo de um borrão que faz com que o documento seja ininteligível. Tal situação não o qualifica como falso, portanto, nem todo vício remete a uma falsidade – a exemplo do comprovante de rendimentos que foi "escaneado" com baixa qualidade, e não permite aferir o valor ali exposto.

Portanto, integridade e autenticidade são elementos diferentes e imprescindíveis para a garantia de um julgamento justo, considerando as provas produzidas pelas partes.

A validade desse tipo de prova depende, como vimos, de alguns fatores jurídicos obrigatórios, como a integridade e a autenticidade, verificados através da análise da consistência técnica, bem como a identificação do autor, a data e a hora da criação, sem esquecermos da licitude na obtenção da prova.

3. STJ E A (IN)VALIDADE DA PROVA DIGITAL

A 6ª Turma do Superior Tribunal de Justiça, em fevereiro de 2021, seguindo julgamentos anteriores, considerou o *print* da tela do WhatsApp Web como prova inválida. Tratava-se de um processo penal, em que a prova apresentada não demonstrava a

---

11. Art. 411. Considera-se autêntico o documento quando: I – o tabelião reconhecer a firma do signatário; II – a autoria estiver identificada por qualquer outro meio legal de certificação, inclusive eletrônico, nos termos da lei; III – não houver impugnação da parte contra quem foi produzido o documento.

cadeia de custódia, que é o rastreamento do vestígio desde a sua origem (art. 158-B do CPP) – o que não foi possível rastrear através do *print* estático da tela do computador.

> Daí o presente recurso, em que aduz constrangimento ilegal, ao argumento de que os prints das telas de conversas de WhatsApp, juntadas à denúncia anônima, não têm autenticidade porque não apresentada a cadeia de custódia da prova, portanto, é de ser considerada ilícita e desentranhada dos autos.
> Voto do ministro relator Nefi Cordeiro. AgRg no Recurso em Habeas Corpus 133.430 – PE (2020/0217582-8).[12]

A questão, ali ventilada, estava relacionada à facilidade de adulterar a prova utilizando o WhatsApp Web, que espelhava o aplicativo instalado no celular, e permitia apagar mensagens sem deixar vestígios.

No entanto, como veremos a seguir, a discussão sobre a validade da prova apresentada como *print* de WhatsApp está longe de ser pacífica dentro do próprio STJ, uma vez que a 5ª Turma considerou a prova válida, no julgamento do AgRg no HC 752.444, conforme o voto do relator Ministro Ribeiro Dantas:

> O acusado, embora tenha alegado possuir contraprova, quando instado a apresentá-la, furtou-se de entregar o seu aparelho celular ou de exibir os *prints* que alegava terem sido adulterados, o que só reforça a legitimidade da prova.

O relator ressaltou que o magistrado, em primeira instância, do Tribunal de Justiça da Santa Catarina, afastou quaisquer elementos que levassem a invalidade da prova, pois entendeu que foi demonstrada a sequência lógica e temporal, tendo sido juntados, na ocasião, os *prints* da tela na ordem em que as mensagens foram enviadas, com a continuidade da conversa sem qualquer interrupção, fazendo constar "uma mensagem que aparece na parte de baixo de uma tela aparece também na parte superior da tela seguinte, indicando que, portanto, não são trechos desconexos".

Em fevereiro de 2023, foi divulgada pelo STJ a edição 763 do seu Informativo de Jurisprudência que deu destaque aos parâmetros para utilização e confiabilidade das provas digitais seguindo o entendimento da 5ª. Turma – que, por maioria, entendeu serem inadmissíveis as provas digitais sem registro documental. No entanto, importante ressaltar que os julgamentos nessa matéria proferidos no STJ estão relacionados a processos de natureza penal, porém, servem de norte para a produção desse tipo de prova em processos civis:

> STJ. Processo em segredo de justiça, Rel. Ministro Messod Azulay Neto, Rel. Acd. Ministro Ribeiro Dantas, Quinta Turma, por maioria, julgado em 07.02.2023.
> Inquérito policial. Busca e apreensão. Computadores apreendidos pela polícia. Quebra da cadeia de custódia. Ausência de registros documentais sobre o modo de coleta e preservação dos equipamentos. Violação à confiabilidade, integridade e autenticidade da prova digital. Inadmissibilidade da prova.

---

12. Recurso em Habeas Corpus 133.430-PE (2020/0217582-8) /STJ.

No entanto, a situação processual dos julgados pela 6ª. Turma diferem daquela que foi julgada pela 5ª Turma, que entendeu pela validade da prova digital, uma vez que, nesse caso, foram apresentados os *prints* da tela do WhatsApp, concedendo ao Réu o direito de manifestar-se sobre o conteúdo daquela prova, evitando qualquer violação aos direitos e princípios constitucionais de ampla defesa, conforme trecho extraído do voto do relator, seguido por unanimidade:

> Conforme registrado na decisão agravada, o instituto da quebra da cadeia de custódia, como se sabe, diz respeito à idoneidade do caminho que deve ser percorrido pela prova até sua análise pelo magistrado, sendo certo que qualquer interferência durante o trâmite processual pode resultar na sua imprestabilidade. Tem como objetivo garantir a todos os acusados o devido processo legal e os recursos a ele inerentes, como a ampla defesa, o contraditório e principalmente o direito à prova lícita.
>
> No presente caso, não foi verificada a ocorrência de quebra da cadeia de custódia, pois em nenhum momento foi demonstrado qualquer indício de adulteração da prova, ou de alteração da ordem cronológica da conversa de WhatsApp obtida através dos prints da tela do aparelho celular da vítima.[13]

Imaginemos a seguinte hipótese fática: uma pessoa que necessita receber a prestação alimentícia junta como prova a troca de mensagens com afirmações do alimentante de que possui capacidade financeira, porém se nega a pagar e ainda afirma que esconde o patrimônio, como forma de ameaça de que o processo judicial será ineficaz. Nesse caso, as mensagens poderão ser utilizadas como prova digital desde que preservada a autenticidade e a integridade – ainda que seja uma prova impugnada por falta de integridade, como vimos, o ônus da prova caberá a quem alega a falsidade, nos termos do art. 429, I do CPC.

4. CONCLUSÃO

A validade das provas digitais em processos de alimentos é um tema relevante na atualidade, visto que o uso de tecnologias tem se tornado cada vez mais presente nos tribunais. Em termo geral, as provas digitais são consideradas válidas desde que sejam apresentadas de acordo com as normas estabelecidas no sistema jurídico. De acordo com a lei, as provas digitais têm a mesma validade jurídica que as provas físicas, desde que sua autenticidade e integridade sejam comprovadas.

Atentemos, também, para o princípio do melhor interesse de crianças e adolescentes, que possuem absoluta prioridade por força constitucional (art. 227), tornando premente a efetividade da decisão judicial que fixa os alimentos, alicerçadas pelos elementos de provas válidas. Paulo Lôbo bem discorre sobre esse conceito:

> O princípio parte da concepção de ser a criança e o adolescente como sujeitos de direitos, como pessoas em condição peculiar de desenvolvimento, e não como mero objeto de intervenção

---

13. Voto do relator Ministro Ribeiro Dantas no AgRg no HC 752.444 – STJ – 5ª Turma. Data do julgamento: 04.10.2022.

jurídica e social quando em situação irregular, como ocorria com a legislação anterior sobre os "menores". Nele se reconhece o valor intrínseco e prospectivo das futuras gerações, como exigência ética de realização de vida digna para todos.[14]

O exercício da parentalidade faz surgir o dever de sustento dos filhos sob seus cuidados e enquanto não atingem a maioridade civil. Neste ponto, o dever de sustento diferencia-se do dever de prestar alimentos que passa a ter origem no parentesco, ou seja, após a maioridade civil dos filhos que ainda necessitam da prestação alimentar, assim como dos pais em relação aos filhos, e dos demais parentes entre si.

Importante ressaltar que a sentença que determina a obrigação de pagar alimentos em razão do dever de sustento, ou seja, em favor de filhos menores, somente perderá a forma impositiva, através de outra determinação judicial. Nesse sentido, afirma Flávio Tartuce:

> No caso de menores, reafirme-se que a obrigação alimentar é extinta quando esses atingem a maioridade. Porém, essa extinção não ocorre de forma automática como antes foi exposto, sendo necessária uma ação específica de exoneração para tanto. Nessa linha de pensamento, repise-se que o Superior Tribunal de Justiça editou a Súmula 358, do ano de 2008, estabelecendo expressamente que o cancelamento de pensão alimentícia de filho que atingiu a maioridade está sujeito à decisão judicial, mediante contraditório, ainda que nos próprios autos.[15]

Como notamos, no âmbito dos processos que versam sobre alimentos, a urgência é fator intrínseco. O que se apura é a capacidade contributiva do devedor, a necessidade do credor, e a razoabilidade na determinação do quantum. Essa difícil equação precisa ser resolvida apurando-se a verdade real (ou a que mais dela se aproxima), inclusive com a utilização da teoria da aparência, como nos dizeres de Cristiano Chaves de Farias em artigo que integra a obra Direito das Famílias e Sucessões na Era Digital da editora IBDFAM:

> O uso da teoria da aparência, sem dúvidas, purga o credor das dificuldades de demonstração da capacidade contributiva do devedor, por meio da presunção de capacidade financeira decorrente da demonstração da prática de situações cotidiana compatíveis com alto padrão econômico, como ilustrativamente, a frequência em estabelecimentos de alto custo (como restaurantes, boates...) uso de automóveis de luxo, a realização de viagens, a frequência de lugares badalados pelo público de alta renda, entre outras.[16]

Continua o ilustre doutrinador sobre a importância da prova digital nos processos de alimentos, muitas vezes, a única possível de ser apresentada pelo credor:

---

14. LÔBO, Paulo. Direito de família e os princípios constitucionais. In: Rodrigo da Cunha Pereira (Coord.). *Tratado de direito das famílias*. 3. ed. Belo Horizonte: IBDFAM, 2019, p. 128.
15. TARTUCE, Flávio. Alimentos. In: PEREIRA, Rodrigo da Cunha (Coord.). *Tratado de direito das famílias*. 3. ed. Belo Horizonte: IBDFAM, 2019, p. 593.
16. FARIAS. Cristiano Chaves. A utilização das redes sociais como prova da capacidade contributiva do devedor e da necessidade do credor nas ações de alimentos: vencendo uma prova infernal. In: SANCHES, Patrícia Corrêa (Coord.). *Direito das Famílias e Sucessões na Era Digital*. Belo Horizonte: Editora IBDFAM, 2021, p. 370.

É aqui que se verifica a relevância da utilização processual das postagens publicações em redes sociais, e demais plataformas de comunicação social, como meios demonstrativos da capacidade contributiva do devedor, permitindo que o quantum alimentício seja correspondente à condição publicizada. Afinal de contas, tanta publicidade pessoal de conforto, ostentação e luxo traz consigo uma presunção de uma capacidade financeira demonstrada.

Portanto, principalmente no âmbito das ações de alimentos, onde apura-se a verdade real e permite a utilização da teoria da aparência, se não houve, no momento processual cabível, impugnação da autenticidade (autoria) e se não houve impugnação alegando falsidade (integridade), a prova é válida.

REFERÊNCIAS

BRASIL. CNJ. Conselho Nacional de Justiça. Resolução 100/2020. Disponível em: https://atos.cnj.jus.br/atos/detalhar/3334.

BRASIL. STJ. Superior Tribunal de Justiça. Sexta Turma reafirma invalidade de prova obtida pelo espelhamento de conversas via WhatsApp Web. Disponível em: https://www.stj.jus.br/sites/portalp/Paginas/Comunicacao/Noticias/09032021-Sexta-Turma-reafirma-invalidade-de-prova-obtida-pelo-espelhamento-de-conversas-via-WhatsApp-Web.aspx.

CÂMARA, Alexandre Freitas. *Manual de Direito Processual Civil*. Barueri : Atlas, 2022.

DIDIER Jr., Fredie. BRAGA, Paula Sarno. OLIVEIRA, Rafael Alexandria de. *Curso de Direito Processual Civil*. 17. ed. São Paulo: JusPodivm, 2022.

FARIAS. Cristiano Chaves. A utilização das redes sociais como prova da capacidade contributiva do devedor e da necessidade do credor nas ações de alimentos: vencendo uma prova infernal. In: SANCHES, Patrícia Corrêa (Coord.). *Direito das Famílias e Sucessões na Era Digital*. Belo Horizonte: Editora IBDFAM, 2021.

LÔBO, Paulo. Direito de família e os princípios constitucionais. In: PEREIRA, Rodrigo da Cunha (Coord.). *Tratado de direito das famílias*. 3. ed. Belo Horizonte: IBDFAM, 2019.

PASTORES, Guilherme de Siqueira. Considerações sobre a autenticidade e a integridade da prova digital. Cadernos Jurídicos da Escola da Magistratura de São Paulo, ano 21, n. 53, p. 63-79, jan./mar. 2020. Disponível em: https://bdjur.stj.jus.br/jspui/bitstream/2011/142286/consideracoes_autenticidade_integridade_pastore.pdf.

TARTUCE, Fernanda. Prova nos processos de família e no projeto do CPC: ônus da prova, provas ilícitas e ata notarial. Anais do IX Congresso Brasileiro de Direito de Família Famílias: Pluralidade e Felicidade. IBDFAM. Disponível em: https://ibdfam.org.br/assets/upload/anais/309.pdf.

TARTUCE, Flávio. Alimentos. In: PEREIRA, Rodrigo da Cunha (Coord.). *Tratado de direito das famílias*. 3. ed. Belo Horizonte: IBDFAM, 2019.

REGIME DE IMPUGNAÇÃO DAS DECISÕES INTERLOCUTÓRIAS NAS AÇÕES DE ALIMENTOS: ENTRE O AGRAVO DE INSTRUMENTO E O *HABEAS CORPUS*

Ravi Peixoto

Doutor em direito processual pela UERJ. Mestre em Direito pela UFPE. Procurador do Município do Recife. Advogado. Membro da ANNEP, do CEAPRO e do IBDP.
ravipeixoto@gmail.com

Sumário: 1. Introdução – 2. Agravo de instrumento; 2.1 O problema do rol do art. 1.015 do CPC; 2.2 O rol do art. 1.015; 2.3 Noções sobre a regularidade formal; 2.4 Efeitos do agravo de instrumento – 3. *Habeas corpus* – 4. Entre *habeas corpus* e agravo de instrumento – 5. Conclusão – Referências.

1. INTRODUÇÃO

No processo civil, o regime processual das decisões interlocutórias é relativamente simples. O recurso imediato – quando cabível – é o agravo de instrumento. Não é o momento de avançar em suas peculiaridades, mas a situação é simples: um tipo de decisão da qual cabe um tipo de recurso.

Ocorre que, nas ações de alimentos – e, atualmente, em algumas outras decisões na execução, como as medidas atípicas – o regime de *impugnação* pode ser alterado. Isso porque há, mais especificamente, na ação de alimentos, a possibilidade excepcional da prisão civil. Devido à violação da liberdade de ir e vir, também passa a ser possível a utilização de mais um meio de impugnação de uma mesma decisão interlocutória: o *habeas corpus*.

Esse texto possui dois objetivos: estabelecer as principais características do agravo de instrumento e do *habeas corpus* nas ações de alimentos e analisar de que forma esses dois meios de impugnação se relacionam entre si. Primeiro, será feita a análise do agravo de instrumento, posteriormente do *habeas corpus*, para, por fim, passar ao estudo comparativo.

2. AGRAVO DE INSTRUMENTO

O agravo de instrumento é o recurso cabível para a impugnação de decisões interlocutórias; mas não de todas as decisões. Isso porque, no CPC/2015, optou-se pela criação de um regime por meio do qual, em tese, só será cabível o agravo de instrumento nas hipóteses previstas no art. 1.015 e em outras hipóteses expressamente previstas em lei.

Significa que algumas decisões interlocutórias não estão sujeitas à impugnação por meio do agravo de instrumento. Não implica sua irrecorribilidade, mas apenas que elas devem, no processo de conhecimento, serem impugnadas apenas na apelação ou nas contrarrazões de apelação (art. 1009, §1º, CPC). A parte não precisa fazer qualquer espécie de protesto: deverá esperar a prolação da sentença para impugnar a decisão.

2.1 O problema do rol do art. 1.015 do CPC

A discussão sobre a forma de interpretação do rol do art. 1.015 do CPC gerou uma considerável divergência doutrinária e jurisprudencial. Tentando dirimir esses problemas, o STJ acabou por afetar o tema aos recursos repetitivos, fixando uma tese para ser desenvolvida com o tempo. A tese fixada foi a de que "O rol do artigo 1.015 do CPC/2015 é de *taxatividade mitigada*, por isso admite a interposição de agravo de instrumento quando verificada a urgência decorrente da inutilidade do julgamento da questão no recurso de apelação".[1]

Uma conclusão muito importante dessa tese é a de que é possível que uma decisão interlocutória seja agravável, *mesmo que não esteja listada no rol do art. 1.015 do CPC*. Basta que seja comprovada a urgência decorrente da inutilidade do julgamento da questão no recurso de apelação.

Há de se convir que o critério é bastante genérico. O que, por sua vez, gera um outro risco: o de a parte não interpor agravo de instrumento de decisão interlocutória não inserida no rol do art. 1.015 e o tribunal entender que haveria urgência e, assim, entender precluso seu direito de recorrer. Afinal, em tese, se cabe um recurso contra decisão (agravo de instrumento), a parte não pode simplesmente deixar para recorrer em outro momento.

Tendo noção dessas dificuldades interpretativas, a Min. Nancy Andrighi destacou em seu voto que não haverá preclusão pela não interposição de agravo de instrumento quando a hipótese não estiver contida no rol do art. 1.015 do CPC. Assim, para essas situações, o STJ acabou por admitir que algumas decisões podem ser impugnadas pelo agravo de instrumento *ou* pela apelação/contrarrazões da apelação.[2]

2.2 O rol do art. 1.015

O rol do art. 1.015 do CPC traz diversas possibilidades de utilização do agravo de instrumento, mas tendo em vista o foco desta obra, haverá análise primordial daquelas situações com maior probabilidade de ocorrer em ações de alimentos.

---

1. STJ, Corte Especial, Resp. 1.696.636 e Resp 1.704.520, Rel. Min. Nancy Andrighi, por maioria, j. 05.12.2018.
2. Nesse sentido: DIDIER JR., Fredie; CUNHA, Leonardo Carneiro da. *Curso de direito processual civil*. 19 ed. São Paulo: JusPodivm, 2022, v. 3, p. 275.

A primeira das hipóteses é a mais importante, relacionada com a decisão de tutela provisória, seja concedendo ou a denegando (art. 1.015, I, CPC). Para a adequada compreensão da previsão normativa, já afirmou o STJ que essa hipótese abrange:

> as decisões que examinam a presença ou não dos pressupostos que justificam o deferimento, indeferimento, revogação ou alteração da tutela provisória e, também, as decisões que dizem respeito ao prazo e ao modo de cumprimento da tutela, a adequação, suficiência, proporcionalidade ou razoabilidade da técnica de efetiva da tutela provisória e, ainda, a necessidade ou dispensa de garantias para a concessão, revogação ou alteração da tutela provisória.[3]

Em outro julgado mais específico, afirmou o STJ que "A decisão interlocutória que majora a multa fixada para a hipótese de descumprimento de decisão antecipatória de tutela anteriormente proferida é recorrível por agravo de instrumento".[4]

Se, em processo que busca a fixação de alimentos, a decisão que os fixa em tutela provisória é agravável. Igualmente também o será decisão que vier a modificar os valores. Acaso não haja pagamento, se houve imputação de multa diária ou determinação de prisão, são decisões que envolvem a tutela provisória, mais especificamente técnicas para o seu adequado cumprimento.

A segunda hipótese versa sobre a decisão de mérito do processo (art. 1.015, II, CPC). Aqui é importante uma ressalva: no CPC em vigor, a decisão interlocutória não é mais definida pelo seu conteúdo, mas pelos seus efeitos no processo, se ela põe fim à fase cognitiva do procedimento comum ou extingue a execução (art. 203, §1º, CPC). É possível a prolação de decisões interlocutórias de mérito, a exemplo da previsão expressa do art. 356 do CPC, bastando que um dos pedidos seja incontroverso ou já esteja pronto para julgamento.

Em ação de divórcio, é possível que o pedido de divórcio em si seja julgado de forma adiantada, nos termos do art. 356 do CPC, deixando para a sentença, por depender de dilação probatória, a partilha dos bens.[5] Essa decisão, por exemplo, é de mérito e interlocutória, por não encerrar a fase cognitiva do procedimento comum. E, portanto, é agravável.

Também é passível de recorribilidade imediata a decisão de "rejeição do pedido de gratuidade da justiça ou acolhimento do pedido de sua revogação" (art. 1.015, V, CPC). Aqui, importa perceber que nem todas as decisões que envolvem o pedido de gratuidade da justiça podem ser objeto do agravo de instrumento.

Ao ser realizado pedido de concessão de gratuidade da justiça, o magistrado poderá:

---

3. STJ, 3ª T., REsp 1.752.049/PR, Rel. Min. Nancy Andrighi, j. 12.03.2019, DJe 15.03.2019, info. n. 644.
4. STJ, 3ª T., REsp 1.827.553-RJ, Rel. Min. Nancy Andrighi, por unanimidade, j. 27.08.2019, DJe 29.08.2019, info. n. 655.
5. Nesse sentido: TARTUCE, Fernanda. *Processo civil no direito de família*. 3. ed. São Paulo: Método, 2018, versão eletrônica, capítulo 5, item 5.1. Também assim o enunciado n. 18 do IBDFAM: Enunciado 18 – Nas ações de divórcio e de dissolução da união estável, a regra deve ser o julgamento parcial do mérito (art. 356 do Novo CPC), para que seja decretado o fim da conjugalidade, seguindo a demanda com a discussão de outros temas.

1) Conceder o benefício, hipótese em que a decisão é, inicialmente, irrecorrível. Caberá à parte, primeiro, impugnar a decisão, nos termos do art. 100 do CPC;

2) Rejeitar o pedido de gratuidade da justiça, que se enquadra no art. 1.015, V, do CPC, cabendo agravo de instrumento;

3) Após a impugnação mencionada no item I, revogar o benefício da gratuidade da justiça, decisão da qual caberá agravo de instrumento (art. 1.015, V, CPC);

4) Após a impugnação mencionada no item I, manter o benefício da gratuidade da justiça. Não será cabível agravo de instrumento, devendo ocorrer a impugnação apenas na apelação ou nas contrarrazões.

A lógica de cabimento do agravo de instrumento segue a lógica de que a não concessão/revogação do benefício de gratuidade da justiça traz um prejuízo imediato para a parte. Afinal, se a parte realmente não tiver condições de arcar com as custas, o processo não poderá mais ter andamento. Por outro lado, a concessão/manutenção da gratuidade é decisão que pode esperar o fim do processo para ser analisado.

Posteriormente, tem-se as decisões relativas ao direito probatório.

A primeira delas envolve as decisões relativas à "exibição ou posse de documento ou coisa", aqui tendo por base pedidos incidentais contra as partes do processo. Isso porque, caso tenha sido formulado pedido autônomo, a decisão que concede/denega o pedido será sentença, cabendo apelação.[6] Para a doutrina, a mesma coisa: se requerido contra terceiro, mesmo se formulado dentro de um processo, pois se considera que há formação de um processo incidental a ser encerrado por sentença.[7] Essa não parece ser a posição do STJ, que já decidiu que a decisão em processo incidental de exibição de documentos deve ser impugnada por meio de agravo de instrumento.[8]

Voltando especificamente aos casos de agravo de instrumento, o STJ também já apontou que não importa tanto o nome dado a esse pedido. Assim, podem ser impugnados de imediato "o mero requerimento de expedição de ofício para apresentação ou juntada de documentos ou coisas, independentemente da menção expressa ao termo 'exibição'" ou aos arts. 396 a 404 do CPC".[9]

Ainda no tema das provas, também pode ser objeto de recurso imediato a decisão de "redistribuição do ônus da prova nos termos do art. 373, § 1º" (art. 1.015, XI, CPC). Essa hipótese já foi objeto de interpretação ampliativa do STJ, que afirmou o cabimento do agravo de instrumento "contra decisão interlocutória que defere ou indefere a distribuição dinâmica do ônus da prova ou quaisquer outras atribuições do ônus da

---

6. DIDIER JR., Fredie; CUNHA, Leonardo Carneiro da. *Curso de direito processual civil*. 19 ed. São Paulo: JusPodivm, 2022, v. 3, p. 287.
7. DIDIER JR., Fredie; CUNHA, Leonardo Carneiro da. *Curso de direito processual civil*. 19 ed. São Paulo: JusPodivm, 2022, v. 3, p. 287.
8. STJ, 3ª T., REsp 1.798.939-SP, Rel. Min. Nancy Andrighi, por unanimidade, j. 12.11.2019, DJe 21.11.2019, info. n. 661.
9. STJ, 1ª T., REsp 1.853.458-SP, Rel. Min. Regina Helena Costa, por unanimidade, j. 22.02.2022, DJe 02.03.2022, info. n. 726.

prova distinta da regra geral, desde que se operem *ope judicis* e mediante autorização legal".[10] Em resumo, caberá recurso da decisão que *defere ou indefere* a dinamização; de fato trata-se de questão de certa forma urgente, pois o indeferimento da alteração do ônus da prova pode impedir a parte de se desincumbir dos seus encargos probatórios.

Há se verificar, ainda, que o art. 1.015, parágrafo único, do CPC, prevê o cabimento de agravo de instrumento contra "decisões interlocutórias proferidas na fase de liquidação de sentença ou de cumprimento de sentença, no processo de execução". Não há, no caso, uma lista dos tipos de decisões em relação às quais é possível recorrer de imediato; em tese qualquer decisão interlocutória pode ser objeto de agravo de instrumento. Por exemplo, em execução de alimentos, uma decisão de penhora de bens, que determina ou indefere prisão são todas agraváveis.

Não se pode ignorar que o STJ tem tido, ao contrário do que fez com os incisos do *caput*, interpretação restritiva ao cabimento do agravo de instrumento nas hipóteses do parágrafo único. Para a Corte, "o Agravo de Instrumento não pode ser utilizado como meio de impugnação de toda e qualquer decisão interlocutória proferida no Processo de Execução, porquanto tal liberdade iria de encontro à celeridade que se espera do trâmite processual". Tendo por base essa premissa, já afirmou o não cabimento do Agravo de Instrumento contra despacho ou decisão do magistrado que determina a elaboração dos cálculos judiciais.[11]

2.3 Noções sobre a regularidade formal

O agravo de instrumento dever ser interposto no prazo de quinze dias (art. 1.003, § 5º, CPC), diretamente no tribunal competente (art. 1.016, *caput*, CPC).

Pelo fato de ser interposto diretamente no tribunal, caso interposto em autos de papel, exige-se a formação de um instrumento. Esse instrumento é composto de documentos obrigatórios e facultativos.

São obrigatórias as "cópias da petição inicial, da contestação, da petição que ensejou a decisão agravada, da própria decisão agravada, da certidão da respectiva intimação ou outro documento oficial que comprove a tempestividade e das procurações outorgadas aos advogados do agravante e do agravado" (art. 1.017, I, CPC). Não havendo um desses documentos, caberá ao advogado declarar sua inexistência (art. 1.017, II, CPC). Tais cópias são relevantes para que o tribunal tenha condições de julgar adequadamente o recurso, podendo compreender os argumentos de todas as partes, bem como o teor da decisão recorrida.

Havendo defeitos na formação do instrumento, o recurso deve ser inadmitido. Ocorre que a inadmissão só é possível após a oportunização à parte de prazo para anexar cópias obrigatórias faltantes, nos termos do art. 1.017, § 3º, do CPC.

---

10. STJ, 3ª T., REsp 1.729.110-CE, Rel. Min. Nancy Andrighi, por unanimidade, j. 02.04.2019, DJe 04.04.2019, info. n. 645.
11. STJ, 2ª T., REsp 1.700.305/PB, Rel. Min. Herman Benjamin, j. 25.09.2018, DJe 27.11.2018, info. n. 638.

A exigência de formação do instrumento é dispensada se os autos forem eletrônicos (art. 1.017, § 5°, CPC); mais especificamente, de acordo com o STJ, se os autos forem eletrônicos nas duas instâncias.[12] Se os autos forem em papel no primeiro grau *ou* no tribunal, exige-se a formação do instrumento.

Outra exigência formal do agravo de instrumento é a sua comunicação de interposição ao juiz de primeiro grau, no prazo de três dias (art. 1.018, CPC). Trata-se de regra que visa permitir ao juízo a eventual retratação da decisão. Ocorre que, apesar de parecer uma faculdade para o recorrente, trata-se de uma obrigação que, caso arguida e comprovada pelo agravado, acarreta a inadmissibilidade do agravo de instrumento (art. 1.018, §3°, CPC). Mais uma vez, trata-se de regra que é dispensada se os autos forem eletrônicos (art. 1.018, § 2°, CPC).

2.4 Efeitos do agravo de instrumento

Do ponto de vista horizontal, o efeito devolutivo será limitado pelo recorrente, pois refere-se aos capítulos decisórios que forem impugnados pelo recorrente (art. 1.002, CPC). Se determinada sentença julga procedente o pedido de reconhecimento da paternidade e de fixação de pensão alimentícia no valor de R$ 5.000,00 e já determina uma medida executiva no caso de não cumprimento e a parte recorre apenas do valor da pensão, afirmando ser este alto, os demais capítulos decisórios não serão devolvidos ao tribunal. Significa que eles terão precluído e não poderão mais ser objeto de decisão.

Sob o prisma da profundidade do efeito devolutivo, ou seja, das matérias que podem ser objeto de cognição pelo tribunal, o agravo de instrumento é recurso que não tem limitações. Trata-se, por exemplo, do instrumento adequado para ampla discussão das questões atinentes à decisão que determina a prisão, pois é possível discutir as condições do réu de pagar a pensão, verificar proporcionalidade do valor fixado a título de alimentos etc.

O efeito suspensivo, no agravo de instrumento é *ope judicis*, não sendo automático. Portanto, a decisão interlocutória tem aptidão de produzir efeitos imediatos, salvo concessão de tutela provisória pelo relator, caso comprovada a probabilidade do direito e o perigo da demora (art. 99 c/c art. 1.019, I, CPC).

3. HABEAS CORPUS

O *habeas corpus* consiste em ação constitucional, tradicionalmente para situações de direito penal, voltada para a tutela da "liberdade de locomoção" (art. 5°, LXVIII, Constituição). O CPP de 1939 inclui o *habeas corpus* como um recurso, mas

---

12. STJ, 3ª T., REsp 1.643.956-PR, Rel. Min. Ricardo Villas Bôas Cueva, por unanimidade, j. 09.05.2017, DJe 22.05.2017, info. 605.

predomina na doutrina tratar-se propriamente de uma ação constitucional.[13] Há, ainda, quem o classifique como sucedâneo dos recursos,[14] mas esta posição parece incorreta, uma vez que trata-se de remédio cabível também contra medidas restritivas de liberdade de natureza privada. Nessa hipótese, não haveria nenhuma decisão a ser impugnada por um sucedâneo recursal, exigindo-se uma ação para a impugnação do ato: o *habeas corpus*.

Na área cível, o campo de utilização do remédio constitucional é menor, devido às restrições à prolação de decisões que violem a liberdade de locomoção. A principal área de utilização é nas ações de alimentos, nas quais há determinação de prisão, para discutir sua legalidade e, mais recentemente, para as medidas atípicas tomadas na execução, a exemplo da apreensão de passaporte e da carteira de motorista.

O *habeas corpus* consiste em ação que dispensa qualquer preparo (art. 5°, LXXVI. Além disso, sequer exige capacidade postulatória (art. 1°, § 1°, do Estatuto da OAB), podendo ser ajuizado pelo próprio executado na ação de alimentos. A sua amplitude de proteção da liberdade permite até que seja concedido de ofício pelo juiz/tribunal (art. 654, CPP).

A legitimidade passiva será da autoridade responsável pela violação à liberdade de locomoção. No campo cível será a autoridade judicial da qual emanar, por exemplo, a ordem de prisão do executado. Não há previsão de intervenção do autor/exequente no *habeas corpus* no Código de Processo Penal; no máximo é previsto que o *ofendido* pelo crime seria comunicado de eventual soltura do réu (art. 201, §2°, do CPP). Trata-se de tema criticado pela doutrina, porque o ofendido sequer poderia se insurgir contra decisões de soltura do réu.[15]

No processo civil, a ausência de possibilidade de intervenção do autor no *habeas corpus* seria incompatível com um conteúdo mínimo do devido processo legal/contraditório que exige que decisões contra as partes sejam proferidas sem que ela seja previamente ouvida (art. 9°, CPC). Por mais que se possa afirmar que o *habeas corpus* tem por base uma situação urgente, seria ilegal e inconstitucional permitir que o procedimento tenha andamento sem a participação do autor, que requer a medida executiva para que haja o pagamento da dívida. Seria cabível, ao menos, a possibilidade de que se manifeste após a decisão liminar de que possa impugnar as decisões proferidas no procedimento do *habeas corpus*. Assim, é possível a intervenção do beneficiário/alimentando no procedimento do *habeas corpus*, também detendo óbvio interesse recursal.[16]

---

13. BADARÓ, Gustavo. *Processo penal*. São Paulo: Ed. RT, 2019, versão eletrônica, item 16.1. No mesmo sentido, com menção a diversos outros autores: NUCCI, Guilherme de Souza. *Habeas corpus*. 2. ed. Rio de Janeiro: Forense, 2017, p. 23, 27-28.
14. DINAMARCO, Cândido Rangel. *Instituições de direito processual civil*. São Paulo: Malheiros, 2022, p. 512-513.
15. NUCCI, Guilherme de Souza. *Habeas corpus*... cit., p. 69.
16. CAHALI, Yussef Said. *Dos alimentos*. 5. ed. São Paulo: Ed. RT, 2007, p. 785.

A autoridade coatora será a responsável pela fixação da competência. Sendo a ordem emanada de juiz de primeiro grau, a competência será do tribunal local ou do tribunal regional federal correspondente.

No âmbito dos juizados especiais, se a autoridade coatora for juiz de direito, a competência do *habeas corpus* será da Turma Recursal.[17] Caso a decisão seja proferida pela própria turma recursal, a competência será do tribunal de justiça ou tribunal regional federal.[18]

Sendo o ato praticado por desembargador de tribunal de justiça ou de tribunal regional federal, a competência será do STJ (art. 105, I, *a* e *c*, da Constituição). Por sua vez, se o ato for praticado por ministro do STJ, a competência será do STF (art. 102, I, *i*, da Constituição).

Um aspecto importante do *habeas corpus*, pensando especificamente na prisão civil, é o de que ele não possui um limite temporal;[19] ao contrário dos recursos, mais especificamente o agravo de instrumento, inexiste o prazo de quinze dias. Enquanto durar a prisão, o *habeas corpus* pode ser utilizado. Como será detalhado mais a frente, o STJ já chegou a admitir utilização do *habeas corpus* mesmo depois da decisão em agravo de instrumento que manteve a prisão.

O *habeas corpus*, em certa medida, se assemelha ao mandado de segurança. Isso porque, em ambos, exige-se prova pré-constituída, não admitindo a fase dilatória.[20] Por exemplo, em ação na qual o paciente alegava que a exequente sequer necessitava dos alimentos cobrados, o STJ rejeitou o argumento pela deficiência de instrução do *habeas corpus*, bem como pela impossibilidade de dilação probatória no procedimento.[21]

É de se destacar ainda a restrição cognitiva inerente ao *habeas corpus*: ele se destina tão apenas à tutela da liberdade de locomoção. No caso da prisão civil, será analisado se a ordem de prisão possui alguma ilegalidade, não cabendo, nesse procedimento, verificar a existência de outros direitos, deveres ou obrigações do executado.[22] Cabe, por exemplo, análise da competência do juízo, do regime da prisão, duração etc., mas, em tese, não faz parte da cognição do *habeas corpus* a verificação da adequação do valor da pensão.

Assim, de acordo com o STJ, o local adequado para o exame da capacidade financeira do executado é a execução de alimentos, "em que se encontram os elementos fáticos necessários para que se decida acerca da possibilidade que detém ou não o

---

17. BADARÓ, Gustavo. *Processo penal*. São Paulo: Ed. RT, 2019, versão eletrônica, item 16.6.
18. STF, Tribunal Pleno, HC 86.834, Rel. Min. Marco Aurélio, j. 23.08.2006, DJ 09.03.2007.
19. DINAMARCO, Cândido Rangel. *Instituições de direito processual civil*. São Paulo: Malheiros, 2022, p. 516.
20. "Em sede de *habeas corpus*, a prova deve ser pré-constituída e incontroversa, cabendo ao impetrante apresentar documentos suficientes à análise de eventual ilegalidade flagrante no ato atacado" (STJ, 5ª T., AgRg no HC 493.617/SP, Rel. Min. Ribeiro Dantas, j. 23.04.2019, DJe 30.04.2019).
21. HC 771.930/RJ, relator Ministro Moura Ribeiro, Terceira Turma, julgado em 18.10.2022, DJe de 20.10.2022.
22. DINAMARCO, Cândido Rangel. *Instituições de direito processual civil*. São Paulo: Malheiros, 2022, p. 519.

paciente do cumprimento integral ou parcial de sua obrigação", caso em que será possível avaliar se o descumprimento constitui ato involuntário, não sendo admitida em sede de *habeas corpus*.[23]

Por outro lado, esse entendimento comporta exceções.

Afinal, no mesmo STJ, é possível encontrar decisões nas quais se reconheceu a involuntariedade do adimplemento de pensão alimentícia. O caso envolvia filha maior de dezoito anos, com pensão estipulada em meio salário mínimo, quando a remuneração do paciente era de pouco mais de dois mil reais, tendo ainda necessidade de sustentar esposa, duas outras filhas e o primo da mulher do qual é curador judicial. Além disso, o STJ ainda destacou que a prova pré-constituída ainda demonstrava que a filha detinha um padrão de vida superior ao do alimentante.[24]

Ao que parece, a limitação proposta pelo STJ é mais no sentido da restrição probatória do procedimento, apenas sendo admissível a verificação da capacidade financeira se ela estiver devidamente comprovada, tornando totalmente desproporcional a determinação da prisão. Se for possível comprovar a incapacidade financeira, bem como a desnecessidade da pensão, passa a ser possível averiguar a proporcionalidade da prisão.[25]

A sua composição e procedimento são simples. O art. 654, §1º, do CPP, exige apenas que a petição inicial apresente qual a espécie de constrangimento e as razões em que se funda esse temor. Havendo probabilidade do direito, deve ser concedida a liminar (art. 660, § 2º, CPP).

Após análise do cabimento da liminar, o coator será oficiado para apresentar suas informações (art. 654, § 1º). Em seguida, o processo já está pronto para o julgamento.

Não será cabível o julgamento estendido, tanto porque se aplica o CPP e não o CPC,[26] quanto pelo fato de que não há se trata nem de apelação e nem de agravo de instrumento, hipótese que poderia atrair a incidência do art. 942 do CPC. Também não será admitida, *salvo previsão do regimento interno*, a sustentação oral, devido à ausência de previsão no art. 9937 do CPC.

4. ENTRE *HABEAS CORPUS* E AGRAVO DE INSTRUMENTO

Como visto nos itens anteriores, em relação a uma mesma decisão – prisão e algumas medidas atípicas – são cabíveis dois meios de impugnação diferentes: o agravo de instrumento e o *habeas corpus*. A questão é: é possível a utilização desses dois instrumentos? Se a resposta for positiva, de que forma uma decisão interfere na outra?

---

23. HC 721.368/MG, relator Ministro Raul Araújo, relator para acórdão Ministro Luis Felipe Salomão, Quarta Turma, julgado em 27.09.2022, DJe de 23.11.2022; AgInt no HC 742.381/SP, relator Ministro Marco Aurélio Bellizze, Terceira Turma, julgado em 26.09.2022, DJe de 28.09.2022.
24. HC 753.091/GO, relator Ministro Raul Araújo, Quarta Turma, julgado em 13.09.2022, DJe de 22.09.2022.
25. Com raciocínio semelhante: HERTEL, Daniel Roberto. *Habeas corpus* e prisão civil do devedor de alimentos. *Revista Magister de Direito Civil e Processual Civil*, n. 110, p. 116. set./out. 2022.
26. DINAMARCO, Cândido Rangel. *Instituições de direito processual civil*. São Paulo: Malheiros, 2022, p. 518.

Há quem defenda a simples impossibilidade de utilização concomitante dos dois instrumentos, sob o fundamento de que haveria litispendência, pois haveria "identidade de partes, causa de pedir e pedido".[27] Litispendência não há, pois não se tem dois instrumentos de mesma natureza. Enquanto o agravo de instrumento é recurso, o *habeas corpus* é ação autônoma.

Não é incomum que, no direito brasileiro, existam meios concomitantes de impugnação de uma mesma decisão, desde que tenham natureza jurídica diversa.[28] Basta imaginar que, em ação ajuizada contra a Fazenda Pública, quando violado o efeito *erga omnes* de uma decisão do controle concentrado, em face de uma decisão que conceda a tutela provisória, são cabíveis três instrumentos concomitantes: agravo de instrumento, reclamação e suspensão de segurança, cada uma com natureza jurídica diversa.

O STJ já chegou a admitir, em caso de análise da prisão de depositário infiel, que fosse utilizado o *habeas corpus*, mesmo depois de julgado o agravo de instrumento. Para a Corte, a preclusão gerada pela decisão no agravo de instrumento não teria aptidão para impedir a utilização do *habeas corpus*, instrumento constitucional "para tutela do direito à liberdade pessoal, um dos mais sagrados predicados da dignidade humana".[29]

No entanto, é inegável que o agravo de instrumento e o *habeas corpus* terão, no mínimo, um mesmo pedido, que é impedir a prisão do devedor. Há nítida conexão, com o risco de decisões contraditórias.

Algumas situações podem gerar a perda do objeto de um dos instrumentos. Se, no agravo de instrumento é dado provimento ao recurso, o *habeas corpus* perde o seu objeto, pois não há mais ordem de prisão a ser atacada.[30] Por outro lado, se concedida a ordem no *writ*, o agravo de instrumento apenas perderá o objeto se impugnar tão apenas a prisão. Existindo outros capítulos decisórios impugnados, ele deve continuar o seu procedimento. Em tais situações, resolve-se o risco de decisões contraditórias.

Caso a parte se utilize, em face de decisão de juiz de primeiro grau, de *habeas corpus* e agravo de instrumento, aquele que for utilizado primeiro gerará prevenção do relator, nos termos do art. 930, parágrafo único do CPC. Nessa situação, é dificultada a prolação de decisões contraditórias, porque o mesmo relator e órgão fracionário julgarão a causa.

---

27. NEVES, Daniel Amorim Assumpção. *Manual de direito processual civil*. 10 ed. Salvador: JusPodivm, 2017, p. 1.322.
28. Admitindo a utilização dos dois instrumentos: ASSIS, Araken de. *Manual da execução*. 20 ed. São Paulo: Ed. RT, 2017, p. 1396; DIDIER JR., Fredie; CUNHA, Leonardo Carneiro da; BRAGA, Paula Sarno; OLIVEIRA, Rafael. *Curso de direito processual civil*. 12 ed. São Paulo: JusPodivm, 2022, v. 5, p. 766.
29. STJ, 1ª T., REsp 769.735/RS, relator Ministro Luiz Fux, relator para acórdão Ministro Teori Albino Zavascki, j. 18.12.2008, DJe de 18.02.2009.
30. Nesse sentido: TJ-DF 07206511620188070000 – Segredo de Justiça 0720651-16.2018.8.07.0000, Relator: Simone Lucindo, Data de Julgamento: 27/03/2019, 1ª Turma Cível, Data de Publicação: Publicado no PJe: 1º.04.2019; TJ-SC – HC: 40025785820198240000 São José 4002578-58.2019.8.24.0000, Relator: André Carvalho, Data de Julgamento: 26.02.2019, Sexta Câmara de Direito Civil.

O problema pode ser maior quando as competências são diversas. Basta conceber situação na qual a prisão é negada no primeiro grau, mas concedida pelo tribunal local após a interposição de agravo de instrumento. Nessa situação, o *habeas corpus* será dirigido ao STJ, nos termos do art. 105, I, *a* e *c*, da Constituição, enquanto o recurso cabível será o recurso especial, com todas as suas dificuldades de admissibilidade e que ainda passará por um juízo de admissibilidade provisório. Enquanto isso, o *habeas corpus* estará direto no STJ. Nesses casos, não há muito o que fazer, pois não parece possível requerer a suspensão do procedimento do agravo de instrumento ou do *habeas corpus*.

Nos termos do art. 313, V, do CPC, é possível a suspensão quando uma causa dependa do julgamento de outro processo pendente. Não é esse o caso, em que os objetivos são iguais: impedir a prisão.

De toda forma, mesmo nessa situação, o problema, na prática, é menor do que aparenta na teoria. Isso porque, se o *habeas corpus* tiver sucesso no STJ, haverá perda do objeto do recurso especial. Se ele for denegado, já terá gerado prevenção do relator e, com isso, por óbvio, há diminuição do risco de decisões contraditórias, caso, de alguma forma, o processo consiga chegar ao STJ por meio do recurso especial.

5. CONCLUSÃO

O regime de impugnação no contexto das ações de alimentos, por envolver, em certos momentos, a utilização de medidas executivas que interferem no direito de ir e vir, torna-se mais complexo. Por mais que o cabimento do agravo de instrumento no atual CPC esteja *relativamente* limitado às hipóteses previstas no art. 1.015, é possível sua interposição em relação às medidas executivas nas ações de alimentos. Ao mesmo tempo, dessa mesma decisão, também é possível a utilização do *habeas corpus*.

Os dois instrumentos podem ser utilizados para o mesmo propósito: impedir a prisão do executado, mas possuem consideráveis diferentes, desde a natureza jurídica até a amplitude da cognição. O agravo de instrumento possui considerável amplitude no efeito devolutivo, enquanto, ao menos em princípio, o *habeas corpus* é limitado aos aspectos de legalidade da prisão, não se admitindo discussão, por exemplo, da adequação do valor da pensão e da capacidade financeira do executado.

Não há litispendência e compete ao autor decidir se prefere utilizar um ou outro, ou mesmo os dois. No fim das contas, a decisão é estratégica: depende da situação concreta e mesmo de decisões acerca da competência de cada um dos instrumentos

REFERÊNCIAS

ASSIS, Araken de. *Manual da execução*. 20 ed. São Paulo: Ed. RT, 2017.

BADARÓ, Gustavo. *Processo penal*. São Paulo: Ed. RT, 2019, versão eletrônica.

CAHALI, Yussef Said. *Dos alimentos*. 5. ed. São Paulo: Ed. RT, 2007. BADARÓ, Gustavo. *Processo penal*. São Paulo: Ed. RT, 2019, versão eletrônica, item 16.6.

DIDIER JR., Fredie; CUNHA, Leonardo Carneiro da. *Curso de direito processual civil*. 19 ed. São Paulo: JusPodivm, 2022. v. 3.

DIDIER JR., Fredie; CUNHA, Leonardo Carneiro da; BRAGA, Paula Sarno; OLIVEIRA, Rafael. *Curso de direito processual civil*. 12 ed. São Paulo: JusPodivm, 2022. v. 5.

DINAMARCO, Cândido Rangel. *Instituições de direito processual civil*. São Paulo: Malheiros, 2022.

HERTEL, Daniel Roberto. *Habeas corpus* e prisão civil do devedor de alimentos. *Revista Magister de Direito Civil e Processual Civil*, n. 110, p. 116. set./out. 2022.

NEVES, Daniel Amorim Assumpção. *Manual de direito processual civil*. 10 ed. Salvador: JusPodivm, 2017

NUCCI, Guilherme de Souza. *Habeas corpus*. 2. ed. Rio de Janeiro: Forense, 2017.

TARTUCE, Fernanda. *Processo civil no direito de família*. 3. ed. São Paulo: Método, 2018.

A TEORIA DA APARÊNCIA NAS AÇÕES DE ALIMENTOS

Ronner Botelho Soares

Advogado e assessor jurídico do Instituto Brasileiro de Direito de Família – IBDFAM.

[...] o direito de família e em especial em matéria alimentar não pode conviver ou pactuar com a fraude, através do uso e abuso da personalidade jurídica. O direito não cria a realidade, o direito em verdade, serve à realidade [...] (PORTO, Sérgio Gilberto. *Doutrina e prática dos alimentos*. 3. ed. São Paulo: Ed. RT, 2003, p. 125).

Sumário: 1. Prelúdio – 2. Teoria da aparência e a exteriorização do padrão de riqueza – 3. *Disregard* e a aplicação do *quantum* alimentar – 4. Da violência patrimonial ao crime de abandono material – 5. Conclusão – Referências.

1. PRELÚDIO

Não se discute que alimentos são essenciais à sobrevivência e à subsistência das pessoas, sendo necessário a sua garantia de forma imediata e em trato continuado, com prestações sucessivas, enquanto perdurar a necessidade e a obrigação alimentar. Para tanto, a obrigação alimentícia deve ser fixada na proporção da possibilidade do alimentante e necessidade do alimentando, nos moldes do art. 1.694 do Código Civil, que estabelece que "podem os parentes, os cônjuges ou companheiros pedir uns aos outros os alimentos de que necessitem para viver de modo compatível com a sua condição social, inclusive para atender às necessidades de sua educação". Além disso, os alimentos devem ser fixados na proporção das necessidades do reclamante e dos recursos da pessoa obrigada (art. 1.694, § 1º do CCB/2002).

Indiscutível que a obrigação alimentar, quando se trata da relação parental, conforme prevista no art. 1.696 do CCB/2002,[1] dê-se de forma presumida, decorrente da autoridade parental motivada pelo dever de sustento, imposto pela legalidade. Também estabelece o art. 229 da Constituição Federal, que os pais têm o dever de assistir, criar e educar os filhos menores, bem como os filhos maiores têm o dever de ajudar e amparar os pais na velhice,[2] carência ou enfermidade, até mesmo a cargo de sustento.

---

1. Art. 1.696. O direito à prestação de alimentos é recíproco entre pais e filhos, e extensivo a todos os ascendentes, recaindo a obrigação nos mais próximos em grau, uns em falta de outros.
2. Lei 10.741/2003 – Estatuto da Pessoa Idosa: Art. 11. Os alimentos serão prestados à pessoa idosa na forma da lei civil. Art. 12. A obrigação alimentar é solidária, podendo a pessoa idosa optar entre os prestadores.

Já para as obrigações alimentares decorrentes do término da relação conjugal, não resta dúvida que o fator cultural, em constante modificação, vem sendo relativizado e essa imposição legal suavizada, por certo período, atendendo a certas exigências. O dever de mútua assistência, preconizado no art. 1.566, III, do Código Civil, permanece, até que sejam definitivamente dissolvidos os laços conjugais, atendendo à finalidade assistencial e de forma transitória.[3] Essa assistência se justifica em determinadas situações, em que aquele *ex*-cônjuge ou *ex*-companheiro não consiga se manter, ou esteja impossibilitado de fazê-lo, por exemplo, no caso de doenças que impeçam seu ingresso no mercado de trabalho. Por óbvio, o que deve prevalecer é o princípio da solidariedade e dignidade da pessoa humana.

O amparo alimentar, quando não derivado de forma espontânea e de acordo com a transparência que deve ter, faz emergir a possibilidade da pretensão processual da verba alimentar, admitindo a tutela provisória de urgência, por meio de liminares, devido à brevidade e celeridade que lhe são peculiares. Muito comum, quando já fixados, aparecerem artifícios e artimanhas, podendo resultar em inadimplência, o que obriga o manejo das ações executivas[4] da verba alimentar.

Seja de uma forma ou de outra, quando se trata de pessoas com vínculo empregatício, ou até mesmo servidores públicos, fica mais fácil apurar a transparência da possibilidade de pagamento, utilizando desconto em folha de pagamento. Por outro lado, quando se trata de profissional liberal, empresário ou autônomo, por óbvio não se faz uma generalização, e, por isso, digo, algumas dessas pessoas utilizam-se de subterfúgios para disfarçar a verdadeira possibilidade. Tudo isso resulta na dificuldade em aferir os reais ganhos do devedor de alimentos. Sobre o tema, lecionam Cristiano Chaves de Farias e Nelson Rosenvald:

> Em sede jurisprudencial há inescondível simpatia pela incidência da tese, recomendando-se que seja utilizada a teoria da aparência para fixar alimentos sempre que existir dificuldades em averiguar a capacidade contributiva do devedor ou quando houver um desajuste entre a capacidade comprovada e o que se ostenta socialmente.[5]

---

3. Entre ex-cônjuges ou ex-companheiros, desfeitos os laços afetivos e familiares, a obrigação de pagar alimentos é excepcional, de modo que, quando devidos, ostentam, ordinariamente, caráter assistencial e transitório, persistindo apenas pelo prazo necessário e suficiente a propiciar o soerguimento do alimentado, para sua reinserção no mercado de trabalho ou, de outra forma, com seu autossustento e autonomia financeira. (REsp 1454263/CE, Rel. Ministro Luis Felipe Salomão, Quarta Turma, julgado em 16.04.2015, *DJe* 08.05.2015).
4. O Superior Tribunal de Justiça entende ser possível a cumulação de técnicas executivas, no mesmo processo, de cumprimento de sentença quanto aos alimentos pretéritos, submetidos à técnica da penhora e expropriação, e quanto aos alimentos atuais, submetidos à técnica da coerção pessoal. Não se afigura razoável e adequado impor ao credor, obrigatoriamente, a cisão da fase de cumprimento da sentença na hipótese em que pretenda a satisfação de alimentos pretéritos e atuais, exigindo-lhe a instauração de dois incidentes processuais, ambos com a necessidade de intimação pessoal do devedor, quando a satisfação do crédito é perfeitamente possível no mesmo processo. (STJ, REsp 2.004.516/RO, Relatora Ministra Nancy Andrighi, 3ª T, *DJe* de 21.10.2022).
5. FARIAS, Cristiano Chaves de; ROSENVAL, Nelson. *Direito das famílias*. 2. ed. rev., ampl. e atual. Rio de Janeiro: Lumen Juris, 2010, p. 753-754.

Por vezes, a realidade subjacente e a prática forense propiciam uma verdadeira distância entre a efetividade[6] do crédito alimentar e a expectativa do adimplemento do débito alimentar. São manobras e subterfúgios promovidos pelo devedor de alimentos em total descompasso com a verdade real, comprometendo a ótica do binômio alimentar – necessidade de quem pleiteia com a possibilidade de quem paga. Muitas vezes, essa situação apresentada aos autos do processo não condiz com a situação fática vivenciada pelo devedor de alimentos, causando prejuízo ao credor, que se encontra em situação de vulnerabilidade.

Essa vulnerabilidade pode ser vista sob três aspectos: o social, o econômico e o jurídico. *No social*, podemos perceber pela linha da pobreza, realidade vivenciada por muitos cidadãos que estão na miséria e carecem de políticas públicas para sua subsistência. Não é só isso, os calvários dos processos de execução de alimentos, que abarrotam o Poder Judiciário, promovendo uma lentidão e delonga na prestação jurisdicional, sendo a verba alimentar a subsistência e garantia de vida de muitos que a ela recorrem.[7] *No econômico,* pode assim visualizar o alimentado que, por vezes, não se coloca em situação de paridade perante os abusos cometidos pelos devedores de alimentos, em especial e sem generalizar, por aqueles que não possuem vínculo empregatício ou até mesmo os profissionais liberais. Para os casos de funcionários registrados, sejam celetistas ou estatutários, o lastro financeiro fica mais fácil, até com a possibilidade de desconto diretamente em folha salarial. Lado outro, quando se trata de empresários eivados de má-fé, é necessária uma análise detalhada de sua realidade, tanto da fantasiosa apresentada quanto a de fato vivenciada. *E o jurídico,* garantindo o acesso à justiça aos mais necessitados, sobretudo com paridade das armas existentes em um processo judicial e ou extrajudicial.

2. TEORIA DA APARÊNCIA E A EXTERIORIZAÇÃO DO PADRÃO DE RIQUEZA

Essas manobras e subterfúgios promovidos pelo devedor de alimentos carregam uma realidade fantasiosa apresentada aos autos do processo, distorcendo a verdade real, fazendo com que a impressão seja de que aquele devedor de alimentos não aparente ter condições necessárias para cumprir com suas obrigações nos limites da lei, segundo os critérios da proporcionalidade e razoabilidade. Em contrapartida, nos bastidores da vida e longe do cenário jurídico, muitos devedores de alimentos osten-

---

6. E por falar em efetividade, Rafael Calmon com propriedade assevera: "Como de nada adiantaria a asseguração de direitos e garantias no plano material sem que houvesse correspondente tutela a seara processual, é claro que essa proteção conferida pelo sistema de direito material repercute sobre o sistema de direito processual, como corolário do caráter instrumental do processo, que faz com que ele sofra os reflexos gerados pelo direito material nele discutido. Aliás, o processo existe justamente para tutelar eficazmente esses interesses. Só para isso!" (CALMON, Rafael. *Direito das famílias e processo civil:* interação, técnicas e procedimentos sob o enfoque do novo CPC. São Paulo: Saraiva, 2017, p. 46).

7. CCB/2022: Art. 1.694. Podem os parentes, os cônjuges ou companheiros pedir uns aos outros os alimentos de que necessitem para viver de modo compatível com a sua condição social, inclusive para atender às necessidades de sua educação. § 1º Os alimentos devem ser fixados na proporção das necessidades do reclamante e dos recursos da pessoa obrigada.

tam padrões de luxo e riqueza. Para tentar combater essa realidade com a roupagem ética e a essência da boa-fé objetiva surge a "teoria da aparência", que é justamente uma teoria usada para tentar afastar essa distorção apresentada no processo,[8] que prejudica o credor de alimentos, por justamente fazer com que receba um valor inferior daquilo que lhe é devido.

O professor gaúcho Rolf Madaleno, tecendo considerações acerca dessa teoria e utilizando a experiência do Direito comparado, enfatiza que a teoria da aparência havia encontrado eco no Direito argentino, conforme preconizado no art. 399 do Código Civil e Comercial. Segundo o doutrinador, ao consagrar o princípio de que ninguém pode transmitir ao outro um direito menor ou mais extenso do que possui, sem prejuízo das exceções legalmente impostas ou da clássica locução latina *nemo dat quom non habit*, ou teoria da confiança.[9]

Nesse sentido, importa a aplicação do princípio da aparência ou teoria da aparência, que permite ao magistrado observar os sinais de condições econômico-financeiras do alimentante, a partir dos diversos elementos presentes no processo, sinalizando sua real capacidade financeira. Sobre a matéria, leciona Maria Berenice Dias:

> Cabe, ao juiz, fixar os alimentos. Para isso, precisa dispor dos meios necessários para saber as necessidades do credor e as possibilidades do devedor. Como é difícil ao credor provar os ganhos do pai e não trazendo o alimentante informações sobre seus rendimentos, deve fixar a pensão por indícios que evidenciem seu padrão de vida (...). Nada mais do que atentar aos sinais externos de riqueza, pelo princípio da aparência.[10]

Aparentemente no processo, o devedor apesenta de forma fantasiosa que possui uma situação de miserabilidade, mas, na realidade vivenciada, ele realiza viagens de alto padrão, com patrimônio acentuado até em nome de terceiros, para tentar se esquivar da obrigação legal que lhe é imposta. Para esses casos há uma distância entre o que é apresentado, e o que de fato ocorre nos bastidores sociais. O que se percebe nesses casos é justamente uma situação diametralmente oposta, em que nos autos supostamente possui uma situação de miserabilidade, mas na prática do dia a dia ostenta padrão de luxo e riqueza em seus atos.

O intuito da utilização da teoria da aparência é propiciar a proteção aos vulneráveis, bem como a garantia do exercício legal, afastando o cenário teatral e fantasioso dos indivíduos apresentados aos autos e que corrompe o princípio da confiança, proporcionalidade e boa-fé objetiva.

---

8. Ementa: Apelação Civil – Ação De Alimentos – Menor Incapaz – Alimentos – Incapacidade Financeira – Inexistência – Teoria Da Aparência – Decisão Mantida. [...] 3. Diante da falta de comprovação real dos rendimentos do alimentante, impõe-se a aplicação da Teoria da Aparência, que autoriza ao julgador utilizar como parâmetro para a fixação do encargo alimentar quaisquer sinais que denotem a existência de capacidade econômica. (TJMG – Apelação Cível 1.0362.11.008280-1/001, Relator (a): Des.(a) Renato Dresch, 4ª Câmara Cível, julgamento em 19.03.2015, publicação da súmula em 25.03.2015).
9. Cf. MADALENO, Rolf; CARPES MADALENO, Ana Carolina; MADALENO, Rafael. *Fraude no direito de família e sucessões*. 2. ed. Rio de Janeiro: Forense, 2022, p. 747-748.
10. DIAS, Maria Berenice. *Manual de direito das famílias*. 10. ed. São Paulo: Ed. RT, 2015, p. 606.

O Superior Tribunal de Justiça, em decisão monocrática no AREsp 1377926 CE[11] 2018/0262374-6, sob a relatoria do Ministro Luis Felipe Salomão, em assertiva conclusão admite a verificação do padrão de riqueza exteriorizado pelas partes, quando não há prova da real capacidade econômica dos profissionais autônomos, aplicável, então, a teoria da aparência, que autoriza ao magistrado utilizar como parâmetro para a fixação do encargo alimentar os sinais que denotem a sua capacidade econômica. Por óbvio que cada caso é um caso, entretanto o livre convencimento do magistrado, utilizando o dever de proporcionalidade e razoabilidade que, em conjunto com as peculiaridades do processo, serve de vetor de orientação para a fixação equitativa do valor dos alimentos, sendo, até mesmo, endossado pela majoritária doutrina pátria, na lição do renomado Cristiano Chaves de Faria, conforme se observa:

> Para a fixação do *quantum* alimentar, portanto, leva-se em conta a proporcionalidade entre a necessidade do alimentando e a capacidade do alimentante, evidenciando um verdadeiro trinômio norteador do arbitramento da pensão. Ponderando, com prudência, as múltiplas necessidades do credor para ter uma vida digna e a possibilidade de contribuição do devedor, deve o juiz chegar a um *quantum* baseado na equidade (…). Em cada caso, se obterá o valor proporcional, consideradas as condições particulares de cada pessoa. (…) Em se tratando de devedor sem vínculo de trabalho, torna-se mais difícil a fixação da verba. Máxime em se tratando de profissional liberal, autônomo ou empresário, a dificuldade é evidente. Em tais hipóteses, deve o magistrado tomar como referência para a sua capacidade contributiva o seu modo de vida, exteriorizada por quem está obrigado (…).[12]

Como dito acima, quando se tem o lastro para a busca da verdade real em consonância com o binômio necessidade x possibilidade, minimiza o impacto dos calvários nos processos de execução alimentar, em especial quando se pode fazer desconto nas folhas de pagamento, ou por se tratar de servidor público. Mesmo assim, uma das grandes dificuldades passa a ser estabelecer o valor de forma justa e que se alinha com a realidade. Essa dificuldade aumenta consideravelmente quando se utiliza a roupagem da pessoa jurídica, por se tratar de sócios, obviamente sem generalizar, que utilizam da pessoa jurídica[13] com o "véu" para desviar patrimônio pessoal, encobrindo a realidade financeira.

---

11. STJ – AREsp: 1377926 CE 2018/0262374-6, Relator: Ministro Luis Felipe Salomão, *DJ* 05.11.2018.
12. FARIAS, Cristiano Chaves de; ROSENVAL, Nelson. *Direito das famílias*. 2. ed. rev., ampl. e atual. Rio de Janeiro: Lumen Juris, 2010, p. 729.
13. O doutrinador Rodrigo da Cunha Pereira assevera: "Uma das grandes dificuldades de se estabelecer o *quantum* alimentar de forma justa está na dificuldade de se mensurar a possibilidade do alimentante. Além de omitir informações, é comum esconder-se 'atrás' de pessoa jurídica, fazendo uma verdadeira 'blindagem' de seu patrimônio de forma a falsear sua realidade econômico-financeira. Um dos remédios utilizados para se chegar até a verdadeira realidade econômica é a aplicação da teoria da *disregard*, ou teoria da desconsideração da personalidade jurídica, criada para alcançar o patrimônio dos sócios que maliciosamente se utilizam da autonomia gerencial e administrativa das sociedades para fraudar credores. Ela tem ampla aplicação no Direito de Família, não apenas para apuração de partilha de bens, mas também para se apurar os rendimentos reais do empresário que deve pagar alimentos" (PEREIRA, Rodrigo da Cunha. *Direito das famílias*. 2. ed. Rio de Janeiro: Forense, 2021, p. 303).

Em regra, o patrimônio pessoal dos sócios não se confunde com o da empresa. Contudo, em determinadas situações, é muito comum o uso da pessoa jurídica para transferir o patrimônio pessoal, injetando dentro da pessoa jurídica e camuflando a realidade, em total prejuízo ao credor de alimentos. Além dessa situação, pode ocorrer de o empresário se passar por empregado na empresa, quando na realidade ele é sócio. Para esses casos, perfeitamente possível a aplicação da teoria da aparência na teoria da desconsideração da personalidade jurídica,[14] para coibir o abuso, evidenciando o desvio de finalidade, até com confusão patrimonial.

3. *DISREGARD* E A APLICAÇÃO DO *QUANTUM* ALIMENTAR

A teoria da desconsideração da personalidade jurídica (*disregard of legal entity doctrine*), incorporada ao nosso ordenamento jurídico, por intermédio do Direito comparado, tem por escopo alcançar o patrimônio dos sócios-administradores que se utilizam da autonomia patrimonial da pessoa jurídica para fins ilícitos, abusivos ou fraudulentos. Pode-se dizer que a *disregard* é um procedimento adotado pelos credores, em que se busca a verdadeira realidade econômica, daqueles que se escondem "atrás" da pessoa jurídica, isso é, camuflando seus bens pessoais, de forma a distorcer a sua realidade econômica e usando a empresa com desvio de sua finalidade, promovendo verdadeira confusão patrimonial entre os bens pessoais e o da empresa.

A teoria da desconsideração da personalidade jurídica visa tirar a roupagem da camuflagem, para alcançar esse patrimônio do sócio, que, de forma maliciosa, usou da pessoa jurídica para esconder o seu patrimônio pessoal e prejudicar os credores, que, no objeto deste artigo, são os alimentos. Não se nega que o desvio de finalidade da pessoa jurídica, em total abuso de direito, fez surgir essa teoria.[15]

O CCB/2002, que adotou essa teoria da desconsideração da personalidade jurídica, prevê no seu art. 50, com alterações advindas da Lei 13.874/2019, conhecida como Lei da Liberdade Econômica que:

> Art. 50. Em caso de abuso da personalidade jurídica, caracterizado pelo desvio de finalidade ou pela confusão patrimonial, pode o juiz, a requerimento da parte, ou do Ministério Público, quando lhe couber intervir no processo, desconsiderá-la para que os efeitos de certas e determinadas relações de obrigações sejam estendidos aos bens particulares de administradores ou de

---

14. Cf. KUMPEL, Vitor Frederico. *Teoria da aparência no Código Civil de 2002*. São Paulo: Método, 2007.
15. A teoria da *disregard* tem início na Inglaterra no caso Salomon *versus* Salomon & Co., de 1897. Todavia, foi somente por meio dos estudos do alemão Rolf Serick que o instituto foi recepcionado no Direito europeu, e depois chegou aos tribunais dos EUA. Na experiência norte americana, o fundamento da desconsideração estava em promover sua aplicação sempre quando o conceito de pessoa jurídica fosse empregado para fraudar credores, eludir uma obrigação existente, burlar uma norma, conseguir perpetuar um monopólio ou proteger o crime, estando detrás destas inúmeras referências da jurisprudência norte americana, como principal elemento de constituição da base teórica, o fundamento jurídico da *disregard* na ocorrência do logro, da fraude propriamente dita, agindo o sócio ou a sociedade em evidente má fé para burlar direito de terceiro ou mesmo da própria sociedade (MADALENO, Rolf. *A desconsideração judicial da pessoa jurídica e da interposta pessoa física no direito de família e no direito das sucessões*. Rio de Janeiro: Forense, 2013, p. 75).

sócios da pessoa jurídica beneficiados direta ou indiretamente pelo abuso. (Redação dada pela Lei 13.874, de 2019).

§ 1º Para os fins do disposto neste artigo, desvio de finalidade é a utilização da pessoa jurídica com o propósito de lesar credores e para a prática de atos ilícitos de qualquer natureza. (Incluído pela Lei 13.874, de 2019).

§ 2º Entende-se por confusão patrimonial a ausência de separação de fato entre os patrimônios, caracterizada por: (Incluído pela Lei 13.874, de 2019).

I – cumprimento repetitivo pela sociedade de obrigações do sócio ou do administrador ou vice-versa; (Incluído pela Lei 13.874, de 2019).

II – transferência de ativos ou de passivos sem efetivas contraprestações, exceto os de valor proporcionalmente insignificante; e (Incluído pela Lei 13.874, de 2019).

III – outros atos de descumprimento da autonomia patrimonial. (Incluído pela Lei 13.874, de 2019).

§ 3º O disposto no caput e nos §§ 1º e 2º deste artigo também se aplica à extensão das obrigações de sócios ou de administradores à pessoa jurídica. (Incluído pela Lei 13.874, de 2019).

§ 4º A mera existência de grupo econômico sem a presença dos requisitos de que trata o *caput* deste artigo não autoriza a desconsideração da personalidade da pessoa jurídica. (Incluído pela Lei 13.874, de 2019).

§ 5º Não constitui desvio de finalidade a mera expansão ou a alteração da finalidade original da atividade econômica específica da pessoa jurídica. (Incluído pela Lei 13.874, de 2019).

O CPC/2015, em seus arts. 133 a 137, prevê de forma instrumental o incidente da desconsideração da personalidade jurídica. O art. 134, em especial, prevê que o incidente de desconsideração é cabível em todas as fases do processo de conhecimento, no cumprimento de sentença e na execução fundada em título executivo extrajudicial.

A essência utilizada pelos critérios da hermenêutica jurídica[16] diz respeito ao desvio de finalidade, abuso de direito e confusão patrimonial, em total descompasso com o princípio da boa-fé objetiva. Deve restar demonstrado o abuso da personalidade jurídica, configurado pelo desvio de finalidade ou pela confusão patrimonial.[17]

---

16. "(...) Considerando-se que a finalidade da *disregard doctrine* é combater a utilização indevida do ente societário por seus sócios, o que pode ocorrer também nos casos em que o sócio controlador esvazia o seu patrimônio pessoal e o integraliza na pessoa jurídica, conclui-se, de uma interpretação teleológica do art. 50 do CC/02, ser possível a desconsideração inversa da personalidade jurídica, de modo a atingir bens da sociedade em razão de dívidas contraídas pelo sócio controlador, conquanto preenchidos os requisitos previstos na norma. V – A desconsideração da personalidade jurídica configura-se como medida excepcional. Sua adoção somente é recomendada quando forem atendidos os pressupostos específicos relacionados com a fraude ou abuso de direito estabelecidos no art. 50 do CC/02. Somente se forem verificados os requisitos de sua incidência, poderá o juiz, no próprio processo de execução, levantar o véu da personalidade jurídica para que o ato de expropriação atinja os bens da empresa. [...]?". (REsp 948.117/MS, Rel. Ministra Nancy Andrighi, Terceira Turma, *DJe* 03.08.2010).

17. Rubens Requião leciona: "Ora, diante do abuso de direito e da fraude no uso da personalidade jurídica, o juiz brasileiro tem o direito de indagar, em seu livre convencimento, se há de consagrar a fraude ou o abuso de direito, ou se deva desprezar a personalidade jurídica, para, penetrando em seu âmago, alcançar as pessoas e bens que dentro dela se escondem para fins ilícitos ou abusivos? Na desconsideração inversa, os bens da sociedade devem responder por atos praticados pelo sócio. Ou seja: a proteção patrimonial da sociedade é retirada, permitindo-se que a pessoa jurídica responda com seus bens por atos praticados pela pessoa física do sócio". (REQUIÃO, Rubens. Abuso de direito e fraude através da personalidade jurídica? *Revista dos Tribunais*, São Paulo, v. 58, n. 410, p. 14, dez. 1969).

Embora pudessem ecoar vozes do uso indiscriminado da teoria da desconsideração da personalidade jurídica, esbarrando em garantias empresariais, prefiro adotar a interpretação lecionada pelo jurista gaúcho Rolf Madaleno, de que esse procedimento visa a proteção aos vulneráveis,[18] daqueles atos dissimulados pela via societária que, muitas vezes, são extremamente difíceis de se apurar. Nunca é demais a tentativa de se afastar odiosa postura criminal do abandono material, com indícios de atos fraudulentos societários e abuso da personalidade jurídica, exatamente para garantia da efetividade do crédito alimentar.[19]

Ao contrário dessas vozes ecoadas pelo uso indiscriminado, que querem fazer parecer, o próprio Superior Tribunal de Justiça, em relevantes julgados, concluiu que a desconsideração da personalidade jurídica é medida excepcional, que deve ser aplicada apenas quando os sócios, desvirtuando os fins institucionais, utilizarem-se da pessoa jurídica com intenção fraudulenta, lesando credores ou terceiros.

> Embargos de divergência. Artigo 50, do cc. Desconsideração da personalidade jurídica. Requisitos. Encerramento das atividades ou dissolução irregulares da sociedade. Insuficiência. Desvio de finalidade ou confusão patrimonial. Dolo. Necessidade. Interpretação restritiva. Acolhimento. 1. A criação teórica da pessoa jurídica foi avanço que permitiu o desenvolvimento da atividade econômica, ensejando a limitação dos riscos do empreendedor ao patrimônio destacado para tal fim. Abusos no uso da personalidade jurídica justificaram, em lenta evolução jurisprudencial, posteriormente incorporada ao direito positivo brasileiro, a tipificação de hipóteses em que se autoriza o levantamento do véu da personalidade jurídica para atingir o patrimônio de sócios que dela dolosamente se prevaleceram para finalidades ilícitas. Tratando-se de regra de exceção, de restrição ao princípio da autonomia patrimonial da pessoa jurídica, a interpretação que melhor se coaduna com o art. 50 do Código Civil é a que relega sua aplicação a casos extremos, em que a pessoa jurídica tenha sido instrumento para fins fraudulentos, configurado mediante o desvio da finalidade institucional ou a confusão patrimonial. 2. O encerramento das atividades ou dissolução, ainda que irregulares, da sociedade não são causas, por si só, para a desconsideração da personalidade jurídica, nos termos do Código Civil. 3. Embargos de divergência acolhidos. (EREsp 1306553/SC, Rel. Ministra Maria Isabel Gallotti, Segunda Seção, julgado em 10.12.2014, *DJe* 12.12.2014).

> Administrativo. Desconsideração da personalidade jurídica. Encerramento das atividades ou dissolução irregulares da sociedade. Insuficiência. Desvio de finalidade ou confusão patrimonial. Necessidade de comprovação. A jurisprudência do STJ firmou o entendimento de que a desconside-

---

18. "Quando um devedor de pensão usa a via societária como escudo pata cometer fraudulenta insolvência alimentar e transfere seus bens pessoais para uma empresa, ou simula a sua retirada desta mesma sociedade mercantil está com estes gestos contratuais de lícita aparência, causando imenso prejuízo ao dependente alimentar. A reação judicial nestes casos há de ser a episódica suspensão de vigência daquele nefasto ato jurídico, desconsiderando a pessoa jurídica utilizada para fraudar o credor dos alimentos, sem intricada necessidade de demonstrar a nulidade de ato jurídico de aparente validade, ou de acionar por via de simulação, empresas e sócios, com fôlego e recursos que o dependente alimentar não possui [...]". (MADALENO, Rolf. *A disregard dos alimentos*. Segunda aula da Disciplina Teoria Geral do Direito Civil – A Personalidade Jurídica e as Pessoas (Parte 2), ministrada no Curso de Pós-graduação *lato sensu* em Direito Civil. Anhanguera-Uniderp/Rede LFG).

19. "Em síntese, visa a desconsideração da personalidade jurídica a coibir, em derradeiro, essas equivocadas e acanhadas decisões judiciais, que teimam em decantar a autonomia patrimonial da personalidade jurídica, mesmo diante de contundentes evidências demonstrando a riqueza material do devedor de alimentos (...)". (MADALENO, Rolf; CARPES MADALENO, Ana Carolina; MADALENO, Rafael. *Fraude no direito de família e sucessões*. 2. ed. Rio de Janeiro: Forense, 2022, p. 740-741).

ração da personalidade jurídica prevista no artigo 50 do Código Civil trata-se de regra de exceção, de restrição ao princípio da autonomia patrimonial da pessoa jurídica. Assim, a interpretação que melhor se coaduna com esse dispositivo legal é a que relega sua aplicação a casos extremos, em que a pessoa jurídica tenha sido instrumento para fins fraudulentos, configurado mediante o desvio da finalidade institucional ou a confusão patrimonial. 2. Dessa forma, o encerramento das atividades ou dissolução, ainda que irregulares, da sociedade não são causas, por si só, para a desconsideração da personalidade jurídica, nos termos do artigo 50 do Código Civil. Precedentes. 3. Agravo regimental não provido. (AgRg no AREsp 794.237/SP, Rel. Ministro Mauro Campbell Marques, Segunda Turma, julgado em 15.03.2016, *DJe* 22.03.2016).

Agravo regimental. Recurso especial. Processual civil. Execução. Dissolução irregular da sociedade. Desconsideração da personalidade jurídica. Descabimento. ART. 50 DO CCB. 1. A desconsideração da personalidade jurídica de sociedade empresária com base no art. 50 do Código Civil exige, na esteira da jurisprudência desta Corte Superior, o reconhecimento de abuso da personalidade jurídica. 2. O encerramento irregular da atividade não é suficiente, por si só, para o redirecionamento da execução contra os sócios. 3. Limitação da Súmula 435/STJ ao âmbito da execução fiscal. 4. Precedentes específicos do STJ. 5. Agravo regimental desprovido. (AgRg no REsp 1386576/SC, Rel. Ministro Paulo De Tarso Sanseverino, Terceira Turma, julgado em 19.05.2015, *DJe* 25.05.2015).

Agravo regimental no agravo em recurso especial. Ofensa ao art. 535 do CPC. Alegação genérica. Inovação em sede de agravo regimental. Impossibilidade. Desconsideração da personalidade jurídica. Art. 50 do CC/2002. Teoria maior. Dissolução irregular. Insuficiência e inexistência de prova. Aferição da presença dos elementos autorizadores da teoria da *disregard doctrine*. Súmula 7/STJ. Agravo regimental não provido. 1. É vedado à parte inovar em sede de agravo regimental, trazendo argumentação não abordada no recurso especial. 2. A teoria da desconsideração da personalidade jurídica (*disregard of legal entity doctrine*) incorporada ao nosso ordenamento jurídico tem por escopo alcançar o patrimônio dos sócios-administradores que se utilizam da autonomia patrimonial da pessoa jurídica para fins ilícitos, abusivos ou fraudulentos, nos termos do que dispõe o art. 50 do CC: comprovação do abuso da personalidade jurídica, mediante desvio de finalidade ou de confusão patrimonial, em detrimento do interesse da própria sociedade e/ou com prejuízos a terceiros. Precedentes. 3. A mera demonstração de insolvência da pessoa jurídica ou de dissolução irregular da empresa sem a devida baixa na junta comercial, por si sós, não ensejam a desconsideração da personalidade jurídica. Precedentes. 4. Tendo por incontroversa a base fática apresentada pelo Tribunal de origem – inexistência de prova de encerramento irregular das atividades empresariais e de algum dos requisitos do art. 50 do CC –, este Tribunal Superior não esbarra no óbice da Súmula 7/STJ por analisar a alegação de violação do art. 50 do CC. Precedente. 5. Agravo regimental não provido. (AgRg no AREsp 550.419/RS, Rel. Ministro Raul Araújo, Quarta Turma, julgado em 28.04.2015, *DJe* 19.05.2015).

Além disso, como prova de que não se admite o uso indiscriminado como aventado em sede doutrinária, o Enunciado 146, da III Jornada de Direito Civil, orienta o intérprete a adotar exegese restritiva no exame do art. 50 do Código Civil, visto que aplicável a certo ou determinado negócio e que impõe apenas a ineficácia da pessoa jurídica perante o lesado, constitui restrição ao princípio da autonomia patrimonial. No mesmo norte, a interpretação restritiva que se deve dar ao dispositivo em exame, a IV Jornada de Direito Civil firmou o Enunciado 282, que expressamente afasta o encerramento irregular da pessoa jurídica como causa para desconsideração de sua personalidade: "O encerramento irregular das atividades da pessoa jurídica, por si só, não basta para caracterizar abuso da personalidade jurídica".

Por óbvio, devemos sempre buscar aprimorar instrumentos normativos, justamente porque primeiro acontece o fato, para que depois o direito possa regulamentá-lo. Entretanto, precisamos tomar cuidado, para que a justificativa de reforma não se conduza à ineficácia do próprio instituto. Talvez fosse esse mesmo objetivo um dos motivos que levou ao veto integral ao Projeto de Lei 3.401, de 2008 (Projeto de Lei 69, de 2014, no Senado Federal), que "Disciplina o procedimento de declaração judicial de desconsideração da personalidade jurídica e dá outras providências". Entre outras alegações do veto, constava que a parte deveria indicar, necessária e objetivamente, em requerimento específico, quais os atos pelos sócios praticados que ensejariam a respectiva responsabilização, na forma da lei específica, o mesmo devendo fazer o Ministério Público nos casos em que lhe couber intervir no processo, para que se conseguisse liminarmente a utilização desse procedimento, conforme previsto no artigo 2 e parágrafo único, do supracitado projeto de lei:

> Art. 2º A parte que postular a desconsideração da personalidade jurídica ou a responsabilidade pessoal de membros, instituidores, sócios ou administradores por obrigações da pessoa jurídica, indicará, necessária e objetivamente, em requerimento específico, quais os atos por eles praticados que ensejariam a respectiva responsabilização, na forma da lei específica, o mesmo devendo fazer o Ministério Público nos casos em que lhe couber intervir no processo. Parágrafo único: O não atendimento das condições estabelecidas no caput ensejará o indeferimento liminar do pleito pelo juiz.

Com a devida vênia, além de ser uma prova de difícil mensuração, tratando de pessoas vulneráveis, faria com que fosse inviabilizada essa teoria, por exatamente ser quase impossível aferir a exata dimensão dos regulares e periódicos ingressos financeiros, o que evidenciaria a insuficiência de provas[20] e o que estimularia, por vezes, essa prática nefasta. Não somente isso, ante a natureza alimentar e a celeridade e brevidade que justificam a ampliação dessa medida, corromperia a efetividade alimentar e afrontaria a dignidade do credor de alimentos.

Portanto, essa manobra procedimental que se adota, hoje, é na verdade o antídoto e um pedido de socorro daqueles cuja verba alimentar foi comprometida pelos pilares da má-fé e indícios de fraude,[21] o que, repita-se, sem generalização, em alguns

---

20. Mensagem 657, de 13 de dezembro de 2022: Razões do veto: Ademais, a exigência de indicação objetiva dos atos praticados pelos sócios para fins de desconsideração pode dificultar, ou, até mesmo, inviabilizar a adoção do instituto, haja vista que, em muitos casos, a realização de prova pericial prévia se revela útil para a caracterização da abusividade. Indo além, registre-se que, no direito do consumidor e na seara ambiental, exige-se como único elemento para desconsideração, o prejuízo ao credor, não sendo necessária sequer a demonstração de abuso. Dessa forma, ao exigir a demonstração de atos específicos praticados pelos sócios, a norma pode inviabilizar a adoção da teoria na seara consumerista ao impor todo o ônus da prova ao consumidor, parte hipossuficiente na relação de consumo.
21. Direito de família. Execução de acordo judicial envolvendo alimentos e valores devidos à ex-consorte a título de meação. Pedido de desconsideração inversa da personalidade jurídica, a fim de viabilizar a penhora de imóvel (apartamento) de propriedade da empresa da qual o executado é irrecusavelmente dono. Utilização pessoal e exclusiva do bem pelo devedor. Confusão patrimonial evidente. Executado que, conquanto não figure formalmente como sócio no contrato social, exerce atos de administrador e proprietário da empresa, a qual está em nome de seus filhos. Inexistência de qualquer outro bem pessoal para garantir a dívida.

casos em que é utilizada como roupagem a pessoa jurídica, que jamais deve ser usada como amparo para essas manobras e subterfúgios. Se, nesses casos, quando utilizada para atos fraudulentos, deve sim sofrer com os rigores da lei.

4. DA VIOLÊNCIA PATRIMONIAL AO CRIME DE ABANDONO MATERIAL

Nunca é tarde para se lembrar que é dever dos pais o sustento dos filhos (art. 1.566, IV, CC), atuando como um dos corolários da autoridade parental. É exatamente por isso que esse descumprimento do dever alimentício poderá propiciar não apenas a destituição da autoridade parental, mas, até mesmo, a caracterização do crime de abandono material (CP, art. 244). E por falar em crime de abandono material, dispõe o art. 244, *caput*, do Código Penal:

> Art. 244. Deixar, sem justa causa, de prover a subsistência do cônjuge, ou de filho menor de 18 (dezoito) anos ou inapto para o trabalho, ou de ascendente inválido ou maior de 60 (sessenta) anos, não lhes proporcionando os recursos necessários ou faltando o pagamento de pensão alimentícia judicialmente acordada, fixada ou majorada; deixar, sem justa causa, de socorrer descendente ou ascendente, gravemente enfermo. Pena – detenção, de 1 (um) a 4 (quatro) anos e multa, de uma a dez vezes o maior salário-mínimo vigente no País.

Pela leitura do dispositivo supracitado, consta como tipo penal três assertivas distintas: 1) Deixar, sem justa causa, de prover os recursos necessários à subsistência do cônjuge, do filho menor de 18 anos ou inapto para o trabalho, ou do ascendente inválido ou maior de 60 anos; 2) Faltar ao pagamento da pensão alimentícia fixada judicialmente; 3) Deixar de socorrer, sem justa causa, ascendente ou descendente gravemente enfermo.

Não se ignora o elemento normativo representado pela expressão "justa causa", que funciona como rumo norteador para configuração do tipo penal. O questionamento que se faz é que se podemos admitir provada a justa causa, em casos em que há má-fé com intuito doloso de fraudar o credor de alimentos, criando uma roupagem distinta da realidade fática vivenciada? Ou seja, ele pode pagar, mas pelo engodo e distorção usada pela fraude, não cumpre tal obrigação, induzindo a erro o juiz da causa. A resposta parece positiva para tal cenário, levando em consideração a subsistência de quem necessita da verba alimentar. Existe um ato repugnante eivado pelo dolo de fraudar, distorcendo a verdadeira realidade fática vivenciada. Nada mais que razoável, o Estado responder de forma a coibir tal atitude, já que as funções de uma pena nada mais são que reeducar, ressocializar e reinserir o cidadão que comete o crime, no cenário social.

Recurso provido. "Na desconsideração inversa da personalidade jurídica de empresa comercial, afasta-se o princípio da autonomia patrimonial da pessoa jurídica, responsabilizando-se a sociedade por obrigação pessoal do sócio. Tal somente é admitido, entretanto, quando comprovado suficientemente ter havido desvio de bens, com o devedor transferindo seus bens à empresa da qual detém controle absoluto, continuando, todavia, deles a usufruir integralmente, conquanto não façam parte o seu patrimônio particular, porquanto integrados ao patrimônio da pessoa jurídica controlada" (TJSC – Agravo de Instrumento 2011.059371-2, de Timbó, rel. Des. Eládio Torret Rocha, j. 03.05.2012).

Além disso, a Lei de Alimentos 5.478/1968 prevê no *caput* do seu art. 22 e parágrafo único que:

> Art. 22. Constitui crime contra a administração da Justiça deixar o empregador ou funcionário público de prestar ao juízo competente as informações necessárias à instrução de processo ou execução de sentença ou acordo que fixe pensão alimentícia:
>
> Pena – Detenção de 6 (seis) meses a 1 (um) ano, sem prejuízo da pena acessória de suspensão do emprego de 30 (trinta) a 90 (noventa) dias.
>
> Parágrafo único. Nas mesmas penas incide quem, de qualquer modo, ajuda o devedor a eximir-se ao pagamento de pensão alimentícia judicialmente acordada, fixada ou majorada, ou se recusa, ou procrastina a executar ordem de descontos em folhas de pagamento, expedida pelo juiz competente.

Com os avanços contemporâneos, não resta dúvida que se enquadra em uma espécie de violência patrimonial, até com previsão expressa na Lei 11.340/2006, conhecida como Lei Maria da Penha. Além disso, a Lei 14.344/ 2022 criou mecanismos para a prevenção e o enfrentamento da violência doméstica e familiar contra criança e adolescente. Pela previsão normativa desta lei, além da violência física e psicológica, prevê proteção contra violência patrimonial, um conceito já previsto na Lei Maria da Penha e transportada para o ECA. Nada obstante, essa ilicitude da camuflagem da verdadeira realidade financeira, poderíamos, por uma interpretação finalística, admitir que esses atos praticados, com intuito de lesar a verba alimentar, configuram uma espécie de violência patrimonial.

5. CONCLUSÃO

A realidade subjacente e a prática forense propiciam uma verdadeira distância entre a efetividade do crédito alimentar e a expectativa do adimplemento do débito alimentar. Os calvários enfrentados nos processos de execução promovem uma verdadeira barreira que precisa ser derrubada em prol da subsistência alimentar dos vulneráveis. As teses precisam ser consolidadas e apreciadas com a devida importância, em especial aquela que se aplica a teoria da aparência para desvendar a verdadeira realidade econômica, para sopesar e equilibrar a balança da justiça, pois cada caso é um caso, necessitando de uma atenção diferenciada pelo poder judicante.

Não se ignora, por óbvio, os princípios protetivos do cerne empresarial, mas também não se fecha os olhos para os que se socorrem da crença de recebimento da verba alimentar devida, garantia da própria subsistência. Necessário esse olhar atento e vigilante, pois muitas vezes essa situação apresentada aos autos do processo não condiz com a situação fática vivenciada pelo devedor de alimentos, nos bastidores da vida. Essa prática causa prejuízo e compromete a subsistência do credor, cabendo ao magistrado, com sua sutileza, mediante provocação, adotar medidas na busca do que seria razoável, proporcional e justo.

REFERÊNCIAS

CALMON, Rafael. *Direito das famílias e processo civil:* interação, técnicas e procedimentos sob o enfoque do novo CPC. São Paulo: Saraiva, 2017.

DIAS, Maria Berenice. *Manual de direito das famílias.* 10. ed. São Paulo: Ed. RT, 2015.

FARIAS, Cristiano Chaves de; ROSENVAL, Nelson. *Direito das famílias.* 2. ed. rev., ampl. e atual. Rio de Janeiro: Lumen Juris, 2010.

KUMPEL, Vitor Frederico. *Teoria da aparência no Código Civil de 2002.* São Paulo: Método, 2007.

MADALENO, Rolf. *A desconsideração judicial da pessoa jurídica e da interposta pessoa física no direito de família e no direito das sucessões.* Rio de Janeiro: Forense, 2013.

MADALENO, Rolf; CARPES MADALENO, Ana Carolina; MADALENO, Rafael. *Fraude no direito de família e sucessões.* 2. ed. Rio de Janeiro: Forense, 2022.

MADALENO, Rolf. *A disregard dos alimentos.* Segunda aula da Disciplina Teoria Geral do Direito Civil – A Personalidade Jurídica e as Pessoas (Parte 2), ministrada no Curso de Pós-graduação *lato sensu* em Direito Civil. Anhanguera-Uniderp/Rede LFG.

PEREIRA, Rodrigo da Cunha. *Direito das famílias.* 2. ed. Rio de Janeiro: Forense, 2021.

PORTO, Sérgio Gilberto. *Doutrina e prática dos alimentos.* 3. ed. São Paulo: Ed. RT, 2003.

REQUIÃO, Rubens. Abuso de direito e fraude através da personalidade jurídica? *Revista dos Tribunais,* São Paulo, v. 58, n. 410, p. 12-24, dez. 1969.

ALIMENTOS NA LEI MARIA DA PENHA

Thiago Garcia Ivassaki

Delegado de Polícia em São Paulo. Professor. Escritor. Palestrante. (Instagram @ deltathiago)

Sumário: 1. Histórico da Lei Maria da Penha – 2. Visão geral – 3. Medidas protetivas – 4. Alimentos – Referências.

1. HISTÓRICO DA LEI MARIA DA PENHA

O art. 226, § 8º, da Constituição Federal expõe: "O Estado assegurará a assistência à família na pessoa de cada um dos que a integram, criando mecanismos para coibir a violência no âmbito de suas relações".

Além disso, no cenário internacional, o Brasil adotou vários instrumentos destinados à proteção das mulheres.

Com efeito, a Convenção sobre a Eliminação de Todas as Formas de Discriminação contra a Mulher, adotada pela ONU, em 18.012.1979,[1] assevera que:

> Art. 3º Os Estados-Partes tomarão, em todas as esferas e, em particular, nas esferas política, social, econômica e cultural, todas as medidas apropriadas, inclusive de caráter legislativo, para assegurar o pleno desenvolvimento e progresso da mulher, com o objetivo de garantir-lhe o exercício e gozo dos direitos humanos e liberdades fundamentais em igualdade de condições com o homem.

Por sua vez, a Convenção Interamericana para Prevenir, Punir e Erradicar a Violência contra a Mulher, concluída em Belém do Pará, em 09.06.1994,[2] afirma que:

> Art. 7º Os Estados-Partes condenam todas as formas de violência contra a mulher e convêm em adotar, por todos os meios apropriados e sem demora, políticas destinadas a prevenir, punir e erradicar tal violência.

Para tanto, eles devem envidar esforços para "incorporar na sua legislação interna normas penais, civis, administrativas e de outra natureza, que sejam necessárias para prevenir, punir e erradicar a violência contra a mulher".

Como se vê, tanto no *âmbito doméstico* como no *cenário internacional* e *regional* de proteção dos direitos humanos buscou-se garantir, de modo amplo, o bem-estar das mulheres, mormente por meio de ações afirmativas e mandados de criminalização.

---

1. Promulgada pelo Dec. 4.377, de 13.09.2002.
2. Promulgada pelo Dec. 1.973, de 1º.08.1996.

Não obstante tais previsões, foi somente em 22.09.2006 que entrou em vigor a Lei 11.340, conhecida como "Lei Maria da Penha".

Passemos à análise dos fatos que fizeram nascer esse diploma legal.

Maria da Penha Maia Fernandes ficou paraplégica, em decorrência de uma tentativa de homicídio – simulação de assalto com uso de espingarda –, praticada por seu marido, em Fortaleza, em 1983. Decorridos alguns dias, ele tentou eletrocutá-la durante o banho, mas não conseguiu ceifar a vida dela.

Passados mais de 19 anos, em 2002, o algoz foi preso, cumprindo apenas dois anos de prisão, após a anulação do julgamento e interposição de recursos.

Em razão desse quadro caótico, o caso Maria da Penha foi levado à *Comissão Interamericana de Direitos Humanos*, órgão da Organização dos Estados Americanos, responsável pela promoção e proteção dos direitos humanos no continente americano.

Em 2001, essa comissão reconheceu a *responsabilidade* do Estado brasileiro na omissão relacionada à violência doméstica, sendo-lhe aplicadas recomendações para o cumprimento dos compromissos previstos nos tratados e convenções que cuidam da matéria.[3]

Como se vê, somente após a pressão internacional, o Brasil criou uma lei específica para tratar com mais rigor a violência doméstica e familiar contra a mulher.

Infelizmente, mesmo com todos os esforços, o Brasil ainda é um dos cinco países *mais violentos do mundo* para as mulheres viverem. Essa posição vergonhosa e selvagem exige a união de todos em prol da *implementação real* da Lei Maria da Penha.

2. VISÃO GERAL

Segundo o art. 5º, *caput*, da Lei Maria da Penha, "configura violência doméstica e familiar contra a mulher qualquer ação ou omissão baseada no gênero que lhe cause morte, lesão, sofrimento físico, sexual ou psicológico e dano moral ou patrimonial", podendo ela ocorrer:

a) *no âmbito da unidade doméstica*, compreendida como o espaço de convívio permanente de pessoas, com ou sem vínculo familiar, inclusive as esporadicamente agregadas;

b) *no âmbito da família*, compreendida como a comunidade formada por indivíduos que são ou se consideram aparentados, unidos por laços naturais, por afinidade ou por vontade expressa;

c) *em qualquer relação íntima de afeto*, na qual o agressor conviva ou tenha convivido com a ofendida, independentemente de coabitação.

---

3. Disponível em: http://www.cidh.org/annualrep/2000port/12051.htm. Acesso em: 18 abr. 2023.

Registre-se que as relações pessoais analisadas não dependem de orientação sexual, constituindo as formas de violência em tela violação contra os direitos humanos (arts. 5º, parágrafo único, e 6º).

Além disso, no art. 7º da referida lei, em rol exemplificativo, são expostos os formatos de violência doméstica e familiar contra a mulher:

a) *violência física*, entendida como qualquer conduta que ofenda sua integridade ou saúde corporal;

b) *violência psicológica*, entendida como qualquer conduta que lhe cause dano emocional e diminuição da autoestima ou que lhe prejudique e perturbe o pleno desenvolvimento ou que vise degradar ou controlar suas ações, comportamentos, crenças e decisões, mediante ameaça, constrangimento, humilhação, manipulação, isolamento, vigilância constante, perseguição contumaz, insulto, chantagem, violação de sua intimidade, ridicularização, exploração e limitação do direito de ir e vir ou qualquer outro meio que lhe cause prejuízo à saúde psicológica e à autodeterminação;[4]

c) *violência sexual*, entendida como qualquer conduta que a constranja a presenciar, a manter ou a participar de relação sexual não desejada, mediante intimidação, ameaça, coação ou uso da força; que a induza a comercializar ou a utilizar, de qualquer modo, a sua sexualidade; que a impeça de usar qualquer método contraceptivo ou que a force ao matrimônio, à gravidez, ao aborto ou à prostituição, mediante coação, chantagem, suborno ou manipulação; ou que limite ou anule o exercício de seus direitos sexuais e reprodutivos;

d) *violência patrimonial*, entendida como qualquer conduta que configure retenção, subtração, destruição parcial ou total de seus objetos, instrumentos de trabalho, documentos pessoais, bens, valores e direitos ou recursos econômicos, incluindo os destinados a satisfazer suas necessidades;

e) *violência moral*, entendida como qualquer conduta que configure calúnia, difamação ou injúria.

Em suma, para cumprir as suas *finalidades*, a Lei Maria da Penha:

a) criou mecanismos para coibir e prevenir a violência doméstica e familiar contra a mulher; fortaleceu direitos e princípios; estabeleceu metas para o Poder Público e definiu a forma adequada de interpretação das suas disposições (arts. 1º a 4º);

b) concedeu às mulheres providências de assistência e de prevenção (arts. 8º e 9º), bem como medidas protetivas de urgência (arts. 18 a 24);

c) previu atendimento especial em sede de Polícia Judiciária (arts. 10 a 12);

---

4. O conceito de *violência psicológica* foi modificado pela *Lei 13.772/2018*, para reconhecer que a *violação da intimidade* da mulher configura violência doméstica e familiar, nos termos da Lei Maria da Penha. A violação da intimidade ocorre principalmente por meio da divulgação na internet de vídeos, áudios, imagens, dados e informações pessoais da mulher, sem o seu expresso consentimento. Essa conduta odiosa é praticada por companheiros que se valem da condição de coabitação ou de hospitalidade para obter tais registros, divulgando-os em redes sociais como forma de constrangimento à mulher.

d) estabeleceu regras sobre o processo e a prisão (arts. 13 a 15, 20, 21 e 33);

e) fixou restrições e proibições relacionadas à retratação, à pena e à Lei 9.099/1995 (arts. 16, 17 e 41);

f) garantiu a atuação do Ministério Público, da Defensoria Pública e de Equipe Multidisciplinar (arts. 25 a 32);

g) promoveu alterações no Código Penal, no Código de Processo Penal e na Lei de Execução Penal (arts. 42 a 45);

h) posteriormente foi modificada por diversas outras leis para aumentar sua eficácia.

Em resumo, para a *incidência* da Lei Maria da Penha, é necessário que a violência doméstica e familiar contra a mulher decorra: a) de *ação* ou *omissão* baseada no *gênero*; b) no âmbito da *unidade doméstica, familiar* ou *relação de afeto*; tendo como consequência: c) *morte, lesão, sofrimento físico, sexual* ou *psicológico, dano moral* ou *patrimonial*.[5]

O Superior Tribunal de Justiça[6] entende ser *presumida*, pela Lei 11.340/2006, a *hipossuficiência* e a *vulnerabilidade* da mulher em contexto de violência doméstica e familiar. É desnecessária, portanto, a demonstração específica da subjugação feminina para que seja aplicado o sistema protetivo da Lei Maria da Penha, pois a organização social brasileira ainda é fundada em um sistema hierárquico de poder baseado no gênero, situação que o referido diploma legal busca coibir.

Assim, preenchidos os requisitos analisados, o campo de abrangência do Estatuto analisado é extenso. A *corrente majoritária* (doutrinária e jurisprudencial) propugna que o *sujeito passivo* (vítima) da Lei 11.340/2006 é a pessoa do *sexo feminino* (criança, adolescente, adulta ou idosa),[7] protegendo não apenas esposas, companheiras, namoradas, amantes, ex-mulheres, como também filhas, mães, avós, netas, irmãs, tias, sogras, transexuais,[8] entre outras possibilidades. Já o *sujeito ativo* (agressor) pode ser tanto o *homem* quanto a *mulher*, desde que fiquem caracterizados os pressupostos necessários.[9]

No âmbito da jurisprudência, o Supremo Tribunal Federal decidiu que a Lei Maria da Penha é *constitucional*, não havendo ofensa contra os princípios da igualdade e da proporcionalidade.[10]

---

5. STJ, Corte Especial, AgRg na MPUMP n. 6, rel. Min. Nancy Andrighi, j. 18.05.2022.
6. STJ, Corte Especial, AgRg na MPUMP n. 6, rel. Min. Nancy Andrighi, j. 18.05.2022.
7. STJ, 6ª T., HC 310154, rel. Min. Sebastião Reis Júnior, j. 28.04.2015.
8. STJ, 6ª T., REsp 1977124, rel. Min. Rogerio Schietti Cruz, j. 05.04.2022.
9. STJ, 3ª Seção, CComp 88027, rel. Min. Og Fernandes, j. 05.12.2008.
10. STF, Tribunal Pleno, ADC 19, rel. Min. Marco Aurélio, j. 09.02.2012. A votação foi unânime para declarar a constitucionalidade dos arts. 1º, 33 e 41 da Lei 11.340/2006. A ação foi ajuizada pela Presidência da República com o objetivo de pacificar o entendimento sobre a aplicação da lei e, assim, permitir decisões uniformes em todas as instâncias do Judiciário.

A Suprema Corte considerou que o *uso do sexo como critério de diferenciação é legítimo*, tendo em vista que, de modo geral, a mulher é mais vulnerável do que o homem, não só em razão da diferença de força física entre os gêneros, mas também em virtude de fatores culturais e sociais de segregação e discriminação.

Ficou assentado que a Lei pode ser vista como corolário do *postulado da proibição de proteção deficiente*, na medida em que o Estado brasileiro deve garantir a proteção da mulher, conforme lhe impõem as normas constitucionais e internacionais.

Além disso, o STF[11] julgou que a autorização excepcional para que Delegados de Polícia e policiais concedam medidas protetivas (art. 12-C da Lei 11.340/2006) é resposta legislativa adequada e necessária ao rompimento do ciclo de violência doméstica em suas fases mais agudas, amplamente justificável em razão da eventual impossibilidade de obtenção da tutela jurisdicional em tempo hábil.

Andou bem o Pretório Excelso, pois o Delegado de Polícia é o primeiro bastião dos direitos fundamentais, atuando como verdadeiro garantidor da justiça no exercício da sua independência funcional e da sua livre convicção jurídica motivada, de modo imparcial, sem ser marionete da acusação e da defesa. Sem dúvida, tal agente público representa pedra angular no Estado Democrático de Direito.

3. MEDIDAS PROTETIVAS

Na Lei Maria da Penha, as disposições gerais sobre as medidas protetivas estão insculpidas nos arts. 18 e 19:

> Art. 18. Recebido o expediente com o pedido da ofendida, caberá ao juiz, no prazo de 48 (quarenta e oito) horas:
>
> I – conhecer do expediente e do pedido e decidir sobre as medidas protetivas de urgência;
>
> II – determinar o encaminhamento da ofendida ao órgão de assistência judiciária, quando for o caso, inclusive para o ajuizamento da ação de separação judicial, de divórcio, de anulação de casamento ou de dissolução de união estável perante o juízo competente;
>
> III – comunicar ao Ministério Público para que adote as providências cabíveis.
>
> IV – determinar a apreensão imediata de arma de fogo sob a posse do agressor.
>
> Art. 19. As medidas protetivas de urgência poderão ser concedidas pelo juiz, a requerimento do Ministério Público ou a pedido da ofendida.
>
> § 1º As medidas protetivas de urgência poderão ser concedidas de imediato, independentemente de audiência das partes e de manifestação do Ministério Público, devendo este ser prontamente comunicado.
>
> § 2º As medidas protetivas de urgência serão aplicadas isolada ou cumulativamente, e poderão ser substituídas a qualquer tempo por outras de maior eficácia, sempre que os direitos reconhecidos nesta Lei forem ameaçados ou violados.
>
> § 3º Poderá o juiz, a requerimento do Ministério Público ou a pedido da ofendida, conceder novas medidas protetivas de urgência ou rever aquelas já concedidas, se entender necessário à proteção da ofendida, de seus familiares e de seu patrimônio, ouvido o Ministério Público.

---

11. STF, Tribunal Pleno, ADI 6138, rel. Min. Alexandre de Moraes, j. 23.03.2022.

Embora não exista previsão expressa na lei, obviamente, o Delegado de Polícia também pode encaminhar representação ao Poder Judiciário para concessão de medidas protetivas para a vítima, tendo em vista seus poderes gerais e missões constitucionais (art. 144, §§ 1º e 4º, da CF; arts. 4º e 282, § 2º, do CPP; art. 2º da Lei 12.830/2013).

Por sua vez, os arts. 22, 23 e 24 da referida lei versam sobre as "medidas protetivas de urgência que obrigam o agressor" e as "medidas protetivas de urgência à ofendida":

> Art. 22. Constatada a prática de violência doméstica e familiar contra a mulher, nos termos desta Lei, o juiz poderá aplicar, de imediato, ao agressor, em conjunto ou separadamente, as seguintes medidas protetivas de urgência, entre outras:
>
> I – suspensão da posse ou restrição do porte de armas, com comunicação ao órgão competente, nos termos da Lei 10.826, de 22 de dezembro de 2003;
>
> II – afastamento do lar, domicílio ou local de convivência com a ofendida;
>
> III – proibição de determinadas condutas, entre as quais:
>
> a) aproximação da ofendida, de seus familiares e das testemunhas, fixando o limite mínimo de distância entre estes e o agressor;
>
> b) contato com a ofendida, seus familiares e testemunhas por qualquer meio de comunicação;
>
> c) frequentação de determinados lugares a fim de preservar a integridade física e psicológica da ofendida;
>
> IV – restrição ou suspensão de visitas aos dependentes menores, ouvida a equipe de atendimento multidisciplinar ou serviço similar;
>
> V – prestação de alimentos provisionais ou provisórios.
>
> VI – comparecimento do agressor a programas de recuperação e reeducação; e
>
> VII – acompanhamento psicossocial do agressor, por meio de atendimento individual e/ou em grupo de apoio.
>
> Art. 23. Poderá o juiz, quando necessário, sem prejuízo de outras medidas:
>
> I – encaminhar a ofendida e seus dependentes a programa oficial ou comunitário de proteção ou de atendimento;
>
> II – determinar a recondução da ofendida e a de seus dependentes ao respectivo domicílio, após afastamento do agressor;
>
> III – determinar o afastamento da ofendida do lar, sem prejuízo dos direitos relativos a bens, guarda dos filhos e alimentos;
>
> IV – determinar a separação de corpos.
>
> V – determinar a matrícula dos dependentes da ofendida em instituição de educação básica mais próxima do seu domicílio, ou a transferência deles para essa instituição, independentemente da existência de vaga
>
> Art. 24. Para a proteção patrimonial dos bens da sociedade conjugal ou daqueles de propriedade particular da mulher, o juiz poderá determinar, liminarmente, as seguintes medidas, entre outras:
>
> I – restituição de bens indevidamente subtraídos pelo agressor à ofendida;
>
> II – proibição temporária para a celebração de atos e contratos de compra, venda e locação de propriedade em comum, salvo expressa autorização judicial;
>
> III – suspensão das procurações conferidas pela ofendida ao agressor;

IV – prestação de caução provisória, mediante depósito judicial, por perdas e danos materiais decorrentes da prática de violência doméstica e familiar contra a ofendida.

Parágrafo único. Deverá o juiz oficiar ao cartório competente para os fins previstos nos incisos II e III deste artigo.

Inicialmente, faz-se mister explicar que, embora a maioria esmagadora das medidas cautelares envolva a prática de infrações penais, nada impede que elas sejam concedidas sem que haja a caracterização de um ilícito penal.

Quanto aos requisitos para concessão, como as protetivas são consideradas *medidas cautelares* (natureza jurídica), é necessária a existência dos pressupostos tradicionais dessas providências:[12] *periculum in mora* (perigo da demora) e *fumus boni iuris* (aparência do bom direito).[13]

Assim, ao analisar o pleito de protetivas, de *modo fundamentado*,[14] deve o Juiz verificar se há *urgência* e *elementos mínimos* sobre a necessidade de tutela para a vítima, em virtude das condutas do agente.

No campo das medidas protetivas, entendemos que não é possível usar a expressão *fumus comissi delicti* (plausibilidade de que se trata de um fato criminoso) para substituir o *fumus boni iuris*.[15] Na seara das cautelares do Código de Processo Penal, essa troca é coerente, já que elas se referem a infrações penais. De fato, se o delito é a negação do direito, como condicionar a decretação de uma cautelar à demonstração da "fumaça do bom direito"? Agora, na Lei Maria da Penha, apesar de o pedido de protetivas envolver a prática de crimes na maior parte das vezes, sabemos que ele pode ser formulado *ainda que inexista crime*. Logo, inadequada a adoção do termo *fumus comissi delicti*.

Em relação ao *periculum libertatis*, termo comumente empregado como sucedâneo do *periculum in mora*, no contexto em tela, não vemos empecilhos nessa troca, desde que o primeiro seja interpretado como o risco que a liberdade plena (sem restrições)[16] do agente representa à vítima e à aplicação da lei.

Voltando aos requisitos, consigne-se que o procedimento de protetivas é de *cognição sumária*, não podendo o Juiz condicionar o deferimento à apresentação de

---

12. CUNHA, Rogério Sanches; PINTO, Ronaldo Batista. *Violência doméstica: Lei Maria da Penha*. 6. ed. São Paulo: Ed. RT, 2015. p. 167.
13. "Diante de sua natureza jurídica penal, para que as medidas protetivas sejam concedidas, deve haver ao menos indícios de autoria e materialidade de delito praticado com violência doméstica e familiar contra a mulher (*fumus boni juris*) e o perigo da demora (*periculum in mora*), consubstanciado na urgência da medida, a fim de proteger a mulher de eventual reiteração criminosa" (STJ, 5ª T., RHC 33259, rel. Min. Ribeiro Dantas, j. 17.10.2017).
14. "A decisão singular que decretou as medidas protetivas previstas na Lei 11.340/2006 encontra-se totalmente carente de fundamentação, uma vez que o magistrado não apontou nenhum fato concreto a evidenciar a existência de violência doméstica. Exige-se a mínima demonstração de um contexto fático-probatório que justifique a adoção de medidas que cerceiam o direito de ir e vir do paciente, sob pena de violação do princípio do livre convencimento motivado" (STJ, 6ª T., HC 210743, rel. Min. Sebastião Reis Júnior, j. 24.05.2016).
15. Aceitando tal substituição: LIMA, Renato Brasileiro de. *Legislação criminal especial comentada*. 2. ed. Bahia: JusPodivm, 2014. p. 915.
16. AVENA, Norberto. *Processo Penal*. 9. ed. São Paulo: Método, 2017. p. 906.

provas cabais. Aliás, como já bem decidiu o STJ,[17] a *palavra da vítima*, por si só, pode justificar a concessão de medidas protetivas:

> Em se tratando de casos de violência doméstica em âmbito familiar contra a mulher, a palavra da vítima ganha especial relevo para o deferimento de medida protetiva de urgência, porquanto tais delitos são praticados, em regra, na esfera da convivência íntima e em situação de vulnerabilidade, sem que sejam presenciados por outras pessoas. (...) Estando em conflito, de um lado, a preservação da integridade física da vítima e, de outro, a liberdade irrestrita do suposto ofensor, atende aos mandamentos da proporcionalidade e razoabilidade a decisão que restringe moderadamente o direito de ir e vir do último.

Perfilhando entendimento oposto:[18]

> Embora as medidas protetivas possam, nos termos da regra posta no art. 19, § 1º, da Lei 11.340/2006, ser concedidas de imediato, independentemente da oitiva das partes, afigura-se necessário para tanto que haja algum dado objetivo que autorize tal providência, devendo a autoridade policial realizar diligências no sentido de fornecer ao juízo elementos que permitam aferição da oportunidade de adoção das medidas pretendidas pela ofendida. Cuidando-se de providência de natureza cautelar a ser adotada sem ouvir o autor do fato, a ausência de contraditório determina a necessidade de existência de suporte probatório mínimo acerca do acontecido, não se mostrando suficiente para tanto as corriqueiramente sumárias declarações prestadas pela ofendida, tão somente.

Infelizmente, alguns Juízes têm exigido um nível probatório de profundidade incompatível com as medidas protetivas da Lei Maria da Penha. Ora, se há urgência e a mulher está em situação de perigo, como exigir provas robustas na fase embrionária da persecução penal, quando sequer existe denúncia contra o suposto agressor? Isso é inaceitável, pois viola o *princípio da proibição de proteção deficiente*.

Ademais, a medida protetiva mais concedida às mulheres (a proibição de contato e de aproximação; art. 22, III, da LMP) afeta apenas uma pequena parte da liberdade do agente, razão pela qual não faz sentido tratar a sua decretação com o mesmo rigor que é tratada a decretação da prisão preventiva, medida que suprime totalmente o direito de ir e vir do agressor.

Para resolver o problema em tela, o art. 19 da Lei Maria da Penha foi alterado pela Lei 14.550, de 19 de abril de 2023, eis redação dos novos dispositivos:

> Art. 19
>
> (...)
>
> § 4º As medidas protetivas de urgência serão concedidas em juízo de cognição sumária a partir do depoimento da ofendida perante a autoridade policial ou da apresentação de suas alegações escritas e poderão ser indeferidas no caso de avaliação pela autoridade de inexistência de risco à integridade física, psicológica, sexual, patrimonial ou moral da ofendida ou de seus dependentes.
>
> § 5º As medidas protetivas de urgência serão concedidas independentemente da tipificação penal da violência, do ajuizamento de ação penal ou cível, da existência de inquérito policial ou do registro de boletim de ocorrência.

---

17. STJ, 6ª T., RHC 34035, rel. Min. Sebastião Reis Júnior, j. 05.11.2013.
18. TJRS, 1ª Câm. Crim., ApCrim 70060385986, rel. Honório Gonçalves da Silva Neto, j. 27.08.2014.

§ 6° As medidas protetivas de urgência vigorarão enquanto persistir risco à integridade física, psicológica, sexual, patrimonial ou moral da ofendida ou de seus dependentes.

Na maior parte das vezes, as medidas protetivas estão ligadas a *casos criminais*. Mas nada impede o *pleito em ação civil* (mesmo sendo dispensável pela nova lei), tendo em vista a *autonomia* de tais instrumentos, destinados à proteção dos direitos fundamentais da mulher.

Antes da modificação do art. 19, o STJ[19] decidiu que elas podem ser concedidas por meio de ação civil e já vinha afirmando ser *desnecessária* a existência de *inquérito policial* ou *processo penal* em curso:

> As medidas protetivas previstas na Lei 11.340/2006, observados os requisitos específicos para a concessão de cada uma, podem ser pleiteadas de forma autônoma para fins de cessação ou de acautelamento de violência doméstica contra a mulher, independentemente da existência, presente ou potencial, de processo-crime ou ação principal contra o suposto agressor. Nessa hipótese, as medidas de urgência pleiteadas terão *natureza de cautelar cível satisfativa*, não se exigindo instrumentalidade a outro processo cível ou criminal, haja vista que não se busca necessariamente garantir a eficácia prática da tutela principal.

É importante observar que, apesar de a concessão de medida protetiva não exigir a existência de inquérito policial ou de ação penal/cível, a sua duração, por período excessivo, pode caracterizar *constrangimento ilegal*. Veja-se:[20]

> *In casu*, o d. Juízo da Vara de Violência Doméstica e Familiar Contra a Mulher impôs contra o recorrente as medidas protetivas elencadas no art. 22, II e III, alíneas *a* e *b*, da Lei 11.340/2006 (afastamento do lar e proibição de aproximação e de contato com a ofendida e familiares), ante a notícia de suposta prática dos crimes de ameaça e injúria. Mantidas as medidas protetivas há mais de 2 (dois) anos, não consta, entretanto, tenha sido instaurada ação penal referente ao delito de injúria, sendo certo que o MP oficiou pelo arquivamento do inquérito no que dizia respeito ao crime de ameaça. *A imposição das restrições de liberdade ao recorrente, por medida de caráter cautelar, de modo indefinido e desatrelado de inquérito policial ou processo penal em andamento, significa, na prática, infligir-lhe verdadeira pena sem o devido processo legal, resultando em constrangimento ilegal*. Recurso ordinário em *habeas corpus* a que se dá provimento para cassar o v. acórdão recorrido e revogar as medidas protetivas de urgência impostas em desfavor do recorrente.

Em relação aos meios de impugnação, a Lei Maria da Penha *não regulamentou a matéria recursal*, motivo pelo qual há grande divergência na doutrina e na jurisprudência sobre esse tema.

Para uma corrente,[21] o *indeferimento* de medidas protetivas comporta o recurso de *apelação* (art. 593, II, do CPP), porque se trata de decisão terminativa.

---

19. STJ, 4ª T., REsp 1419421, rel. Min. Luís Felipe Salomão, j. 11.02.2014. STF: "Vigência alongada das medidas protetivas. Lei Maria da Penha. Desnecessidade de processo penal ou cível. Medidas que acautelam a ofendida e não o processo" (2ª T., HC 155187 AgR, rel. Min. Gilmar Mendes, j. 05.04.2019).
20. STJ, 5ª T., RHC 94320, rel. Félix Fischer, j. 09.10.2018.
21. AVENA, Norberto. *Processo Penal*. 9. ed. São Paulo: Método, 2017. p. 860. TJSP, 7ª Câm. de Dir. Crim., RSE 00635000220148260050, rel. Amaro Thomé, j. 05.03.2015.

Outra vertente,[22] contudo, sustenta que o indeferimento não pode ser visto como decisão definitiva ou com força de definitiva (art. 593, II, do CPP), haja vista que as medidas protetivas podem ser revistas a qualquer tempo. Como se trata de medidas cautelares, deve ser seguido o rito do Código de Processo Civil, sendo adequado o manejo de *agravo de instrumento*, na seara criminal, por aplicação analógica.

Há, ainda, uma terceira posição,[23] no sentido de que se faz mister combater o indeferimento por meio de *recurso em sentido estrito*, com base na interpretação extensiva do art. 581 do CPP.

Quanto ao *deferimento* de protetivas, alguns[24] defendem que é cabível *habeas corpus*, já que o descumprimento delas pode gerar a decretação de prisão preventiva, estando em jogo, portanto, o direito de ir e vir.

Como a essência do *writ* em tela se refere à tutela da liberdade de locomoção, o STJ[25] já proferiu julgado no sentido de que o *habeas corpus* pode ser usado para buscar *a revogação apenas das medidas protetivas que geram constrangimento ao direito de ir e vir do agente*. Exemplo disso é a proibição de aproximação em relação à ofendida (art. 22, III, da Lei Maria da Penha).

Outrossim, existem aqueles[26] que consideram correta a utilização de *agravo de instrumento*, posto que a decisão que concede protetivas é interlocutória, caso não acarrete a extinção do feito.

Por fim, adotando a ideia de interpretação extensiva do art. 581 do CPP, a terceira linha de pensamento[27] diz que é permitido o uso de *recurso em sentido estrito* contra o deferimento das protetivas.

Diante dessas controvérsias, alguns Tribunais[28] têm aplicado o *princípio da fungibilidade* para que o recurso interposto, ainda que considerado impróprio, seja julgado.

E qual o entendimento do STJ sobre essa matéria?

Apesar de *não indicar o recurso cabível*, o Tribunal da Cidadania[29] já assentou que as medidas protetivas previstas no art. 22, I, II e III, da Lei Maria da Penha, possuem *natureza*

---

22. TJSP, 8ª Câm. de Dir. Crim., RSE 00021359820168260268, rel. Grassi Neto, j. 30.03.2017.
23. LIMA, Renato Brasileiro de. *Legislação criminal especial comentada*. 2. ed. Bahia: JusPodivm, 2014. p. 922. TJSP, 16ª Câm. de Dir. Crim., RSE 00204112620148260050, rel. Newton Neves, j. 04.11.2014. O recurso em sentido estrito (art. 581, V, do CPP) também é citado para combater a revogação de medida protetiva.
24. AVENA, Norberto. *Processo Penal*. 9. ed. São Paulo: Método, 2017. p. 860; LIMA, Renato Brasileiro de. *Legislação criminal especial comentada*. 2. ed. Bahia: JusPodivm, 2014. p. 923.
25. STJ, 5ª T., RHC 42895, rel. Min. Gurgel de Faria, j. 25.08.2015. Ainda, segundo o STJ, "o habeas corpus não se presta para analisar pedido de revogação de medidas protetivas previstas no art. 22 da Lei 11.340/2006, quando tal providência implicar dilação probatória" (5ª T., RHC 50189, rel. Min. Gurgel de Faria, j. 18.08.2015).
26. CUNHA, Rogério Sanches; PINTO, Ronaldo Batista. *Violência doméstica*: Lei Maria da Penha. 6. ed. São Paulo: Ed. RT, 2015. p. 181. TJMG, 7ª Câm. Crim., AC 10024102814407001, rel. Duarte de Paula, j. 02.07.2013.
27. TJSP, 5ª Câm. Crim., RSE 00885993720158260050, rel. Juvenal Duarte, j. 02.06.2016.
28. TJRS, 1ª Câm. Crim., ApCrim 70054701057, rel. Julio Cesar Finger, j. 19.06.2013; TJSC, 2ª Câm. Crim., RSE 20140705512, rel. Salete Silva Sommariva, j. 22.09.2015.
29. STJ, 5ª T., AgRg no REsp 1441022, rel. Min. Gurgel de Faria, j. 18.12.2014. STJ, 6ª T., AgInt no AgREsp 608061, rel. Min. Sebastião Reis Júnior, j. 17.05.2016.

penal, pois visam garantir a incolumidade física e mental da vítima, além de restringirem o direito de ir e vir do agressor. Desse modo, nessas situações, deve ser adotado o procedimento estabelecido no *Código de Processo Penal* com os recursos e prazos nele expostos.

Em julgado recente, o STJ assim se manifestou:[30]

> Cinge-se a controvérsia à definição da natureza jurídica das medidas protetivas de urgência previstas na Lei Maria da Penha. No caso, o magistrado de piso, após decretar a aplicação das medidas de proibição de contato com a ofendida e de proibição de aproximação, determinou a citação do requerido para apresentar contestação no prazo de cinco dias, sob pena de revelia. Irresignado, o Ministério Público manejou correição parcial e, da decisão que a desproveu, interpôs o presente apelo nobre. As medidas protetivas de urgência têm natureza de tutela provisória cautelar, visto que são concedidas em caráter não definitivo, a título precário, e em sede de cognição sumária. Ademais, visam proteger a vida e a incolumidade física e psíquica da vítima, durante o curso do inquérito ou do processo, ante a ameaça de reiteração da prática delitiva pelo suposto agressor. As medidas protetivas de urgência previstas nos incisos I, II e III do art. 22 da Lei Maria da Penha têm caráter eminentemente penal, porquanto restringem a liberdade de ir e vir do acusado, ao tempo em que tutelam os direitos fundamentais à vida e à integridade física e psíquica da vítima. Em caso de descumprimento das medidas anteriormente impostas, poderá o magistrado, a teor do estabelecido no art. 313, III, do Código de Processo Penal – CPP, decretar a prisão preventiva do suposto agressor, cuja necessidade de manutenção deverá ser periodicamente revista, nos termos do parágrafo único do art. 316 do diploma processual penal. O reconhecimento da natureza cautelar penal traz uma dúplice proteção: de um lado, protege a vítima, pois concede a ela um meio célere e efetivo de tutela de sua vida e de sua integridade, pleiteada diretamente à autoridade policial, e reforçada pela possibilidade de decretação da prisão preventiva do suposto autor do delito; de outro lado, protege o acusado, porquanto concede a ele a possibilidade de se defender da medida a qualquer tempo, sem risco de serem a ele aplicados os efeitos da revelia. Portanto, as medidas protetivas de urgência previstas nos três primeiros incisos do art. 22 da Lei Maria da Penha têm natureza penal e a elas deve ser aplicada a disciplina do CPP atinente às cautelares, enquanto as demais medidas protetivas têm natureza cível. Aplicada a cautelar inaudita *altera pars*, para garantia de sua eficácia, o acusado será intimado de sua decretação, facultando-lhe, a qualquer tempo, a apresentação de razões contrárias à manutenção da medida. Recurso especial conhecido e provido para afastar a determinação de citação do requerido para oferecimento de contestação à decretação das medidas protetivas de urgência previstas no art. 22, III, "a" e "b", da Lei 11.340/06, bem como para afastar os efeitos de revelia em caso de omissão, aplicando-se a disciplina disposta no CPP, ante o reconhecimento da natureza cautelar criminal dessas medidas.

Por outro lado, em relação às outras medidas protetivas elencadas no art. 22 da Lei Maria da Penha, o Tribunal entende que elas têm *natureza cível*, constatação que leva à conclusão de que nesses casos faz-se necessário usar o *Código de Processo Civil* no que se refere à sistemática recursal.

Agora resta aguardar a posição do STJ após a Lei 14.550/2023.

4. ALIMENTOS

Na Lei Maria da Penha, a medida protetiva de urgência que obriga o agressor envolvendo os alimentos está prevista no seguinte dispositivo:

---

30. STJ, 5ª T., REsp 2009402, rel. Min. Joel Ilan Paciornik, j. 08.11.2022.

Art. 22. Constatada a prática de violência doméstica e familiar contra a mulher, nos termos desta Lei, o juiz poderá aplicar, de imediato, ao agressor, em conjunto ou separadamente, as seguintes medidas protetivas de urgência, entre outras:

(...)

V – prestação de alimentos provisionais ou provisórios.

Por oportuno, vale reproduzir os ensinamentos do Min. Marco Aurélio Bellizze sobre o tema em tela:[31]

> No ponto, anota-se que o inciso V do art. 22 da Lei 11.340/2006 faz menção a alimentos provisórios ou provisionais, termos que são utilizados, no mais das vezes, como sinônimos. Embora não o sejam tecnicamente, a diferença é apenas terminológica e procedimental, guardando entre si, na substância, inequívoca identidade. Os alimentos provisórios são concedidos antecipadamente em ação de alimentos (ou cumulada com outras ações), regida pela Lei 5.478/1968, e dependem de prova pré-constituída da existência de vínculo de parentesco, de casamento ou de união estável. Já os alimentos provisionais, que tinham previsão no art. 852 do CPC/1973 (não reproduzido no CPC/2015), indevidamente nominados como medida cautelar, são deferidos em cognição sumária, sem a exigência de prova pré-constituída da existência de vínculo de parentesco, de casamento ou de união estável, até que, em outra demanda, reconheça-se a existência de obrigação alimentar. Diz-se indevidamente nominados como medida cautelar, pois os alimentos provisionais, na verdade, consubstanciam provimento de urgência de natureza satisfativa, voltada a atender, de modo imediato, a necessidade do demandante quanto a sua própria subsistência, cujo deferimento não comporta repetição. Na essência, como assinalado, os alimentos provisórios e provisionais não guardam diferença entre si, destinando-se a garantir ao alimentando, temporariamente, os meios necessários à sua subsistência, do que ressai a sua natureza eminentemente satisfativa, sobretudo porque a correspondente verba alimentar não comporta repetição.

Sobre a *necessidade dos alimentos*, em processo envolvendo detentor de foro por prerrogativa de função, o STJ[32] adotou uma interessante presunção baseada na idade da vítima e na condição financeira do agente, confira-se:

> Presume-se a necessidade de fixação de alimentos provisórios em favor da requerente M. T. P. M. C., em razão de sua avançada idade (90 anos), e as possibilidades financeiras de seu cônjuge, A. C., procurador de justiça aposentado. Nessas circunstâncias, até que as partes encaminhem os aspectos cíveis de seu divórcio e alimentos, é razoável manter-se a referida medida protetiva de urgência, nos termos do art. 22, V, da Lei 11.340/2006.

No que se refere à *competência*, segundo o STJ,[33] tratando-se de *alimentos*, a regra geral é de que serão fixados perante as Varas de Família. Porém, se o Juizado de Violência Doméstica e Familiar contra a Mulher arbitrar verba alimentar na apreciação de pedido de providências protetivas fundadas na Lei Maria da Penha, ele continuará com competência para a *execução* dos alimentos, em caso de descumprimento.

Nesse ponto, vale ressaltar que o Juizado de Violência Doméstica está previsto na Lei Maria da Penha:

---

31. STJ, 3ª T., RHC 100446, rel. Min. Marco Aurélio Bellizze, j. 27.11.2018.
32. STJ, Corte Especial, AgRg na MPUMP n. 6, rel. Min. Nancy Andrighi, j. 18.05.2022.
33. STJ, 3ª T., REsp 1475006, rel. Min. Moura Ribeiro, j. 14.10.2014.

Art. 14. Os Juizados de Violência Doméstica e Familiar contra a Mulher, órgãos da Justiça Ordinária com competência cível e criminal, poderão ser criados pela União, no Distrito Federal e nos Territórios, e pelos Estados, para o processo, o julgamento e a execução das causas decorrentes da prática de violência doméstica e familiar contra a mulher.

Como se vê, a própria lei concedeu competência híbrida (cível e criminal) e ampla (processo, julgamento e execução) ao Juizado. Logo, agiu com acerto o STJ ao reconhecer a possibilidade de execução de alimentos no referido órgão do Poder Judiciário.

Na visão do STJ:[34]

> Dessa perspectiva, ninguém melhor que o magistrado da Vara Especializada para aferir toda a magnitude da agressão sofrida e fixar as medidas protetivas. Entre elas os próprios alimentos, que possuem nítido caráter emergencial, visando prover a pessoa necessitada. Cabe ressaltar que o que se discute aqui é a execução dos alimentos lá fixados como provisionais, mas não alimentos fixados em outra vara. De tal modo, tratando-se, como no presente caso, de execução de alimentos provisionais, fixados em decorrência de aplicação da Lei Maria da Penha, como medida protetiva pela vara especializada, o seu descumprimento deverá ser ali analisado, até em razão da natureza de urgência, de preservação da dignidade da mulher. Negar tal direito à celeridade, postergando o recebimento de alimentos com alteração da competência para outra vara, quando a Especializada já os fixou com urgência, seria tornar a letra da Lei Maria da Penha um saco sem fundos, que admite marchas e contramarchas, retrocessos inaceitáveis perante Direitos de Terceira Geração. Em última palavra, seria o mesmo que abrir ensejo a uma nova agressão pelo sofrimento imposto pela demora desnecessária geradora de imensa perplexidade.

De fato, se o escopo da Lei Maria da Penha é a proteção da mulher, por meio da aplicação de instrumentos de prevenção, repressão, assistência e celeridade, não faria sentido limitar indevidamente o alcance dos Juizados Especiais nela previstos.

Aliás, outra não é a posição em sede de doutrina:[35]

> Onde há JVDFM, deferida ou não a medida protetiva, o procedimento lá permanece. Havendo inadimplemento, a execução fica a cargo do juiz. Este tem competência não só para o processo e julgamento, mas também para execução das medidas protetivas. Além das ações criminais, também as ações cíveis intentadas pela vítima ou pelo Ministério Público, que tenham por fundamento a ocorrência de violência doméstica, são distribuídas ao JVDFM, onde tramita o processo. Lá ocorre o julgamento e procede-se à execução das demandas. (...) Autoriza a lei que o juiz constatando a prática de violência doméstica, imponha ao agressor, como medida protetiva, o pagamento de alimentos provisionais ou provisórios (...) Deferida qualquer das modalidades de alimentos, em caso de inadimplemento, caberá aos JVDFMs a demanda de cobrança.

Por pertinente, vale lembrar que, nos termos do art. 33, *caput*, da Lei Maria da Penha, "enquanto não estruturados os Juizados de Violência Doméstica e Familiar contra a Mulher, as varas criminais acumularão as competências cível e criminal para conhecer e julgar as causas decorrentes da prática de violência doméstica e familiar

---

34. STJ, 3ª T., REsp 1475006, rel. Min. Moura Ribeiro, j. 14.10.2014.
35. DIAS, Maria Berenice. *A Lei Maria da Penha na Justiça*. São Paulo: Ed. RT, 2012. p. 140.

contra a mulher, observadas as previsões do Título IV desta Lei, subsidiada pela legislação processual pertinente".

Outro tema que merece atenção é a *prisão civil* decorrente de inadimplemento de alimentos fixados a título de *medida protetiva*, no âmbito de *ação penal* destinada a apurar crime de violência doméstica e familiar contra a mulher.

Para o STJ,[36] a medida protetiva de alimentos, fixada por Juízo materialmente competente é, por si, válida e eficaz, não se encontrando, para esses efeitos, condicionada à ratificação de qualquer outro Juízo, no bojo de outra ação, do que decorre sua natureza satisfativa, e não cautelar.

Tal decisão consubstancia, em si, *título judicial idôneo* a autorizar a credora de alimentos a levar a efeito, imediatamente, as providências judiciais para a sua cobrança, com os correspondentes meios coercitivos que a lei dispõe, como *prisão civil*, não sendo necessário o ajuizamento, no prazo de 30 dias, de ação principal de alimentos (propriamente dita).

Novamente, concordamos totalmente com a posição do STJ. A exigência de ajuizamento da referida ação não conta com embasamento legal e ignora o espírito da Lei Maria da Penha, que busca a defesa célere para as suas destinatárias.

Sobre a *duração dos alimentos*, o STJ[37] estabeleceu:

> Sem descurar da existência de controvérsia na doutrina nacional, tem-se que o entendimento que melhor se coaduna com os propósitos protetivos da Lei n. 11.340/2006 é o que considera subsistentes os alimentos provisórios e provisionais enquanto perdurar a situação de vulnerabilidade desencadeada pela prática de violência doméstica e familiar – e não, simplesmente, enquanto perdurar a situação de violência. (...) Consigna-se que o dever de prestar alimentos, seja em relação à mulher, como decorrência do dever de mútua assistência, seja em relação aos filhos, como corolário do dever de sustento, afigura-se sensivelmente agravado nos casos de violência doméstica e familiar contra a mulher. (...) Nessa medida, enquanto a mulher se encontrar em situação de vulnerabilidade, desencadeada pela agressão doméstica, os alimentos provisórios ou provisionais fixados a título de medida protetiva continuam a ser devidos e exigíveis. Com a vênia daqueles que compreendem de modo diverso, adotar como marco, para efeito de findar o dever de prestar alimentos provisórios ou provisionais, a cessação da violência, seria o mesmo que tornar inócua a referida medida protetiva de alimentos. (...) A cessação da situação de violência não importa, necessariamente, o fim da situação de hipervulnerabilidade em que a mulher se encontra submetida e a qual os alimentos provisórios ou provisionais visam, efetivamente, contemporizar. Portanto, enquanto perdurar a situação de hipervulnerabilidade, desencadeada pela violência doméstica e familiar contra a mulher, os alimentos provisórios ou provisionais continuam devidos e exigíveis. Esta é, como visto, a circunstância fática que autoriza a permanência da vigência da medida protetiva de alimentos em favor da mulher, vítima de violência doméstica e familiar. Evidentemente, a sua revogação depende de decisão judicial que reconheça a cessação de tal situação. Cabe, pois, ao devedor de alimentos promover as providências judiciais cabíveis para a revogação da decisão deferitória, sem o que não há falar em exaurimento da obrigação alimentar.

---

36. STJ, 3ª T., RHC 100446, rel. Min. Marco Aurélio Bellizze, j. 27.11.2018.
37. STJ, 3ª T., RHC 100446, rel. Min. Marco Aurélio Bellizze, j. 27.11.2018.

Também é digna de abordagem a *decretação de prisão preventiva por descumprimento da medida protetiva de alimentos*.

No caso concreto, a ex-esposa do agente pleiteou fixação de medidas protetivas (entre elas a fixação de alimentos provisionais), perante o Juizado de Violência Doméstica, alegando ter sido vítima de lesão corporal e injúria. O Magistrado de primeiro grau concedeu as medidas protetivas de urgência previstas no art. 22, incisos II, III e V, da Lei 11.340/2006.

Diante do não pagamento de alimentos provisionais fixados, a defesa da vítima formulou pedido de execução de alimentos.

Seguiu-se decisão judicial determinando a intimação do agente para, no prazo de 24 h, dar cumprimento à medida protetiva de pagamento de alimentos provisórios, sob pena de decretação de prisão preventiva.

Como o agente não foi encontrado, a defesa da vítima solicitou a intimação dele por hora certa, aduzindo que ele estaria se escondendo da justiça. Ato contínuo, o Juiz de primeiro grau decretou a prisão preventiva do ex-marido, em razão do descumprimento da medida protetiva imposta.

O caso chegou ao STJ.[38]

A Min. Laurita Vaz concordou com a prisão preventiva nestes termos:

> Cumpre destacar que a Lei 11.340/2006 introduziu, na sistemática processual penal relativa às prisões cautelares, mais uma hipótese autorizadora da prisão preventiva, ao estabelecer, no artigo 313, inciso IV, do Código de Processo Penal, a possibilidade de segregação cautelar para garantir a eficácia das medidas protetivas de urgência. Na espécie, diante da notícia de que o Paciente, mesmo após cientificado da medida protetiva imposta, deixou de efetuar o pagamento da verba alimentícia imposta como medida protetiva de urgência e, para se furtar dessa obrigação, ocultou-se, acertada a decretação de sua custódia preventiva. Ademais, constata-se, também, a presença de motivação idônea para a imposição da custódia cautelar do Paciente com base na conveniência criminal e para assegurar a aplicação da lei penal, pelo fato de o Paciente não ter sido mais encontrado após intimado das medidas protetivas de urgência impostas.

Porém, prevaleceu a voto do Min. Sebastião Reis Júnior:

> Outras cautelares visando à proteção física da vítima também foram fixadas: afastamento do lar, domicílio ou local de convivência com a ofendida; que o paciente deve permanecer a uma distância mínima de 100 metros da ofendida e de seus familiares, não podendo com eles tentar qualquer tipo de aproximação; não manter contato com a ofendida e seus familiares por qualquer meio de comunicação (telefone, fax, e-mail, cartas etc.); proibição do paciente de frequentar a residência ou qualquer lugar em que a vítima esteja alojada; e comparecimento do paciente no Juizado de Violência Doméstica e Familiar contra a Mulher para atendimento pela Equipe Multidisciplinar (fls. 318/319). Não vi, nesta decisão, razão para a cautelar do pagamento de alimentos, considerando que inexiste qualquer acusação de que o paciente estivesse se negando a ajudá-la e aos filhos do casal no seu sustento. Não vi, também, nenhuma fundamentação, na decisão em tela, que autorizasse a fixação de tal cautelar, sendo essa, no meu entender, totalmente excessiva

---

38. STJ, 6ª T., HC 454940, rel. Min. Sebastião Reis Júnior, j. 15.08.2019.

no caso concreto. Assim, não é demais lembrar que existem meios próprios pelos quais dívidas dessa natureza devem ser cobradas: a) de título executivo extrajudicial, mediante ação judicial, visando à cobrança pelo rito da prisão (art. 911 do CPC); b) de título executivo extrajudicial, pelo rito da expropriação (art. 913 do CPC); c) cumprimento de sentença ou decisão interlocutória para a cobrança de alimentos pelo rito da prisão (art. 528 do CPC); e d) cumprimento de sentença ou decisão interlocutória para a cobrança dos alimentos pelo rito da expropriação (art. 530 do CPC), meios esses não utilizados no caso concreto. Por fim, não posso deixar de fazer uma comparação com o não pagamento da fiança, considerando que este Tribunal, em diversas oportunidades, já decidiu que o não adimplemento da fiança não autoriza a prisão (HC 362.907/SP e HC 444.263/SP). Além do mais, insisto em que, no caso concreto, não há indicação de qualquer prejuízo por parte da vítima quanto ao não pagamento do valor fixado a título de preventiva. Assim, nesse contexto, entendo ser excessiva a decretação da prisão pelo não cumprimento de apenas uma das diversas cautelares impostas, descumprimento esse que não causa nenhum prejuízo ou risco à vítima e que pode ser atenuado por outros meios previstos no CPC. Voto no sentido de conceder a ordem, revogando-se a prisão decretada, mas ressaltando que o descumprimento de qualquer das outras cautelares fixadas e em vigor poderá autorizar uma nova prisão do paciente.

Com a devida vênia, *discordamos da corrente vencedora*. Isso porque entendemos que a Lei Maria da Penha criou um sistema próprio dentro do ordenamento jurídico para cumprir suas nobres finalidades. Essa sistemática diferenciada, embora se comunique com os outros campos do arcabouço normativo pátrio (CPP, CPC etc.), não pode perder as suas peculiaridades (espírito protetivo máximo, eficácia plena dos seus mecanismos, celeridade, entre outras), sob pena de esvaziamento da sua essência.

Ora, se a própria Lei Maria da Penha alterou o Código de Processo Penal para acrescentar o inciso IV no art. 313, tendo como fito permitir a decretação da prisão preventiva para "garantir a execução das medidas protetivas de urgência", como impedir a concretização da segregação cautelar na hipótese de descumprimento da protetiva de alimentos?

Ressalte-se que em nenhum ponto da lei de regência o legislador faz distinção entre as medidas protetivas, não estabelecendo que algumas comportam a privação da liberdade do agente e outras não, deixando claro que concedeu amparo irrestrito à vítima (art. 4º da LMP).

Seguindo essa mesma linha, ao criar o crime de descumprimento de medida protetiva de urgência (art. 24-A da LMP, incluído pela Lei 13.641, de 2018), mais uma vez, o legislador usou uma fórmula ampla: "descumprir decisão judicial que defere medidas protetivas de urgência previstas nesta Lei", não firmando diferenciação entre as protetivas nem entre os juízes que as decreta (competência civil ou criminal).

Sendo assim, em tese, a decretação da prisão preventiva (art. 313, III, do CPP) é cabível para o desrespeito em relação a todas as medidas protetivas, assim como a violação a qualquer uma delas tem o condão de atrair o art. 24-A da LMP.

Evidentemente, como a prisão preventiva é *ultima ratio*, cabe ao julgador avaliar as circunstâncias do caso concreto, sem esquecer os princípios maiores da proporcionalidade e da razoabilidade como forma de sopesamento e controle.

De qualquer forma, tratando-se de alimentos, resta indubitável a envergadura incomparável dessa providência, já que está ligada diretamente à sobrevivência e à dignidade da destinatária, englobando vários direitos e garantias fundamentais previstos na Constituição Federal e nos instrumentos de Direito Internacional assinados pelo Brasil.

Ainda que a medida protetiva de alimentos seja considerada de natureza cível, inexiste óbice para a decretação da prisão em sede penal, seja em razão do sistema *sui generis* instaurado pela Lei 11.340/2006, seja em virtude da ausência de vedação na Carta Magna (art. 5º, LXVII).

Por conseguinte, para garantir a efetividade da sua tutela, a ferramenta estatal mais forte (cerceamento do direito de ir e vir) não pode ser defenestrada, pois isso equivale ao enfraquecimento do combate à violência contra a mulher.

Aliás, o STJ[39] já reconheceu que a decretação da prisão preventiva do art. 313, III, do CPP, conta com características próprias, como a desnecessidade de o crime ter pena privativa de liberdade máxima superior a quatro anos. Com isso, queremos dizer que essa modalidade de preventiva deve ser aquilatada de forma especial, em consonância com os cânones da Lei Maria da Penha.

Destarte, em nossa visão, o descumprimento da medida protetiva de alimentos comporta sim a decretação de prisão preventiva.

REFERÊNCIAS

AVENA, Norberto. *Processo Penal*. 9. ed. São Paulo: Método, 2017.

CUNHA, Rogério Sanches; PINTO, Ronaldo Batista. *Violência doméstica: Lei Maria da Penha*. 6. ed. São Paulo: Ed. RT, 2015.

DIAS, Maria Berenice. *A Lei Maria da Penha na Justiça*. São Paulo: Ed. RT, 2012.

LIMA, Renato Brasileiro de. *Legislação criminal especial comentada*. 2. ed. Bahia: JusPodivm, 2014.

---

39. STJ, 5ª T., HC 392148, rel. Min. Reynaldo Soares da Fonseca, j. 18.05.2017.

A PRISÃO CIVIL NOS ALIMENTOS AVOENGOS

Thiago Vargas Simões

Pós-doutor em Direito Civil pela Universidade de Lisboa – Portugal. Doutor em Direito Civil pela PUC/SP. Mestre em Direito Civil pela PUC/SP. Professor de Direito de Família e das Sucessões da FDV/ES, da ESMAGES – Escola Superior da Magistratura do ES e da EESMPES – Escola de Estudos Superiores do MPES. Presidente da ADFAS/ES – Associação de Direito de Família e Sucessões. Advogado. E-mail: thiago@vargassimoes.com.br.

Sumário: 1. Introdução – 2. A concepção jurídica dos alimentos enquanto instrumento de tutela da dignidade humana – 3. A relação jurídica alimentar e suas principais características; 3.1 Obrigação e dever alimentar: breves considerações; 3.2 O viés personalíssimo, imprescritível, irrenunciável, incompensável e impenhorável dos alimentos; 3.3 Critérios legais para fixação do *quantum* alimentar – 4. Os alimentos avoengos e suas características materiais e processuais; 4.1 A existência de litisconsórcio entre os avós – 5. A execução dos alimentos e a (im)possibilidade da prisão civil dos avós – 6. Conclusão – Referências.

1. INTRODUÇÃO

Pautado nos princípios constitucionais da dignidade da pessoa humana e na solidariedade, o Direito de Família passou por profundas transformações nas últimas décadas trazendo, como consequência, uma releitura de seus institutos basilares, com vistas a tutelar a pessoa humana e suas necessidades, de maneira plena.

Ao estabelecer os preceitos fundamentais das relações familiares, a CF/88 muniu-se de previsões legais visando a assegurar e promover a vida humana, a partir da especial proteção jurídica destinada ao núcleo familiar, como se depreende de seu artigo 226, *caput*.

Como forma de tutelar a dignidade da pessoa humana e estabelecer um mínimo de recursos para promoção de seu bem-estar, o ordenamento jurídico nacional prevê que todo aquele que não puder prover sua própria subsistência, poderá pleitear, de seus parentes, um auxílio material destinado a atender suas necessidades mais básicas.

A relevância da temática dos *alimentos* decorre da necessidade de sobrevivência daquele que requer o socorro financeiro de seus parentes, podendo haver, inclusive, a ocorrência de penhora de bens e valores do devedor, bem como a prisão civil quando restar caracterizada a inadimplência dos valores fixados pelo juiz, desde que preenchidos os requisitos legais para tanto.

Neste artigo abordaremos os *alimentos* em perspectiva civil-constitucional, apontando suas principais características e pessoas vinculadas às relações jurídicas, em atenção aos preceitos legais e à orientação da jurisprudência sobre a imposição do pagamento aos pais e, na eventual impossibilidade destes, aos avós, assim como as consequências que decorrem da hipótese de inocorrência do pagamento do montante devido.

2. A CONCEPÇÃO JURÍDICA DOS ALIMENTOS ENQUANTO INSTRUMENTO DE TUTELA DA DIGNIDADE HUMANA

Calcada no objetivo fundamental de construção de uma sociedade livre, justa e solidária, é na relação familiar que estes objetivos têm suas primeiras demonstrações de concretude postas a prova, uma vez que a noção de *núcleo familiar* se abdicou de seu caráter patrimonialista e reprodutor, abrindo-se novos horizontes.[1]

A denominada *tutela da pessoa humana* ganhou na CF/88 seu início, meio e fim ao destacar, no plano constitucional, a dignidade humana como fundamento republicano e, no plano infraconstitucional, as cláusulas gerais constantes da atual codificação civil como mecanismos de integração de suas necessidades.[2]

Nessa perspectiva e trazendo o valor máximo da dignidade humana às mais diversas formas de constituição familiar que visam, tão somente, a interação de seus membros, necessário se faz compreender que esta só será atingida em sua plenitude, sempre que houver recursos para o desfrute de uma vida digna.

É daí que surge a figura jurídica dos alimentos como verdadeiro instrumento de consagração da operabilidade da dignidade humana, bem como a garantia de subsistência das pessoas com o mínimo necessário para atender às suas necessidades básicas, tendo, nos parentes mais próximos, a salvaguarda jurídica da interação solidária e recíproca da existência de todos.

Isso porque, segundo Luis Díez-Picazo e Antonio Gullón[3] "[...] o primeiro bem jurídico que um pessoa possui é sua própria vida, o primeiro interesse que tem é a sua conservação e a primeira necessidade que se depara é procurar meios para tanto.".

A relação jurídica alimentar é fixada a partir de uma justa proporcionalidade das condições de vida digna tanto do alimentante (quem presta os alimentos) quanto do alimentando (quem recebe os alimentos), estabelecendo-se, assim, uma adequação às exigências imprescindíveis à vida de cada um dos integrantes desta relação.

Apresentando íntima ligação com o princípio da dignidade humana, os alimentos foram alçados ao *status* de direitos sociais e estão previstos no rol do artigo 6º[4] da

---

1. Oportunas são as palavras do mestre lusitano Jorge Duarte Pinheiro, cf. *Estudos de direito da família e das crianças*, p. 131: "O Direito da Família caracteriza-se pela particular permeabilidade à realidade social. A especial influência dos fenómenos sociais neste ramo do Direito deve-se ao próprio objeto da regulamentação jusfamiliar. As normas de Direito de Família visam disciplinar comportamentos que, embora mais ou menos íntimos, são tidos como fundamentais no âmbito da ordem social. [...]".
2. "[...]. 4. A paternidade socioafetiva realiza a própria dignidade da pessoa humana por permitir que um indivíduo tenha reconhecido seu histórico de vida e a condição social ostentada, valorizando, além dos aspectos formais, como a regular adoção, a verdade real dos fatos. [...]" (REsp 1.867.308/MT; 3ª T.; Rel. Min. Ricardo Villas Boas Cueva; DJe 11.05.2022).
3. Cf. *Sistema de derecho civil* – v. 4: derecho de familia y derecho de sucesiones, p. 47. Texto original: "[...] el primer bien que una persona posee en el orden jurídico es su vida, el primer interés que tiene es su conservación y la primera necesidad con la que se enfrenta es procurarse los medio para ellos".
4. "O direito à alimentação está intrinsicamente ligado ao direito de conservar a própria existência, que é o primeiro entre todos os direitos fundamentais previstos na Constituição Federal de 1988". MONTEIRO, Washington de Barros e SILVA, Regina Beatriz Tavares da. *Curso de direito civil* – v. 2: direito de família, p. 564.

CF/88 por força da EC n.º 64/2010, perfazendo elemento consagrador da subsistência da pessoa natural, como bem destacado na orientação da jurisprudência do Superior Tribunal de Justiça que se extrai da seguinte ementa de julgado:

[...]. 2. O direito aos alimentos é um direito social previsto na CRFB/1988, intimamente ligado à concretização do princípio da dignidade da pessoa humana. Assim, a finalidade social e existencial da obrigação alimentícia a torna um instrumento para concretização da vida digna e a submete a um regime jurídico diferenciado, orientado por normas de ordem pública. [...].". (REsp 1.886.554/DF; 3ª T.; Rel. Min. Marco Aurélio Bellizze; DJE 03.12.2020).

Este contexto indica que os alimentos retratam, hodiernamente, a proteção que o ordenamento jurídico garante a todas as pessoas, qual seja, o mínimo de condições para uma vida digna e que, devido à sua importância, é tido por essencial à sua subsistência. Podem ser conceituados como mecanismos de ordem material considerados como necessários para a sobrevivência física, moral e psíquica das pessoas.

Para Eduardo Espínola[5] os alimentos são "[...] na linguagem jurídica, os auxílios prestados a uma pessoa, para provas às necessidades da vida", ao passo que Rosa Maria de Andrade Nery[6] os conceitua como "[...] a prestação temporária ou vitalícia devida pelo alimentante ao alimentando, visando a sobrevivência do alimentando, em qualidade, quantidade e tempo fixados com base nas necessidades de quem pede alimentos e na possibilidade de quem paga alimentos".

Cristiano Chaves de Farias e Nelson Rosenvald[7] salientam que:

[...] estão incluídas no conceito de alimentos, a depender da capacidade contributivo do devedor, naturalmente, todas as despesas ordinárias para a manutenção digna de uma pessoa, como os gastos com alimentação adequada, habitação, assistência médica, vestuário, educação, cultura e, até mesmo, lazer e turismo. Aliás, observando o quadro evolutivo das relações humanas, já se pode antever que os alimentos abrangem, inclusive, despesas com animais de estimação, guias, de transporte ou para fins terapêuticos. [...]

No mesmo sentido, Yussef Said Cahali[8] narra que "os alimentos são, pois, as prestações devidas, feitas para que aquele que as recebe possa subsistir, isto é, manter sua existência, realizar o direito à vida, tanto física (sustento do corpo) como intelectual e moral (cultivo e educação do espírito, do ser racional)".[9]

Pode-se afirmar, portanto, que a finalidade dos alimentos é assegurar ao seu credor (alimentando) o mínimo vital, tal como o salário-mínimo e sua capacidade prevista no artigo 7º, IV da CF/88, devendo a verba alimentar atender às suas necessi-

---

5. *Cf. A família no direito civil brasileiro*, p. 566.
6. *Cf. Alimentos*, p. 31.
7. *Cf. Curso de direito civil*: famílias, p. 760.
8. *Cf. Dos alimentos*, p. 16.
9. Vale citar Clóvis Beviláqua, *Direito da família*, p. 385: "A palavra alimento tem, em Direito, uma acepção técnica, de mais larga extensão do que a linguagem comum, pois que compreende tudo que é necessário à vida: sustento, habitação, roupa, educação e tratamento de moléstias".

dades vitais básicas (alimentação, moradia, educação, vestuário, higiene, saúde, lazer, cultura e transporte) e, quando possível, mantê-lo com padrão social compatível.[10-11]

3. A RELAÇÃO JURÍDICA ALIMENTAR E SUAS PRINCIPAIS CARACTERÍSTICAS

O direito aos alimentos, por gozar de relevante posição no ordenamento jurídico, possui características próprias e necessárias a prover o socorro material àqueles que dele necessitam, como será exposto.

3.1 Obrigação e dever alimentar: breves considerações

Sabendo-se que a finalidade dos alimentos é proporcionar ao credor meios para manutenção de sua subsistência na hipótese deste não possuir condições de prover a si suas necessidades, é correto afirmar que a relação jurídica que os impõe decorre do casamento, da união estável e do parentesco, como estabelecido no artigo 1.694, *caput* do CC.[12-13-14]

Neste sentido, e por haver relação direta dos alimentos com a precípua necessidade de manutenção de condições mínimas para uma vida digna, é importante diferenciar quando a prestação dos alimentos será caracterizada como *obrigação alimentar* e quando será considerada como *dever alimentar*.

Fala-se em *obrigação alimentar*, ou *obrigação de mantença*, quando as partes da relação alimentar possem vínculo de parentesco na linha reta de primeiro grau, isto é, são pais e filhos e, portanto, reciprocamente credores e devedores de alimentos um em relação ao outro, conforme disposto no artigo 1.696, CC.

---

10. "[...]. 2. Em conformidade com o direito civil constitucional – que preconiza uma releitura dos institutos reguladores das relações jurídicas privadas, a serem interpretados segundo a Constituição Federal, com esteio, basicamente, nos princípios da proteção da dignidade da pessoa humana, da solidariedade social e da isonomia material –, o direito aos alimentos deve ser concebido como um direito da personalidade do indivíduo. Trata-se, pois, de direito subjetivo inerente à condição de pessoa humana, imprescindível ao seu desenvolvimento, à sua integridade física, psíquica e intelectual e, mesmo, à sua subsistência. [...].". (REsp 1.771.258/SP; 3ª T.; Rel. Min. Marco Aurélio Bellizze; DJe 14.08.2019).
11. "[...]. 2. No seio das relações familiares, os alimentos constituem instrumento essencial à manutenção da subsistência digna e da própria vida do alimentando. [...].". (HC 708.634/RS; Rel. Min. Paulo de Tarso Sanseverino; DJe 09.05.2022).
12. "O fundamento desta obrigação de prestar alimentar é o princípio da preservação da dignidade da pessoa humana (CF, art. 1º, III) e o da solidariedade social e familiar (CF, art. 3º), pois vem a ser um dever personalíssimo, devido pelo alimentante, em razão de parentesco, vínculo conjugal ou convivencial que o liga ao alimentando.". Maria Helena Diniz, *cf. Curso de direito civil* – v. 5: direito de família, p. 675-676.
13. "La funzione dell'istituto viene usualmente individuata nella tutela delle persone che si trovano in stato di bisogno, vale a dire che sono incapaci di provvedere alle proprie necessità: in questo senso l'obbligo alimentare è sicuramente funzione alla tutela del diritto alla vita, e ad una vita dignitosa, di ogni persona". Marco Sala, *cf. Gli alimenti*, p. 1899.
14. "[...]. 1. Os alimentos decorrem da solidariedade que deve haver entre os membros da família ou parentes, visando garantir a subsistência do alimentando, observadas sua necessidade e a possibilidade do alimentante. Desse modo, a obrigação alimentar tem a finalidade de preservar a vida humana, provendo-a dos meios materiais necessários à sua digna manutenção, ressaindo nítido o evidente interesse público no seu regular adimplemento. [...].". (REsp 997.515/RJ; 4ª T.; Rel. Min. Luis Felipe Salomão; DJe 26.10.2011).

Aqui, a prestação dos alimentos decorrente do poder familiar faz com que as necessidades do filho menor sejam presumidas, ao passo que ao se atingir a maioridade civil, o filho poderá receber os alimentos quando demonstrar sua necessidade para o custeio de seus estudos, por exemplo.

A orientação da jurisprudência do Superior Tribunal de Justiça corrobora tal entendimento, como se extrai das seguintes ementas de julgados:

> [...]. 4. A jurisprudência do STJ compreende que "o advento da maioridade não extingue, de forma automática, o direito à percepção de alimentos, mas esses deixam de ser devidos em face do Poder Familiar e passam a ter fundamento nas relações de parentesco, em que se exige a prova da necessidade do alimentado [...] (AgInt-AREsp 2.114.877/DF; 4ª T.; Rel. Min. Antonio Carlos Ferreira; DJE 31.03.2023).

> [...]. 4. Como é de sabença, enquanto o filho for menor, a obrigação alimentícia de ambos os genitores (de custear-lhe as despesas com moradia, alimentação, educação, saúde, lazer, vestuário, higiene e transporte) tem por lastro o dever de sustento derivado do poder familiar, havendo presunção de necessidade do alimentando; ao passo que, após a maioridade civil (dezoito anos), exsurge o dever dos pais de prestar alimentos ao filho – em decorrência da relação de parentesco — quando demonstrada situação de incapacidade ou de indigência não proposital, bem como por estar o descendente em período de formação escolar profissionalizante ou em faculdade, observado o trinômio "necessidade de quem recebe, capacidade contributiva de quem paga e proporcionalidade [...] (REsp 1.699.013/DF; 4ªT.; Rel. Min. Luis Felipe Salomão; DJe 04.06.2021).

Por sua vez, o *dever alimentar* decorre da relação jurídica pautada na reciprocidade existente entre os cônjuges, companheiros e demais parentes em linha reta ou colateral que não sejam pais e filhos, retratando a aplicação do princípio da solidariedade (artigo 3º, I da CF/88) no âmbito das relações familiares,[15] exigindo-se, para tanto, prova da necessidade do alimentando para a concessão dos alimentos em seu favor, como se vê da jurisprudência do Superior Tribunal de Justiça, *in verbis*:

> [...]. 9. Àqueles unidos pelos laços de parentesco, sejam eles ascendentes descendentes ou, ainda, colaterais, estes limitados ao segundo grau, impõe-se o dever recíproco de socorro, guardada apenas a ordem de prioridade de chamamento à prestação alimentícia, que é legalmente delimitada, nos termos dos arts. 1.696 e 1.697 do CC/02. [...] (REsp 1.170.224/SE; 3ªT.; Relª Minª Fátima Nancy Andrighi; DJe 07.12.2010).

Verifica-se, pois, que a principal diferença que irradia de tais expressões diz respeito à incidência ou não de presunção quanto à necessidade daquele que receberá os alimentos: no *dever alimentar* se faz imprescindível a demonstração da necessidade de quem pleiteia e a capacidade daquele que os pagará, ao passo que na *obrigação alimentar* há incidência de presunção, ao menos, da necessidade de percepção dos alimentos.

---

15. Pertinente indicar relevante julgado do Tribunal de Justiça do Espírito Santo sobre a questão: "[...]. 2. A Constituição Federal reconhece esta obrigação familiar, que encontra respaldo no princípio da solidariedade familiar, ao dispor, em seu artigo 229, que os pais têm o dever de assistir, criar e educar os filhos menores. [...]". (AI 0014808-42.2019.8.08.0035; 2ª Câmara Cível; Rel. Des. Carlos Simões Fonseca; DJES 12.02.2020).

Na hipótese dos alimentos decorrentes do parentesco, é preciso estabelecer que as relações de parentesco, constituídas pelos laços biológicos, civis ou socioafetivos (artigo 1.593, CC), têm o escopo de garantir direitos e, via reflexa, atribuir obrigações àqueles que se encontram ligados pelas linhas do parentesco, em clara atribuição decorrente da reciprocidade existente nas relações alimentares.

Segundo disposto no artigo 1.696, CC "o direito à prestação de alimentos é recíproco entre pais e filhos, e extensivo a todos os ascendentes, recaindo a obrigação nos mais próximos em grau, uns em falta de outros". É dizer: os alimentos hoje caminham em via de mão dupla, recaindo não apenas aos ascendentes, mas também aos descendentes, como retrato da dignidade humana e solidariedade existente nas relações familiares.

No mesmo contexto, o Código Civil estabelece em seu artigo 1.697 que "na falta dos ascendentes cabe a obrigação aos descendentes, guardada a ordem de sucessão e, faltando estes, aos irmãos, assim germanos como unilaterais".

Fazem-se necessárias duas ponderações a respeito da obrigação alimentar: a primeira é a estabelecida entre os ascendentes e descendentes. Como cediço, a relação de parentesco aqui estabelecida é caracterizada pela ligação entre pessoas por meio de uma linha reta que é infinita, ou seja, não comporta limites, à luz do que dispõe o artigo 1.591, CC, sendo que os parentes mais próximos possuem prevalência sobre os mais remotos.

Já a segunda trata da obrigação alimentar entre os parentes colaterais. A relação de parentesco que indica a ligação entre as pessoas pela linha colateral caracteriza-se pela relação que é estabelecida por pessoas que não ascendem ou descendem uma da outra. Para fins alimentícios, admite-se apenas a obrigação até os colaterais de segundo grau, ou seja, os irmãos.

Diante do exposto, tem-se que a relação jurídica alimentar encontra nas relações de família o fato gerador para o cumprimento do *dever* ou da *obrigação*, cabendo àquele que os pleiteia a demonstração da *necessidade* ou do fator *presunção* para fazer jus ao recebimento.

3.2 O viés personalíssimo, imprescritível, irrenunciável, incompensável e impenhorável dos alimentos

Como consectário do princípio da dignidade humana e da finalidade de suprir as necessidades mais básicas da pessoa natural, os alimentos são inegavelmente essenciais à preservação da personalidade jurídica daquele que periodicamente recebe o auxílio material decorrente do parentesco ou dos vínculos de casamento ou união estável.

Dessa maneira, o direito aos alimentos decorre da existência da própria pessoa humana e integra o rol de garantias para a defesa e promoção do credor. Trata-se, portanto, de um atributo da personalidade do alimentando, voltado exclusivamente às suas necessidades.

Vez que se destinam a atender às exigências materiais e morais de quem os recebe, é correto afirmar que os alimentos são *personalíssimos*, ou seja, são *intuito personae*, já que sua fixação atende às especificidades das partes envolvidas na relação e, como bem salienta Arnaldo Rizzardo,[16] "trata-se de um direito estabelecido em função da pessoa".[17]

No ponto, a orientação da jurisprudência do Superior Tribunal de Justiça corrobora tal entendimento, como se infere da seguinte ementa de julgado:

> [...]. 4. Do viés personalíssimo do direito aos alimentos, destinado a assegurar a existência do alimentário – e de ninguém mais –, decorre a absoluta inviabilidade de se transmiti-lo a terceiros, seja por negócio jurídico, seja por qualquer outro fato jurídico [...] (REsp 1.771.258/SP; 3ª T.; Rel. Min. Marco Aurélio Bellizze; DJe 14.08.2019).

Exatamente por ser personalíssimo e por estar intimamente vinculado à vida humana, o direito aos alimentos também é *imprescritível*, uma vez que aquele que dele necessita poderá ajuizar ação para obter o auxílio material para promover sua subsistência. Implica dizer: enquanto estiver viva, a pessoa humana poderá requerer os alimentos para preservar sua integridade material e moral.

Ressalta-se, entretanto, que apenas o direito *aos* alimentos reveste-se do caráter de imprescritibilidade, mas não o é o direito ao montante alimentar fixado, tendo em vista que o *direito ao crédito* alimentar está submetido ao prazo prescricional de dois anos contados a partir da data do vencimento da parcela não paga, como previsto no artigo 206, § 2º do CC.[18]

Complementando a *personalidade* e *imprescritibilidade* dos alimentos, o artigo 1.707 do CC define que o direito aos alimentos é *irrenunciável, incompensável e impenhorável*, o que reforça sua finalidade de preservar a vida do que deles necessita.

Serão *irrenunciáveis* os alimentos quando fundados nas relações de parentesco, situação que permite apenas que o eventual credor possa deixar de exercer seu direito de reclamar o auxílio material cabível, mas não poderá a ele renunciar, facultando-lhe o manejo das medidas judiciais pertinentes para cobrá-lo futuramente.

Não obstante, em se tratando de direitos alimentos entre cônjuges e conviventes, a doutrina[19] e a orientação jurisprudencial vem admitindo a possibilidade de renúncia

---

16. *Cf. Direito de família*, p. 668.
17. "[...]. 2. A genitora que, no inadimplemento do pai, custeia as obrigações alimentares a ele atribuídas, tem direito a ser ressarcida pelas despesas efetuadas e que foram revertidas em favor do menor, não se admitindo, todavia, a sub-rogação da genitora nos direitos do alimentado nos autos da execução de alimentos, diante do caráter personalíssimo que é inerente aos alimentos. [...]" (REsp 1.658.165/SP; 3ª T.; Relª Minª Nancy Andrighi; DJe 18.12.2017).
18. Arnoldo Wald e Priscila M. P. Corrêa da Fonseca, *cf. Direito civil – v. 5: direito de família*, p. 89, apontam que "[...] a prescrição só atinge as prestações efetivamente vencidas, as quais já tenham sido fixadas, por sentença ou por acordo entre as partes. A cobrança das prestações pretéritas prescreve, entre maiores e capazes, em dois anos (art. 206, § 2º, do CC). É que, enquanto o beneficiário da pensão for menor de idade, não corre contra ele a prescrição, a teor do que dispõe o art. 197 da Lei Civil".
19. Assim: Cristiano Chaves de Farias e Nelson Rosenvald, *cf. Curso de direito civil*: famílias, cit., p. 765; Antônio Elias de Queiroga, *cf. Curso de direito civil*: direito de família, p. 308-309.

recíproca quando do fim da relação do casamento ou da união estável, já que se trata de direito disponível e sujeito à livre manifestação de vontade das partes, devendo a abdicação da pretensão constar de termo nos autos para evitar futuras discussões sobre o tema, como já analisou o Superior Tribunal de Justiça nos seguintes julgados:

> [...]. 2. Especificamente em relação ao pronunciamento dos cônjuges quanto à intenção de se divorciarem, às disposições relacionadas à divisão dos bens e dívidas em comum e, no caso, à renúncia de alimentos entre si, por se encontrarem na esfera de sua estrita disponibilidade, seus termos hão de ser considerados como verdadeira transação, cuja validade e eficácia dependem exclusivamente da higidez da manifestação de vontade das partes apostas no acordo. [...] (REsp 1.756.100/DF; 3ª T.; Rel. Min. Marco Aurélio Bellizze; DJe 11.10.2018).

> [...]. 1. Esta corte preconiza que a renúncia expressa aos alimentos entre ex-cônjuges ou ex-companheiros é perfeitamente possível e, após efetivada, não pode ser motivo de nova discussão a respeito. [...] (REsp 1.384.435/SC; 4ª T.; Rel. Min. Luis Felipe Salomão; DJe 1º.10.2014).

Quanto à sua *incompensabilidade*, os alimentos não podem ser objeto de compensação para fins de extinção da obrigação de prestá-los, ou seja, o pagamento de valores a maior num determinado mês não permite que nas prestações futuras haja abatimento proporcional do montante, mesmo quando se tratar de ato de mera liberalidade, senão vejamos o entendimento jurisprudencial superior:

> [...]. 2. No caso, o Tribunal de origem compreendeu que os pagamentos realizados pelo agravante, alheios ao título executivo judicial, devem ser considerados como atos de mera liberalidade, sendo inadmissível a compensação. [...] (AgInt-AREsp 1.862.013/SP; 4ª T.; Rel. Min. Raul Araújo; DJe 21.10.2022).

No mesmo sentido, os alimentos também são *impenhoráveis* na medida em que não se permite que a subsistência da pessoa humana seja objeto de constrição pelos eventuais credores daquele que recebe a verba alimentar para prover sua vida digna.

A impenhorabilidade dos alimentos poderá ser objeto de relativização nas hipóteses em que o credor de uma relação alimentar se torna devedor de outra e, ainda, quando os bens adquiridos com o montante alimentício não for protegido pela Lei 8.009/90.[20-21-22]

---

20. Esse é o entendimento de Cristiano Chaves de Farias e Nelson Rosenvald, *cf. Curso de direito civil*: famílias, cit., p. 783.
21. "[...]. 1. A jurisprudência do Superior Tribunal de Justiça é no sentido da impenhorabilidade do bem de família não se aplicar às execuções de dívidas oriundas de pensão alimentícia, em razão da exceção prevista no art. 3º, inciso III, da Lei 8.009/1990. [...]" (AgInt-AREsp 2.030.654/RS; 3ª T.; Rel. Min. Marco Aurélio Bellizze; DJe 10.08.2022).
22. A respeito da impenhorabilidade da verba alimentar, o CPC vigente excepcionou a regra quando da imposição de pagar alimentos, como destacado na jurisprudência do Tribunal de Justiça do Espírito Santo: "[...]. 3. O *caput* do art. 833 do novo CPC deixou de empregar o advérbio "absolutamente" impenhoráveis, constante no art. 649 do CPC/73 e também, em seu § 2º, excepcionou da regra da impenhorabilidade de vencimentos, salários e afins (inciso IV) no caso de pagamento de alimentos independentemente de sua origem, estando inseridos aí, portanto, não só os legítimos, mas também os indenizativos. [...]" (AI 0017119-69.2016.8.08.0048; 2ª Câmara Cível; Rel. Des. Carlos Simões Fonseca; DJES 18.01.2017).

3.3 Critérios legais para fixação do *quantum* alimentar

Segundo dispõe o artigo 1.694, *caput*, do CC *"podem os parentes, os cônjuges ou companheiros pedir, uns aos outros os alimentos de que necessitem para viver de modo compatível com a sua condição social, inclusive para atender às necessidades de sua educação"*, ao passo que seu §1º é claro ao tratar que *"os alimentos devem ser fixados na proporção das necessidades do reclamante e dos recursos da pessoa obrigada."*.

Com vistas a atender aos comandos constitucionais aplicados às relações de família, a fixação dos alimentos observará o trinômio *necessidade x possibilidade x proporcionalidade*, conforme preconizado pela jurisprudência superior,[23] e se voltará a proporcionar meios para subsistência daquele que não possui bens suficientes ou não pode prover suas necessidades pelo seu trabalho, nos termos do artigo 1.695, CC.

A partir da análise dos elementos apresentados nos autos da ação competente, o pretenso credor dos alimentos deverá demonstrar sua incapacidade de manter suas necessidades sem o suporte financeiro daquele que proverá o auxílio material, não podendo se olvidar, conforme já pontuado no item 3.1, de que na hipótese de menores submetidos ao poder familiar, a necessidade destes é presumida.

O *quantum* alimentar pretendido deverá atender ao custeio da alimentação propriamente dita, bem como aos gastos com cultura, educação, lazer, moradia e saúde.

Deverá o julgador, ainda, observar a possibilidade financeira daquele que prestará os alimentos, seja a partir de seus efetivos vencimentos ou, de acordo com a jurisprudência,[24] a partir da aplicação da teoria da aparência quando o devedor dos alimentos alegar impossibilidade econômica de arcar com o pagamento, mas seu estilo de vida mostrar-se incompatível com aquilo que alega nos autos.

No ato da estipulação da verba alimentar, o julgador contemplará a realidade dos autos para, de maneira proporcional, atender às necessidades do alimentando dentro dos limites das possibilidades financeiras do alimentante, de forma a atender ao mínimo vital de uma das partes sem onerar demais a outra, podendo haver modificação judicial do montante sempre que houver alteração no contexto do socioeconômico

---

23. "[...]. 2. Depreende-se do acórdão recorrido que a questão dos alimentos devidos ao cônjuge virago foi examinada, exclusivamente, diante do trinômio necessidade/possibilidade/proporcionalidade, sendo irrelevante, no caso concreto, para o efeito de alimentos, a culpa da mulher [...]" (AgInt-AREsp 343.031/MG; 4ª T.; Rel. Des. Fed. Conv. Lázaro Guimarães; DJe 02.04.2018). No mesmo sentido: AREsp 1.137.358/SP; 3ª T.; Rel. Des. Paulo de Tarso Sanseverino; DJe 17.10.2017.
24. Vale transcrever trecho da Decisão proferida no AREsp 2.330.024/MG; Rel. Min. Maria Thereza de Assis Moura; DJe de 16.05.2023: "[...]. Outro aspecto a ser considerado é que consta dos autos extratos bancários demonstrando que o recorrido movimenta valores elevados, incompatíveis com a renda que alega retirar na função de auxiliar de serviços gerais na padaria da família, além de atividades de recreio comprovadas por registros fotográficos em companhia da nova família que justificam a majoração dos alimentos para cuidar da filha doente, quando menos em homenagem à teoria da aparência. [...]".

dos envolvidos,[25] segundo a diretriz jurisprudencial do Superior Tribunal de Justiça. Confira-se julgado a respeito:

> [...]. As necessidades do reclamante e os recursos da pessoa obrigada devem ser sopesados tão somente após a verificação da necessária ocorrência da mudança na situação financeira das partes, isto é, para que se faça o cotejo do binômio, na esteira do princípio da proporcionalidade, previsto no art. 1.694, §1º do CC/02, deve o postulante primeiramente demonstrar de maneira satisfatória os elementos condicionantes da revisional de alimentos, nos termos do art. 1.699 do CC/02. [...] (REsp 1.046.296/MG; 3ª T.; Relª Minª Fátima Nancy Andrighi; DJe 08.06.2009).

Com idêntica conclusão é a jurisprudência do Tribunal de Justiça do Espírito Santo:

> [...]. 2 – O valor dos alimentos não pode impor sacrifício exagerado àquele que possui o dever de alimentar, nem deve colocar em risco a sobrevivência da parte necessitada. [...] (AC 24080465487; 1ª Câmara Cível; Rel. Des. Carlos Simões Fonseca; DJES 20.10.2010).

Sublinhe-se, ainda, que os alimentos poderão ser fixados em percentual sobre os vencimentos do alimentante ou em salários-mínimos que representem o montante determinado, não havendo, nesta hipótese, qualquer ilegalidade ou inconstitucionalidade no ato jurisdicional.[26]

4. OS ALIMENTOS AVOENGOS E SUAS CARACTERÍSTICAS MATERIAIS E PROCESSUAIS

Expusemos anteriormente (item 3.1) que o vínculo alimentar se origina da *obrigação* ou do *dever alimentar*, sendo inquestionável que a primazia da relação jurídica assistencial recairá, mutuamente, sobre pais e filhos e, diante da impossibilidade destes outros de grau mais remoto poderão ser compelidos a prestá-los a quem necessitar.

Na eventualidade de um pai não puder prestar os alimentos dos quais seu filho necessita (parentes em linha reta de primeiro grau), os avós poderão ser chamados para integrar o polo passivo da demanda e, assim, proporcionar o auxílio material indispensável à sobrevivência de seu neto (parentes em linha reta de segundo grau), retratando-se o que se apelidou de *alimentos avoengos*.

O Código Civil, em seu artigo 1.698, estatui a regra da *subsidiariedade, divisibilidade* e *complementariedade* da prestação alimentar entre parentes, não sendo possível se falar em solidariedade pelo fato desta não ser presumível, mas sim decorrente da lei ou de prévio ajuste de vontade entre as partes, de acordo com o texto de seu artigo 265.

Encerrando qualquer dúvida quiçá existente, a Segunda Seção do Superior Tribunal de Justiça, no ano de 2017, consolidou o entendimento de sua jurisprudência

---

25. Sobre a cláusula *rebus sic stantibus* na relação alimentar: REsp 1.569.319/SP; Rel. Min. Luis Felipe Salomão; DJe 06.11.2018.
26. Neste sentido: artigo 533, § 4º do CPC; AREsp 1.319.810/PR; Rel. Min. Moura Ribeiro; DJe 15.08.2018; ARE 842.157/DF; Rel. Min. Dias Toffoli; DJe 20.08.2015.

mediante a aprovação da Súmula 596 acerca da natureza jurídica do vínculo alimentar dos avós, cujo texto prevê que "a obrigação alimentar dos avós tem natureza complementar e subsidiária, somente se configurando no caso de impossibilidade total ou parcial de seu cumprimento pelos pais".

Frente a isso, é de fácil compreensão que os avós apenas serão chamados aos autos diante da impossibilidade dos pais em amparar todas as necessidades vitais do alimentando, o que demonstra que a participação dos parentes ascendentes de segundo grau é medida atípica, ainda que estes venham a ter melhores condições financeiras que os obrigados originários.

Deste modo, o alimentando forçosamente precisará ajuizar a ação de alimentos contra o devedor original e, naqueles autos, esgotar todas as vias processuais cabíveis para o recebimento do suporte material necessário para promoção de sua vida, conforme já entendeu o Superior Tribunal de Justiça no seguinte julgado:

> [...]. A obrigação dos avós de prestar alimentos aos netos é subsidiária e complementar, tornando imperiosa a demonstração da inviabilidade de prestar alimentos pelos pais, mediante o esgotamento dos meios processuais necessários à coerção do genitor para o cumprimento da obrigação alimentar, inclusive por meio da decretação da sua prisão civil, prevista no art. 733 do CPC, para só então ser possível o redirecionamento da demanda aos avós [...] (AgInt-AREsp 740.032/BA; 3ª T.; Rel. Min. Marco Aurélio Bellizze; DJe 02.10.2017).

Com as devidas vênias, esta não nos parece a melhor solução, já que a exigência de esgotamento de todas as vias processuais poderia colocar em risco a existência do alimentando, o que nos leva a crer ser possível o ajuizamento da ação de alimentos diretamente contra os avós quando houver provas pré-constituídas da impossibilidade do obrigado inicial em adimplir com a obrigação alimentar.

Isso porque, se eventualmente o alimentando instrui sua petição inicial com provas aptas a atestar que seu genitor está, v.g., (i) em local incerto e não sabido; (ii) em situação de rua e sequer possui recursos para sua própria subsistência; (iii) gravemente doente e utiliza seus recursos para tratamento de saúde; ou (iv) desprovido de sua capacidade civil plena por ser dependente químico em estágio avançado, trazê-lo aos autos seria medida desprovida de eficácia e consumiria considerável tempo de duração do processo em flagrante prejuízo aos interesses daquele que necessita dos alimentos para sobreviver.

Nestes casos, parece-nos razoável que o julgador conceda a tutela jurisdicional diferenciada com vistas a determinar, seja em caráter de urgência (artigo 300, CPC) ou evidência (artigo 311, II e §único do CPC), que os avós proporcionem recursos mínimos para atender o indispensável ao alimentando.

4.1 A existência de litisconsórcio entre os avós

Conforme visto acima, tanto o Código Civil (artigo 1.698) quanto a jurisprudência consolidada do Superior Tribunal de Justiça (Súmula 596) expressam que a participação dos avós nas demandas de alimentos apenas ocorrerá de maneira subsidiária e complementar quando a impossibilidade do devedor primário restar demonstrada.

Sob a ótica processual, a integração dos avós na ação decorre, indubitavelmente, de expresso requerimento da parte autora ou, quando o ajuizamento do feito for direcionado contra apenas os parentes em linha reta ascendentes de segundo grau de apenas um dos lados do parentesco (paterno ou materno), não sendo possível se falar em inviabilidade do chamamento ao processo dos demais coobrigados por quem já figura no polo passivo.[27]

Em vista disso, os avós incluídos diretamente ou trazidos ao processo por quem fora exclusivamente promovido pelo alimentando, participarão na condição de litisconsortes vez que se encontram, por força do artigo 1.698 do CC e da Súmula 596 do STJ, vinculados entre si. Ou seja: os avós relacionam-se intimamente como devedores subsidiários dos alimentos, já que o litígio conjunto decorre da relação jurídica de direito material.[28]

À luz do que prevê o artigo 114 do CPC, o *litisconsórcio* nestes casos será classificado como *necessário* vez que ao alimentando não é permitido optar por apenas uma de suas linhagens parentais em virtude de não haver solidariedade entre um dos pais e os respectivos avós,[29] como aponta Rolf Madaleno:[30]

> [...] se existem vários devedores, como no caso dos avós paternos e maternos, ou diversos filhos se os credores são os pais, a exigência de demandar todos os devedores deriva desta característica de interdependência das diferentes cotas alimentares, pois só sendo todos os devedores judicialmente chamados é que poderá ser apurada a capacidade de contribuição de cada um deles, uma vez que não concorrem com idêntica cota, e sim na proporção de seus respectivos ingressos financeiros. Para que a fixação seja equitativa devem ser trazidos todos os devedores à lide, para que informem suas respectivas possibilidades e para que as correlatas necessidades do credor de alimentos sejam atendidas conforme os recursos pessoais de cada devedor, ainda que o litisconsórcio passivo retarde a celeridade dos alimentos.

O Superior Tribunal de Justiça assim já se pronunciou:

> [...] 1. "Nos termos do Código Civil e da mais recente jurisprudência do STJ, há litisconsórcio necessário entre os avós paternos e maternos na ação de alimentos complementares" [...] (AgInt-AREsp 1.784.522/DF; 4ª T.; Rel. Min. Antonio Carlos Ferreira; DJe 20.05.2021).

---

27. "[...]. Alimentos. Obrigação avoenga complementar. Litisconsórcio passivo necessário. Possibilidade. Demandado pode chamar ao processo os demais avós do alimentando. Precedentes. [...]" (REsp 1.711.199/DF; Rel. Min. Moura Ribeiro; DJe 09.05.2018).
28. Neste sentido: ASSIS, Araken de. *Processo civil brasileiro* – v. 2, t. I, p. 223; BUENO, Cássio Scarpinella. *Curso sistematizado de direito processual civil* – v. 1, p. 526; MARINONI, Luiz Guilherme; ARENHART, Sérgio Cruz e MITIDIERO, Daniel. *Curso de processo civil* – v. 2, p. 91.
29. Importante citar o Enunciado 342 do CJF, aprovado na IV Jornada de Direito Civil: "Observadas suas condições pessoais e sociais, os avós somente serão obrigados a prestar alimentos aos netos em caráter exclusivo, sucessivo, complementar e não solidário quando os pais destes estiverem impossibilitados de fazê-lo, caso em que as necessidades básicas dos alimentandos serão aferidas, prioritariamente, segundo o nível econômico-financeiro de seus genitores".
30. Cf. *Direito de família*, p. 973.

[...]. 3. Nos termos do Código Civil e da mais recente jurisprudência do STJ, há litisconsórcio necessário entre os avós paternos e maternos na ação de alimentos complementares. Precedentes. [...].". (AgInt-EDcl-AREsp 1.073.088/SP; 4ª T.; Relª Minª Maria Isabel Gallotti; DJe 05.10.2018).

[...]. Pedido de litisconsórcio passivo necessário entre avós paternos e maternos. Cabimento, nos termos do art. 1.698 do Código Civil. [...] (REsp 1.736.596/RS; Rel. Min. Marco Aurélio Bellizze; DJe 26.06.2018).

Frise-se que o *litisconsórcio passivo necessário* dos avós nas demandas de alimentos será, também, *unitário*, já que o ato decisório do julgador fará com que, no âmbito do direito material, seja efetivo entre todos, isto é, o pronunciamento jurisdicional imporá efeitos jurídicos a todos os demandados[31], como previsto no artigo 116 do CPC.

Sobre o tema, Luiz Guilherme Marinoni, Sérgio Cruz Arenhart e Daniel Mitidiero,[32] afirmam que:

[...] a unitariedade do litisconsórcio decorre não apenas do fato de que a sentença deve decidir a questão de forma uniforme para todos os litisconsortes, mas sobretudo, da ideia que de essa imposição decorra da 'natureza' da relação jurídica material deduzida em juízo – isto é, da sua 'incindibilidade'. Vale dizer: no litisconsórcio unitário, existe uma relação jurídica material incindível (cuja afirmação é o objeto da demanda) que possui vários sujeitos em um de seus polos. [...].

Ressalta-se, por derradeiro, que a participação de todos os avós no polo passivo da demanda poderá ser requerida, igualmente, pelo Ministério Público nas hipóteses em que atuar no feito na condição de fiscal da ordem jurídica dada a presença de incapaz (artigo 178, II do CPC; Enunciado 523 do CJF, aprovado na V Jornada de Direito Civil[33]).

5. A EXECUÇÃO DOS ALIMENTOS E A (IM)POSSIBILIDADE DA PRISÃO CIVIL DOS AVÓS

É cediço que a tutela jurisdicional que impõe o pagamento de verba alimentar, por si só, não resolve a demanda sob o viés material, haja vista o conteúdo do ato decisório deverá ser cumprido para se tornar efetiva ao credor, a quem se disponibilizam técnicas para executar os comandos do julgador.

Para tanto, "[...] toda atividade executiva está condicionada à apresentação, por aquele que a requer, de um documento que a *lei* qualifica como *título executivo*",[34] verdadeiro elemento indelével para exigir que o devedor pague a verba alimentar

---

31. Imprescindíveis são as palavras de Arruda Alvim, *cf. Manual de direito processual civil*, p. 499: "No litisconsórcio unitário existe, por definição, a imprescindibilidade de decisão uniforme, no plano do direito material, para todos os que no processo figurem como litisconsortes, no sentido de a ação ser julgada procedente para todos ou haver de ser julgada improcedente para todos os litisconsortes.".
32. *Cf. Curso de processo civil* – v. 2, cit., p. 97.
33. "O chamamento dos codevedores para integrar a lide, na forma do art. 1.698 do Código Civil, pode ser requerido por qualquer das partes, bem como pelo Ministério Público, quando legitimado".
34. MARINONI, Luiz Guilherme; ARENHART, Sérgio Cruz e MITIDIERO, Daniel. *Curso de processo civil* – v. 2, cit., p. 798.

fixada ao credor de forma a preservar sua integridade física e moral. Ao dispensar tratamento legal à execução dos alimentos, o CPC fez constar que esta será fundada (i) em atos decisórios do julgador (decisões e sentenças – artigos 523 a 533) e (ii) em títulos extrajudiciais (artigos 911 a 911 – atenção ao artigo 1.072, V).

Independente da natureza do título executivo, ao credor é dado o direito de optar pelo rito sob o qual se desenvolverá a execução (penhora – artigo 523 c/c 831, CPC; prisão civil – artigo 528, §§1º a 7º, CPC; expropriação – artigo 528, § 8º, CPC), vez que a lei processual não autoriza (salvo em raríssimas situações) a intervenção estatal modificar a via eleita pelo alimentando.[35]-[36]

Contudo, a prática forense mostra que o rito da prisão civil se apresenta como o mais eficaz para satisfazer o crédito do alimentando, vez que a coerção pessoal tem como finalidade apenas pressionar o devedor a pagar o montante devido,[37] não havendo conotação punitiva.

Nestes casos, o *caput* do artigo 528 do CPC estipula que o julgador intimará o alimentante para que este, no prazo de 3 (três) dias úteis[38] para pagar a dívida, provar que já o fez ou justificar sua impossibilidade de fazê-lo, ressalvando-se que a jurisprudência do Superior Tribunal de Justiça é firma no sentido de que o desem-

---

35. "[...]. 2. Da leitura do art. 528, §§ 1º a 9º, do Código de Processo Civil de 2015, extrai-se que, havendo prestações vencidas nos três meses anteriores ao ajuizamento da execução de alimentos, caberá ao credor a escolha do procedimento a ser adotado na busca pela satisfação do crédito alimentar, podendo optar pelo procedimento que possibilite ou não a prisão civil do devedor. Caso opte pelo rito da penhora, não será admissível a prisão civil do devedor, nos termos do art. 528, § 8º, do CPC/2015. Todavia, se optar pelo rito da prisão, a penhora somente será possível se o devedor, mesmo após a sua constrição pessoal, não pagar o débito alimentar, a teor do que determina o art. 530 do CPC/2015. [...]" (REsp 1.914.052/DF; 3ª T.; Rel. Min. Marco Aurélio Bellizze; DJe 28.06.2021).
36. O Superior Tribunal de Justiça, entretanto, decidiu ser possível a cumulação, nos mesmos autos, de requerimentos executórios de expropriação e prisão: "[...]. 3. É cabível a cumulação das técnicas executivas da coerção pessoal (prisão) e da coerção patrimonial (penhora) no âmbito do mesmo processo executivo de alimentos, desde que não haja prejuízo ao devedor (a ser devidamente comprovado) nem ocorra nenhum tumulto processual no caso em concreto (a ser avaliado pelo magistrado). 4. Traz-se, assim, adequação e efetividade à tutela jurisdicional, tendo sempre como norte a dignidade da pessoa do credor necessitado. No entanto, é recomendável que o credor especifique, em tópico próprio, a sua pretensão ritual em relação aos pedidos, devendo o mandado de citação/intimação prever as diferentes consequências de acordo com as diferentes prestações. A defesa do requerido, por sua vez, poderá ser ofertada em tópicos ou separadamente, com a justificação em relação às prestações atuais e com a impugnação ou os embargos a serem opostos às prestações pretéritas. 5. Na hipótese, o credor de alimentos estabeleceu expressamente a sua "escolha" acerca da cumulação de meios executivos, tendo delimitado de forma adequada os seus requerimentos. Por conseguinte, em princípio, é possível o processamento em conjunto dos requerimentos de prisão e de expropriação, devendo os respectivos mandados citatórios/intimatórios se adequar a cada pleito executivo. [...]" (REsp 1.930.593/MG; 4ª T.; Rel. Min. Luis Felipe Salomão; DJe 26.08.2022). Com idêntica conclusão: REsp 2.004.516/RO; 3ª T.; Relª Min. Nancy Andrighi; DJe 21.10.2022.
37. "A ordem de prisão por descumprimento de obrigação alimentar comumente decorre de pedido do alimentando, como forma de forçar o cumprimento da obrigação pelo alimentante.". Rosa Maria de Andrade Nery, cf. *Alimentos*, cit., p. 551.
38. Enunciado 146, aprovado na II Jornada de Direito Processual Civil: "O prazo de 3 (três) dias previsto pelo art. 528 do CPC conta-se em dias úteis e na forma dos incisos do art. 231 do CPC, não se aplicando seu § 3º".

prego ou a constituição de nova família não são motivos suficientes para amparar o inadimplemento.[39]

De igual forma, a dívida que enseja a pretensão do alimentando deverá ser *atual*, ou seja, até as três últimas parcelas não pagas, cabendo ao julgador fixar o período prisional de um a três meses que serão cumpridos em regime fechado, devendo o preso civil ficar separado dos presos penais, não havendo remição das prestações por ter ocorrido concretização da pena.

É inegável, portanto, que o ordenamento jurídico nacional reconhece a possibilidade de utilização de técnicas diversas para a efetividade da prestação alimentar, haja vista sua íntima ligação à preservação da personalidade jurídica do alimentando, dentre as quais a concessão de tutela jurisdicional com vistas a determinar a prisão civil do devedor.[40]-[41]

Não obstante, entendemos não ser possível o decreto prisional contra os avós quando estes não puderem adimplir com a prestação dos alimentos em favor de seus netos.

Isso porque, como disposto no artigo 1.698 do CC e na Súmula 596 do STJ, a eventual participação dos avós no polo passivo nas ações de alimentos tem natureza subsidiária e complementar, não podendo ser aplicável a estes a prisão civil que tem por finalidade coagir o devedor primário da verba alimentar, qual seja o parente em linha reta ascendente de primeiro grau.

Nessa perspectiva, a orientação da jurisprudência do Superior Tribunal de Justiça é firme no sentido de que a inclusão dos avós só poderá ocorrer após a aplicação de todas as medidas judiciais cabíveis, inclusive a decretação da prisão civil do alimentante, o que nos permite afirmar que a coerção pessoal se limita aos parentes em linha reta de primeiro grau, senão vejamos:

> [...]. 2. A jurisprudência desta Corte manifesta-se no sentido de que a responsabilidade dos avós de prestar alimentos é subsidiária e complementar à responsabilidade dos pais, sendo exigível, tão somente, em caso de impossibilidade de cumprimento da prestação, ou de cumprimento insuficiente, pelos genitores. [...] (AgInt-AREsp 2.047.200/AL; 4ª T.; Rel. Min. Raul Araújo; DJe 24.02.2023).

Some-se a isso o fato de que a decretação da prisão civil dos avós não se mostraria como medida legal que estaria em consonância com os princípios da maior utilidade e

---

39. Assim: HC 515.362/SP; 3ª T.; Rel. Min. Moura Ribeiro; DJe 23.08.2019.
40. Cássio Scarpinella Bueno, *cf. Curso sistematizado de direito processual civil* – v. 3, p. 477, comunga do mesmo entendimento: "A preferência pela prisão civil como mecanismo coercitivo é manifestada no §3º do art. 528, previsão que se harmoniza com a autorização constitucional do inciso LXVII do art. 5º da Constituição Federal".
41. Em obra dedicada ao tema, Araken de Assis, *cf. Da execução de alimentos e prisão do devedor*, p. 174, expõe que: "Vale recordar que a prisão é reiterável tantas vezes quantas forem necessárias, no curso do mesmo processo ou em outro, sem embargo de o obrigado obter a liberdade através do cumprimento da obrigação (art. 528, § 6º). Exige-se dívida diversa para renovar o aprisionamento, porém, seja quanto à natureza da prestação alimentar, seja quanto ao lapso temporal nela compreendido [...]".

da menor onerosidade da execução,[42] já que o CPC prevê a possibilidade de utilização de outras técnicas para garantir a obtenção de recursos ao alimentando, tais como (i) o desconto em folha (artigo 529, CPC), (ii) protesto do título executivo (artigo 528, § 3º, CPC) e (iii) penhora de bens do devedor (artigo 831, CPC).

Mostra-se possível, ainda, que o julgador determine a aplicação de medidas atípicas indutivas, coercitivas, mandamentais ou sub-rogatórias necessárias para assegurar o efetivo cumprimento da execução, na linha do que preceitua o artigo 139, IV do CPC. Cita-se, a título exemplificativo, a apreensão de passaporte e suspensão do direito de dirigir.[43]

Humberto Theodoro Júnior[44] ressalva, todavia, que a adoção de quaisquer das medidas atípicas "[...] deve ocorrer em caráter extraordinário, quando as medidas ordinárias se mostrarem ineficazes [...]", o que mostra o acerto da jurisprudência do Superior Tribunal de Justiça quando se debruçou sobre o tema:

> [...]. 4. Havendo meios executivos mais adequados e igualmente eficazes para a satisfação da dívida alimentar dos avós, é admissível a conversão da execução para o rito da penhora e da expropriação, que, a um só tempo, respeita os princípios da menor onerosidade e da máxima utilidade da execução, sobretudo diante dos riscos causados pelo encarceramento de pessoas idosas que, além disso, previamente indicaram bem imóvel à penhora para a satisfação da dívida. [...]". (HC 416.886/SP; 3ª T.; Relª Minª Nancy Andrighi; DJe 18.12.2017).

Além disso, a situação pessoal do idoso não pode ser desprezada no momento da aplicação de medidas alheias à prisão civil, vez que o julgador não pode deixar de sopesar a preservação da dignidade da pessoa humana dos parentes em linha reta ascendente de 2º grau, como orienta a jurisprudência do Superior Tribunal de Justiça:

> 4 – Na hipótese, o fato de a credora ter atingido a maioridade civil e exercer atividade profissional, bem como o fato de o devedor ser idoso e possuir problemas de saúde incompatíveis com o recolhimento em estabelecimento carcerário, recomenda que o restante da dívida seja executado sem a possibilidade de uso da prisão civil como técnica coercitiva, em virtude da indispensável

---

42. É, inclusive, o posicionamento do Superior Tribunal de Justiça: "[...]. 3. Nos termos da jurisprudência desta Corte Superior, levando-se em consideração o princípio da maior utilidade ao credor, que deve nortear a fase de execução ou de cumprimento de sentença, admite-se a substituição da penhora de dinheiro por seguro garantia judicial ou fiança bancária apenas em hipóteses excepcionais, em que seja necessário evitar um dano grave ao devedor, e desde que não importe em prejuízo ao exequente. [...]" (AgInt-AREsp 1.069.862/SP; 4ª T.; Rel. Min. Marco Buzzi; DJe 04.12.2020).
43. Merece destacar entendimento do Tribunal de Justiça do Espírito Santo a esse respeito: "[...]. 1. Ainda que o art. 139, IV, do CPC/15, permita que o julgador, na busca da satisfação do crédito, lance mão de medidas coercitivas atípicas, a suspensão da CNH é medida extrema cuja utilização, via de regra, implicará desproporcional invasão na esfera do devedor e que terá como condão exclusivo o sancionamento daquele que não tem condições de adimplir seu débito, o que não se coaduna com a proteção constitucional à pessoa humana, de que não se afasta o devedor. Precedentes. 2. Assim, muito embora se admita que, excepcionalmente, a medida em comento seja aplicada, exige-se do exequente que comprove que o inadimplemento coloca em risco bens jurídicos de envergadura superior, aptas a justificar tal invasão na esfera do devedor, bem como derive de conduta dolosa deste, que deliberadamente se nega a quitar o que deve, circunstâncias estas que não foram comprovadas pela exequente/agravada no caso deste recurso. [...]" (AI 0012935-79.2019.8.08.0011; 2ª Câmara Cível; Rel. Des. Carlos Simões Fonseca; DJES 19.02.2020).
44. Cf. *Processo de execução e cumprimento de sentença*, p. 29.

ponderação entre a efetividade da tutela e a menor onerosidade da execução, somada à dignidade da pessoa humana sob a ótica da credora e também do devedor. 5- Recurso em habeas corpus conhecido e provido. (RHC 91.642/MG; 3ª T.; Relª Minª Nancy Andrighi; DJe 09.03.2018).

A melhor solução, portanto, é reconhecer que a decretação da prisão civil não se mostra adequada quando estabelecida no vínculo alimentar avoenga, devendo ser aplicada qualquer outra medida que seja condizente com a natureza subsidiária e complementar da relação.

6. CONCLUSÃO

Dentro da sistemática das relações de família extrai-se preceitos que permitem a satisfação das necessidades humanas a partir dos *alimentos*, tendo a ordem jurídica nacional tutelado tal direito no plano do direito civil-constitucional, vez que a previsão contida na CF/88 se encontra devidamente instrumentalizada nas disposições do CC e demais leis infraconstitucionais.

Pudemos verificar que o vínculo alimentar (obrigação ou dever) impõe a presunção de que os parentes, cônjuges ou conviventes devem fornecer o auxílio material imprescindível para que o alimentando possa ter sua dignidade concretizada, sob pena de se utilizar as técnicas disponibilizadas pelo CPC para buscar o cumprimento forçado do ato jurisdicional que determinou o pagamento da verba.

Todavia, e considerando que o tempo da vida humana nem sempre é atendido pelo tempo do Poder Judiciário, a inclusão dos avós no polo passivo da demanda, em verdadeiro litisconsórcio passivo necessário unitário mostra-se relevantíssima para evitar que o alimentando fique privado dos recursos básicos para atender o seu mínimo vital. No ponto, ao reconhecer a possibilidade da prestação alimentar avoenga coaduna-se com as disposições legais e com a orientação da jurisprudência do Superior Tribunal de Justiça.

Ao prever que os alimentos avoengos são subsidiários e complementares, deverão ser utilizadas medidas menos gravosas para o pagamento da verba alimentar devida ao alimentando, vez que estes só poderão integrar a lide após esgotados todos as técnicas ordinárias para a satisfação do crédito alimentar, assegurando-se, assim, plena efetiva da ordem judicial que fixou o *quantum* alimentar e tutelar a dignidade da pessoa humana para todas as partes envolvidas.

REFERÊNCIAS

ARRUDA ALVIM. *Manual de direito processual civil*. 18. ed. rev., atual. e ampl. São Paulo: Ed. RT, 2019.

ASSIS, Araken de. *Processo civil brasileiro*. São Paulo: Ed. RT, 2015. v. 2, t. I.

ASSIS, Araken de. *Da execução de alimentos e prisão do devedor*. 10. ed. rev. e atual. São Paulo: Ed. RT, 2019.

BEVILÁQUA, Clóvis. *Direito da família*. 8. ed. atual. pelo Desembargador Isaias Beviláqua. São Paulo: Livraria Freitas Bastos S.A., 1956.

BUENO, Cássio Scarpinella. *Curso sistematizado de direito processual civil*. 11. ed. rev., atual. e ampl. São Paulo: Saraiva, 2021. v. 1.

BUENO, Cássio Scarpinella. *Curso sistematizado de direito processual civil*. 10. ed. rev., atual. e ampl. São Paulo: Saraiva, 2021. v. 3.

CAHALI, Yussef Said. *Dos alimentos*. 6. ed. rev., atual. e ampl. São Paulo: Ed. RT, 2009.

DÍEZ-PICAZO, Luis; GULLÓN, Antonio. *Sistema de derecho civil*. 10. ed. Madrid: Editorial Tecnos, 2006. v. 4: derecho de familia y derecho de sucesiones.

DINIZ, Maria Helena. *Curso de direito civil*. 35. ed. rev. e atual. 2. tir. São Paulo: Saraiva, 2021. v. 5: direito de família.

ESPÍNOLA, Eduardo. *A família no direito civil brasileiro*. Atual. por Ricardo Rodrigues Gama. Campinas: Bookseller, 2001.

FARIAS, Cristiano Chaves de; ROSENVALD, Nelson. *Curso de direito* civil. 15. ed. rev., atual. e ampl. São Paulo: JusPodivm, 2023. v. 6: famílias.

MADALENO, Rolf. *Direito de família*. 11. ed. rev., atual. e ampl. Rio de Janeiro: Forense, 2021.

MARINONI, Luiz Guilherme; ARENHART, Sérgio Cruz; MITIDIERO, Daniel. *Curso de processo civil*. 6. ed. rev., atual. e ampl. São Paulo: Ed. RT, 2020. v. 2.

MONTEIRO, Washington de Barros; SILVA, Regina Beatriz Tavares da. *Curso de direito civil*. 43. ed. São Paulo: Saraiva, 2016. v. 2: direito de família.

NERY, Rosa Maria de Andrade. *Alimentos*. São Paulo: Ed. RT, 2019.

PINHEIRO, Jorge Duarte. *Estudos de direito da família e das crianças*. 2. ed. Coimbra: Gestlegal, 2022.

QUEIROGA, Antônio Elias de. *Curso de direito civil*: direito de família. Rio de Janeiro: Renovar, 2004.

RIZZARDO, Arnaldo. *Direito de família*. 10. ed. rev. atual. e ampl. Rio de Janeiro: Forense, 2019.

SALA, Marco. *Gli alimenti in Trattato di diritto di famiglia diretto da Giovanni Bonilini*. Torino: UTET Giuridica, 2016. volume secondo: il regime patrimoniale della famiglia.

THEODORO JÚNIOR, Humberto. *Processo de execução e cumprimento de sentença*. 31. ed. rev. atual. e ampl. Rio de Janeiro: Forense, 2021.

WALD, Arnoldo; FONSECA, Priscila M. P. Corrêa da. *Direito civil*. 19. ed. totalmente reformulada. São Paulo: Saraiva, 2015. v. 5: direito de família.

A MEDIAÇÃO COMO MÉTODO DE TRATAMENTO ADEQUADO AO CONFLITO FAMILIAR EM PRESTAÇÃO DE ALIMENTOS

Luiz Rodrigues Wambier

Doutor em Direito pela Pontifícia Universidade Católica de São Paulo (PUC-SP). Mestre em Direito pela Universidade Estadual de Londrina (UEL). Professor no programa de Mestrado e Doutorado em Direito do Instituto Brasileiro de Ensino, Desenvolvimento e Pesquisa (IDP). Advogado com atuação no Superior Tribunal de Justiça e Supremo Tribunal Federal. Sócio do escritório Wambier, Yamasaki, Bevervanço & Lobo Advogados.

Regiane França Liblik

Mestre em Ciências Jurídico-Criminais pela Universidade de Coimbra (UC). Mediadora Judicial. Membro Efetivo da Comissão de Mediação e da Comissão de Advocacia Colaborativa da OAB/PR. Advogada coordenadora do Núcleo de Pesquisa do Escritório Wambier, Yamasaki, Bevervanço & Lobo Advogados.

Sumário: 1. Introdução: a mediação no contexto da lide sociológica – 2. O acesso à *ordem jurídica justa* na mediação familiar – 3. A sessão de mediação no tratamento adequado do conflito familiar – 4. Os princípios que regem a mediação e a atuação dos mediadores – 5. Considerações finais – Referências.

1. INTRODUÇÃO: A MEDIAÇÃO NO CONTEXTO DA LIDE SOCIOLÓGICA

O dever de incentivo às soluções consensuais já se assentava no sistema processual vigente no período da Constituição Imperial (arts. 161 e 162).[1] Posteriormente, no curso da vigência do CPC/73, dizia o art. 125 incumbir ao juiz dirigir o processo conforme as disposições do Código, competindo-lhe "tentar, a qualquer tempo, conciliar as partes". Mais recentemente, o legislador do CPC/15, pautado pela política judiciária nacional implementada pela Res. 125/CNJ e seguindo uma acentuada tendência mundial, tratou de conferir maior efetividade, amplitude e aprofundamento a essa diretriz, impondo expressamente o dever de estímulo à conciliação, à mediação e a outros métodos não adversariais de solução de conflitos a juízes, advogados, defensores públicos e membros do Ministério Público (art. 3º, § 3º).

Há interessante acórdão do STJ, de relatoria do Min. Marco Buzzi, relativo a recurso especial interposto em face de acórdão do Tribunal de Justiça da Amazônia,

---

1. Art. 161. Sem se fazer constar, que se tem intentado o meio da reconciliação, não se começará Processo algum.
   Art. 162. Para este fim haverá juizes de Paz, os quaes serão electivos pelo mesmo tempo, e maneira, por que se elegem os Vereadores das Camaras. Suas attribuições, e Districtos serão regulados por Lei.

que bem ilustra essa orientação. Na origem, tratava-se de recurso interposto contra sentença proferida em ação indenizatória há cerca de três décadas ajuizada.[2] No recurso especial, suscitou-se a validade da diligência citatória e dos atos processuais que lhe sucederam. A Quarta Turma, por maioria, deu provimento ao recurso, sugerindo que o Tribunal de origem convocasse as partes para uma tentativa de composição do conflito, "com amparo nos artigos 3º, § 2º e 3º, 4º, 5º e 6º do NCPC, e, portanto, nos princípios da cooperação, celeridade e efetividade que regem toda a atividade jurisdicional".

O Sistema Multiportas e a implementação da Cultura da Paz receberam o primeiro grande impulso no ano de 2010, com o Projeto *Conciliar é Legal* e com a edição da mencionada Resolução 125 do Conselho Nacional de Justiça, que instituiu a Política Judiciária Nacional de tratamento adequado dos conflitos.

Mas o efetivo fortalecimento da Mediação como método adequado de administração de conflitos em nosso sistema de justiça ocorreu com o advento do CPC/15 e da Lei 13.140/15. O emprego da expressão "adequado" no lugar de "alternativo" no texto da lei (art. 381, II), aliás, não foi acidental. Teve como escopo retirar da mediação, da conciliação e da arbitragem a antiga roupagem de alternatividade que lhes havia sido atribuída. O vocábulo "alternativos", na prática, pode levar à equivocada compreensão de que as vias autocompositivas ocupariam espaço secundário em relação à via adjudicatória, subvertendo-se o verdadeiro espírito desse sistema.[3]

No âmbito específico do Direito de Família, cada vez mais a mediação ganha espaço e importância como método adequado para o tratamento dessa ordem de conflitos. São desavenças geradas por problemas nas interações entre os agentes familiares. E esses desentendimentos, quando não recebem a administração adequada, podem conduzir ao rompimento definitivo dos laços ou tornar disfuncionais essas interações, causando extremo sofrimento aos envolvidos.

Para além das mediações endoprocessuais, isto é, daquelas designadas pelo juiz, no bojo de um processo já instaurado, e das mediações extrajudiciais, realizadas por pessoa de confiança das partes e capacitada para a mediação ou em câmaras privadas (art. 9º da Lei 13.140/2015 e art. 168 do CPC), o sistema conta com o trabalho realizado no âmbito dos Centros Judiciários de Solução de Conflitos e Cidadania (CEJUSC's), regulamentados pelos arts. 8º e seguintes da Res. 125/10 do CNJ, onde é possível, além das próprias mediações e conciliações processuais, a realização de sessões pré-processuais.

Essa via é de fundamental importância do ponto de vista do tratamento adequado dos conflitos familiares, na medida em que a simples judicialização já é capaz de

---

2. REsp 1.637.515/AM, relator Ministro Marco Buzzi, Quarta Turma, julgado em 25.08.2020, DJe de 27.10.2020.
3. Conforme um dos autores assinalou em outro espaço, com Eduardo Talamini, "são alternativos entre si todos os mecanismos de solução de conflitos, inclusive o modo adjudicatório judicial, cabendo às partes identificar aquele que será mais adequado à solução do caso" (WAMBIER, Luiz Rodrigues; TALAMINI, Eduardo. *Curso avançado de processo civil*. 21. ed. São Paulo: Thomson Reuters Brasil, 2022, v. 2, p. 132).

provocar a escalada do conflito, causando ainda maior prejuízo para o restabelecimento do diálogo, porque a parte ré costuma sentir-se profundamente ofendida por ter movida contra si uma ação judicial diante de um contexto de pretérito vínculo afetivo, sem que tenha havido a prévia tentativa de composição do conflito.

É natural que as questões discutidas nas lides familiares envolvam elevado grau de subjetividade. E esse aspecto latente do conflito, intitulado *lide sociológica*,[4] dificilmente encontra solução na resposta adjudicatória judicial, porque o princípio da adstrição não permite ao magistrado decidir acerca de questão localizada fora dos limites da *lide processual*. Na mediação, contudo, o conflito pode receber tratamento sistêmico, a partir da atuação do terceiro facilitador que auxilia as partes para que identifiquem e solucionem não somente o conflito manifesto, mas também as causas que lhe deram origem. De maneira geral, os métodos nos quais a autonomia dos envolvidos se sobressai tendem a permitir, a partir da restauração do diálogo, a solução[5] de camadas mais profundas do conflito deflagrado, indo além da parcela submetida ao Poder Judiciário para dele receber uma solução em conformidade com o direito positivo.

A *lide processual*, isto é, as questões juridicamente tuteladas, veiculadas pelas partes na petição inicial e na contestação e submetidas a conhecimento pelo Poder Judiciário, representa somente um dos fragmentos do conflito. E é essa a razão pela qual, não raras vezes, no plano das lides familiares, a parte vencedora não encontra plena satisfação com a resposta adjudicatória.

Nesse contexto, a mediação não se trata apenas de ferramenta aplicada com a finalidade de auxiliar na gestão da litigiosidade, contribuindo para a redução do volume de processos, como também não se restringe a reduzir o tempo necessário para a superação da controvérsia, muito embora todas essas potencialidades sejam absolutamente relevantes para nosso sistema e possam também ser concretizadas com o apoio desse mecanismo. A mediação consiste em um método que se propõe a criar condições favoráveis à *pacificação completa e substancial do conflito*, e o faz muito especialmente a partir do resgate do diálogo e da autonomia que proporciona às partes envolvidas.

---

4. Entende-se por lide sociológica o conjunto dos interesses das partes em relação ao fato. Neste sentido, ensina Roberto Portugal Bacellar: "A mediação tem por finalidade restabelecer a comunicação e auxiliar os interessados a desvendar os verdadeiros interesses, desejos, necessidades (lide sociológica) que se escondem por trás das posições (lide processual)" (BACELLAR, Roberto Portugal. *Mediação e Arbitragem*. 2. ed. São Paulo: Saraiva, 2016, Coleção saberes do direito, n. 53. p. 193). Para Joel Dias Figueira Jr., "a composição dos conflitos sociológicos pode se dar com ou sem jurisdicionalização da controvérsia, isto é, pode desenvolver-se de maneira adversarial (jurisdicionalização do conflito), ou, de maneira não adversarial (autocomposição antecedente à jurisdicionalização ou durante a lide pendente jurisdicionalizada)" (FIGUEIRA JR., Joel Dias. *Arbitragem*. 3. ed. Rio de Janeiro: Forense, 2019, p. 319).
5. Para Fernanda Tartuce, a utilização do vocábulo "solução" não parece de todo adequada. Em seu sentir: "nem sempre é possível que ele seja resolvido (no sentido de ser extinto) por um ato isolado; muitas vezes o impasse tem fases e só é efetivamente superado após uma série de experiências vividas ao longo do tempo pelos envolvidos" (*Mediação nos conflitos civis*. 5. ed. Rio de Janeiro: Forense; São Paulo: MÉTODO, 2019, p. 17).

2. O ACESSO À *ORDEM JURÍDICA JUSTA* NA MEDIAÇÃO FAMILIAR

O acesso à justiça é um tema que exige e comporta detida investigação, porque há muito a se explorar sobre o assunto tanto no arsenal legislativo, doutrinário e jurisprudencial brasileiro quanto estrangeiro. O tema será aqui tratado sem nenhuma pretensão de esgotamento, apenas para que algumas premissas necessárias sejam mais bem compreendidas, de modo que se possa adentrar ao campo do acesso à ordem jurídica justa e sua concretização pela via da mediação no âmbito do conflito familiar.

Mauro Cappelletti e Bryant Garth classificaram o movimento do acesso à justiça em três ondas renovatórias.[6] A primeira delas diz respeito à assistência judiciária aos necessitados. Trata-se de perceber o direito processual não somente do ponto de vista de quem presta a tutela jurisdicional, mas, sobretudo, sob a ótica dos usuários do sistema de justiça, que são os jurisdicionados. Há diversas barreiras estruturais impostas por restrições de ordem econômica e social. E embora se possa solucionar parte do problema com a isenção de custas, é preciso também que a questão seja vista sob o enfoque da promoção de um sistema eficaz de patrocínio das partes menos abastadas e pouco aclimatadas com a máquina judiciária, por meio de uma representação jurídica de qualidade.

No Brasil, esse aspecto assistencialista do acesso à justiça se realiza pela norma contida no art. 5º, inc. LXXIV, da Constituição Federal, que dispõe que "o Estado prestará assistência jurídica integral e gratuita aos que comprovarem insuficiência de recursos".

Entretanto, para além da vulnerabilidade econômica e social, é possível que se esteja diante de uma situação de vulnerabilidade processual, que se pode chamar de "pobreza organizativa"[7] e que se constitui como sendo a situação de vulnerabilidade de uma parte no processo em relação a outra, independentemente de questões de ordem econômica e social. É o que se passa, por exemplo, nas relações de consumo.

Essa vulnerabilidade pode ser mitigada, conforme o caso, com regras de inversão do ônus da prova. Contudo, a promoção dessa mudança na regra geral de produção probatória não garante o acesso à justiça de forma substancial em relação a todo e qualquer direito.

Tem-se, então, na expressão empregada pelos autores, *a segunda onda renovatória do acesso à justiça*, voltada à tutela dos direitos transindividuais.

Em linhas gerais, muito embora a primeira onda assistencialista tenha se consolidado como importante conquista do Estado de Direito, na medida em que dotou os cidadãos de condições para a submissão de seus conflitos de interesses à apreciação do Poder Judiciário, não significa que todas as desavenças e as violações a direitos poderão ser adequadamente atendidos no plano da tutela jurisdicional individual.

---

6. CAPPELLETTI, Mauro; GARTH, Bryant. *Acesso à justiça*. Porto Alegre: Fabris, 1988, p. 31-73.
7. CAPPELLETTI, Mauro. O acesso à justiça e a função do jurista em nossa época. *RePro*, 61, p. 144-160. 1991.

Essa segunda onda, segundo registram os autores, promoveu uma verdadeira revolução no processo civil e no papel do Judiciário, porque exigiu que noções muito tradicionais de processo fossem revisitadas. Foi necessária uma reformulação de todo o processo, porque o modelo tradicional e individualista não seria capaz de adequadamente tutelar os direitos e interesses difusos e coletivos.

Por fim, a terceira onda renovatória se voltou à reforma no "conjunto geral de instituições e mecanismos, pessoas e procedimentos utilizados para processar e mesmo prevenir disputas nas sociedades modernas",[8] englobando também os profissionais da advocacia pública e privada, nos âmbitos judicial e extrajudicial.

Nesse último movimento renovatório, inseriu-se a necessidade de se conferir maior rendimento aos mecanismos de tratamento de conflitos e a busca por soluções que proporcionem maior acessibilidade e celeridade.

Em outra oportunidade, Mauro Cappelletti revisitou o tema das ondas renovatórias do movimento pelo acesso à justiça, afirmando que aquilo que designou como *terceira onda* "vai muito além dessas formas de simplificação dos procedimentos e dos órgãos de justiça". Destacou que "muito importante é a simplificação da justiça contenciosa", tratando daquilo que denominou "justiça coexistencial", isto é, baseada em soluções não adversariais.[9]

No entender do autor, o caráter contencioso da relação deve ser, na medida do possível, evitado e atenuado, especialmente nos casos de relações "duradouras, complexas e merecedoras de conservação", a exemplo do que se passa na esfera familiar, porque, ao contrário da decisão adjudicatória, destinada a resolver uma situação pretérita, a justiça coexistencial tem como objetivo "remendar um situação de ruptura ou tensão, em vista da preservação de bem mais duradouro, a convivência pacífica de sujeitos que fazem parte de um grupo ou de uma relação complexa".[10]

No âmbito das mediações de conflitos familiares, é frequente que as partes tragam para a sessão queixas com intenso grau de subjetividade, em relação às quais sequer há no direito positivo uma solução jurídica apropriada. Como bem descreve Fernanda Tartuce, "o legislador processual não costuma considerar tais fatores subjetivos. Ainda assim, muitas especificidades das desavenças familiares verificam-se fora do juízo, mas acabam se projetando neste (como desentendimentos comprometedores da confiança e do cumprimento de acordos celebrados)".[11]

Nesses casos, a resposta adjudicatória não necessariamente significará conferir ao conflito uma solução que seja adequada e efetiva. No plano prático, como

---

8. CAPPELLETTI, Mauro; GARTH, Bryant. *Acesso à justiça*. Porto Alegre: Fabris, 1988, p. 67-68.
9. CAPPELLETTI, Mauro. Problemas de reforma do processo civil nas sociedades contemporâneas. *RePro*, 65, p. 127-143. 1992.
10. CAPPELLETTI, Mauro. Problemas de reforma do processo civil nas sociedades contemporâneas. *RePro*, 65, p. 127-143. 1992.
11. TARTUCE, Fernanda. *Processo Civil no Direito de Família*: teoria e prática. 5. ed. Rio de Janeiro: Forense, 2021, p. 20.

já indicado, há situações em que, apesar do provimento do pedido formulado na inicial, a parte vencedora não encontra satisfação no resultado adjudicatório. São circunstâncias em que o processo não é capaz de efetivamente promover a paz social, porque os sujeitos, muitas vezes vinculados por uma relação continuada e forçados a algum grau mínimo de convivência (a exemplo do par parental), podem continuar litigando.[12]

Para Adolfo Braga Neto, a inserção formal da mediação como método de administração de controvérsias é "fruto de uma tendência liberal em escala mundial, com a retirada cada vez maior do Estado nos assuntos afetos aos interesses dos particulares". Em seu sentir, "resulta do reconhecimento do cidadão como objeto de deveres e direitos, que por si só poderá melhor administrar, transformar ou resolver seus próprios conflitos".[13]

A rigor, o que pode fazer um mediador com adequado preparo é auxiliar as partes por meio do emprego de uma linguagem positiva e da aplicação correta das ferramentas de mediação, para que acessarem e busquem uma solução, por si mesmas, para as raízes do conflito. São aspectos dificilmente considerados na via adjudicatória, mas que possuem grande impacto na vida dos envolvidos e no resultado da administração do conflito.

Para tanto, o mediador emprega técnicas e ferramentas multidisciplinares direcionadas ao mapeamento do conflito a partir da restauração do diálogo, da eliminação dos ruídos na comunicação e da criação de um ambiente colaborativo e, portanto, favorável à mútua compreensão dos diversos pontos de vista e dos reais motivos do desencadeamento da desavença.

Nas ações que versam prestação de alimentos, regime de guarda e regime de convivência, é comum que os interesses em jogo acabem por ultrapassar a prestação de alimentos e os aspectos práticos do novo desenho que a rotina familiar precisará assumir diante do divórcio.

Em casos assim, as negociações a respeito de valores de alimentos – equilibrando necessidades, possibilidades e razoabilidade – e do estabelecimento da rotina familiar

---

12. Nesse sentido, Tania Almeida e outros destacam que "é muito comum a observação por parte de terapeutas de família, da existência de adultos e crianças disfuncionais em razão de o casal conjugal ter estendido seu divórcio para o par parental, cortando a comunicação ou mantendo um diálogo extremamente ruidoso e mutuamente desqualificador. Com a ruptura do diálogo, colocam os filhos no lugar de porta-vozes e tacitamente os convidam a tomar partido de um ou de outro; quando o diálogo se torna ruidoso e desqualificador, metacomunicam aos filhos que estes pertencem a uma linhagem estragada, convidando-os para o lugar de julgadores" (ALMEIDA, Tania; PAIVA, Fernanda; OBERG, Flavia Maria Rezende Nunes; ARAÚJO, Inês Guilhon de; PASSALACQUA, Maria Stela Palhares. Mediação e advocacia colaborativa no Direito de Família. *Revista de arbitragem e mediação*, v. 42, p. 315-330. 2014).
13. E acrescenta ainda que esse fenômeno decorre "da constatação de que fórmulas tradicionais formais de resolução de controvérsias não mais satisfazem os usuários do sistema, que cada vez mais se envolvem em conflitos de distintas naturezas e formas diante da complexidade das inúmeras inter-relações existentes nos tempos pós-modernos" (BRAGA NETO, Aldolfo. Aspectos relevantes sobre mediação de conflitos. *Revista de arbitragem e mediação*, v. 15, p. 85-101. 2007).

serão mais profícuas entre as partes se as questões latentes forem compreendidas e adequadamente administradas.

Evidentemente, em termos pragmáticos, restando infrutífera a mediação, esse equacionamento será realizado pelo juiz que julgará a ação, sempre pautado no melhor interesse dos filhos menores. Contudo, é mais benéfico se o conflito puder ser resolvido de forma autônoma, a partir de mútuas concessões que gerem mútuos benefícios e que se voltam ao atendimento dos principais anseios dos envolvidos, especialmente dos filhos em comum.

Por essas razões, a mediação pode significar grande aprimoramento na dinâmica e no ambiente familiar quando seus integrantes dela participam, proporcionando grande autonomia aos envolvidos, de modo que possam melhor elaborar a forma de solucionar os próprios conflitos. Consolida-se, nesse sentido, enquanto método de composição com caráter altamente pedagógico e que promove excelente impacto na mudança cultural e estrutural no tratamento das controvérsias e no sistema de justiça como um todo.

Trata-se de substituição do modelo relacional verticalizado e de dominação, baseado na centralização da tomada de decisões, no qual a história e a cultura brasileiras estão alicerçadas, por um modelo colaborativo, horizontal e inclusivo, desenvolvido a partir de critérios de reciprocidade e cooperação.[14]

3. A SESSÃO DE MEDIAÇÃO NO TRATAMENTO ADEQUADO DO CONFLITO FAMILIAR

A realização da sessão de conciliação ou de mediação antes da apresentação da contestação possibilita que a *lide sociológica* também seja resolvida no bojo do processo, mas com respeito ao princípio da congruência.

Segundo a disposição do art. 694, "nas ações de família, todos os esforços serão empreendidos para a solução consensual da controvérsia, devendo o juiz dispor do auxílio de profissionais de outras áreas de conhecimento para a mediação e conciliação".

Conforme já destacado por um dos autores em outro espaço, com Eduardo Talamini, a sessão de mediação e conciliação nas ações de família "é obrigatória e inafastável". Diferentemente do que se passa no procedimento comum, no caso específico das ações de família, não se aplica a dispensa da realização da sessão por força da manifestação expressa de desinteresse por ambas as partes. Como lá se registrou,

---

14. Segundo aponta Flávia Pereira Hill, estudos indicam que países orientais, com valores culturais relacionados com o diálogo enquanto base da convivência, têm nos métodos não adversariais sua principal forma de tratamento dos conflitos. O mesmo se passa com os países ocidentais que adotam o sistema da *common law*, nos quais as vias consensuais são mais aplicadas do que nos sistemas da *civil law*, "embora por razões mais pragmáticas do que propriamente em decorrência de valores culturais atrelados ao diálogo e ao entendimento, como os orientais" (HILL, Flávia Pereira. Passado e futuro da mediação: perspectiva histórica comparada. *RePro*, v. 303, p. 479-502. 2020).

"o art. 695, *caput,* ao determinar que sempre a citação se faça para comparecimento do réu à audiência, constitui regra especial, que prevalece sobre aquela geral do art. 334, I".[15]

Além da presença obrigatória das partes, o Código não apenas recomenda como exige que elas estejam acompanhadas por procuradores ou defensores públicos. É essa a dicção do art. 695, § 4º: "Na audiência, as partes deverão estar acompanhadas de seus advogados ou de defensores públicos".[16]

Presencial ou em ambiente virtual, a sessão pode acontecer em mais de uma sessão, realizadas em diferentes datas. A necessidade ou não do desmembramento da sessão deve ser analisada em cada caso. Pode ocorrer, por exemplo, que o diálogo entre os envolvidos na disputa esteja evoluindo para o alcance da composição do conflito, entretanto, haja dúvidas quanto a questões complexas que não podem ser avaliadas naquela mesma e única sessão. Nessa circunstância, é recomendável que uma nova data seja designada.

Em linhas gerais, o que fundamenta o desdobramento da sessão é a concreta perspectiva de autocomposição. Nesse contexto, dispõe o art. 696 que a sessão de mediação "poderá dividir-se em tantas sessões quantas sejam necessárias para viabilizar a solução consensual, sem prejuízo de providências jurisdicionais para evitar o perecimento do direito".

A flexibilização procedimental que orienta o sistema processual vigente permite que sejam promovidos os ajustes que se fizerem necessários nesse sentido. O processo, como instrumento que é, pode ser adaptado às peculiaridades de cada caso sempre que o ordenamento assim o permitir.

E tal prolongamento de modo algum é prejudicial à razoável duração do processo. Afigura-se mais vantajoso realizar quantas sessões forem necessárias, desde que seja viável e que as partes estejam assim dispostas, do que desistir prematuramente da autocomposição e deixar que o processo siga seu curso para uma solução adjudicatória. Inclusive porque esta última consome mais tempo e costuma ser mais onerosa para o sistema e para todos os envolvidos, especialmente do ponto de vista das relações continuadas.

Não é, contudo, adequado que se postergue inutilmente o andamento do processo para a realização de nova sessão se as partes não demonstrarem qualquer disposição ao diálogo. É imprescindível, repita-se, que se analise a existência da real

---

15. WAMBIER, Luiz Rodrigues; TALAMINI, Eduardo. *Curso avançado de Processo Civil.* 19. ed. São Paulo: Thomson Reuters Brasil, 2022, v. 4. p. 188.
16. Como um dos autores destacou em outro espaço, "se a parte não estiver acompanhada de advogado, a audiência não se pode realizar. Deverá ser redesignada, arcando a parte desacompanhada do advogado com as despesas do adiamento. Mas desde que tenha agido com efetiva culpa (p. ex., a parte não responderá pelas despesas, se faltou a indicação da necessidade de advogado no mandado; ou se, por sua situação precária cultural ou econômica, não conseguiu providenciar a tempo um advogado etc.)" (WAMBIER, Luiz Rodrigues; TALAMINI, Eduardo. *Curso avançado de Processo Civil.* 19. ed. São Paulo: Thomson Reuters Brasil, 2022, v. 4. p. 188).

probabilidade de que a autocomposição seja alcançada, para que não se estenda desnecessariamente essa fase processual. Nesses casos, é possível que o juiz empregue, em outro momento no curso do processo, nova tentativa de composição das partes, podendo ocorrer, inclusive, que as próprias partes postulem a suspensão do processo para que se submetam à mediação extrajudicial ou ao atendimento multidisciplinar (art. 694, parágrafo único).

É nesse sentido a jurisprudência do STJ:

Recurso Especial – Direito de família – Alimentos e guarda de filhos – Acordo extrajudicial homologado pelo centro judiciário de solução de conflitos e cidadania (Cejusc) – Alegação de nulidade por prevenção suscitada pelo MP estadual – Ausência de prejuízo às partes – Ato que passados três anos, como ressaltou o ministério público federal, não gerou qualquer nova controvérsia entre os genitores – instrumentalidade das formas – Precedentes do STJ – Resolução CNJ 125/2010 – Incentivo à autocomposição como forma de resolução adequada de conflitos.

Hipótese dos autos: inobstante a existência de prévia ação de alimentos junto ao Juízo da 1ª Vara de Família da Comarca de Rio Branco/AC, decidida por sentença homologatória de acordo, os recorridos, conjunta e espontaneamente, procuraram os serviços do CEJUSC e, ao final da realização de audiência de conciliação, registrada às fls. 07 (e-STJ), retificaram os termos de guarda e de prestação de alimentos do filho, tendo sido homologada a convenção extrajudicial pelo Juízo Coordenador do CEJUSC (fl. 12, e-STJ), nos termos do art. 9º da Resolução CNJ 125/2010.

1. A decisão recorrida foi publicada antes da entrada em vigor da Lei 13.105 de 2015, estando o recurso sujeito aos requisitos de admissibilidade do Código de Processo Civil de 1973, conforme Enunciado Administrativo 2/2016 do Plenário do Superior Tribunal de Justiça (AgRg no AREsp 849.405/MG).

2. O Superior Tribunal de Justiça firmou o entendimento, à luz do princípio constitucional da prestação jurisdicional justa e tempestiva (art. 5º, inc. LXXVIII, da CF/1988), que, em respeito ao princípio da instrumentalidade das formas (art. 244 do CPC/1973), somente se reconhece eventual nulidade de atos processuais caso haja a demonstração efetiva de prejuízo pelas partes envolvidas. Precedentes do STJ.

3. *É inadiável a mudança de mentalidade por parte da nossa sociedade, quanto à busca da sentença judicial, como única forma de se resolver controvérsias, uma vez que a Resolução CNJ 125/2010 deflagrou uma política pública nacional a ser seguida por todos os juízes e tribunais da federação, confirmada pelo atual Código de Processo Civil, consistente na promoção e efetivação dos meios mais adequados de resolução de litígios, dentre eles a conciliação, por representar a solução mais adequada aos conflitos de interesses, em razão da participação decisiva de ambas as partes na busca do resultado que satisfaça sobejamente os seus anseios.*

4. *A providência de buscar a composição da lide quando o conflito já foi transformado em demanda judicial, além de facultada às partes, está entre os deveres dos magistrados, sendo possível conclamar os interessados para esse fim a qualquer momento e em qualquer grau de jurisdição, nos termos do art. 125, inc. IV, do Código de Processo Civil de 1973 ("o juiz dirigirá o processo, competindo-lhe tentar, a qualquer tempo, conciliar as partes").*

5. O papel desempenhado pelo juiz-coordenador do CEJUSC tão somente favoreceu a materialização do direito dos pais de decidirem, em comum acordo, sobre a guarda de seus filhos e a necessidade ou não do pagamento de pensão, razão pela qual, passados mais de três anos da homologação da convenção extrajudicial entre os genitores no âmbito do CEJUSC, sem a notícia nos autos de qualquer problema dela decorrente, revela-se inapropriada a cogitação de nulidade do ato conciliatório em face de eventual reconhecimento de desrespeito à prevenção pelo juízo de família.

6. Recurso especial desprovido.
(REsp 1.531.131/AC, relator Ministro Marco Buzzi, Quarta Turma, julgado em 07.12.2017, DJe de 15.12.2017) [grifo nosso].

Durante a realização da sessão, é fundamental que sejam efetivamente empregadas técnicas e ferramentas adequadas. É necessário que haja espaços adequados e mediadores apropriadamente preparados.[17]

É evidente que não se trata de reduzir o papel e a importância da solução judiciária, pois nem todo conflito poderá ser adequadamente solucionado pela via consensual ou mesmo pela arbitragem. Mas de promover-se a conscientização da autocomposição enquanto método que se insere no campo da adequação e não da alternatividade, como já se destacou.

Nesse contexto, o legislador do CPC/2015 andou bem ao elucidar a distinção entre a atuação do mediador e do conciliador, buscando dirimir, ainda que de forma incipiente e singela, as dúvidas que perduravam a respeito.

Conforme dispõe o art. 165, § 2º, o conciliador atua preferencialmente quando não houver *vínculo anterior entre as partes*. Pode sugerir soluções para o litígio, sem, evidentemente, fazer uso de ferramentas com o objetivo de constranger ou intimidar as partes. Costuma tratar-se de situação menos complexa no que diz respeito ao arcabouço emocional envolvido.

Já o mediador, segundo prevê o art. 165, § 3º, do CPC, atua preferencialmente quando há esse vínculo anterior entre as partes, como nos litígios familiares ou em disputa entre sócios de longa data. Mas há uma infinidade de outras situações em que a mediação se mostra mais adequada que a conciliação.

Adolfo Braga Neto trata dessa questão com clareza solar. Em seu entender, "a expressão mediar significa, em sentido amplo da palavra, atender a pessoas e não a casos. Parte-se do pressuposto da existência de dificuldades e limitações momentâneas das pessoas em administrar seus conflitos e como tal um terceiro poderá auxiliar na facilitação de sua gestão". Já conciliar, segundo ensina, "é atender problemas ou o conflito", de modo que o terceiro "buscará oferecer talvez até uma composição a

---

17. Conforme um dos autores assinalou em outra oportunidade, novamente com Eduardo Talamini, "na mediação e na conciliação, o juiz deverá contar com o auxílio de profissionais de outras áreas de conhecimento, tais como psicólogos, assistentes sociais e psicanalistas (art. 694, caput, parte final). Em vista do caráter personalíssimo das questões postas e dos fatores emocionais envolvidos, esses especialistas podem prestar contribuição decisiva para o atingimento de solução consensual. Para tanto, evidentemente, é imprescindível que tais profissionais estejam efetivamente treinados para a atuação mediadora e conciliatória. Pode ser infrutífera e até contraproducente a intervenção de um profissional que não esteja preparado para tais tarefas – tanto quanto o seria a do juiz ou do auxiliar com formação jurídica igualmente destituído dessa preparação. Ressalvados os centros urbanos maiores, são hoje mínimas as perspectivas de disponibilidade desses profissionais como auxiliares do juízo. Diante da impossibilidade de contar com eles, caberá ao juiz sozinho empreender 'todos os esforços' para conseguir, modo razoável e legítimo, o consenso" (WAMBIER, Luiz Rodrigues; TALAMINI, Eduardo. *Curso avançado de Processo Civil*. 19. ed. São Paulo: Thomson Reuters Brasil, 2022, v. 4. p. 189).

partir de uma visão diferenciada e não envolvida no conflito para pôr fim a eventual demanda".[18]

O ponto nuclear para a distinção entre a aplicação de um método ou de outro deve ser o grau de complexidade da lide sociológica e a necessidade de construção de autonomia das partes para a composição do conflito.

Essa distinção existe especialmente porque a mediação se propõe a restaurar comunicações corrompidas e a tratar verticalmente e mais profundamente o conflito. É por essa razão que a mediação, no mais das vezes, afigura-se mais adequada ao tratamento do conflito familiar.

Em razão das peculiaridades dessas situações, a legislação sobre o tema dispõe que o mediador deve auxiliar os envolvidos a compreender as questões e os interesses conflitantes, para que possam, a partir do restabelecimento do diálogo, identificar, por si próprios, soluções criativas que sejam para ambos vantajosas (CPC, art. 165, § 3º).

O mediador atua como facilitador, auxiliando os conflitantes na identificação e compreensão de todos os interesses envolvidos, especialmente dos filhos menores, bem como das origens do conflito, ultrapassando as barreiras da polarização para que encontrem, por si mesmos, uma estratégia comum que os compatibilize. Exige-se da pessoa do mediador uma atuação meticulosa, com aplicação de técnicas e ferramentas capazes de auxiliar as partes na restauração do diálogo e na criação autônoma da solução da desavença.

4. OS PRINCÍPIOS QUE REGEM A MEDIAÇÃO E A ATUAÇÃO DOS MEDIADORES

Os princípios que regem a mediação e a conciliação devem ser observados não apenas para o alcance dos bons resultados que delas é possível extrair, mas também porque afetam a própria validade da autocomposição.

Segundo orienta o art. 166 do CPC, a conciliação e a mediação são informadas pelos princípios da independência, da imparcialidade, da autonomia da vontade, da confidencialidade, da oralidade, da informalidade e da decisão informada. Além desses, o art. 1º do Anexo III da Resolução 125/2010 do Conselho Nacional de Justiça inclui outros três: o respeito à ordem pública e às leis vigentes, o *empoderamento* e a validação.

Estabelece o *princípio da independência*[19] que não há vínculo de subordinação quanto à atuação do terceiro facilitador (mediador ou conciliador), de modo a ga-

---

18. BRAGA NETO, Aldolfo. Aspectos relevantes sobre mediação de conflitos. *Revista de arbitragem e mediação*, v. 15, p. 85-101. 2007.
19. Entendida a independência, segundo Adolfo Braga Neto, "como a inexistência de qualquer conflito de interesse ou relacionamento anterior capaz de afetar a credibilidade do mediador e a condução do processo de mediação. Esta atitude inclui também a preservação das pessoas sobre qualquer informação ou tema que possa levá-las a desconfiar da conduta do mediador, bem como o compromisso de manter esta atitude ao

rantir-lhe a liberdade de escolha relativamente às estratégias e utilização de técnicas e ferramentas que reputar mais adequadas ao alcance da autocomposição em cada caso, conforme as peculiaridades do caso concreto.

O *princípio da imparcialidade*[20] implica a imposição ao mediador ou conciliador do dever de atuar como terceiro imparcial, com absoluta neutralidade e desvinculado das partes e de seus interesses. Significa que mediadores e conciliadores não podem atuar de forma tendenciosa em relação a qualquer um dos conflitantes, independentemente de valores e convicções pessoais.

O dever desse terceiro é auxiliar as partes no resgate do diálogo e no alcance de uma solução pautada na cooperação e no equilíbrio entre concessões e benefícios. Assim como não pode agir favorecendo uma das partes em detrimento da outra, também não pode conduzir a mediação ou conciliação de modo a forçar as partes a um ajuste a qualquer custo, focando no cumprimento de metas e redução do acervo processual. Até mesmo porque, no plano concreto, concluída a sessão de mediação, ainda que o acordo não tenha sido formalizado, é possível que a partir dela tenha se promovido profunda mudança no modo de pensar e de agir das partes, gerando positivos impactos para a dinâmica das interações.

Especial importância assume o *princípio da autonomia da vontade*,[21] que garante às partes o direito de negociar livremente, escolhendo as opções que lhes pareçam mais adequadas, observados, evidentemente, os limites da legalidade. Esse princípio também norteia a definição das regras procedimentais da mediação e da conciliação (art. 166, § 4º, CPC).

A preservação da autonomia é de extrema importância, porque a mediação é pautada na autodeterminação e as partes precisam efetivamente dirigir o processo de composição do conflito, sob a perspectiva de seus próprios contextos e a partir das diversas possibilidades de solução. É por essa razão que o mediador deve se abster de

---

longo de todo o processo" (BRAGA NETO, Adolfo. Mediação de Conflitos: conceitos e técnicas. In: SALLES, Carlos Alberto De; LORENCINI, Marco Antônio Garcia Lopes; SILVA, Paulo Eduardo Alves da. (Coord.) *Negociação, mediação, conciliação e arbitragem*: curso de métodos adequados para solução de controvérsias. 3. ed. Rio de Janeiro: Forense, 2020, p. 170).

20. Compreendida a imparcialidade, conforme ensina o mesmo autor, "no sentido de manter a devida equidistância com as pessoas envolvidas, com o objetivo de evitar que qualquer paradigma, ilusório, preconceito, mito, expectativa, valores ou necessidades pessoais do mediador interfiram em sua intervenção ao longo do processo. Ele [o mediador] não poderá tomar qualquer atitude que possa sugerir parcialidade ou favorecimento de uma delas em detrimento da outra. Para que isso ocorra, deverá cuidar do equilíbrio de poder entre as partes e jamais receber presentes, favores ou outros itens de valor a não ser os honorários de sua prestação de serviço" (BRAGA NETO, Adolfo. Mediação de Conflitos: conceitos e técnicas. In: SALLES, Carlos Alberto De; LORENCINI, Marco Antônio Garcia Lopes; SILVA, Paulo Eduardo Alves da. (Coord.) *Negociação, mediação, conciliação e arbitragem*: curso de métodos adequados para solução de controvérsias. 3. ed. Rio de Janeiro: Forense, 2020, p. 170).

21. Fernanda Tartuce destaca que "o reconhecimento da autonomia da vontade implica em que a deliberação expressa por uma pessoa plenamente capaz, com liberdade e observância dos cânones legais, deva ser tida como soberana" (TARTUCE, Fernanda. *Mediação nos conflitos civis*. 5. ed. Rio de Janeiro: Forense; São Paulo: MÉTODO, 2019. p. 211).

sugerir soluções prontas para os conflitantes, sob o risco de retirar-lhes a autonomia que dá sustentação ao método.

No que diz respeito ao *princípio da confidencialidade*,[22] tem-se que o conteúdo da medição ou conciliação deve ser mantido em sigilo, ressalvadas as hipóteses de autorização expressa das partes, violação à ordem pública ou às leis vigentes. O escopo desse princípio é proporcionar às partes um ambiente seguro e favorável à negociação, garantindo-lhes que: (a) o conteúdo da negociação não seja utilizado como prova no processo em que se desenvolver a mediação/conciliação ou em qualquer outro; (b) o terceiro facilitador não venha a divulgar ou depor em qualquer processo sobre fatos ou elementos revelados na conciliação ou mediação; (c) o terceiro facilitador não atue como advogado da parte no processo em que foi mediador ou conciliador e nem nos conexos.

Conforme dispõe o CPC (§ 1º do art. 166), a confidencialidade se estende a todas as informações produzidas no bojo do procedimento, de modo que o conteúdo não poderá ser utilizado para finalidade distinta daquela prevista por deliberação expressa dos envolvidos.

Os princípios da oralidade[23] *e da informalidade*[24] orientam que as sessões de mediação ou conciliação devem ser orais e informais. Os condutores da sessão devem fazer uso de linguagem acessível às partes, especialmente do ponto de vista da construção, preservação e aperfeiçoamento do *rapport*.[25] O mediador deve buscar proporcionar às partes um ambiente que seja propício ao restabelecimento do diálogo.

---

22. Significa, para Adolfo Braga Neto, "que todos os fatos, situações, documentos, informações e propostas apresentadas ou produzidas durante o processo guardem o necessário sigilo, bem como a exigência de que todos os seus participantes, obrigatoriamente, mantenham sigilo sobre o conteúdo a ele referente, não podendo ser usados em situações ou processos futuros – respeitados o princípio da autonomia da vontade das partes, nos termos por elas convencionados, e a ordem pública" (BRAGA NETO, Adolfo. Mediação de Conflitos: conceitos e técnicas. In: SALLES, Carlos Alberto De; LORENCINI, Marco Antônio Garcia Lopes; SILVA, Paulo Eduardo Alves da. (Coord.) *Negociação, mediação, conciliação e arbitragem*: curso de métodos adequados para solução de controvérsias. 3. ed. Rio de Janeiro: Forense, 2020. p. 170).
23. "A mediação é conduzida quase em sua inteireza calcada na oralidade. Isso se dá mesmo quando existe a participação e o apoio de advogados. Mesmo assim a mediação pressupõe um mecanismo que coloca os mediandos como os principais protagonistas e a oratória acaba sendo a principal forma de desenrolar atos e de se comunicar" (GUILHERME, Luiz Fernando do Vale de Almeira. *Manual de Arbitragem e mediação*: conciliação e negociação. 4. ed. São Paulo: Saraiva Educação, 2018, p. 86).
24. Acerca da informalidade, destaca Luiz Fernando do Vale Guilherme que: "cabe uma explicação, porque informalidade não significa ausência de regras ou de ordem. De forma alguma. Aliás, como também já foi possível ser observado, há procedimentos que devem ser seguidos e técnicas igualmente abraçadas. O que se tem, porém, é a formatação de um sistema que se baseia numa mecânica de alcance à justiça partindo de premissas distintas em relação, por exemplo, ao processo orquestrado pelo Judiciário. Este se vale de seus princípios e aquela lança mão, também, de seus pressupostos. E o próprio fato de o legislador positivar o instituto da mediação bem revela como a mediação atingiu a maturidade e se tornou um sistema bem-sucedido" (GUILHERME, Luiz Fernando do Vale de Almeira. *Manual de Arbitragem e mediação*: conciliação e negociação. 4. ed. São Paulo: Saraiva Educação, 2018. p. 86-87).
25. Trata-se de termo originalmente utilizado no campo da psicologia e recepcionado pela mediação, para denominar uma técnica utilizada para criar conexão entre pessoas. Segundo os psicólogos e pesquisadores das Universidades de Boston e de Harvard, Linda Tickle-Degnen e Robert Rosenthal, o *rapport* envolve três elementos: *atenção mútua, positividade* e coordenação (TICKLE-DEGNEN, Linda; ROSENTHAL, Robert.

Quanto ao *princípio da decisão informada,* impõe-se ao terceiro facilitador o dever de manter os envolvidos informados quanto ao contexto fático e jurídico no qual estão inseridos, realizando testes de realidade sempre que necessário. Porém, as orientações sempre devem ser pautadas pela neutralidade.

Por fim, há os outros três princípios já mencionados, explicitados no art. 1º do Anexo III da Resolução 125/2010 do CNJ: o respeito à ordem pública e às leis vigentes, o *empoderamento* e a validação.

O primeiro princípio, dada sua obviedade no contexto democrático, dispensa maiores explicações. Destacamos apenas a possibilidade de a ocorrência de violação à lei, como já afirmamos, afastar a confidencialidade. Significa que o mediador e o conciliador têm o dever de zelar para que o acordo não viole a ordem pública nem contrarie as leis vigentes, bem como que a eles se impõe o dever de reportar às autoridades cabíveis a ocorrência de crime de ação pública (art. 30, § 3º, da Lei de Mediação).

Considerando-se que a certificação do mediador não requisita a graduação em Direito, já que o art. 11 da Lei de Mediação exige apenas que o mediador seja graduado há pelo menos dois anos em curso superior de instituição reconhecida pelo MEC, é possível que eventual ilegalidade não seja percebida pelo mediador.[26] Em razão disso, é recomendável que o mediador se dedique ao prévio conhecimento da legislação aplicável e que procure atuar de forma mais especializada.[27] Também por isso, é fundamental a participação de advogados e defensores públicos, salvaguardando os interesses das partes e prestando a assistência jurídica necessária.

Como bem destaca Flávia Pereira Hill, "a figura do mediador é a pedra de toque de um sistema de mediação bem-sucedido", especialmente porque a mediação, alicerçada na informalidade, não segue um procedimento rígido, embora os cursos de formação de mediadores certificados se baseiem em escolas de mediação – Tradicional Linear de Harvard, Transformativa e Circular –, que trazem ferramentas necessárias

---

The Nature of Rapport and Its Nonverbal Correlates. *Psychological Inquiry*, v. 1, n. 4, p. 285-293, 1990. Disponível em: https://www.researchgate.net/publication/247504139_The_Nature_of_Rapport_and_Its_Nonverbal_Correlates. Acesso em: 04 nov. 2022).

26. Por outro lado, como bem destacam Tania Almeida e outros, "o fato de não fazer restrição a respeito de profissões de origem ou áreas de atuação possibilitou que a Mediação se enriquecesse com aportes teóricos e técnicos de distintos saberes. A Psicologia e o Direito, a Antropologia e a Sociologia, as teorias de negociação e de comunicação, a Filosofia e o pensamento sistêmico são conhecimentos agregados ao longo do tempo a essa jovem prática de autocomposição. Esse aporte e essa inspiração iniciais foram sabiamente tocados por outros conhecimentos, o que transformou o instituto em uma prática transdisciplinar – aquela que já não possibilita identificar as fronteiras entre os dessemelhantes aportes teóricos e práticos que a norteiam. É um instrumento que mapeia o conflito com enfoque multidisciplinar e o trabalha de forma a contemplar em maior proporção seu aspecto prevalente – social, legal, econômico, relacional, dentre outros. Esse é um ganho que somente recursos multidisciplinares podem oferecer". ALMEIDA, Tania; PAIVA, Fernanda; OBERG, Flavia Maria Rezende Nunes; ARAÚJO, Inês Guilhon de; PASSALACQUA, Maria Stela Palhares. Mediação e advocacia colaborativa no Direito de Família. *Revista de arbitragem e mediação*, v. 42, p. 315-330. 2014.
27. Nesse sentido, cf. MEIRA, Danilo Christiano Antunes. O conteúdo normativo dos princípios orientadores da mediação. *Revista Jurídica UNI7*, Fortaleza, v. 14, n. 2, , p. 119-120, jul./dez. 2017.

para que o mediador possa adequadamente auxiliar as partes no mapeamento e tratamento do conflito.

O *princípio do empoderamento*[28] implica o dever do terceiro facilitador de estimular as partes a aperfeiçoarem a forma de resolver as disputas, visando ainda à construção de autonomia para a administração de desavenças futuras.

E o *princípio da validação*[29] visa a instituir maior humanização na pacificação dos conflitos, a partir da conscientização sobre a necessidade de reconhecimento e compreensão dos interesses da outra parte envolvida na disputa. Trata-se, na verdade, da percepção acerca dos mútuos interesses e do exercício da escuta ativa relativamente aos diferentes pontos de vista, o que é fundamental quando está em causa o ponto de equilíbrio entre benefícios e concessões.

Parte-se da compreensão de que as disputas surgem a partir da busca pela preservação e concretização de interesses e necessidades que são universais, mas com a utilização de estratégias que dão causa à desavença.

Nesse sentido, uma importante ferramenta que o mediador deve empregar na sessão de mediação é separar as pessoas dos problemas para os quais se está buscando uma solução. No caso, por exemplo, de mediação voltada à reorganização familiar após o divórcio, é fundamental que o mediador auxilie as partes para que consigam separar os problemas decorrentes das interações do ex-casal das questões que precisam ser resolvidas enquanto par parental.[30]

E é de fundamental importância que o mediador conduza a sessão de mediação auxiliando os envolvidos a negociarem com base em interesses e não em posições. A negociação pautada na competitividade e não na cooperação raramente consegue alcançar resultados proveitosos do ponto de vista do tratamento adequado do conflito.

5. CONSIDERAÇÕES FINAIS

Cândido Rangel Dinamarco conceitua o conflito como sendo "a situação existente entre duas ou mais pessoas ou grupos, caracterizado pela pretensão a um bem

---

28. Para Roberto Portugal Bacellar, "cabe hoje ao Estado, notadamente ao Poder Judiciário, estimular as próprias partes, os cidadãos e a sociedade como um todo a receber de volta o poder (empoderamento) que sempre teve para solucionar pacificamente os seus conflitos" (BACELLAR, Roberto Portugal. *Mediação e Arbitragem*. 2. ed. São Paulo: Saraiva, 2016, Coleção saberes do direito, n. 53. p. 18.).
29. Sobre o princípio da validação, discorre Danilo Christiano Antunes Meira: "O seu conteúdo normativo é estabelecido como o 'dever de estimular os interessados perceberem-se reciprocamente como serem humanos merecedores de atenção e respeito'. Não é arriscado afirmar que tal princípio parece ser o que melhor reflete a pretensão de superar o conflito pelo reestabelecimento da comunicação das partes e pela compreensão das questões e dos interesses envolvidos. Da mesma forma, é o princípio que melhor reflete as limitações dessa concepção idealizada" (MEIRA, Danilo Christiano Antunes. O conteúdo normativo dos princípios orientadores da mediação. *Revista Jurídica UNI7*, Fortaleza, v. 14, n. 2, p. 120, jul./dez. 2017).
30. Nesse sentido, cf. ALMEIDA, Tania; PAIVA, Fernanda; OBERG, Flavia Maria Rezende Nunes; ARAÚJO, Inês Guilhon de; PASSALACQUA, Maria Stela Palhares. Mediação e advocacia colaborativo no Direito de Família. *Revista de arbitragem e mediação*, v. 42, p. 315-330. 2014.

ou situação da vida e impossibilidade de obtê-lo". Isto é, trata-se de "situação objetiva caracterizada por uma aspiração e seu estado de não satisfação".[31]

O conflito é natural à condição humana e à vida em sociedade. E apesar de o senso comum conferir-lhe índole negativa, nem sempre o conflito se revestirá dessa roupagem, tanto no plano coletivo quanto individual. A depender da maneira como operada sua administração o conflito pode ser importante agente propulsor do amadurecimento das relações intersubjetivas e da própria sociedade.[32]

Entretanto, se o tratamento do conflito de interesses não se processar pelo meio adequado para aquela específica circunstância, os desdobramentos poderão ser adversos, ocasionando profunda polarização e definitiva ruptura das relações.[33]

No plano das ações de família, especialmente por envolverem questões subjetivas que podem, por vezes, prevalecer sobre as questões de direito, é fundamental que mediadores e advogados estejam preparados para lidar com situações de resistência, com estratégias de abordagem adequada, reforçando as vantagens de uma solução consensual e auxiliando na compreensão da realidade dos fatos e das reais perspectivas acerca da solução adjudicatória.

Os advogados são os primeiros mediadores e por isso é fundamental que os profissionais da advocacia também estudem e conheçam a fundo a fenomenologia da mediação, até mesmo para que possam auxiliar na condução da sessão de mediação, adequadamente zelando pelos interesses da parte por ele representada e contribuindo para o bom resultado da mediação.

Em termos práticos, considerando a continuidade das relações familiares, o juiz pode definir questões de ordem pragmática, como valor dos alimentos, regime de guarda, regime de convivência, entre outros. Porém, se há graves problemas de

---

31. DINAMARCO, Cândido Rangel. *Instituições de Direito processual civil*, 7. ed. São Paulo: Malheiros, 2013, v. 1. p. 120-121.
32. Em relação à perspectiva profícua dos conflitos sociais, tem-se que o "atributo positivo residiria no fato de que ele, – o conflito – cria um patamar, um tablado social, à semelhança de um palco teatral, espaço onde as partes podem encontrar-se em um mesmo plano situacional e, desta maneira, impõe-se um nivelamento. Uma condição necessária para que as partes, às vezes, ásperas e díspares possam, de fato, efetuar a trama que ele encerra. É um ato estipulador que, em outros instantes, permitirá a própria superação das dissimilitudes dos litigantes. O conflito possui a capacidade de constituir-se num espaço social, em que o próprio confronto é um ato de reconhecimento e, ao mesmo tempo, produtor de um metamorfismo entre as interações e as relações sociais daí resultantes. Uma outra característica positiva atribuída, residiria no fato de superar os hiatos e os limites socialmente estabelecidos pelos intervalos dicotomizados, ou mesmo, as desigualdades sociais produzidas e estruturadas pelos resultados dos entrelaçamentos ocorridos na sociedade" (ALCÂNTARA JUNIOR, José Oliveira. Georg Simmel e o conflito social. *Caderno Pós Ciências Sociais,* São Luís, v. 2, n. 2, p. 4, jan./jul. 2005). No mesmo sentido, para Flávia Hill, "o conflito faz parte do comportamento humano e dele depende o movimento de mudança. (...) O ponto fundamental consiste *nos mecanismos empregados* para que os conflitos sejam solucionados. Se o mecanismo empregado for adequado, o resultado obtido poderá ser construtivo, edificante e propiciar, inclusive, um aprimoramento das relações pretéritas. Nesse caso, o conflito terá se tornado ocasião de aperfeiçoamento e evolução" (HILL, Flávia Pereira. Passado e futuro da mediação: perspectiva histórica comparada. *RePro*, v. 303, p. 479-502, 2020).
33. A respeito, cf. novamente HILL, Flávia Pereira. Passado e futuro da mediação: perspectiva histórica comparada. *RePro*, v. 303, p. 479-502. 2020.

comunicação e uma relação familiar disfuncional e se a base do conflito não for tratada, logo os mesmos sujeitos acionarão novamente o Poder Judiciário para revisar e solucionar essas e outras questões.

Por isso, na sessão de mediação, o mediador não deve sugerir soluções para os conflitantes. É de extrema importância que as partes, a partir de seus próprios contextos, efetivamente protagonizem a solução do conflito, e que os profissionais da advocacia, familiarizados com essa fenomenologia, também zelem pela autonomia de seus representados.

A observância a essas diretrizes é fundamental para que as partes não se sintam constrangidas a fazer um acordo às pressas e que não atenda verdadeiramente aos interesses em jogo. Caso contrário, poderá haver a eclosão de outros conflitos sem que as partes tenham autonomia para solucioná-los.

Por essa razão, é de absoluta importância que se tenha em mente o escopo principal da mediação não deve ser apenas e tão somente o alcance do acordo. Essa via de composição, especialmente nas desavenças familiares, deve se voltar ao aprimoramento do diálogo, de modo que as próprias partes possam elaborar propostas e encontrar, de comum acordo, uma solução que verdadeiramente atenda aos interesses envolvidos, tratando as relações de forma mais ampla e significativa.[34]

É primordial a compreensão de que a composição não deve ser almejada a todo e qualquer custo, visando ao alcance de uma solução mais rápida e à redução do acervo processual. Nesse contexto, advogados e mediadores devem estar atentos às reais intenções das partes envolvidas e às verdadeiras perspectivas de uma composição pautada na boa-fé e que seja capaz de gerar mútuos benefícios. O melhor interesse dos envolvidos deve ser sempre a força motriz na escolha do método adequado e elaboração do tratamento do conflito.

REFERÊNCIAS

ALCÂNTARA JUNIOR, José Oliveira. Georg Simmel e o conflito social. *Caderno Pós Ciências Sociais,* São Luís, v. 2, n. 2, p. 1-14, jan./jul. 2005.

ALMEIDA, Tania; PAIVA, Fernanda; OBERG, Flavia Maria Rezende Nunes; ARAÚJO, Inês Guilhon de; PASSALACQUA, Maria Stela Palhares. Mediação e advocacia colaborativa no Direito de Família. *Revista de arbitragem e mediação,* v. 42, p. 315-330. 2014.

BACELLAR, Roberto Portugal. *Mediação e Arbitragem.* 2. ed. São Paulo: Saraiva, 2016. Coleção saberes do direito, n. 53.

---

34. Nesse sentido, Adolfo Braga Neto destaca que a mediação "demanda um conhecimento mais aprofundado do terceiro no que tange à inter-relação existente entre as partes. O mediador, para que possa melhor auxiliá-las nas questões controversas, deve ter mais tempo para investigar e conhecer toda a complexidade daquela inter-relação. Cabe ressaltar, por isso, que a mediação não visa pura e simplesmente o acordo, visa sim a atingir a satisfação dos interesses e necessidades das pessoas envolvidas no conflito. BRAGA NETO, Aldolfo. Aspectos relevantes sobre mediação de conflitos. *Revista de arbitragem e mediação,* v. 15, p. 85-101. 2007.

BRAGA NETO, Aldolfo. Aspectos relevantes sobre mediação de conflitos. *Revista de arbitragem e mediação*, v. 15, p. 85-101. 2007.

BRAGA NETO, Aldolfo. Mediação de Conflitos: conceitos e técnicas. In: SALLES, Carlos Alberto De; LORENCINI, Marco Antônio Garcia Lopes; SILVA, Paulo Eduardo Alves da. (Coord.) *Negociação, mediação, conciliação e arbitragem*: curso de métodos adequados para solução de controvérsias. 3. ed. Rio de Janeiro: Forense, 2020.

CAPPELLETTI, Mauro; GARTH, Bryant. *Acesso à justiça*. Porto Alegre: Fabris, 1988.

CAPPELLETTI, Mauro. O acesso à justiça e a função do jurista em nossa época. *RePro*, 61, p. 144-160. 1991.

CAPPELLETTI, Mauro. Problemas de reforma do processo civil nas sociedades contemporâneas. *RePro*, 65, p. 127-143. 1992.

DINAMARCO, Cândido Rangel. *Instituições de Direito processual civil*. 7. ed. São Paulo: Malheiros, 2013. v. 1.

FIGUEIRA JR., Joel Dias. *Arbitragem*. 3. ed. Rio de Janeiro: Forense, 2019.

GUILHERME, Luiz Fernando do Vale de Almeira. *Manual de Arbitragem e mediação*: conciliação e negociação. 4. ed. São Paulo: Saraiva Educação, 2018.

HILL, Flávia Pereira. Passado e futuro da mediação: perspectiva histórica comparada. *RePro*, v. 303, p. 479-502. 2020.

MEIRA, Danilo Christiano Antunes. O conteúdo normativo dos princípios orientadores da mediação. *Revista Jurídica UNI7*, Fortaleza, v. 14, n. 2, p. 101-123, jul./dez. 2017.

TARTUCE, Fernanda. *Mediação nos conflitos civis*. 5. ed. Rio de Janeiro: Forense; São Paulo: MÉTODO, 2019.

TARTUCE, Fernanda. *Processo Civil no Direito de Família*: teoria e prática. 5. ed. Rio de Janeiro: Forense, 2021.

WAMBIER, Luiz Rodrigues; TALAMINI, Eduardo. *Curso avançado de processo civil*. 21. ed. São Paulo: Thomson Reuters Brasil, 2022, v. 2.

WAMBIER, Luiz Rodrigues; TALAMINI, Eduardo. *Curso avançado de Processo Civil*. 19. ed. São Paulo: Thomson Reuters Brasil, 2022. v. 4.